Der Vertragsgedanke im Strafprozeßrecht

Frankfurter kriminalwissenschaftliche Studien

Herausgegeben von
Prof. Dr. Peter-Alexis Albrecht
Prof. Dr. Dirk Fabricius
Prof. Dr. Klaus Günther
Prof. Dr. Winfried Hassemer
Prof. Dr. Herbert Jäger
Prof. Dr. Walter Kargl
Prof. Dr. Klaus Lüderssen
Prof. Dr. Wolfgang Naucke
Prof. Dr. Ulfrid Neumann
Prof. Dr. Ernst Amadeus Wolff

Bd./Vol. 64

PETER LANG
Frankfurt am Main · Berlin · Bern · New York · Paris · Wien

Stefan Sinner

Der Vertragsgedanke im Strafprozeßrecht

PETER LANG
Europäischer Verlag der Wissenschaften

Die Deutsche Bibliothek - CIP-Einheitsaufnahme

Sinner, Stefan:

Der Vertragsgedanke im Strafprozeßrecht / Stefan Sinner. - Frankfurt am Main ; Berlin ; Bern ; New York ; Paris ; Wien : Lang, 1999
(Frankfurter kriminalwissenschaftliche Studien ; Bd. 64)
Zugl.: Frankfurt (Main), Univ., Diss., 1998
ISBN 3-631-34012-5

D 30
ISSN 0170-6918
ISBN 3-631-34012-5

Meinen Eltern und Susanne

Hier ist nun ein *ursprünglicher Kontrakt*, auf den allein eine bürgerliche, mithin durchgängig rechtliche Verfassung unter Menschen gegründet und ein gemeines Wesen errichtet werden kann. – Allein dieser Vertrag (contractus originarius oder pactum sociale genannt), als Koalition jedes besondern und Privatwillens in einem Volk zu einem gemeinschaftlichen und öffentlichen Willen (zum Behuf einer bloß rechtlichen Gesetzgebung), ist keinesweges als ein *Faktum* vorauszusetzen nötig (ja als ein solches gar nicht möglich); ... Sondern es ist eine *bloße Idee* der Vernunft, die aber ihre unbezweifelte (praktische) Realität hat: ... Denn das ist der Probierstein der Rechtmäßigkeit eines jeden öffentlichen Gesetzes.

Immanuel Kant, Über den Gemeinspruch: Das mag in der Theorie richtig sein, taugt aber nicht für die Praxis

Vorwort

Die Arbeit wurde im Sommersemester 1998 vom Fachbereich Rechtswissenschaften der Johann Wolfgang Goethe-Universität als Dissertation angenommen. Die Druckfassung wurde im November 1998 abgeschlossen.

Mein besonderer Dank gilt Herrn Prof. Dr. Wolfgang Naucke. Er hat die Entstehung der Arbeit seit der Idee zu ihr nach einem Auslandsaufenthalt an der Scuola Superiore di Studi Universitari e di Perfezionamento in Pisa, Italien, begleitet und gefördert. Ihm verdanke ich auch die wesentlichen Teile meiner juristischen und rechtsphilosophischen Ausbildung.

Herrn Prof. Dr. Walter Kargl, dessen wissenschaftlicher Mitarbeiter ich von 1995 bis 1998 war, danke ich für Anregungen und Kritik zu meiner Arbeit und für die Erstattung des Zweitgutachtens. Darüber hinaus habe ich ihm ganz herzlich dafür zu danken, daß er mir während der Beschäftigung an der Professur den zur Anfertigung einer Dissertation erforderlichen Freiraum gelassen hat.

Dem Evangelischen Studienwerk, Haus Villigst, danke ich für die Förderung meines Promotionsvorhabens.

Ein herzlicher Dank gebührt Frau Heidi Fendler, Frau Privatdozentin Dr. Regina Harzer, Frau Karla Kumar, Herrn Ralf Kumar, Herrn Dott. Alberto di Martino, Frau Dr. Christine Pott und meinen Eltern für ihre Hilfe bei der Korrektur sowie für den persönlichen Zuspruch, ohne den die Anfertigung einer solchen Arbeit nur schwer oder gar nicht gelänge.

Den Herausgebern der "Frankfurter kriminalwissenschaftlichen Studien" bin ich für die Aufnahme meiner Arbeit in die Reihe sehr verpflichtet.

Mehr als einen bloßen Dank schulde ich Susanne, die die Höhen und Tiefen während der Entstehung der Arbeit am unmittelbarsten erfahren und geduldig ertragen hat.

Frankfurt am Main, im Januar 1999 — Stefan Sinner

Inhaltsverzeichnis

Einleitung

Ein Blick in die Tagespresse belehrt den am Strafprozeß Interessierten – der sich bislang nur in einem älteren Lehrbuch des Strafprozeßrechts darüber informiert hat, daß im Strafverfahren nur Prinzipien und allgemeine Gesetze herrschen – über gewaltige Veränderungen in der Landschaft des Strafprozeßrechts:

Ein Gericht stellt ein Strafverfahren im Gegenzug zur Errichtung einer Stiftungsgastprofessur mit dem Schwerpunkt "Raumluftforschung" und nach Zahlung von Auflagen in Höhe von 200.000,-- DM unter Zustimmung aller Verfahrensbeteiligten ein. Die Staatsanwaltschaft ermittelt gegen eine bekannte Tennis-Spielerin wegen des Verdachts der Beihilfe zur Steuerhinterziehung. Die Tennis-Spielerin zahlt 1.300.000,-- DM als Auflage. Daraufhin stellt die Staatsanwaltschaft das Ermittlungsverfahren mit ihrer Zustimmung ein. Staatsanwaltschaften und Gerichte beenden massenhaft Verfahren der kleineren und mittleren Kriminalität durch zustimmungsbedürftige Einstellungen, teilweise gegen Geldzahlungen oder andere Auflagen. Aber auch Prozesse im Bereich schwerer Kriminalität können durch eine Übereinkunft der Verfahrensbeteiligten beendet werden. Absprachen über das Verfahren und das Ergebnis eines Strafverfahrens reichen so weit, daß sie zur Verhängung einer Freiheitsstrafe von zwölf Jahren führen können. Gesetzlich geregelt sind sie nicht. Der Bundesgerichtshof erklärt eine solche Praxis für zulässig, wenn die Beteiligten bestimmte äußerste Grenzen einhalten. Die Staatsanwaltschaft verweist den in seiner körperlichen Unversehrtheit verletzten Bürger auf den Privatklageweg und fordert ihn auf, einen Sühneversuch mit dem Täter zu unternehmen. Der Staat handelt die Aussagebereitschaft eines Kronzeugen in vielen Bereichen gegen einen Strafnachlaß, einen Strafverzicht oder eine Einstellung des Verfahrens. Die Liste der Beispiele für die sich immer rasanter ausbreitende Vertragsorientierung im Strafverfahren ließe sich beliebig verlängern.

Es scheint, als ob im Strafverfahren nicht länger Prinzipien und allgemeine Gesetze herrschen, sondern der Wille der Beteiligten, die sich gleichsam in Vertragsverhandlungen darüber einigen, wie verfahren werden und welche Strafe am Ende des Verfahrens stehen soll. Auch im Strafverfahren scheint es einen ungeschriebenen, dem § 279 I S. 1 ZPO entsprechenden Satz zu geben, wonach das Gericht in jeder Lage des Verfahrens auf eine gütliche Beilegung des Rechtsstreits oder einzelner Streitpunkte bedacht sein soll. Allerdings tritt hier der Staat selbst als Partei des Rechtsstreits auf: Er begibt sich scheinbar auf die Ebene der Gleichordnung mit dem Bürger und handelt mit ihm die Bedingungen und die Reichweite der Strafbarkeit sowie die Folgen der Straftat aus, wobei es allerdings häufig an einer rechtlichen Verbindlichkeit des Vereinbarten fehlt. Damit ist der Bereich der Vertragsorientierung im Strafverfahrensrecht umrissen. Der kursorische Überblick zur Einführung hat gezeigt, daß sich die Untersuchung nicht auf die am heftigsten diskutierten Absprachen im Strafverfahren beschränken und die anderen Phänomene der Vertragsorientierung gleichsam ausblenden kann. Vertragsorientierung im Strafverfahren ist ein verbreitetes Phänomen, das in einem größeren Zusammenhang als dem der Absprachen betrachtet werden muß. Alles andere bedeutete eine durch nichts gerechtfertigte Beruhigung über die Zulässigkeit und die Grenzen der anderen Erscheinungen des Vertragsgedankens im Strafprozeßrecht.

Trotz der sich rasch ausbreitenden Vertragsorientierung sind die Prinzipien des Strafverfahrens im Grundgesetz, in der Strafprozeßordnung und im Gerichtsverfassungsgesetz auch heute noch aufzufinden: Das Offizialprinzip, das Akkusationsprinzip und das Legalitätsprinzip, die Grundsätze der Durchführung des Verfahrens, die Beweisgrundsätze, die Grundsätze der Form des Verfahrens und der Bestimmtheitsgrundsatz. Seit dem Inkrafttreten der Reichsstrafprozeßordnung ist aber neben das prinzipien- und gesetzesorientierte Strafverfahren zunehmend das vertragsorientierte Strafverfahren getreten, in dem der Verfahrensausgang nicht länger vom allgemeinen Gesetz, sondern von der Übereinkunft der Beteiligten im Einzelfall bestimmt wird. Die Übergänge zwischen den beiden Modellen und den ihnen zugrundeliegenden Strafverfahrenstheorien sind fließend geworden bis zur Unkenntlichkeit.

Das Anliegen der Arbeit ist es, diese beiden Modelle zu entflechten und eine klare Entscheidung für das eine oder für das andere Strafprozeßmodell einzufordern. Nur so kann das kritische Potential eines an den Prinzipien der Subjektivität und Personalität orientierten Strafverfahrens gegen das graue Einerlei bloß folgenorientierter, affirmativer Strafverfahrenspragmatik erhalten werden. Um diese Argumentation und ihr Ergebnis abzusichern, wird das prinzipien- und gesetzesorientierte Strafverfahren aus einem größeren staatstheoretischen Zusammenhang abgeleitet. Eine solche aus der Staatstheorie entwickelte Strafverfahrenstheorie erlaubt es, den Strafprozeß der praktischen Vernunft zu rekonstruieren. Dem subjektorientierten Strafverfahren wird das vertragsorientierte Strafprozeßmodell gegenübergestellt, das auf den Grundsätzen der Opportunität, der Prozeßökonomie und der Funktionstüchtigkeit der Strafrechtspflege aufbaut. Das vertragsorientierte Strafprozeßmodell wird als dasjenige der instrumentellen Vernunft aufgefaßt, welches unter weitgehender Aufgabe der Subjektorientierung der Systemeffizienz als überindividuellem Interesse verpflichtet ist. Die Vertragsorientierung wird vor dem Hintergrund dieser beiden Modelle einer Kritik unterzogen. Angesichts der staatstheoretischen Grundlegung der Arbeit und des aus ihr entwickelten Strafprozeßmodells ist der Vertrag im Strafprozeß unzulässig und vor dem Hintergrund der freiheitsgesetzlichen Theorie der Strafe auch entbehrlich. Die Frage nach der Durchsetzbarkeit dieses Modells ist dabei nicht unter dem Gesichtspunkt der Verwirklichung von Utopien, sondern unter der Perspektive der Verwirklichungsbedingungen praktischer Vernunft zu stellen. Sicherlich ist es keinem Richter oder Staatsanwalt zu verdenken, wenn er sich in der durch ständige Neu- und mangelnde Entkriminalisierung verursachten Flut von Verfahren der vertragsorientierten Normen bedient. Eine Aufforderung ist aber an den Gesetzgeber zu richten, sich für ein Verfahrensmodell zu entscheiden und das Verfahren dem gewählten Modell entsprechend auszugestalten. Der anzutreffende Zwar-Aber-Zustand ist zu beenden.

Skeptisch, was die rasche Verwirklichung der soeben angemahnten Rückbesinnung angeht, bemüht sich die Arbeit um ein Lösungsangebot für die Zeit bis zur Rückkehr zum prinzipienorientierten Strafprozeß. Die Arbeit verlangt, daß sich der Gesetzgeber und die Strafverfahrenspraxis klar zum Vertrag im Strafverfahren bekennen und nicht bei der bislang anzutreffenden bloßen Vertrags*orientierung* stehenbleiben. Probleme, Möglichkeiten und Grenzen sollen in diesem Zusammenhang durch einen Blick auf das US-amerikanische und das italienische Strafverfahren verdeutlicht werden. In beiden Verfahrensordnungen werden weite Bereiche des Verfahrens durch Verträge zwischen den Verfahrensbeteiligten bestimmt. Die derzeit im bundesdeutschen Strafverfahren vorherrschende Konsensorientierung ist durch die Möglichkeit eines rechtlich verbindlichen Vertrags zwischen den Beteiligten abzulösen, denn die bloße Vertragsorientierung ohne Bindung des Staates bedeutet einen Rückfall in den Naturzustand im Strafprozeßrecht. Die mit dem Vertrag im Strafverfahren einhergehende Bindungswirkung könnte immerhin ein gewisses Maß derjenigen Rechtssicherheit für den Beschuldigten zurückbringen, welche mit dem Übergang vom prinzipien- zum vertragsorientierten Verfahren verlorengegangen ist. Der Satz *Volenti non fit iniuria* ist zur Sicherung der Rechte des Beschuldigten durch den Satz *Pacta sunt servanda* abzulösen. Diese Forderung ist so lange zu erheben, bis eine Rückkehr zu einem Strafverfahrensmodell erfolgt, das neben der Verwirklichung allgemeiner Interessen jederzeit zugleich den Bedingungen gerecht wird, die die Staatsbegründung überhaupt erst ermöglichen: Nicht Angst und Furcht, sondern Subjektivität und Personalität des einzelnen – auch des Straftäters.

Erstes Kapitel – Einführung in die Problematik und Überblick über den Gang der Untersuchung

A. Einführung in die Problematik

Im Strafverfahrensrecht lassen sich immer größere Bereiche finden, in denen sich der Verfahrensablauf und das Verfahrensergebnis nicht mehr aus dem allgemeinen Gesetz ergeben, sondern durch eine Übereinkunft der Parteien bestimmt werden. Der Vertragsgedanke dringt tief in das Strafprozeßrecht ein. Er liegt den positiv geregelten Opportunitätsvorschriften, dem Privatklageverfahren und dem Strafbefehlsverfahren sowie dem Täter-Opfer-Ausgleich und den Kronzeugenregelungen zugrunde. Im Vordergrund des öffentlichen Interesses stehen allerdings Absprachen im Strafverfahren, die sich *praeter legem* entwickelt haben und für die Bedürfnisse der Praxis durch die Rechtsprechung geformt worden sind.

Anliegen der Arbeit ist es, die genannten Phänomene der Vertragsorientierung nicht auf der Skala eines flexiblen, relativierbaren positivrechtlichen Maßstabs zu messen, wie er durch das Modell des "neuen", abwägungsorientierten Strafverfahrensrechts repräsentiert wird. Vielmehr soll der Vertragsgedanke im Strafprozeßrecht auf den Prüfstand der freiheitsgesetzlichen Staatstheorie, der zivilistischen Vertragstheorie und eines aus der Staatstheorie entwickelten Strafprozeßmodells gestellt und seine Zulässigkeit anhand der so gewonnenen Kriterien beurteilt werden. Prüfungsmaßstab ist der "alte" prinzipienorientierte Strafprozeß. Dabei soll der Blick nicht auf Absprachen im Strafverfahren *praeter legem* beschränkt bleiben, sondern umfassend auf die Vertragsorientierung im Strafprozeßrecht gelenkt werden. Nach dem Ansatzpunkt der Arbeit kann es auch gegenüber der in Gesetzen anzutreffenden Vertragsorientierung keine Beruhigung geben, bloß weil diese positivrechtlich fixiert ist.

Erweist sich die Vertragsorientierung nach der Staatstheorie, der Vertragstheorie und nach dem prinzipienorientierten Strafprozeßmodell als unzulässig, so ist nach einem Ausweg aus der Vertragsorientierung zu suchen. Diese Suche kann in zweierlei Richtung unternommen werden:

Zum einen kann ausgehend von der freiheitsgesetzlichen Staatstheorie die Forderung nach einem engen Verbrechensbegriff erhoben werden, der nur elementar-konkrete Freiheitsverletzungen umfaßt und damit den Rückgriff auf ein angesichts der Fallast unausweichlich erscheinendes Paktieren mit dem Beschuldigten entbehrlich werden läßt. An dieser Stelle ist zu zeigen, daß das materielle Strafrecht und das Strafverfahrensrecht nur von einem einheitlichen Ausgangspunkt her begründet werden können.

Zum anderen ist für den Fall Vorsorge zu treffen, daß ein Zurückgehen auf einen an der freiheitsgesetzlichen Theorie der Strafe orientierten Verbrechensbegriff auf Ablehnung stößt. Dann ist einzufordern, daß der "neue" Strafprozeß seine Einzelfallorientierung ernst nimmt und die bislang nur als Vertrags*orientierung* anzutreffende Aufgabe der Verfahrensprinzipien in eine umfassende Einführung des Vertragsrechts in den Strafprozeß auflöst. Im Vordergrund steht hierbei nicht das Bemühen, eine Praxis zu legitimieren, die nach dem prinzipienorientierten Strafverfahrensmodell abzulehnen ist. Anliegen ist es vielmehr, dem Beschuldigten, der in seiner Vertragsbeziehung mit dem Staat stets zur Vorleistung verpflichtet ist, ein gewisses Maß an Sicherheit zurückzugeben, die mit der Abkehr vom prinzipienorientierten und der Hinwendung zum einzelfallorientierten Strafverfahren verlorengegangen ist.

B. Überblick über den Gang der Untersuchung

Die Arbeit setzt sich zum Ziel, den Vertragsgedanken nicht ausgehend vom Phänomen, sondern vor dem Hintergrund einer Grundlegung zu betrachten und zu bewerten. Der Aufbau der Arbeit gleicht daher einem Syllogismus, der aus einem Obersatz, dem zu subsumierenden Lebenssachverhalt und einer *conclusio*, dem für die Frage gefundenen Ergebnis, besteht. Im Zweiten Kapitel erfolgt dieser Grobstruktur gemäß die Klärung der Begriffe des Vertrags und des Strafprozesses. Im Dritten Kapitel werden die Phänomene des Vertragsgedankens im Strafprozeßrecht beschrieben, um ihn nach einer rechtsvergleichenden Betrachtung im Strafprozeßrecht (Viertes Kapitel) abschließend im Fünften Kapitel zu bewerten.

I. Hinführung zum Zweiten Kapitel: Grundlegung

Im Rahmen der Grundlegung, die das Zweite Kapitel bildet, werden die Begriffe des Vertragsgedankens und des Strafprozeßrechts geklärt. Ziel dieser Begriffsbestimmung ist es, ein breites Fundament für die im Fünften Kapitel zu leistende Bewertung und Kritik des Vertragsgedankens im Strafprozeßrecht zu legen.

Im ersten Teil des Zweiten Kapitels ist zunächst der Vertragsbegriff näher zu bestimmen. In einem ersten Schritt wird der staatstheoretische Vertragsbegriff in Form des Gesellschaftsvertrags einer näheren Betrachtung unterzogen. Hier ist festzustellen, daß ein Zurückgehen auf den Vertrag zur Staats- und Rechtsbegründung vor dem Hintergrund kritisch-praktischer Philosophie entbehrlich ist. Die rechtliche, vernunftgesetzliche Notwendigkeit der Staatsbegründung macht eine vertragliche Staatsbegründung überflüssig. Der Rechtsgrund des Staates ist vertragsunabhängig und nur in der praktischen Vernunft derjenigen Menschen zu suchen, welche sich im Staat zusammenschließen. Das Staatshandeln, also auch das strafrechtliche und strafprozessuale Staatshandeln, hat sich aus diesem Grunde jederzeit an den Bedingungen der Staatsbegründung zu orientieren, die in der Freiheit, der Gleichheit und der Selbständigkeit des einzelnen bestehen. Die Berufung auf einen einmal geschlossenen Gesellschaftsvertrag zur Begründung rein zweckrationalen, empirisch wirksamen Handelns ist dem Staat damit verwehrt. Machtbegrenzung zur Gewährleistung von jedermanns Freiheit, nicht Gewährung von Sicherheit durch unbegrenzte Machtausübung auf der Grundlage eines einmal geschlossenen Gesellschaftsvertrags ist Aufgabe des Staates.

Im Rahmen eines Exkurses wird zur Strafrechtsbegründung Stellung genommen: In dem nach dem kategorischen Imperativ der Staatsgründung etablierten Staat hat das Strafrecht lediglich die Aufgabe, schwere Verletzungen der Personalität und Subjektivität als Ausübungsbedingungen der Freiheit des einzelnen vergeltend zurückzuweisen. In jeder Beziehung staatlichen Handelns, auch und erst recht im tief in die Freiheit des einzelnen einschneidenden Strafverfahren kann sich der Staat nie auf ein im Vertrag aufgehobenes Einwilligungsargument (*Volenti non fit iniuria*) zurückziehen. Auf diese Weise würde er dem Bürger genau diejenigen Qualitäten absprechen, welche die Staatsbegründung überhaupt erst ermöglichen: Freiheit, Gleichheit und Selbständigkeit. Diese Bestimmung bedeutet bereits eine weitgehende Festlegung für die Beantwortung der Frage nach der Möglichkeit eines Vertrags in einem Strafverfahren, das als staatliches Verfahren verstanden wird.

Im Anschluß an die Untersuchung und Verabschiedung des Gesellschaftsvertragskonzepts im Staatsrecht wird der Vertrag im Verhältnis der Personen zueinander beschrieben. Entfaltet der Vertrag im Bereich der Staats- und Rechtsbegründung keinerlei argumentative Kraft, so hat er im Verhältnis der Personen zueinander umso größere Bedeutung. Diese wird im zweiten Abschnitt des ersten Teils der Grundlegung näher bestimmt. Privatautonomie und Vertragsfreiheit sind die Folge der Freiheit *a priori* des Menschen. Sie stehen aber selbst wiederum unter der Bedingung der Freiheit und Gleichheit der am Vertragsschluß Beteiligten. Nur die als frei und gleich vorgestellten Bürger können im Vertrag ihrer Selbständigkeit Ausdruck verleihen. Nähere Konkretisierungen der Vertragsfreiheit sind die Abschluß- und die Gestaltungsfreiheit. Ihre Grenzen finden sich in gesetzlichen Verboten (§ 134 BGB), verstanden als die mangelnde Verallgemeinerungsfähigkeit des vertraglich Vereinbarten, sowie in einem Verstoß gegen die guten Sitten (§ 138 I BGB). Ein Verstoß gegen die guten Sitten liegt nach der hier unternommenen Rekonstruktion dieses Recht und Moral vermengenden Begriffs dann vor, wenn die Subjektivität und die Personalität eines

Vertragschließenden in Frage gestellt werden. Ausfluß der Privatautonomie und der Vertragsfreiheit sind die zivilprozessuale Dispositionsmaxime sowie die mit ihr verbundene Möglichkeit eines materiell-rechtlich und prozessual wirkenden Prozeßvergleichs. Die Bestimmung des privatrechtlichen Vertragsbegriffs soll verdeutlichen, daß für einen wirksamen Vertrag zwischen Privatrechtssubjekten die Gleichordnung der Vertragschließenden und die Freiheit des Vertragsschlusses vorausgesetzt sind. Allgemein wird der Vertrag als mehrseitiges Rechtsgeschäft aufgefaßt, durch das einvernehmliche Rechtsfolgen hervorgebracht werden.

In einem Exkurs wird sodann der Frage nachgegangen, ob der Verwaltungsvertrag als Modell für eine Rekonstruktion des Vertragsgedankens im Strafprozeß dienen kann. Nach einer Begriffsklärung werden die Grenzen des Verwaltungshandelns durch Verwaltungsvertrag herausgestellt. Die Verwaltung kann durch die Wahl der Vertragsform ihren Handlungspielraum nicht erweitern, denn für sie ist das allgemeine Gesetz handlungsleitend und nicht der im Vertrag zum Ausdruck gelangende Wille der Parteien. Zumal im Bereich grundrechtsrelevanter Eingriffsverwaltung kann sich die Verwaltung nicht auf den Standpunkt zurückziehen, der Bürger habe vertraglich in den Eingriff eingewilligt. Zudem stellt sich für den Bereich der Eingriffsverwaltung die Frage, ob die für den privatrechtlichen Vertrag herausgearbeiteten Bedingungen der Freiheit des Vertragsschlusses und der Gleichordnung der Vertragschließenden überhaupt erfüllt sind. Die staatliche Verwaltung kann das Rechtsverhältnis zwischen den Beteiligten stets auch einseitig durch Verwaltungsakt regeln. Diese Erkenntnisse werden bei der Bewertung des Vertragsgedankens zu berücksichtigen sein.

Im zweiten Teil des Zweiten Kapitels wird der Begriff des Strafprozesses näher bestimmt. Es werden zwei Modelle des Strafverfahrens herausgearbeitet, die weniger wegen ihrer zeitlichen Geltung, sondern vielmehr wegen des Grades der Prinzipienorientierung als "alter" und "neuer" Strafprozeß bezeichnet werden.

Der "alte" Strafprozeß wird als derjenige Strafprozeß aufgefaßt, welcher sich an den Prinzipien orientiert, die im staatstheoretischen Teil der Bestimmung des Vertragsbegriffs herausgearbeitet wurden. Im Vordergrund stehen hier die Personalität und die Subjektivität des Beschuldigten. Diese Prinzipien bestimmen zum einen die Grundsätze der Einleitung des Verfahrens. Die Strafverfolgung ist Aufgabe des Staates, wie sich aus dem Offizialprinzip ergibt. Aus dem Grundsatz der Gewaltenteilung und zum Schutz der Rechtsposition des Beschuldigten sind die Anklage- und die Urteilsfunktion nach dem Akkusationsprinzip auf zwei Verfahrenssubjekte, nämlich den Staatsanwalt und den Richter verteilt. Schließlich gilt im "alten" Strafprozeß ein strenges Legalitätsprinzip, um die Gleichheit *a priori* der Bürger zu gewährleisten. Das Legalitätsprinzip im Verfahrensrecht ist das Gegenstück zum Bestimmtheitsgrundsatz im materiellen

Recht. Beide zusammen bilden die Legalität als Folge des staatsrechtlichen Prinzips allgemeiner Gesetzgebung. Das Legalitätsprinzip untersagt die willkürliche Beendigung eines Strafverfahrens ebenso wie die willkürliche Einleitung eines Strafverfahrens. Der über die Straftat urteilende Richter ist nach dem Grundsatz des gesetzlichen Richters, der ebenfalls eine Ausprägung der Legalität ist, im voraus genau bestimmt. Er ist unabhängig von Weisungen der Exekutive und nur an das allgemeine Gesetz gebunden. Der Richter allein entscheidet über Eingriffe in die Freiheit des Beschuldigten. Die staatstheoretischen Prinzipien bestimmen auch die Grundsätze der Durchführung des Verfahrens. Der Sachverhalt ist nach dem Ermittlungsgrundsatz von Amts wegen festzustellen. Eng damit verbunden ist die Unschuldsvermutung, nach der der strafverfolgende Staat dem Täter die Begehung einer Straftat nachzuweisen hat. Alle Verfahrensbeteiligten haben nach dem Grundsatz des rechtlichen Gehörs Anspruch darauf, ihren Tatsachenvortrag und ihre Rechtsmeinung zur Kenntnis zu bringen. Das Verfahren ist nach dem Beschleunigungsgrundsatz möglichst rasch durchzuführen, um Unschuldige alsbald aus dem Verfahren zu entlassen und um Beweismittel unverfälscht zu erhalten. Im Hinblick auf die Beweisgrundsätze sind der Grundsatz der Unmittelbarkeit und der freien richterlichen Beweiswürdigung hervorzuheben. Eng mit der Unschuldsvermutung ist der Grundsatz *In dubio pro reo* verknüpft. Er ergibt sich aus dem Prinzip, im Zweifel stets für die Freiheit zu entscheiden. Klar tritt die Prozeßsubjektivität des Beschuldigten im Verbot, sich selbst belasten zu müssen (*Nemo tenetur se ipsum prodere*), und dem Verbot unzulässiger Vernehmungsmethoden hervor. Der Beschuldigte darf nie zum bloßen Objekt des Verfahrens werden, indem er ein Geständnis infolge Täuschung oder Gewalt ablegt. Die Grundsätze der Form (Öffentlichkeit und Mündlichkeit) unterstreichen den Bezug des einzelnen Strafverfahrens zur Allgemeinheit. Diese soll die Rechtsprechung – insbesondere die Strafrechtsprechung – als öffentliche Aufgabe wahrnehmen und kritisch beobachten können. Schließlich gilt der Bestimmtheitsgrundsatz auch für strafprozessuale Vorschriften, die in die Freiheit des einzelnen eingreifen. Die Legalität kommt also im Prozeß nicht allein in der gleichmäßigen Anwendung der Normen nach dem Legalitätsprinzip, sondern auch in der berechenbaren Formulierung strafprozessualer Regelungen zum Ausdruck. Zusammenfassend wird der "alte" Strafprozeß als der Prozeß der "schützenden Formen" aufgefaßt, durch den der Staat infolge der Orientierung am allgemeinen Gesetz nicht mehr, aber auch nicht weniger unternimmt, als zur Wiederherstellung des rechtlichen Zustands nach der Straftat erforderlich ist. Die Handlungsanweisungen für die am Verfahren Beteiligten gibt das allgemeine Gesetz, das die Verfahrensweise und den Verfahrensausgang bestimmt.

Dem wird in einem zweiten Abschnitt der "neue" Strafprozeß gegenübergestellt. Dieser zeichnet sich aus durch die Aufgabe der Prinzipienorientierung und eine Hinwendung zum Einzelfall. Dies wird anhand des Opportunitätsprinzips verdeutlicht, das in weiten Bereichen der Strafverfolgung das Legalitätsprinzip ersetzt hat. Als weitere Grundsätze des "neuen" Strafverfahrens werden die Prozeßökonomie und die Funktionstüchtigkeit der Strafrechtspflege angeführt. Allen genannten Grundsätzen ist gemein, daß sie nicht vom einzelnen Bürger, sondern von einem überindividuell-staatlichen Interesse her begründet werden. Dem wird der *Fair trial*-Grundsatz gegenübergestellt, der scheinbar subjektive Interessen wieder in den Prozeß einführen soll. Es wird nachgewiesen, daß die Aufgabe der Prinzipienorientierung zu einer Abwägungsdogmatik für den Einzelfall führt, die dem jeweils bevorzugten Interesse zum Durchbruch verhilft. Schließlich wird herausgearbeitet, daß die Aufgabe der Prinzipienorientierung und die Hinwendung zum Einzelfall zur Entdeckung des Vertragsgedankens im Strafprozeßrecht geführt haben. Im strafprozessualen Vertrag als der zu Ende gedachten Opportunität lassen sich die Maxime des Rechtsanwenders und die des Beschuldigten zur Deckung bringen.

II. Hinführung zum Dritten Kapitel: Phänomenologie des Vertragsgedankens im Strafprozeßrecht

Vor dem Hintergrund der in der Grundlegung geleisteten Bestimmungen des Vertrags und des Strafprozesses werden im Dritten Kapitel die Erscheinungen des Vertragsgedankens im Strafprozeßrecht beschrieben. Darunter werden prozeß- und materiell-rechtliche Institute gefaßt, die es erlauben, durch eine Übereinkunft der Beteiligten hinsichtlich Verfahren und Rechtsfolgen auf den Einzelfall bezogene Ergebnisse hervorzubringen. Zu beschreiben sind die Voraussetzungen für die Anwendung dieser Institute, die durch sie begründeten Austauschbeziehungen und ihre Reichweite.

In einem ersten Abschnitt wird die Vertragsorientierung auf positivrechtlicher Grundlage dargestellt. Hierbei ist zwischen Vertragsorientierung im Verfahrensrecht und im materiellen Strafrecht zu unterschieden. Im Zusammenhang des Verfahrensrechts werden vorgestellt: § 153 II StPO (Verfahrenseinstellung in Bagatellsachen), § 153a StPO (Verfahrenseinstellung bei Erfüllung von Auflagen und Weisungen), § 153b II StPO (Verfahrenseinstellung bei der Möglichkeit des Absehens von Strafe im materiellen Recht), § 153e StPO (Verfahrenseinstellung bei tätiger Reue), §§ 45, 47 JGG (Diversion im Jugendstrafverfahren) sowie der Sühneversuch im Privatklageverfahren (§ 380 StPO) und das Schweigen des Angeklagten als Zustimmung im Strafbefehlsverfahren (§§ 407 ff., 411 III StPO). Hinsichtlich der Vertragsorientierung im materiellen Strafrecht sind der Täter-Opfer-Ausgleich (§ 46a StGB) sowie eine Reihe von Kronzeugenregelungen darzustellen. § 153b StPO leitet die materiell-rechtliche Vertragsorientierung in das Prozeßrecht über, denn diese Vorschrift ermöglicht unter bestimmten Voraussetzungen eine Einstellung des Verfahrens.

In einem zweiten Abschnitt ist die Vertragsorientierung *praeter legem* darzustellen, die den weiten Bereich der Absprachen umfaßt. Darunter wird die Einigung der Verfahrensbeteiligten über Tatsachen und Rechtsfolgen im Strafprozeß verstanden, die sich außerhalb der Formen des Strafprozesses bewegt. Innerhalb dieser Darstellung werden Absprachen im Ermittlungsverfahren und Absprachen im Hauptverfahren unterschieden. Hinsichtlich der Absprachen im Hauptverfahren wird die Rechtsprechung des Bundesverfassungsgerichts und des Bundesgerichtshofs referiert und festgestellt, daß die Praxis Absprachen *praeter legem* keine rechtlich verbindliche Wirkung beilegt, sondern sie im Bereich des bloß Faktischen beläßt. Der Beschuldigte kann also nicht wegen der rechtlichen Verbindlichkeit einer Absprache auf deren Einhaltung bestehen, sondern bei Nichteinhaltung der Absprache lediglich einen Vertrauensbruch des Gerichts unter dem Gesichtspunkt des fairen Verfahrens rügen. Als Ergebnis der Phänomenologie des Vertragsgedankens im Strafprozeßrecht wird festzuhalten sein, daß neben das in der "alten" Strafprozeßordnung geregelte Verfahren ein immer größer werdender Bereich tritt, in dem das Strafverfahren nach dem übereinstimmenden Willen der Parteien unter Austauch von Leistungen und Gegenleistungen geführt und beendet werden kann.

III. Hinführung zum Vierten Kapitel: Rechtsvergleichende Betrachtung des Vertragsgedankens im Strafprozeßrecht

Im Rahmen des Vierten Kapitels, der rechtsvergleichenden Betrachtung des Vertragsgedankens im Strafprozeßrecht, werden exemplarisch die Rechtsordnungen der Vereinigten Staaten von Amerika und Italiens untersucht. Diese weisen in ihrem jeweiligen Strafverfahrensrecht große Bereiche der Vertragsorientierung auf. In den USA handelt es sich um den Schuldhandel (*plea bargaining*) und um die Kronzeugenregelungen (*immunity*). In Italien stehen die Besonderen Verfahrensarten (*procedimenti speciali*) und auch hier die Kronzeugenregelungen (*pentitismo*) im Vordergrund. Von besonderem Interesse für den Zusammenhang der Untersuchung ist die Feststellung, daß die genannten Rechtsordnungen diese Aushandlungsprozesse unter das Regime des Vertragsrechts stellen: In Italien faßt der Kassationsgerichtshof Absprachen über das Verfahren und die Rechtsfolge der Straftat als Verwaltungsverträge auf, in den Vereinigten Staaten ist von *plea bargaining as contract* die Rede.

Der Aufforderung, die genannten Rechtsordnungen doch als Modelle für eine Umstrukturierung des Strafverfahrens in der Bundesrepublik zu nehmen, wird entgegengehalten, daß es sich zumindest bei dem US-amerikanischen Verfahren um ein an der Dispositionsmaxime bzw. dem Opportunitätsprinizip und nicht um ein am Legalitätsprinzip orientiertes Verfahren handelt. Eine unmittelbare Vergleichbarkeit der Prozeßmodelle besteht also nicht. Mit der Übernahme der Vertragselemente aus dem Strafprozeßrecht der Vereinigten Staaten müßte konsequenterweise zugleich auch eine Ablösung des Legalitätsprinzips durch die Opportunität und die mit ihr verbundene Dispositionsmaxime einhergehen. Daraus folgte dann aber auch die Disponibilität des öffentlichen Strafanspruchs und der Beschuldigtenrechte. Hinsichtlich der Vertragsorientierung im italienischen Strafverfahrensrecht ist auf die Kritik hinzuweisen, die die Literatur an den Besonderen Verfahren und den Kronzeugenregelungen vor dem Hintergrund der Verfassung, der Grundsätze des Strafverfahrensrechts und des Strafzumessungsrechts übt. Am italienischen Beispiel zeigt sich deutlich, daß sich das prinzipien- und das vertragsorientierte Modell des Strafprozesses nicht bruchlos ineinanderfügen lassen.

IV. Hinführung zum Fünften Kapitel: Bewertung des Vertragsgedankens im Strafprozeßrecht

Im Fünften Kapitel wird der Vertragsgedanke vor dem Hintergrund der Grundlegung und der rechtsvergleichenden Betrachtung einer abschließenden Kritik und Bewertung unterzogen.

Innerhalb der Kritik des Vertragsgedankens werden zunächst die staatstheoretischen und die privatrechtlichen Einwände gegen die Vertragsorientierung im Strafprozeßrecht formuliert. Im Anschluß werden die Einwände gegen die Vertragsorientierung auf der Grundlage des prinzipienorientierten "alten" Strafprozesses vorgetragen. Aus der Kritik des Vertragsgedankens vor dem Hintergrund der staatstheoretischen, der vertragstheoretischen und der strafverfahrenstheoretischen Überlegungen folgt die Unzulässigkeit des Vertrags im Strafprozeßrecht. Einer Vertragsorientierung bedürfte es auch nicht, wenn sich die Tätigkeit der Strafgesetzgebung an der freiheitsgesetzlichen Theorie der Strafe orientierte. Damit ist der gemeinsame Ausgangspunkt des materiellen Rechts und des Strafverfahrensrechts benannt. Beide haben sich an den Bedingungen der Staatsbegründung, an den Bedingungen von Subjektivität und Personalität des einzelnen auszurichten: Freiheit, Gleichheit und Selbständigkeit. Danach kann nur eine solche Handlung ein Verbrechen sein, die diese Bedingungen im Sinne einer elementar-konkreten Freiheitsverletzung schwer beeinträchtigt. Zugleich kann nur ein solches Verfahren einer freiheitsgesetzlichen Strafverfahrenstheorie gemäß sein, das sich ebenfalls an den Bedingungen der Staatsbegründung orientiert. Diese Bedingungen haben auch das Verfahren gegen den mutmaßlichen Täter zu bestimmen, der sich dem Verdacht einer elementar-konkreten Freiheitsverletzung an dem Opfer ausgesetzt sieht.

Anschließend ist die Frage zu beantworten, warum mangels Bereitschaft einer Rückkehr zum prinzipienorientierten Strafverfahren die Vertragsorientierung im Strafverfahren nicht zumindest durch den Vertrag im Strafprozeßrecht ersetzt wird. Zunächst sind die Zurückhaltung von Rechtsprechung und Literatur gegenüber dem Vertrag im Strafprozeßrecht zu beschreiben und die Gründe hierfür anzugeben. Die Situationsbeschreibung führt zu der Feststellung, daß in dem Bereich aufgegebener Prinzipienorientierung und bloßer Vertrags*orientierung* der Naturzustand als Zustand bloß provisorischer Rechtsverhältnisse im Strafprozeßrecht herrscht. Mangels Rechtsverbindlichkeit des Vereinbarten kann der Beschuldigte nicht sicher sein, ob er auf seine Vorleistung auch die staatliche Gegenleistung erhält.

Abschließend ist zu fordern, daß eine klare Entscheidung zwischen dem "alten" und dem "neuen" Strafprozeß getroffen, die Einzelfallorientierung im "neuen" Strafprozeß ernst genommen und die bislang nur als Vertrags*orientierung* anzutreffende Aufgabe der Verfahrensprinzipien durch die Einführung des Vertragsrechts in den Strafprozeß abgelöst wird. Eine solche Forderung bedeutet keinen Beitrag zur Legitimation einer Praxis, die nach dem prinzipienorientierten Strafverfahrensmodell abzulehnen ist. Sie stellt vielmehr sicher, daß der vorleistungspflichtige Beschuldigte zumindest etwas von der Sicherheit zurückerhält, die ihm mit dem Übergang vom prinzipienorientierten zum einzelfallorientierten Strafverfahren verlorengegangen ist. Mit einer solchen Forderung wird das Modell des "alten" Strafprozesses nicht aufgegeben. Eine Rückkehr zu ihm bleibt die Forderung der Grundlegung. Die klare Trennung der Prozeßmodelle und eine Zuordnung des Vertrags zum "neuen" Strafprozeß bewahrt aber vor einer Vermengung des "alten" mit dem "neuen" Strafprozeßmodell und erhält so das kritische Potential des prinzipienorientierten Strafverfahrens.

Zweites Kapitel – Grundlegung

Um bei der Betrachtung des Vertragsgedankens im Strafprozeßrecht zu abgesicherten Ergebnissen gelangen zu können, ist es zunächst erforderlich, im Rahmen einer Grundlegung die Begriffe des Vertragsgedankens sowie des Strafprozeßrechts zu klären. Nur auf der Grundlage eines klaren Begriffs des zu untersuchenden Gegenstands wird es möglich sein, die Bedingungen der Möglichkeit eines Vertrags im Strafverfahren hinreichend zu bestimmen.

Der Gang der Untersuchung ist folglich so angelegt, daß im ersten Teil der Vertragsgedanke dargestellt wird. Dabei ist zwischen dem Vertrag zur Staats- und Rechtsbegründung sowie dem Vertrag zwischen Privatpersonen zu differenzieren. In einem zweiten Teil soll das den weiteren Erörterungen zugrunde zu legende Modell des Strafprozesses skizziert werden. Entgegen einer intuitiven Einschätzung wird sich zeigen, daß die Gegenstände der beiden Teile nicht zusammenhanglos nebeneinander, sondern gleichsam in einem Stufenverhältnis stehen.

Sowohl für das materielle Strafrecht als auch für das Strafprozeßrecht läßt sich feststellen, daß beide Regelungsmengen nicht mehr an ihre ursprünglich philosophischen Grundlagen rückgebunden werden[1]. Das Prozeßrecht wurde zwar wohl immer schon weniger als philosophisch begründetes Regelwerk denn

---

1 So bezeichnet *P. J. A. Feuerbach* das erste Buch seines Lehrbuchs des gemeinen in Deutschland gültigen peinlichen Rechts (1847), S. 30, das den Allgemeinen Teil enthält, als den "Philosophischen Teil" des Strafrechts; hierzu: *W. Naucke*, GA 1998, S. 263 f. Zur Philosophie als Mittel der Auffindung leitender Prinzipien des Strafverfahrens: *H. A. Zachariae*, Gebrechen und Reform (1846), S. 24 f.; *ders.*, Handbuch des Strafprocesses (1861), S. 26, hier werden die Strafrechtspolitik und ihre reformatorischen Forderungen als der Philosophie zugehörig angesehen; *A. Vassalli*, Rechtsphilosophische Betrachtungen über das Strafverfahren (1869); *K. v. Birkmeyer*, Deutsches Strafprozeßrecht (1898), S. 61; zur Strafprozeß-Theorie s. *C. J. A. Mittermaier*, Das Deutsche Strafverfahren (1845), S. 36. Neuerdings: *M. Köhler*, Strafrecht – Allgemeiner Teil, S. 7 ff. (S. 7): "Die Strafrechtswissenschaft bezieht sich auf die kategorischen Prinzipien des Strafrechts."; *M. Kahlo*, KritV 1997, S. 183 ff. (S. 199 f.), mit ausdrücklichem Bezug zum Strafverfahrensrecht. Zur aktuellen Schwerpunktverlagerung von der Strafrechtsphilosophie zum strafpolitischen Pragmatismus, dem neben der Analyse des "modernen" Strafrechts, dem bedingungslosen Einfordern des rechtsstaatlichen Strafrechts und dem ständigen Widerspruch, der absoluten Strafrechtskritik auch die Erinnerung an die strafrechtsphilosophischen Grundlagen, die Erinnerung an die "reine Lehre" entgegenzusetzen ist s. *W. Naucke*, KritV 1993, S. 137 ff., 160 ff.; vgl. auch *ders.*, Die strafjuristische Privilegierung staatsverstärkter Kriminalität, S. 34 ff.; *M. Köhler*, a.a.O., S. 51 f.

als Anleitung für die Umsetzung des materiellen Rechts in die forensische Wirklichkeit angesehen[2]. Diese Feststellung sollte jedoch nicht davor abschrecken, einen "Allgemeinen Teil vor dem Allgemeinen Teil"[3] nicht nur für das Strafrecht, sondern auch für das Strafverfahrensrecht[4] wieder aufzusuchen bzw. neu zu begründen. Ist das Verfahren unabdingbare Voraussetzung für die Verwirklichung des materiellen Rechts[5], so erscheint der Versuch nicht von vornherein untauglich, beide Regelungsmengen in einen einheitlichen Begründungszusammenhang zu stellen.

A. Der Vertragsgedanke

Die Reichweite des Vertragsgedankens erstreckt sich vom staats- und rechtsbegründenden Gesellschaftsvertrag der Staatstheorie und politischen Philosophie bis zum Sachkauf des täglichen Lebens[6]. Dem Vertragsdenken ist also eine nicht

---

2 Bis etwa zur Wende zum 20. Jh. kann man feststellen, daß materielles Strafrecht und Strafverfahrensrecht von einer einheitlichen theoretischen Grundlage hergeleitet werden, s. etwa *C. J. A. Mittermaier*, Archiv des Criminalrechts NF 1842, S. 62 f., 68; *ders.*, Das Deutsche Strafverfahren (1845), S. 1 ff.; *H. A. Zachariae*, Gebrechen und Reform (1846), S. 24 ff., 40, 64 f.; *ders.*, Handbuch des Strafprocesses (1861), S. 1 ff. (S. 2), S. 38 f.; *K. v. Birkmeyer*, Deutsches Strafprozeßrecht (1898), S. 15 ff.; *ders.*, DJZ 1909, Sp. 1049 ff.; geschichtlicher Überblick zur Trennung des Strafverfahrensrechts von der Rechtsphilosophie bei *A. Eser*, ZStW 104 (1992), S. 362 ff.

3 Zur Bedeutung des Allgemeinen Teils des StGB vgl. *W. Naucke*, Strafrecht – Eine Einführung, § 6 Rdnr. 6 ff. (Rdnr. 20): "Vielmehr tauchen alle in den Grenzen unsicheren Begriffe, jene Begriffe, zu deren Festlegung immer wieder *Rückgriffe auf Straf- und Staatstheorie* nötig sind, im Allgemeinen Teil auf, so daß hier ein ständiges Kommen und Gehen ist." (Hervorhebung von mir, *St. S.*). Diese Begriffe abzusichern, ist Aufgabe des Allgemeinen Teils vor dem Allgemeinen Teil; s. auch *W. Naucke*, Gutachten, S. D 15; *ders.*, Kants Kritik der empirischen Rechtslehre, S. 189; *R. Harzer*, Die Selbständigkeit und ihre straftheoretische Bedeutung, S. 32; *M. Kahlo*, KritV 1997, S. 195: "Man muß ... schon auf vorpositiv-rechtsphilosophische Grundlegungen zurückgehen, will man zu einem angemessenen Begriff der Rechts- und Strafverfahrenssubjektivität gelangen."

4 *W. Naucke*, Strafrecht – Eine Einführung, § 5 Rdnr. 57.

5 Ausführlich: *Eb. Schmidt*, Lehrkommentar zur StPO und zum GVG, Nrn. 24 ff. (Nr. 26); *W. Hassemer*, Legalität und Opportunität im Strafverfahren, S. 530, 533; *ders.*, ZRP 1997, S. 319, plädiert vor dem Hintergrund der Integrationsgeneralprävention dafür, nicht nur die Normen des materiellen Strafrechts, sondern auch die des Strafverfahrensrechts als durch die strafende Reaktion gesichert anzusehen; vgl. auch *U. Neumann*, RTh 27 (1996), S. 422 ff., zu der Frage, ob die Diskurstheorie materielle Gerechtigkeit und prozedurale Gerechtigkeit vereinigen kann.

6 Zur Weite des deutschen Sprachgebrauchs s. *J. Fisch*, Vertrag, Gesellschaftsvertrag, Herrschaftsvertrag – Exkurs, S. 952: "Dem deutschen 'Vertrag' kommt dabei inso-

zu unterschätzende Begründungskraft für die Gestaltung menschlichen Zusammenlebens zu bescheinigen[7]. Daher nimmt es nicht wunder, wenn sich dieses Denken auch im Strafverfahren ausbreitet.

Bei der Darstellung der Grundlinien der Vertragstheorie wird in einem Dreischritt vorgegangen. Zuerst ist der Vertragsgedanke im Zusammenhang mit dem Gesellschaftsvertrag als Vertrag zur Begründung von Staat und Recht darzustellen. Das Strafverfahren als Teil des öffentlichen Rechts steht in diesem Zusammenhang. In einem zweiten Schritt soll der Vertragsgedanke in seiner Bedeutung für Vertragsschlüsse zwischen Privatrechtssubjekten erläutert werden. Schließlich gilt es, einen allgemeinen Begriff des Vertrags zu formulieren.

I. Der Vertrag zur Begründung von Staat und Recht (Staatsrecht)

Im Rahmen einer Arbeit wie der vorliegenden kann weder eine umfassende ideengeschichtliche Darstellung noch eine detaillierte Auseinandersetzung mit den verschiedenen Vertretern des Kontraktualismus unternommen werden[8]. Vielmehr soll zunächst die den weiteren Ausführungen zugrunde zu legende Gesellschaftsvertragstheorie dargestellt und argumentativ abgesichert werden. Die Argumentation ist der politischen Philosophie der Aufklärung und hier insbesondere der *Immanuel Kants* verpflichtet. Wird dieses Denken auch gern als "alteuropäisch" abqualifiziert[9], so wird sich doch im Laufe der weiteren Ausführungen seine Aktualität erweisen. Im folgenden ist also die Staatsbegründung *Kants*

---

fern eine Sonderstellung zu, als in den anderen Sprachen kein vergleichbar weiter, umfassender Begriff existiert, der sämtliche einschlägigen Rechtsgeschäfte vom Privatrecht bis zum Völkerrecht umfaßt ...".

7 Ein "neuer Gesellschaftsvertrag" ist auch immer häufiger Gegenstand (gesellschafts-) politischer Forderungen; s. nur *R. Herzog*, FR vom 28.04.1997, S. 13; vgl. auch zur europarechtlichen Dimension des Vertragsdenkens *E.-J. Mestmäcker*, FAZ vom 04.10.1997, S. 15: "Die Gestalt, welche die Europäischen Gemeinschaften schließlich im Rahmen der Europäischen Union gefunden haben, berechtigt uns, von einem europäischen Gesellschaftsvertrag zu sprechen."

8 *W. Kersting*, Die politische Philosophie des Gesellschaftsvertrags, verschafft einen instruktiven ideengeschichtlichen Überblick, nicht zuletzt wegen der vorgeschalteten metakontraktualistischen Betrachtung, S. 19 ff.; eine geschichtlich orientierte Darstellung gibt *ders.*, Vertrag, Gesellschaftsvertrag, Herrschaftsvertrag, S. 901 ff.

9 Zur Kritik des "alteuropäischen Rationalismus" s. *N. Luhmann*, Beobachtungen der Moderne, S. 51 ff., 67 f., 71, auf S. 76 gipfelnd in dem Ausruf: "Nie wieder Vernunft!" sowie *G. Jakobs*, ZStW 107 (1995), S. 843 (Titel: "Verabschiedung des 'alteuropäischen' Strafrechts?"), S. 851 f. (Bogen von Aristoteles bis Hegel verbindet die üblicherweise 'alteuropäisch' genannten Positionen), S. 868 (Alteuropäisches als "Insistieren auf der Person"); dagegen: *M. Köhler*, Strafrecht – Allgemeiner Teil, S. 8.

und der Stellenwert des Gesellschaftsvertrags in diesem Begründungszusammenhang darzustellen.

1. Der Gesellschaftsvertrag als ursprünglicher Vertrag

a) Voraussetzungen der Staats- und Rechtsbegründung

Um die Grundlinien der Staats- und Rechtsbegründung nachzeichnen zu können, müssen zunächst deren Voraussetzungen beschrieben werden. Es handelt sich hierbei einerseits um die Prinzipien *a priori* des staatlichen Zustands, die gleichsam das Material der Staatsbegründung bilden. Zum anderen ist die Form, das Verfahren der Staatsbegründung zu beschreiben, das die praktische Vernunft vorgibt.

aa) Das Material der Staatsbegründung: Freiheit, Gleichheit, Selbständigkeit

Die drei Prinzipien *a priori* des staatlichen Zustands – Freiheit, Gleichheit, Selbständigkeit – sind erfahrungsunabhängig. Sie werden nicht von dem schon etablierten Staat eingeführt, sondern ermöglichen überhaupt erst die Staatsbegründung[10].

Ausgangspunkt und damit erstes und oberstes[11] Prinzip der Rechtsbegründung ist die Freiheit des einzelnen[12]. Mit Freiheit ist die Freiheit als Mensch gemeint: "*Freiheit* (Unabhängigkeit von eines anderen nötigender Willkür), sofern sie mit jedes anderen Freiheit nach einem allgemeinen Gesetz zusammen bestehen kann, ist dieses einzige, ursprüngliche, jedem Menschen, kraft seiner Menschheit, zustehende Recht"[13]. Das "einzige angeborne Recht"[14] ist auf praktische Subjektivität, Selbstbestimmung und eigenverantwortliche Daseinsgestaltung ausgerichtet[15]. Das Freiheitsrecht kommt jedem Menschen kraft seiner Vernunft und der auf ihr gegründeten Persönlichkeit und Würde zu. Nach ihm ist jede Freiheitseinschränkung rechtswidrig, die nicht als wechselseitig gedacht werden kann. Das Freiheitsrecht wehrt jede Handlung ab, die nicht in die souveräne Zwecksetzung des einzelnen integrierbar ist und dessen selbstbestimmter Daseinsgestaltung widerstreitet[16].

---

10 *I. Kant*, Gemeinspruch, S. 145.
11 *I. Kant*, MdS-RL, S. 346.
12 Zu *Kants* Freiheitsbegriff s. *U. Steinvorth*, Freiheitstheorien, S. 179 ff.
13 *I. Kant*, MdS-RL, S. 345 (Hervorhebung im Original).
14 *I. Kant*, MdS-RL, S. 345.
15 *W. Kersting*, Wohlgeordnete Freiheit, S. 205, 364.
16 *W. Kersting*, Wohlgeordnete Freiheit, S. 205.

Da die Freiheit als das einzige angeborene Recht jedem Menschen kraft seiner Menschheit eigen ist, verlangt sie eine gleiche Verteilung der Rechtsmacht. Gleichheit meint ein symmetrisches und reziprok strukturiertes menschenrechtliches Grundverhältnis[17]: "Die angeborne *Gleichheit*, d. i. die Unabhängigkeit, nicht zu mehrerem von anderen verbunden zu werden, als wozu man sie wechselseitig auch verbinden kann; mithin die Qualität des Menschen, *sein eigener Herr* (sui iuris) zu sein".[18] Die angeborene Gleichheit beseitigt jede rechtsbegründende Funktion eines empirischen Unterscheidungsmerkmals. Wegen der rechtlichen Möglichkeit der Fremdverpflichtung im Verhältnis der Personen zueinander meint Gleichheit gleiche Rechtssubjektivität, gleiche rechtliche fremdgerichtete Bestimmungskompetenz. Die strikte Wechselseitigkeit ist der Inhalt der angeborenen Gleichheit[19].

Selbständigkeit schließlich wird von *Kant* als das Vermögen definiert, nach eigenem Willen seinen Unterhalt zu erarbeiten[20]. Darunter ist zu verstehen, daß die Person ihre Existenz und Erhaltung nicht der Willkür eines anderen im Volke, sondern ihren eigenen Rechten und Kräften, als Glied eines gemeinen Wesens verdankt[21]. Hierdurch wird sie in den Stand eines vertragsfähigen Rechtspartners gesetzt[22]. Selbständigkeit meint, daß die bürgerliche Persönlichkeit in Rechtsangelegenheiten nicht durch einen anderen vertreten wird[23].

---

17 *W. Kersting*, Die politische Philosophie des Gesellschaftsvertrags, S. 185.

18 *I. Kant*, MdS-RL, S. 345 (Hervorhebung im Original).

19 *W. Kersting*, Wohlgeordnete Freiheit, S. 208.

20 Zum Prädikat der Selbständigkeit s. *R. Harzer*, Die Selbständigkeit und ihre straftheoretische Bedeutung, S. 31 ff. (S. 39); *W. Kersting*, Wohlgeordnete Freiheit, S. 381 ff.; *F. Kaulbach*, Metaphysik der Sitten, S. 212 ff.

21 *I. Kant*, MdS-RL, S. 432.

22 *F. Kaulbach*, Metaphysik der Sitten, S. 212.

23 *I. Kant*, MdS-RL, S. 432; *ders.*, Gemeinspruch, S. 150. Obwohl Kant von der "*Selbständigkeit* (sibisufficientia) eines Gliedes des gemeinen Wesens als *Bürgers*" (Hervorhebung im Original) spricht, also bereits den bürgerlichen Zustand voraussetzt, handelt es sich doch um ein Prinzip *a priori* des bürgerlichen Zustands (*I. Kant*, Gemeinspruch S. 150). Zur Kritik des Selbständigkeitskriteriums als soziales Attribut sowie den daraus gezogenen Schlußfolgerungen s. *M. Dießelhorst*, Naturzustand und Sozialvertrag, S. 69; *W. Kersting*, Wohlgeordnete Freiheit, S. 381 ff. (S. 385: "Mit der ökonomisch interpretierten sibisufficientia wird im Widerspruch zur erklärten Absicht einer kritischen, sich von allen empirischen Bestimmungen befreienden Grundlegung des Rechts ein kontingentes Faktum in den Rang eines apriorischen Begründungsprinzips erhoben."); *R. Harzer*, Die Selbständigkeit und ihre straftheoretische Bedeutung, S. 39, spricht dagegen von einem transzendentalen Schritt und dem Durchbruch subjektphilosophischen Denkens in der Hinzufügung der Selbständigkeit zu Freiheit und Gleichheit.

Kants Ausgangspunkt der Staatsbegründung ist also das Recht in den drei Prinzipien *a priori* des staatlichen Zustands, nicht ein faktisches Selbsterhaltungsinteresse, eine instrumentelle Vernunft als anthropologische Grundkonstante, die zum das Leben sichernden leviathanischen Staat drängt[24].

bb) Die Form der Staatsbegründung: Praktische Vernunft und kategorischer Imperativ

Neben den drei Prinzipien *a priori* des staatlichen Zustands ist die Form der Staatsbegründung vorausgesetzt. Diese wird von der praktischen Vernunft vorgegeben. Sie ermöglicht es dem Subjekt, sich als verhaltendes Wesen zu begreifen. Vernunft ist das Vermögen des einzelnen, nach systematischen Grundsätzen zu urteilen und zu handeln. Praktische Vernunft schließlich meint, nach denjenigen Grundsätzen zu handeln, welche die Vernunft selbst hervorgebracht hat[25]. Das Problem, wie im Zusammenleben der Menschen die als erstes Prinzip *a priori* vorgestellte Freiheit gesichert werden kann, löst die praktische Vernunft auf zweierlei Weise:

Die innere Freiheit, also die zwecksetzende Innerlichkeit in Bezug auf das vom Verhalten begehrte Objekt, regelt das "Grundgesetz der reinen praktischen Vernunft"[26], der kategorische Imperativ: "Handle so, daß die Maxime deines Willens jederzeit zugleich als Prinzip einer allgemeinen Gesetzgebung gelten könne"[27]. Die praktische Vernunft verlangt, daß das Subjekt in die Rolle des allgemeinen Gesetzgebers schlüpft und sich selbst nicht ausnimmt, wenn es um die Frage der Universalisierbarkeit der je eigenen Maxime im Prinzip der allgemeinen Gesetzgebung geht. Diese Leistung erbringt das Subjekt, indem es seine Maximen als allgemeine Gesetze denkt und anerkennt[28]. Die Form der Schaffung praktischer Gesetze ist von der Materie der Handlung (das vom Verhalten begehrte Objekt, der das Verfahren leitende Zweck) insofern unterschieden, als

---

24 *Th. Hobbes*, Leviathan, S. 112 ff. (S. 118).

25 *I. Kant*, GMdS, S. 41: "Nur ein vernünftiges Wesen hat das Vermögen *nach der Vorstellung* der Gesetze, d. i. nach Prinzipien, zu handeln, oder einen *Willen*. Da zur Ableitung der Handlungen von Gesetzen *Vernunft* erfordert wird, so ist der Wille nichts anders, als praktische Vernunft." (Hervorhebung im Original); s. hierzu *R. Harzer*, Naturzustand, S. 83 f.; *F. Kaulbach*, Metaphysik der Sitten, S. 199.

26 *I. Kant*, KpV, S. 140.

27 *I. Kant*, KpV, S. 140; zur Ableitung des Inhalts und der Verbindlichkeit des kategorischen Imperativs vgl. *W. Naucke*, Kant und die psychologische Zwangstheorie Feuerbachs, S. 18 ff.; *U. Steinvorth*, Freiheitstheorien, S. 190 ff.

28 *D. Klesczewski*, ARSP Beiheft 66, S. 78 f.

allein ein von der praktischen Vernunft bestimmter Zweck realisiert werden soll[29].

Die Meßlatte der Verallgemeinerungsfähigkeit findet sich auch in der Beantwortung der Frage, wie sich das Subjekt in seinen äußeren Handlungen zu verhalten hat, die stets die Möglichkeit der Freiheitsbeschränkung des anderen in sich tragen[30]. Die äußere Freiheit ordnet die praktische Vernunft durch das Rechtsprinzip: "Eine jede Handlung ist *recht*, die oder nach deren Maxime die Freiheit der Willkür eines jeden mit jedermanns Freiheit nach einem allgemeinen Gesetze zusammen bestehen kann ..."[31]. Recht ist dabei "der Inbegriff der Bedingungen, unter denen die Willkür des einen mit der Willkür des andern nach einem allgemeinen Gesetze der Freiheit zusammen vereinigt werden kann"[32]. Bezogen auf die mit dem Recht verbundene Befugnis zu zwingen[33], ist die Berechtigung zur tätlichen Unrechtsabwehr das Gegenstück zum nötigenden moralischen Imperativ[34]. Betrifft dieser innere Vorgänge, so bezieht jene sich auf äußere Handlungen[35]. Anders ausgedrückt: Das Rechtsgesetz ist die auf die Begründung von Pflichten, denen Zwangsbefugnisse korrespondieren, spezialisierte Form des kategorischen Imperativs[36]. Dieser Bestimmung des Rechts kommt es – ganz parallel zur Form des kategorischen Imperativs – nicht darauf an, welche Motivationen, Zwecke und Gesinnungen den einzelnen Handlungen zugrundeliegen[37]. Die Gründe für eine rechtskonforme Handlung sind ebenso belanglos wie die Motivation eines Unrechthandelnden für die Bewertung seiner Tat. Das Recht ist bereits dem Begriff nach[38] auf den Bereich des äußeren Handelns be-

---

29 *I. Kant*, KpV, S. 135; hierzu: *R. Harzer*, Naturzustand, S. 84 f.; *U. Steinvorth*, Freiheitstheorien, S. 184 ff.

30 Zur Ableitung des Rechtsprinzips s. *W. Naucke*, Kant und die psychologische Zwangstheorie Feuerbachs, S. 26 ff.

31 *I. Kant*, MdS-RL, S. 337 (Hervorhebung im Original).

32 *I. Kant*, MdS-RL, S. 337, oder modern reformuliert von *M. Köhler*, Strafrecht – Allgemeiner Teil, S. 9: "Das Recht ist der Inbegriff derjenigen Normen (Gesetze), die menschliches Handeln im interpersonalen Verhältnis gemäß dem Prinzip allgemeiner Selbstbestimmung (Freiheit) verbindlich regeln – in den Verfassungen des Rechtsstaates und eines internationalen Bundes freier Staaten."

33 *I. Kant*, MdS-RL, S. 338 f.

34 *W. Kersting*, Wohlgeordnete Freiheit, S. 105.

35 *M. Dießelhorst*, Naturzustand und Sozialvertrag, S. 57 f.; *D. Klesczewski*, ARSP Beiheft 66, S. 84.

36 *W. Kersting*, Wohlgeordnete Freiheit, S. 128; zur Frage, ob und inwieweit angesichts eines Rechtszwanges von einer Rechtspflicht die Rede sein kann s. *M. Dießelhorst*, S. 59 f. m.w.N.

37 *D. Klesczewski*, ARSP Beiheft 66, S. 85; *M. Köhler*, ARSP 1993, S. 459; *ders.*, Strafrecht – Allgemeiner Teil, S. 13.

38 *I. Kant*, MdS-RL, S. 337 (§ B der Einleitung in die Rechtslehre).

schränkt und daneben durch seine Gesinnungsindifferenz[39] und Erzwingbarkeit[40] gekennzeichnet[41]. Es würde die Grenze zur Moral überschreiten, wenn es eine Rechtsgesinnung, ein Rechthandeln um des Rechts willen forderte[42]: "Legalität ist wertneutral und kein Gegenstand moralischer und gesellschaftlicher Achtung. ... Durch Rechtstreue wird nicht das Gute in der Welt vermehrt, sondern das Böse verhindert. Das Recht prämiert nicht, sondern es straft; seine Sanktionsentscheidung ist an der Verhinderung des Rechtsbruchs interessiert, Rechtschaffenheit bleibt daher unaufällig"[43].

b) Die Stufen der Staats- und Rechtsbegründung

aa) Status naturalis

Der Naturzustand wird bei *Kant* nicht als Krieg aller gegen alle[44] dargestellt. Nicht das Selbsterhaltungsrisiko, nicht die Friedlosigkeit und die Asozialität des Menschen stehen im Vordergrund. Der Naturzustand ist keine Beschreibung anthropologischer Grundkonstanten, sondern eine "Denkfigur moderner praktischer Vernunft"[45]. Charakteristikum des *status naturalis* ist die rechtliche Unsicherheit hinsichtlich des äußeren Mein und Dein, sprich des Eigentums.

Ausgangspunkt des Gedankengangs ist das "Erlaubnisgesetz der praktischen Vernunft"[46], nach dem es jedermann möglich ist, grundsätzlich an jedem Gegenstand der Außenwelt ein Eigentumsrecht zu haben und also jeden anderen von dem Gebrauch des Gegenstandes auszuschließen[47]. Jeder hat das Recht auf ursprüngliche Erwerbung und darf herrenlose Gegenstände okkupieren. Untrennbar mit dieser Befugnis ist nach dem Erlaubnisgesetz der praktischen Vernunft zugleich die Verpflichtung verbunden, sich mit all denen, die durch den ursprünglichen Erwerb in ihrer eigenen Freiheit eingeschränkt worden sind, zu-

---

39 *I. Kant*, MdS-RL, S. 337 f. (S. 338, § C der Einleitung in die Rechtslehre).

40 *I. Kant*, MdS-RL, S. 338 f. (§ D der Einleitung in die Rechtslehre).

41 *W. Kersting*, Wohlgeordnete Freiheit, S. 134 f.

42 *W. Kersting*, Wohlgeordnete Freiheit, S. 102, vgl. auch S. 113: "Sittlichkeit ist weder Entstehungs- noch Erhaltungsbedingung eines rechtlichen Zustandes". Bemerkenswert ist der Gegensatz zu *G. W. F. Hegel*, Grundlinien der Philosophie des Rechts, § 257: "Der Staat ist die Wirklichkeit der sittlichen Idee – der sittliche Geist ...".

43 *W. Kersting*, Wohlgeordnete Freiheit, S. 186 f.

44 *Th. Hobbes*, Leviathan, Kap. XIII, wörtl. auf S. 115.

45 So der Titel der Arbeit von *R. Harzer*, Naturzustand.

46 *I. Kant*, MdS-RL, S. 355; s. hierzu *D. Klesczewski*, ARSP Beiheft 66, S. 87.

47 Zu der nachfolgenden Rekonstruktion s. *W. Kersting*, Die politische Philosophie des Gesellschaftsvertrags, S. 185 ff.

sammenzuschließen, um einen allgemeinen gesetzgebenden Willen und ein System der öffentlichen Gerechtigkeit zu etablieren. Rationaler Kern der Okkupationstheorie[48] ist der Gedanke, daß das, was jedem zusteht, im Zweifel durch eine Übereinkunft aller, die es angeht, zu bestimmen ist: "Der *Vernunfttitel* der Erwerbung aber kann nur in der Idee eines a priori vereinigten (notwendig zu vereinigenden) Willens aller liegen, welche hier als unumgängliche Bedingung (conditio sine qua non) stillschweigend vorausgesetzt wird"[49].

Der Okkupationsbesitz ist also stets nur provisorisch. Dennoch ist dieser Besitz im Naturzustand ein wirklicher Besitz, der alle rechtlichen Wirkungen entfaltet. Die provisorische Erwerbung ist ein Rechtsakt, dessen Verpflichtungswirkung im rechtlichen Postulat der Vernunft gründet. Die provisorisch rechtlichen Verhältnisse sind das Argument für die Notwendigkeit der Staatsbegründung: "Wollte man vor Eintretung in den bürgerlichen Zustand gar keine Erwerbung, auch nicht einmal provisorisch, für rechtlich erkennen, so würde jener selbst unmöglich sein. Denn, der Form nach, enthalten die Gesetze über das Mein und Dein im Naturzustande ebendasselbe, was die im bürgerlichen vorschreiben, so fern dieser bloß nach reinen Vernunftbegriffen gedacht wird: nur daß im letzteren die Bedingungen angegeben werden, unter denen jene zur Ausübung (der distributiven Gerechtigkeit gemäß) gelangen. – Es würde also, wenn es im Naturzustande auch nicht *provisorisch* ein äußeres Mein und Dein gäbe, auch keine Rechtspflichten in Ansehung desselben, mithin auch kein Gebot geben, aus jenem Zustande herauszugehen"[50].

Anders ausgedrückt: Der Naturzustand ist der Zustand des apriorischen Privatrechts[51].

Festzuhalten bleibt: Es gibt für *Kant* außerhalb des Staates Recht[52]. Dieses ist allerdings in zweierlei Hinsicht unvollständig: Erstens ist es bestimmungsbe-

---

48 Zur Abgrenzung von Okkupations- und Arbeitseigentum s. *R. Dreier*, JuS 1996, S. 582; *W. Kersting*, Wohlgeordnete Freiheit, S. 272 ff. Der Vergleich in den Originaltexten gelingt mit *I. Kant*, MdS-RL, S. 368, sowie *J. Locke*, Über die Regierung, V, 27, S. 22.

49 *I. Kant*, MdS-RL, S. 375 (Hervorhebung im Original).

50 *I. Kant*, MdS-RL, S. 431 (Hervorhebung im Original).

51 *W. Kersting*, Die politische Philosophie des Gesellschaftsvertrags, S. 189; *D. Klesczewski*, ARSP Beiheft 66, S. 92, spricht von einer "bloß privatautonom gebildeten Gesellschaft"; *M. Köhler*, Strafrecht – Allgemeiner Teil, S. 15 f.

52 *W. Kersting*, Die politische Philosophie des Gesellschaftsvertrags, S. 191; *D. Klesczewski*, ARSP Beiheft 66, S. 88; *M. Köhler*, ARSP 1993, S. 459; *ders.*, Strafrecht – Allgemeiner Teil, S. 15 f., mit Bezug auf die *iustitia distributiva*. So wie es innerhalb des Naturzustandes Recht gibt, so bleibt auch im staatlichen Zustand die Gewalt gegenwärtig. Bezeichnend dafür ist die Rede von den "drei Gewalten".

dürftig[53]. Das Vernunftrecht bedarf in seiner Abstraktheit der Positivierung, um Wirksamkeit hinsichtlich der Koordinierung menschlicher Handlungen zu erlangen[54]. Freilich bedeutet dies nicht, daß sich das positive Recht gegenüber dem Vernunftrecht verselbständigen könnte, denn zum einen wird das Verfahren der Positivierung vom Vernunftrecht selbst normiert[55]. Zum anderen muß sich das positive Recht stets an den Prinzipien *a priori* des staatlichen Zustands messen lassen[56]. Zweitens verlangt das Eigentum nach einer geltungstheoretischen Qualitätssteigerung[57]. Erst durch den vereinigten Willen aller von je fremdem Eigentum Betroffenen kann das Eigentumsrecht Geltung beanspruchen.

Die Unsicherheit des provisorischen Besitzes äußert sich darin, daß jeder das Recht hat, ursprünglich zu erwerben und dabei so zu verfahren, wie es ihn gut dünkt[58]. Wegen des Fehlens einer objektiven Interpretationsinstanz des apriorischen Privatrechts legt jeder für sich selbst fest, was die Ausübungsbedingungen der Gesetze des Mein und Dein im Naturzustand sind. Kollisionen werden mangels öffentlicher Gesetze und mangels eines unabhängigen Richters gewaltsam entschieden. Der Naturzustand ist konfliktträchtig, weil in der Menge gleichberechtigter Meinungen und perspektivenabhängiger Interpretationen am Ende ein Zustand der Rechtlosigkeit verbleibt[59]. Die Frage *Quid iuris?* bleibt zunächst unbeantwortet.

bb) Status civilis

Aus der Unsicherheit des provisorischen Besitzes im Naturzustand folgt das Postulat des öffentlichen Rechts: "Du sollst, im Verhältnisse eines unvermeidlichen Nebeneinanderseins, mit allen anderen, aus jenem heraus, in einen rechtlichen

---

53 Zum Positivierungsargument im Naturzustandstheorem: *W. Kersting*, Die politische Philosophie des Gesellschaftsvertrags, S. 189 ff.

54 *M. Köhler*, Strafrecht – Allgemeiner Teil, S. 17, der den Zusammenhang mit dem Bestimmtheitsgebot im Strafrecht besonders hervorhebt; zum Bestimmtheitsgebot s. u., B. II. 5., S. 105 ff.

55 *W. Kersting*, Die politische Philosophie des Gesellschaftsvertrags, S. 190; *M. Köhler*, Strafrecht – Allgemeiner Teil, S. 30, spricht vom Gesetz und der ihm immanenten Vernunft.

56 Vgl. u., 2., S. 46 ff.; zur aktuellen Verselbständigung des positiven, empirischen Rechts s. *W. Naucke*, Kants Kritik der empirischen Rechtslehre, insbesondere S. 198 f.

57 *W. Kersting*, Die politische Philosophie des Gesellschaftsvertrags, S. 192 f.

58 Nach *I. Kant*, MdS-RL, S. 430, folgt diese Einsicht nicht aus der Erfahrung, die über die Maxime der Gewalttätigkeit der Menschen belehrt, sondern liegt in der Vernunftidee des nicht-rechtlichen Zustands begründet.

59 *M. Köhler*, Strafrecht – Allgemeiner Teil, S. 16.

Zustand, d. i. den einer austeilenden Gerechtigkeit, übergehen."[60] Maßgeblich für den *status civilis* ist nach *Kant* die distributive Gerechtigkeit, die Möglichkeit einer gewaltfreien Konfliktregelung, an der es im Naturzustand mangelt[61]. Im Naturzustand waren Mein und Dein durch subjektive Rechtsbegriffe des einzelnen festgelegt, im bürgerlichen Zustand sind sie dagegen durch allgemein-objektive Gesetze bestimmt. Das Postulat des öffentlichen Rechts verlangt, den *status naturalis* zu verlassen und die Vielzahl privater Rechtsmeinungen durch eine öffentliche positive Gesetzgebung abzulösen, die die Ausübungsbedingungen des Mein und Dein allgemeinverbindlich festlegt, die Grenzen des peremtorischen Besitzes – d. h. des Eigentums – klar bestimmt und so eine systematisch-gesetzliche Basis für die Entscheidung von Rechtsstreitigkeiten schafft[62]. Hieraus ergibt sich auch das Prinzip der Gewaltenteilung, nach dem die Staatsgewalt zur Gewährleistung wechselseitiger Kontrolle und Machtbegrenzung auf die Legislative, die Exekutive und Jurisdiktion verteilt ist: "Ein jeder Staat enthält drei *Gewalten* in sich, d. i. den allgemein vereinigten Willen in dreifacher Person (...): die *Herrschergewalt* (Souveränität), in der des Gesetzgebers, die *vollziehende Gewalt*, in der des Regierers (zu Folge dem Gesetz) und die *rechtsprechende Gewalt* (als Zuerkennung des Seinen eines jeden nach dem Gesetz), in der Person des Richters (...), gleich den drei Sätzen in einem praktischen Vernunftschluß: dem Obersatz, der das *Gesetz* jenes Willens, dem Untersatz, der das *Gebot* des Verfahrens nach dem Gesetz, d. i. das Prinzip der Subsumtion unter denselben, und dem Schlußsatz, der den *Rechtsspruch* (...) enthält, was im vorkommenden Falle Rechtens ist"[63].

Der Staat im Sinne *Kants*, die "Vereinigung einer Menge von Menschen unter Rechtsgesetzen"[64], schafft anders als bei *Thomas Hobbes*[65] nicht erst durch eine souveräne Entscheidung der politischen Macht das Eigentum. Er ist auch im Gegensatz zu *John Locke*[66] weder Instrument des Eigentums noch erfährt er in diesem seine Bestimmung. Der Staat ist vielmehr die Voraussetzung des peremtorischen Besitzes, steht aber seinerseits unter der Bedingung der Möglichkeit

---

60 *I. Kant,* MdS-RL, S. 424.

61 *W. Kersting*, Wohlgeordnete Freiheit, S. 344.

62 *W. Kersting*, Wohlgeordnete Freiheit, S. 338; *M. Köhler*, Strafrecht – Allgemeiner Teil, S. 16.

63 *I. Kant*, MdS-RL, S. 431 f.; *ders.*, a.a.O., S. 434: "Alle jene drei Gewalten im Staate sind Würden, und, als wesentliche aus der Idee eines Staats überhaupt zur Gründung desselben (Konstitution) notwendig hervorgehend, *Staatswürden.*" (Hervorhebungen jeweils im Original); hierzu: *M. Kahlo*, KritV 1997, S. 197 f.

64 *I. Kant*, MdS-RL, S. 431.

65 *Th. Hobbes*, Leviathan, S. 161 f.

66 *J. Locke*, Über die Regierung, VIII, 120 f., S. 93 f.

eines provisorischen Besitzes[67]. Seine primäre Funktion besteht nicht in einer Sicherheitsgarantie durch Machtmonopolisierung und auch nicht in der legislatorischen Rechtsbestimmung. Die Aufgabe, die der Staat zu erfüllen hat, liegt in der Einholung der Zustimmung aller zu der mit dem Eigentumsrecht analytisch verknüpften freiheitseinschränkenden Befugnis. Diese Zustimmung ist im apriorischen Prinzip der sich selbst wechselseitig verbindenden Allgemeinheit verankert und hat mit dem Gesetz der äußeren Freiheit übereinzustimmen[68]. Nach den Regeln des Rechts ist es notwendig, den Naturzustand zu verlassen und im bürgerlichen Zustand, im Staat zu leben, "welcher, seiner Form wegen, als verbunden durch das gemeinsame *Interesse aller, im rechtlichen Zustande zu sein*, das gemeine Wesen (...) genannt wird"[69].

Wird die Pflicht, den Naturzustand zu verlassen, unmittelbar aus dem Rechtsprinzip abgeleitet, d. h. auf ein rechtliches Interesse der Naturzustandsbewohner gestützt, dann bedarf es nicht des Rückgriffs auf die Denkfigur des Gesellschaftsvertrags[70]. Sind alle wegen des "unvermeidlichen Nebeneinanderseins"[71] *a priori* hinsichtlich des äußeren Gebrauchs ihrer Freiheit auf die Bedingung der Übereinstimmung mit dem äußeren Gesetz verpflichtet, und hat jeder das Recht, jedermann zur Einhaltung dieser Bedingung zu verpflichten, so wird das Zurückgehen auf eine sich im Vertragsschluß selbst bindende individuelle Freiheit entbehrlich. Die rechtliche, vernunftgesetzliche Notwendigkeit des Staates macht eine vertragliche Begründung staatlicher Herrschaft überflüssig. Der Rechtsgrund für die Staatsbegründung ist vertragsunabhängig und allein in der praktischen Vernunft derjenigen zu suchen, welche sich im Staat zusammenschließen. Es geht nicht um faktisch nachweisbare Ursachen der Rechts- und Staatsbegründung einer instrumentellen Vernunft, sondern um Machtbegrenzung im rechtlich verfaßten Zustand. Das *principium exeundum e statu naturali* verabschiedet den Vertrag in seiner voluntaristisch-legitimationstheoretischen Funktion[72]. Nicht länger beruht der Staat auf dem Gesellschaftsvertrag, auf einer historischen oder auch nur fiktiven Übereinkunft der Naturzustandsbewohner[73], die sich um ihrer stets bedrohten Sicherheit willen vereinigen und die politische Gewalt als Schutzgaranten ihrer natürlichen Freiheit einsetzen. Ist der Übergang

---

67 *W. Kersting*, Wohlgeordnete Freiheit, S. 341.

68 *W. Kersting*, Wohlgeordnete Freiheit, S. 342.

69 *I. Kant*, MdS-RL, S. 429 (Hervorhebung von mir, *St. S.*).

70 *R. Harzer*, Naturzustand, S. 128 ff.

71 *I. Kant*, MdS-RL, S. 424.

72 *W. Kersting*, Wohlgeordnete Freiheit, S. 347 f.; s. auch *M. Köhler*, Strafrecht – Allgemeiner Teil, S. 16.

73 Zum wirklichen und zum hypothetischen Vertrag s. *W. Kersting*, Die politische Philosophie des Gesellschaftsvertrags, S. 32 ff.

vom Naturzustand in den staatlichen Zustand durch das Rechtsprinzip als Vernunftprinzip gleichsam zwingend vorgeschrieben[74], so kann es sich bei *Kants* "ursprünglichem Kontrakt"[75] nicht um ein Legitimationskonzept für die an einer Stelle konzentrierte absolute Souveränität im Staat handeln. Der Vertrag nimmt vielmehr die Gestalt einer vernunftrechtlichen Organisationsnorm[76], der Verfassung des Staates, einer normativen Binnenstruktur des allein nach Vernunftbegriffen entworfenen Rechtszustands an[77]: "Man nennt dieses Grundgesetz, das nur aus dem allgemeinen (vereinigten) Volkswillen entspringen kann, den *ursprünglichen Vertrag*"[78]. In seiner rechtlichen Notwendigkeit ist der Staat von jedem Vertragsschluß unabhängig, eine Leistung der praktischen Vernunft, die den rechtlichen Zustand gegen den als Antithese stets aktuellen Naturzustand aufrechtzuerhalten sucht. Der Vertrag im Sinne des *contractus originarius* bezeichnet nicht den Beginn des Staates. Der Begriff "ursprünglich" verweist nicht auf eine geschichtlich-empirisch vorfindbare Willensübereinstimmung der Naturzustandsbewohner, die sich über die Einsetzung einer höchsten Herrschaftsgewalt geeinigt hätten. Der Begriff "ursprünglich" verweist auf eine praktische Vernunftidee[79]: "Der Akt, wodurch sich das Volk selbst zu einem Staat konstituiert, *eigentlich aber nur die Idee desselben*, nach der die Rechtmäßigkeit desselben allein gedacht werden kann, ist der ursprüngliche Kontrakt, nach welchem alle (...) im Volk ihre äußere Freiheit aufgeben, um sie als Glieder eines gemeinen Wesens, d. i. des Volks als Staat betrachtet (...) sofort wieder aufzunehmen, und man kann nicht sagen: der Staat, der Mensch im Staate, habe einen Teil sei-

---

74 *I. Kant*, R 6593: "Es wird hier das recht im Stande der Natur und nicht das *factum* erwogen. Es wird bewiesen, daß es nicht willkürlich sey, aus dem Stande der Natur herauszugehen, sondern nothwendig nach Regeln des Rechts."; *ders.*, MdS-RL, S. 437: Nach dem staatlichen Zustand zu streben, macht "uns die Vernunft durch einen kategorischen Imperativ verbindlich."; vgl. hierzu *W. Naucke*, Kant und die psychologische Zwangstheorie Feuerbachs, S. 28.

75 *I. Kant*, MdS-RL, S. 434; *ders.*, Gemeinspruch, S. 151, 153 ff.

76 *W. Kersting*, Die politische Philosophie des Gesellschaftsvertrags, S. 190: "Der ... Vertrag ist das normativ ausgezeichnete *organisatorische Muster* für angemessene Vernunftrechtspositivierung." (Hervorhebung von mir, *St. S.*).

77 *W. Kersting*, Wohlgeordnete Freiheit, S. 348 f.; s. auch *M. Köhler*, Strafrecht – Allgemeiner Teil, S. 45: Der Rechtsbegriff beruht auf selbstbestimmter Freiheit aller. Darauf erst gründet sich die Verfassung (z. B. Art. 1, 20 GG).

78 *I. Kant*, Gemeinspruch, S. 151 (Hervorhebung im Original); bezeichnend ist, daß *Kant* den Abschnitt "Vom Verhältnis der Theorie zur Praxis im Staatsrecht" mit dem Untertitel "Gegen *Hobbes*" versieht (S. 143).

79 *I. Kant*, MdS-RL, S. 462: "Der *Geschichtsurkunde* dieses Mechanismus nachzuspüren, ist *vergeblich*, ..." (Hervorhebung im Original); *W. Kersting*, Wohlgeordnete Freiheit, S. 350 f. (S. 351): "Der Vertrag ist nicht die 'Geschichtsurkunde' des Staates, sondern dessen Vernunfturkunde."; *K. Brehmer*, S. 130 f.

ner angebornen äußeren Freiheit zu einem Zwecke aufgeopfert, sondern er hat die wilde gesetzlose Freiheit gänzlich verlassen, um seine Freiheit überhaupt in einer gesetzlichen Abhängigkeit, d. i. in einem rechtlichen Zustande unvermindert wiederzufinden; weil diese Abhängigkeit aus seinem eigenen gesetzgebenden Willen entspringt"[80].

Unvermindert findet der Mensch im Staat seine angeborene äußere Freiheit wieder.

2. Freiheitssicherung als Aufgabe des ursprünglichen Vertrags (Freiheit versus Sicherheit)

Der Staat des ursprünglichen Kontrakts gewährleistet die Freiheit, er gewährt sie aber nicht wie der sterbliche Gott, der Leviathan[81].

Wie bereits zur Form der Staatsbegründung angedeutet, handelt es sich bei der praktischen Vernunftidee des ursprünglichen Vertrags um das staatstheoretische Gegenstück zum kategorischen Imperativ, nämlich den *kategorischen Imperativ der Staatsgründung*. Es vermag als negatives Prinzip der öffentlichen Gerechtigkeit die Rechtmäßigkeit positiver Gesetze zu bestimmen. Nur solche staatliche Herrschaftsausübung kann vor der Rechtsvernunft Bestand haben, die rechtmäßige Gesetze gibt, durchsetzt und die Idee des *contractus originarius* in der Wirklichkeit zur Geltung bringt. Diese Idee verpflichtet den empirischen Gesetzgeber darauf, nur solche Gesetze zu erlassen, die allgemein zustimmungsfähig sind[82]. Ein Verstoß gegen die Idee liegt vor, wenn die öffentlichen Gesetze gegen die Bedingungen von Freiheit, Gleichheit und Selbständigkeit verstoßen, unter denen die Staatserrichtung allein möglich ist. Das Staatshandeln ist nicht an dem ursprünglichen Vertrag zu messen, der ja nur die Organisationsnorm des Staates darstellt, sondern an den drei Prinzipien *a priori* des staatlichen Zustands. Das Vertragskriterium gestattet damit keine Erkenntnis, die nicht auch ohne es möglich wäre[83]. Die Berufung auf den Gesellschaftsvertrag zur Begrün-

80 *I. Kant*, MdS-RL, S. 434 (Hervorhebung von mir, *St. S.*).

81 *Th. Hobbes*, Leviathan, S. 187 ff.; s. hierzu *O. Höffe*, Recht und Moral, S. 27. Gleiches gilt für die Selbständigkeit, vgl. *R. Harzer*, Die Selbständigkeit und ihre straftheoretische Bedeutung, S. 41; zum Unterschied zwischen dem rechtsstaatlichen und dem institutionell-funktionalen Freiheitskonzept s. auch *K. Marxen*, Straftatsystem und Strafprozeß, S. 429.

82 *I. Kant*, Gemeinspruch, S. 162: "Was ein Volk nicht über sich selbst beschließen kann, das kann der Gesetzgeber auch nicht über das Volk beschließen."; vgl. hierzu *K. Brehmer*, S. 131.

83 *W. Kersting*, Wohlgeordnete Freiheit, S. 353. Gleiches gilt für das Anerkennungsverhältnis im Sinne *G. W. F. Hegels*: Der Vertrag bestätigt, konkretisiert und vergegenständlicht lediglich die ihm schon vorausgesetzte Anerkennungsbeziehung.

dung rein zweckrationalen, empirisch wirksamen Handelns[84] ist dem Staat verwehrt. Eine Rechtfertigung des Staatshandelns durch Verweis auf die einmal gegebene Zustimmung des Bürgers ist wegen der unverminderten Freiheit des Bürgers vor und nach der Staatsbegründung unmöglich. Durch die Organisation des Staates im Sinne des *contractus originarius* wächst dieser nicht über die rechtliche Verfassung hinaus. Er ist und bleibt eine "Vereinigung von Menschen unter Rechtsgesetzen", die diese allein deswegen eingehen, weil die äußere Freiheit des einen mit der äußeren Freiheit des anderen wegen der ungeselligen Geselligkeit[85] im Naturzustand zwangsläufig kollidieren muß. Mit der Idee des ursprünglichen Vertrags kann sich der Staat nie gegenüber den einzelnen verselbständigen. Stets muß sich die Herrschaftsausübung vor den "Verfassungsrichterstuhl der Rechtsvernunft"[86] zitieren und sich dort die Rechtmäßigkeitsfrage ihrer Verfassung (in des Wortes doppelter Bedeutung) gemäß den Prinzipien *a priori* des staatlichen Zustands stellen lassen. Der Staat ist nicht wie bei *Hobbes* der sterbliche Gott, der durch den Gesellschaftsvertrag eingesetzt und nicht als Vertragspartner verpflichtet wird. Er kann sich nicht von den Bedingungen der Staatsbegründung lösen und sich als absolute, zwar gesetzgebende aber selbst gesetzlose Macht etablieren[87]. Nach dem minimalistischen Rechtsprinzip der praktischen Vernunft kann der Staat nie mehr sein als die Summe seiner Teile, der rechtlichen Menschen also, die es nicht vermeiden können, einander Unrecht zu tun, und daher in eine Gesellschaft mit anderen treten, in welcher jedem das seine erhalten werden kann[88]. Der Staat hat nur die individuelle Freiheit seiner

---

G. W. F. Hegel, Grundlinien der Philosophie des Rechts, § 75, Anm.: "Es ist vielmehr für jeden absolut notwendig (sc. eine Forderung der Vernunft, *St. S.*), daß er (der einzelne, *St. S.*) im Staate sei."; s. hierzu *K. Seelmann*, Anerkennungsverlust und Selbstsubsumtion, S. 93, 113 ff.

84 *Th. Hobbes*, Leviathan, Kap. XVII, S. 155 f.

85 Vgl. *I. Kant*, MdS-TL, S. 611.

86 *W. Kersting*, Wohlgeordnete Freiheit, S. 352; anders wohl *C.-W. Canaris*, JuS 1996, S. 579, der die Legitimationsfrage des Rechtsverweigerers mit dem Argument *Volenti non fit iniuria* gerade nicht zulassen will.

87 *R. Harzer*, Die Selbständigkeit und ihre straftheoretische Bedeutung, S. 34; *M. Kahlo*, KritV 1997, S. 198; *K. Brehmer*, S. 98, weist darauf hin, daß die Legitimation des Gesetzgebers, normativ verbindliche Anforderungen an den Bürger zu erheben, in der Anerkennung seiner Autorität durch den Bürger ihren Grund und in den Bedingungen, die für die Übereinstimmung aller Bürger konstitutiv sind, zugleich ihre Grenze hat.

88 *I. Kant*, MdS-RL, S. 344; zur Ulpian-Stelle s. *R. Harzer*, Naturzustand, S. 98 f.; *D. Klesczewski*, ARSP Beiheft 66, S. 89 f. Daraus folgt auch, daß der Staat weder moralische Veranstaltung, noch zwangsweise Glücksorganisation oder Erziehungsanstalt ist; s. *M. Köhler*, Strafrecht – Allgemeiner Teil, S. 15; zum Verhältnis von Recht und Moral in der Philosophie *Kants* s. *A. Wildt*, ARSP 1997, S. 159 ff.

Bürger, nicht aber eine um ihrer selbst willen aufrechtzuerhaltende Sicherheit zu gewährleisten.

3. Exkurs: Beschreibung und Begründung der Strafe nach dem ursprünglichen Vertrag

Für die spätere Bewertung des Vertragsgedankens im Strafprozeßrecht kommt der Beschreibung und Begründung der Strafe nach dem ursprünglichen Vertrag eine erhebliche Bedeutung zu. Damit ist die Frage angesprochen, ob und in welchem Umfang die öffentliche Gewalt im rechtlichen Zustand auf Freiheitsverletzungen des einen Bürgers gegen den anderen Bürger reagieren muß. In diesem Zusammenhang ist stets präsent zu halten, daß die Aufgabe des ursprünglichen Vertrags die Freiheitsgewährleistung ist. Das Strafrecht steht in einem Spannungsverhältnis, denn es muß zugleich die Freiheit des Opfers gegen den Täter und die Freiheit des Täters gegen den Staat gewährleisten[89]. Strafrecht hat gleichzeitig vor der Machtausübung durch den Täter und vor der Machtausübung durch den Staat zu schützen[90]. Das Strafrecht wird von *Kant* folgendermaßen beschrieben[91]: "Das *Strafrecht* ist das Recht des Befehlshabers gegen den Unterwürfigen, ihn wegen seines Verbrechens mit einem Schmerz zu belegen"[92]. Ausgehend von dieser Beschreibung sind die Charakteristika staatlichen Strafens zu bestimmen. Die Definition begrenzt die öffentliche Reaktion auf eine Straftat im rechtlichen Zustand in mehrerlei Hinsicht gegenüber einem blindwütigen, durch nichts begrenzten Zurückschlagen, das privater Vergeltung eigen ist.

Das Recht zu strafen ist ein Recht der öffentlichen Gewalt ("des Befehlshabers"). Dies unterscheidet die Strafe bereits begrifflich von der Rache, bei der sowohl das "Ob" als auch das "Wie" der Reaktion auf die Verletzung dem einzelnen überlassen bleibt. Während die Rache eine Form der Selbsthilfe darstellt, die individuell oder kollektiv ausgeübt wird, handelt es sich bei der Strafe um eine Befugnis der öffentlichen Gewalt[93]. Strafe im Sinne der Definition ist also nur im rechtlich verfaßten Zustand denkbar. Die Strafe wird nicht im Verhältnis

---

89 *U. Ebert*, JR 1978, S. 137; *W. Naucke*, KritV 1993, S. 143; *W. Hassemer*, KritV 1988, S. 337 f.

90 *W. Naucke*, KritV 1993, S. 137.

91 Nach *O. Höffe*, Kategorische Rechtsprinzipien, S. 221 f., handelt es sich bei dieser Beschreibung der Strafe um ein siebenstelliges Prädikat; zur Beschreibung der Strafe in Abgrenzung zur Legitimation der Strafe s. *W. Kargl*, GA 1998, S. 53 ff. (S. 57 ff.).

92 *I. Kant*, MdS-RL, S. 452 (Hervorhebung im Original).

93 Zur friedenssichernden Funktion des staatlichen Strafrechts s. *W. Kargl*, ARSP 1996, S. 504 ff.; *ders.*, GA 1998, S. 74 f.

der einen Privatperson zu anderen Privatpersonen, sondern im Verhältnis des Staates zum Bürger ("Unterwürfigen") aufgrund formeller Verfahren ausgesprochen. Der über das Verbrechen Urteilende darf von ihm nicht betroffen sein[94]. Er erhält seine Handlungsanweisungen durch generell-abstrakte Gesetze, die das Straf- und das Strafverfahrensrecht umfassen. Die Strafe wird als Schmerz beschrieben. Es handelt sich bei ihr um die Zufügung eines Übels, das Zwang auf den Menschen ausübt. Strafe ist stets eine Freiheitseinbuße, sei es in Form der Geldstrafe, die in das Vermögen eingreift, sei es in Form der Freiheitsstrafe, die dem Bestraften einen Verzicht auf Freiheit abnötigt.

Der Schmerz, der Zwang, das Übel werden von der öffentlichen Gewalt gegen den Straftäter *wegen seines Verbrechens* verhängt. Diese Begriffe führen zu einer weiteren, wesentlichen Einschränkung des Umfangs staatlichen Strafens. Bei der Strafe handelt es sich stets um ein anspruchsloses Danach[95], das präventiver Orientierung nicht zugänglich ist: "*Richterliche Strafe* (...), ..., kann niemals bloß als Mittel, ein anderes Gute zu befördern, für den Verbrecher selbst, oder für die bürgerliche Gesellschaft, sondern muß jederzeit nur darum wider ihn verhängt werden, *weil er verbrochen* hat; denn der Mensch kann nie bloß als Mittel zu den Absichten eines anderen gehandhabt und unter die Gegenstände des Sachenrechts gemengt werden, wowider ihn seine angeborne Persönlichkeit schützt, ... Er muß vorher *strafbar* befunden sein, ehe noch daran gedacht wird, aus dieser Strafe einigen Nutzen für ihn selbst oder seine Mitbürger zu ziehen"[96]. Allein das in der Vergangenheit verübte Verbrechen stellt den Grund der Strafe, das eigentliche Deswegen dar[97]. Das begründet zugleich das Verbot der Bestrafung Unschuldiger[98]. Die Strafe wird erst nach erfolgter Rechtsverletzung verhängt. Sie wirkt repressiv und stellt eine Antwort auf die Freiheitsverletzung des Täters an dem Opfer in Form einer Freiheitsbeschränkung der öffentlichen Gewalt an dem Täter dar. Bei der Strafe handelt es sich um eine Vergeltung nicht im Sinne maßloser Rache, sondern orientiert an der Idee der Wechselseitigkeit[99]. Mit dieser Bestimmung wird einer Strafrechtsbegründung eine Absage erteilt, die den Zweck der Strafe hauptsächlich in der Prävention sieht[100]. Daß die Strafe auch Wirkungen neben der vergeltenden Reaktion auf das Verbrechen

---

94 *O. Höffe*, Kategorische Rechtsprinzipien, S. 222.

95 *O. Höffe*, Kategorische Rechtsprinzipien, S. 222.

96 *I. Kant*, MdS-RL, S. 453 (Hervorhebungen im Original).

97 *O. Höffe*, Kategorische Rechtsprinzipien, S. 222.

98 *O. Höffe*, Kategorische Rechtsprinzipien, S. 229 ff.

99 *O. Höffe*, Kategorische Rechtsprinzipien, S. 217; *U. Ebert*, Talion und Spiegelung im Strafrecht, S. 399 ff.; *W. Kargl*, GA 1998, S. 62 f.

100 Zu instrumentell-präventiven Ansätzen und ihrer Grundlage s. *M. Köhler*, Strafrecht – Allgemeiner Teil, S. 38 ff., 45 ff.

hat, wird nicht in Abrede gestellt, sondern nur aus dem Begründungszusammenhang herausgehalten. Obwohl die Strafe retrospektiv ist, entfaltet sie auch prospektive Kraft[101]. Sie kann den potentiellen Straftäter abschrecken. Begrifflich steht jedoch der rückblickende Charakter der Strafe im Vordergrund. Prävention ist lediglich eine unvermeidliche Nebenwirkung, die jederzeit zugleich durch die Freiheit des Täters begrenzt wird[102]. Dies ist die Voraussetzung für eine begrenzte Repression im Gegensatz zur unbegrenzten Prävention[103], die durch eine prospektive Ausrichtung ermöglicht wird. Der Begrenzung dient auch, daß die Voraussetzungen und die Folgen der Straftat bestimmt und im voraus genau bekannt sind: *Nullum crimen, nulla poena sine lege.*

Hinsichtlich des Bezugspunkts des "Wegen" findet eine noch weitergehende Einschränkung statt. Der Begriff des Verbrechens umfaßt allein elementar-konkrete Freiheitsverletzungen[104], die den Bürger in seiner Freiheit, Gleichheit und Selbständigkeit schwer beeinträchtigen[105], es ihm also unmöglich machen, sittlich zu handeln. Strafrecht hat demnach die Aufgabe, solches Unrecht zu vergelten, das die sittliche Freiheit des Menschen durch Beeinträchtigung der äuße-

---

101 In diesem Zusammenhang ist der Hinweis *U. Neumanns*, ZStW 101 (1989), S. 53, interessant, daß trotz der prospektiven Orientierung in den heute vorherrschenden Straftheorien die materiale Gerechtigkeit des Strafverfahrens die vergeltende Gerechtigkeit ist.

102 *O. Höffe*, Kategorische Rechtsprinzipien, S. 222; *W. Naucke*, Kant und die psychologische Zwangstheorie Feuerbachs, S. 36; *F. Dencker*, StV 1988, S. 263; *W. Hassemer*, ZRP 1992, S. 380; *M. Köhler*, Strafrecht – Allgemeiner Teil, S. 43, 51: "Die Theorie freiheitsgesetzlich-konkretisierender Strafgerechtigkeit leistet daher eine wirkliche Vereinigung der Strafzwecke."

103 Zu dieser aktuellen Schwerpunktverlagerung im Strafrecht s. *W. Naucke*, KritV 1993, S. 143; *W. Kargl*, GA 1998, S. 72; s. auch *M. Köhler*, Strafrecht – Allgemeiner Teil, S. 45 f. zur Spezialprävention, S. 42 f. zur Generalprävention: "Das 'Subjekt' ist die Gesellschaft, der einzelne wird zum Objekt."

104 Also nicht auch abstrakte *Rechtsgut*-Verletzungen, die den Bezug zum einzelnen verschwimmen lassen: *W. Naucke*, Der materielle Verbrechensbegriff im 19. Jahrhundert, S. 280 ff.; *ders.*, SchlHA 1964, S. 206 ff.; *M. Köhler*, Strafrecht – Allgemeiner Teil, S. 24 f.

105 Zu einer ähnlichen Einschränkung des Umfangs der Strafbarkeit menschlichen Verhaltens gelangt auch die Auffassung, die im Verbrechen eine Anerkennungsverletzung sieht: *K. Seelmann*, Anerkennungsverlust und Selbstsubsumtion, S. 70 f. (S. 71); *M. Köhler*, Strafrecht – Allgemeiner Teil, S. 22 ff. Die Anerkennung, die zwei Rechtssubjekte einander entgegenbringen, ist Grundlage der Strafrechtsphilosophie *G. W. F. Hegels*. Hierzu und zu den daraus folgenden Differenzen zur *Kantischen* Strafrechtsbegründung s. *K. Seelmann*, a.a.O., S. 40 ff., sowie *M. Köhler*, a.a.O., S. 48 ff.

ren Handlungsfreiheit verletzt. Das Kriminal*unrecht*[106] – Verbrechen im Sinne der Definition[107] – umfaßt den Bereich der Gewaltdelikte gegen die Person, gegen die Freiheit und das Vermögen sowie die gewaltsame Verunsicherung der Verfassung der individuellen Freiheit, also des Staates[108]. Die Strafe als das am schärfsten in die Freiheit des einzelnen einschneidende staatliche Zwangsmittel ist als *ultima ratio*[109] nur bei solchen Freiheitsverletzungen zu verhängen, die die Grundelemente des rechtlichen Zustands verletzen[110], also unter keinen Umständen als verallgemeinerungsfähig gedacht werden können[111]. Strafe ist schließlich aufgezwungen. Mag man auch eine schmerzliche Therapie freiwillig eingehen, so wird man mit der Strafe als Übel, als Schmerz "belegt". In diesem Begriff kommt der Zwangscharakter, der mit der Strafe verbunden ist, deutlich zum Ausdruck[112].

---

106 *I. Kant*, MdS-RL, S. 337: "Wenn also meine Handlung, ..., mit der Freiheit von jedermann nach einem allgemeinen Gesetze zusammen bestehen kann, so tut der mir Unrecht, der mich daran hindert; denn dieses Hindernis (dieser Widerstand) kann mit der Freiheit nach allgemeinen Gesetzen nicht bestehen."; vgl. *M. Köhler*, Strafrecht – Allgemeiner Teil, S. 20: "Unrecht ist ein dem Recht widersprechendes, die äußere Freiheit einer Person oder Personengemeinschaft verletzendes Verhalten mit der Folge unrechtshindernder oder -ausgleichender Zwangsbefugnis."

107 *I. Kant*, MdS-RL, S. 452: "Diejenige Übertretung des öffentlichen Gesetzes, die den, welcher sie begeht, unfähig macht, Staatsbürger zu sein, heißt *Verbrechen* schlechthin (crimen), aber auch ein öffentliches Verbrechen (crimen publicum); daher das erstere (das Privatverbrechen) vor die Zivil-, das andere vor die Kriminalgerechtigkeit gezogen wird." (Hervorhebung im Original); hierzu: *W. Naucke*, SchlHA 1964, S. 207 ff.; vgl. auch die Definition *M. Köhlers*, Strafrecht – Allgemeiner Teil, S. 22.

108 *W. Naucke*, Wechselwirkung zwischen Strafziel und Verbrechensbegriff, S. 195; *ders.*, KritV 1990, S. 247; *ders.*, KritV 1993, S. 143; *ders.*, Der materielle Verbrechensbegriff im 19. Jahrhundert, S. 284; *E. A. Wolff*, Die Abgrenzung von Kriminalunrecht zu anderen Unrechtsformen, S. 162 ff.; vgl. auch *W. Hassemer*, ZRP 1997, S. 318, 320; zu einer Unterscheidung von Unrechtsformen anhand einer Ausdifferenzierung des Kantischen Gerechtigkeitsbegriffs s. *D. Klesczewski*, ARSP Beiheft 66, S. 93 ff.

109 Vgl. die staatstheoretische Ableitung *W. Hassemers*, ZRP 1992, S. 379 f.; *ders.*, ZRP 1997, S. 321; kritisch zu einer solchen "formalen und sachlich ungenauen" Unterscheidung des Straf- vom Ordnungs- und Zivilunrecht *M. Köhler*, Strafrecht – Allgemeiner Teil, S. 22.

110 *O. Höffe*, Kategorische Rechtsprinzipien, S. 224. Zur geschichtlichen Entwicklung dieser Auffassung vom Verbrechen s. *W. Naucke*, Der materielle Verbrechensbegriff im 19. Jahrhundert, S. 277 ff.; *M. Köhler*, Strafrecht – Allgemeiner Teil, S. 23, bezieht auch schwere Gutsgefährdungen ein.

111 *D. Klesczewski*, ARSP Beiheft 66, S. 93, spricht von der "spezifischen Rechtsfolge negativer Würdigkeit"; *M. Köhler*, Strafrecht – Allgemeiner Teil, S. 23.

112 *O. Höffe*, Kategorische Rechtsprinzipien, S. 224 f.

Mit dieser Beschränkung des Strafbegriffs, der die Strafe als Repression schweren Unrechts durch die öffentliche Gewalt definiert, ist freilich noch keine Begründung für die Strafe gegeben. Diese Frage ist nicht allein aus dem Strafrecht heraus, sondern nur im Zusammenhang mit der Rechts- und Staatstheorie zu beantworten[113]: "Die bloße Idee einer Staatsverfassung unter *Menschen* führt schon den Begriff einer Strafgerechtigkeit bei sich, welche der obersten Gewalt zusteht"[114]. Die Strafbefugnis ist also mit dem Eintritt in den *status civilis* zwangsläufig verbunden. Der Strafgrund ist allein in dem Verstoß gegen das Strafgesetz als einem kategorischen Imperativ zu erblicken[115]. Hat der eine über den anderen "den Meister gespielt"[116], so gebietet es die praktische Vernunft, einen schwerwiegenden Freiheitseingriff, der ja zugleich auch die Bedingungen der Staatsbegründung – Freiheit, Gleichheit und Selbständigkeit – in Frage stellt, vergeltend mit Strafe zu beantworten. Die strafende Vergeltung folgt alleine dem Rechtsgebot der praktischen Vernunft[117]. Daher kann von einer gleichsam vertraglichen Begründung der Strafe nicht die Rede sein[118]. Der Täter willigt durch die Begehung der Tat ebensowenig in seine Bestrafung ein, wie er als Naturzustandsbewohner im *contractus originarius* in eine Aufgabe seiner Freiheit eingewilligt hat[119].

Strafe folgt also aus dem Vernunftgebot, schwerwiegende Eingriffe in die Freiheit, Gleichheit und Selbständigkeit zu vergelten, die die Subjektivität des einzelnen und damit die Bedingungen der Staatsbegründung verletzen. Die Grenzen der Strafbefugnis der öffentlichen Gewalt sind, wie gezeigt wurde, dem Begriff der Strafe immanent. Die freiheitsgesetzliche Theorie der Strafe[120] wird den weiteren Ausführungen zugrundegelegt.

---

113 *O. Höffe*, Kategorische Rechtsprinzipien, S. 226 f.

114 *I. Kant*, MdS-RL, S. 487 (Hervorhebung im Original).

115 *W. Naucke*, Kant und die psychologische Zwangstheorie Feuerbachs, S. 31; *M. Köhler*, Strafrecht – Allgemeiner Teil, S. 52; krit. zum Zusammenfallen von Realgrund und Finalgrund der Strafe *W. Kargl*, GA 1998, S. 68 ff.

116 *I. Kant*, MdS-RL, S. 424.

117 Daß daraus ganz praktische Forderungen ableitbar sind, zeigt *K. v. Birkmeyer*, DJZ 1909, Sp. 1049 ff.; *M. Köhler*, Strafrecht – Allgemeiner Teil, S. 8, beschreibt die Strafrechtswissenschaft als "vorpositive Begründungsdisziplin".

118 S. o., 1. b) bb), S. 44 ff.; zur Kritik der (gesellschafts-)vertraglichen Begründung der Strafe durch *G. W. F. Hegel* (Grundlinien der Philosophie des Rechts, § 100, Anmerkung, Zusatz) s. *K. Seelmann*, Anerkennungsverlust und Selbstsubsumtion, S. 35 ff., 82 ff., 85 ff.; zum Wiedererstarken kontraktualistischer Strafbegründung und des Arguments *Volenti non fit iniuria* s. *W. Hassemer*, JuS 1989, S. 893.

119 Zur kontraktualistischen Strafbegründung s. *K. Seelmann*, Vertragsmetaphern, S. 441 ff.; *ders.*, Anerkennungsverlust und Selbstsubsumtion, S. 99 ff.

120 Zur möglichsten Vermeidung des Begriffs "absolute Theorie" s. *M. Köhler*, Strafrecht – Allgemeiner Teil, S. 43.

4. Resümee: Der Vertrag als vernunftrechtliche Organisationsnorm im Staatsrecht

Im Rahmen der Begründung von Staat und Recht kommt dem Vertragsgedanken keine die staatliche Macht legitimierende Funktion zu. Die Staatsbegründung ist nicht in einem Pakt der Naturzustandsbewohner zu suchen, in dem diese ihre Freiheit zugunsten des Staates aufgeben und ihm eine von den Bedingungen der Staatsbegründung im wahrsten Sinne des Wortes absolute Macht einräumen. Das Staatsrecht ist vielmehr eine Leistung der praktischen Vernunft der freien, gleichen und selbständigen Personen, die sich an dem allgemeinen Rechtsprinzip orientieren, das Postulat des öffentlichen Rechts erkennen und gemäß dem kategorischen Imperativ der Staatsgründung in einen rechtlichen Zustand treten. Innerhalb dieses Zusammenhangs ist der ursprüngliche Vertrag der Staatsbegründung allein die vernunftrechtliche Organisationsnorm, die Verfassung des Staates. Es handelt sich um die Richtschnur, an der sich die Gesetze und das Handeln des Staates messen lassen müssen. Den Maßstab hierfür bilden die Freiheit, die Gleichheit und die Selbständigkeit des einzelnen. Verabschiedet der *contractus originarius* den Vertrag in seiner voluntaristisch-legitimationstheoretischen Form, so kann sich der Staat gegenüber dem einzelnen nie verselbständigen. Aufgabe des Staates ist die Freiheitsgewährleistung, um die Bedingungen von Subjektivität und Personalität sicherzustellen. Auch das Strafrecht ist in diesem Sinne nur ein Mittel zur Vergeltung schwerer Verletzungen der Subjektivität und Personalität. Nach dem ursprünglichen Vertrag kann sich der Staat bei Eingriffen in die Freiheit seiner Bürger nie mit einem Verweis auf eine in einem Vertragsschluß gegebene Einwilligung um eine Rechtfertigung vor dem "Verfassungsrichterstuhl der Rechtsvernunft"[121] drücken.

Der Staat kann der praktischen Vernunft den Satz *Volenti non fit iniuria* nicht entgegenhalten, ohne dem Bürger die Qualitäten abzusprechen, die die Staatsbegründung überhaupt erst ermöglichten.

II. Der Vertrag im Verhältnis der Personen zueinander (Privatrecht)

Der Vertrag im Sinne des Privatrechts ist die rechtsgeschäftliche Regelung eines Rechtsverhältnisses, die die Vertragspartner einverständlich in Geltung setzen[122]. Er entfaltet nur im Verhältnis der Personen zueinander, also für die vertragschließenden Parteien Wirkung. Der Vertrag ist das Mittel zur individuellen

121 *W. Kersting*, Wohlgeordnete Freiheit, S. 352.
122 *W. Flume*, Das Rechtsgeschäft, § 33 2., S. 602.

Regelung der Rechtsverhältnisse im rechtlichen Zustand, der aufgrund des kategorischen Imperativs der Staatsgründung begründet wurde. Freilich müssen auch hier Voraussetzungen erfüllt und Grenzen eingehalten sein, damit ein zwischen den Personen geschlossener Vertrag Geltung beanspruchen kann.

Ohne die im Bereich der Staatsbegründung angesprochene Freiheit ist keine Handlungsfreiheit in sozialer Hinsicht, also auch keine Freiheit denkbar, konkrete Verträge abzuschließen[123]. In der Rechtswirklichkeit ist zwar festzustellen, daß angesichts unterschiedlicher wirtschaftlich-faktischer Machtverteilung der Stärkere dem Schwächeren die Bedingungen des Vertragsschlusses diktieren kann[124]; dies sollte aber nicht davon abschrecken, Grundzüge des Vertragskonzepts im Verhältnis der Privatrechtssubjekte darzustellen, um so einen weiteren Maßstab für die Bewertung des Vertragsgedankens im Strafverfahren zu gewinnen. In einem Exkurs soll auch der Verwaltungsvertrag behandelt werden.

1. Der Vertrag zwischen Privatrechtssubjekten

Innerhalb des rechtlichen Zustands bleibt dem einzelnen eine Sphäre, in der er autonom bestimmen kann, ob und wie er in Beziehung zu dem jeweils anderen tritt. Der privatrechtliche Vertrag ist das wichtigste Instrument zur Gestaltung der Beziehungen zwischen Privatrechtssubjekten. Diese Beziehungen betreffen nur die jeweiligen Vertragspartner. Kein anderer ist an dem Verhältnis ihrer Leistungsbeziehung beteiligt. Der Staat tritt nur dann in Erscheinung und stellt den staatlichen Justiz- und Vollstreckungsapparat bereit, wenn ein nicht eingehaltenes Vertragsversprechen gerichtlich durchzusetzen ist[125]. Die Vertragsfreiheit ist Bestandteil der Privatautonomie, die wiederum Folge der Freiheit *a priori* des Menschen ist.

a) Privatautonomie und Vertragsfreiheit als Folge des freiheitssichernden ursprünglichen Vertrags

Im folgenden sind Privatautonomie und Vertragsfreiheit in den Zusammenhang der Bestimmungen der Staats- und Rechtsbegründung zu stellen.

---

123 So *O. Höffe*, Politische Gerechtigkeit, S. 449, allerdings im Hinblick auf einen Rechte konstituierenden Gesellschaftsvertrag.

124 Hierzu: *W. Flume*, Das Rechtsgeschäft, § 1 7., S. 10 ff.; *E. Schmidt/G. Brüggemeier*, Zivilrechtlicher Grundkurs, S. 61 ff.; *U. Eisenhardt*, AT, Rdnr. 20.

125 Wobei freilich auch dieser Zwang begründungsbedürftig ist, s. *J. Esser/E. Schmidt*, Schuldrecht-AT, § 10 I. 1., S. 155.

aa) Privatautonomie

Unter Privatautonomie ist als Teil des allgemeinen Prinzips der Selbstbestimmung[126] die Freiheit des einzelnen zu verstehen, seine Rechtsverhältnisse nach seinem Willen zu gestalten[127], genauer: Selbst eine Regelung seiner Lebensverhältnisse zu treffen, die von der positiven Rechtsordnung anerkannt wird[128]. Die Privatautonomie ist unmittelbar mit der ursprünglichen Freiheit, der Gleichheit und dem Prinzip der Selbständigkeit des einzelnen verknüpft.

Im Zusammenhang der Privatautonomie zeigt sich erneut das bereits in staatstheoretischer Hinsicht ausgeführte Verhältnis zwischen Vernunftrecht und positivem Recht[129]: Die Privatautonomie ist als Bestandteil der dem Menschen kraft seiner Menschheit zustehenden Freiheit jeder positiv-rechtlichen Regelung vorgängig. Sie besteht auch im *status naturalis*. Die Rechtsordnung als Folge des ursprünglichen Vertrags und als Konkretisierung der provisorischen Rechtsverhältnisse des Naturzustands verschafft dem einzelnen jedoch erst die Durchsetzbarkeit der Privatautonomie in rechtlich-praktischer Hinsicht. Insbesondere stellt sie für den Konfliktfall der Privatautonomie des einen mit der Privatautonomie des anderen rechtliche Lösungsmechanismen bereit. Dazu zählen grundrechtliche und einfachgesetzliche Regelungen, die die nähere positive Ausgestaltung des Privatrechts, die gerichtliche Organisation und Entscheidung sowie die Vollstreckung festgestellter Ansprüche umfassen. Ohne sie wäre der Rückfall in den Naturzustand, also in provisorische, von Gewalt und Gegengewalt bedrohte Rechtsverhältnisse, stets aktuell.

Die Privatautonomie läßt sich in die Eigentums- (Art. 14 I S. 1 GG, § 903 BGB), die Testier- (Art. 14 I S. 1 GG, § 1937 BGB) und die Vertragsfreiheit[130] (Art. 2 I GG[131], § 305 BGB)[132] untergliedern[133].

---

126 Vgl. *E.-J. Mestmäcker*, JZ 1964, S. 446.

127 *W. Flume*, Das Rechtsgeschäft, § 1 1., S. 1; *U. Eisenhardt*, AT, Rdnr. 16.

128 *H. Brox*, BGB-AT, Rdnr. 24; *W. Flume*, Das Rechtsgeschäft, § 1 2., S. 1 f.

129 Zur Notwendigkeit der Positivierung des Vernunftrechts s. o., I. 1. b) aa), S. 41 f.; s. auch *W. Flume*, Das Rechtsgeschäft, § 1 2., S. 2.

130 *W. Flume*, Das Rechtsgeschäft, § 1 6. a), 8. a), S. 7, 12 f., sowie § 33 6. a), S. 609; zur Grundrechtsdogmatik hinsichtlich der Vertragsfreiheit s. *W. Höfling*, Vertragsfreiheit, S. 4 ff.

131 BVerfGE 8, S. 274 ff. (S. 328); 12, S. 341 ff. (S. 347); kritisch zu einer Verortung der Vertragsfreiheit allein in Art. 2 I GG: *W. Höfling*, Vertragsfreiheit, S. 6 ff. m.w.N.

132 Zur fortlaufenden Einschränkung des Autonomieraums von der Testier- über die Eigentums- bis zur Vertragsfreiheit s. *J. Esser/E. Schmidt*, Schuldrecht-AT, § 10 I., S. 155.

bb) Vertragsfreiheit

Ihre deutlichste Ausprägung findet die Privatautonomie in der Vertragsfreiheit. Hierunter ist die Freiheit des einzelnen zu verstehen, seine privaten Lebensverhältnisse durch Verträge zu gestalten. Er kann seine Rechtsstellung und die Rechtslage der von ihm beherrschten Rechtsgüter nach seinem Belieben ändern, indem er mit einem andern einen Verpflichtungsvertrag abschließt, sofern er dabei nicht gegen gesetzliche Verbote oder die guten Sitten verstößt[134]. Sowohl in sachlicher als auch in personeller Hinsicht ist es jedem freigestellt, ob und welchen Vertrag er schließt. Der Anwendungsbereich des Vertrags ist mithin universell: Jeder kann mit jedem über alles einen Vertrag schließen[135]. Vertrag und Eigentum sind die Grundlagen der freien Entfaltung des Privatrechtssubjekts. Dabei gibt erst der Vertrag dem Eigentum die Möglichkeit der Dynamik[136]. Er erlaubt es den freien, gleichen und selbständigen Individuen[137], über die sie betreffenden Angelegenheiten zu bestimmen, also einen schuldrechtlichen Vertrag, z. B. einen Kaufvertrag, abzuschließen oder durch einen dinglichen Vertrag[138] die Eigentumsverhältnisse an einer Sache zu ändern. Die persönliche Leistung des einen Subjekts gegenüber einem anderen Subjekt steht unter der Bedingung, daß beide Subjekte etwas haben, über das das eine Subjekt ohne die Einwilligung des anderen nicht verfügen darf[139]. Die Selbstbestimmung der Vertragschließenden ist innerhalb der Grenzen, die das positive Recht zieht, der rechtlichen Wertung vorgegeben[140]. Die Rechtsfolge des Vertrags tritt ein, weil die Vertragspartner sie *vereinbart* haben. Der Käufer schuldet den Kaufpreis nicht wegen der Regelung des § 433 II BGB, sondern wegen seines Versprechens gegenüber dem Verkäufer[141]. Nur bei einer Einigung der Beteiligten, die auf freier

---

133 Anders, nämlich vom Eigentum ausgehend: *E. Schmidt/G. Brüggemeier*, Zivilrechtlicher Grundkurs, S. 68: Privat- und Vertragsautonomie sind die Konkretisierung der Eigentumsautonomie.

134 *L. Enneccerus/H. Lehmann*, § 27 2., S. 119.

135 *E. Schmidt/G. Brüggemeier*, Zivilrechtlicher Grundkurs, S. 63.

136 *H. G. Deggau*, Die Aporien der Rechtslehre Kants, S. 123.

137 In den Worten von *J. Esser/E. Schmidt*, Schuldrecht-AT, § 10 I. 1., S. 156, handelt es sich hierbei um eine "normative Paritätsvorgabe", s. auch *E. Schmidt/G. Brüggemeier*, Zivilrechtlicher Grundkurs, S. 64.

138 Zu den Besonderheiten des dinglichen Vertrags s. *L. Enneccerus/H. C. Nipperdey*, AT II, § 146 II. 2., S. 910 f.

139 *H. G. Deggau*, Die Aporien der Rechtslehre Kants, S. 123 f.

140 *W. Flume*, Das Rechtsgeschäft, § 1 3. e), S. 5; kritisch *E.-J. Mestmäcker*, JZ 1964, S. 443.

141 *J. Esser/E. Schmidt*, Schuldrecht-AT, § 4 I. 1., S. 67; s. auch das Beispiel bei *H. Brox*, BGB-AT, Rdnr. 73 a. E.

Selbstgestaltung jedes einzelnen beruht, d. h. bei einem Vertrag, erkennt das Recht die Selbstgestaltung als verbindlich an[142]. Daß die rechtsgeschäftliche Wirkung durch das Einverständnis der Vertragspartner in Geltung gesetzt wird, eint alle Arten des Vertrags[143]. Die Rechtsordnung bestätigt nur das von den Kontrahenten Vereinbarte[144]. Geltungsgrund für die vertragliche Gestaltung des Rechtsverhältnisses ist zunächst die Selbstbestimmung und dann erst ihre Anerkennung durch die Rechtsordnung[145].

cc) Der gegenseitig verpflichtende Vertrag

Idealtypisch ist der Vertrag als gegenseitig verpflichtender Vertrag durch die wechselseitige Abhängigkeit der Leistungspflichten gekennzeichnet[146]. Nach dem Prinzip *Do ut des* wird jede Leistung deshalb geschuldet, weil die andere geschuldet wird. Zwar sind alle Schuldverträge in der Entstehung gegenseitig, da sie zwei übereinstimmende Willenserklärungen (Angebot und Annahme) voraussetzen, beim gegenseitig verpflichtenden Vertrag besteht aber ein wechselseitig-finaler Bezug der Leistungspflichten[147]. Das Attribut "gegenseitig" bezieht sich folglich nicht auf die Begründung der Verpflichtungen durch den Vertragsschluß, sondern auf die wechselseitige Abhängigkeit der durch den Vertrag begründeten Leistungsbeziehungen[148]. Diese Abhängigkeit zeigt sich in dreierlei Hinsicht[149]: Zum einen ist die Entstehung einer jeden der beiden Schuldverpflichtungen von der wirksamen Begründung der anderen abhängig. Ferner muß jeder Vertragspartner auch nach Entstehung der Leistungsverbindlichkeiten bei der Geltendmachung seines Anspruchs dem Gegenanspruch Rechnung tragen (§ 320 I S. 1 BGB). Klagt der eine Vertragsteil auf Leistung, ohne

---

142 *H. Brox*, BGB-AT, Rdnr. 73. In der prägnanten Formulierung *O. Mayers*, AöR Bd. 3 (1888), S. 40: "Nicht der Eine soll die Rechtswirkung erzeugen und der Andere sich das gefallen lassen, sondern beide zusammen müssen sie geschaffen haben; dann ist es ein Vertrag."

143 *W. Flume*, Das Rechtsgeschäft, § 33 3., S. 604.

144 *W. Flume*, Das Rechtsgeschäft, § 1 3. a), S. 3.

145 *W. Flume*, Das Rechtsgeschäft, § 1 4., S. 5; *E.-J. Mestmäcker*, JZ 1964, S. 441.

146 Daneben stehen der einseitig verpflichtende Vertrag, in dem nur eine Partei zur Leistung verpflichtet ist (Beispiel: Schenkung [§ 518 BGB], Bürgschaft [§ 765 BGB]), und der unvollkommen zweiseitige Vertrag, aus dem zunächst nur für einen Vertragsteil Leistungspflichten entstehen, gegebenenfalls aber auch für den anderen Vertragsteil eine Leistungspflicht entstehen kann (Beispiel: Auftrag [§§ 662, 670 BGB]).

147 Staudinger-*Otto*, Rdnr. 1 vor §§ 320 – 322 BGB.

148 Staudinger-*Otto*, Rdnr. 2 vor §§ 320 – 322 BGB.

149 *L. Enneccerus/H. Lehmann*, § 32 III., S. 139 f.

den Gegenanspruch zu erfüllen, so kann der andere Teil dem Erfüllungsbegehren durch Erhebung der Einrede des nichterfüllten Vertrags widersprechen. Schließlich wird, obwohl der Rechtsgrund der Leistungsverpflichtung in der Vergangenheit liegt, die eine Leistung durch das Schicksal der anderen Leistung beeinflußt. Dies ist namentlich bei der nicht zu vertretenden Unmöglichkeit der Leistung der Fall, infolge derer die Verpflichtung des anderen Teils zur Gegenleistung entfällt (§ 323 I 1. HS BGB).

dd) Vertragliche und gesetzliche Schuldverhältnisse

Ist von Vertragsfreiheit die Rede, so muß zwischen vertraglichen und gesetzlichen Schuldverhältnissen unterschieden werden[150]. Vertragliche Schuldverhältnisse haben ihren Entstehungsgrund in der individuellen Vereinbarung der Vertragspartner. Gesetzliche Schuldverhältnisse entstehen zumeist aus zufälligem sozialen Kontakt. Vertragliche Schuldverhältnisse dienen in erster Linie dem Güter*austausch*[151], gesetzliche Schuldverhältnisse, etwa das Bereicherungsrecht (§§ 812 ff. BGB) oder das Recht der unerlaubten Handlungen (§§ 823 ff. BGB), dem Güter*schutz*. Im vertraglichen Bereich werden die individuellen Interessen und Bedürfnisse der Vertragspartner zur Deckung gebracht, indem die Vertragsparteien sie weitgehend ungehindert entlang der bloßen Richtschnur des positiven Rechts verfolgen. Auf dem Gebiet der gesetzlichen Schuldverhältnisse geht es hingegen um Eingriffe in Rechtspositionen unbeteiligter Dritter, die grundsätzlich nicht erlaubt sind und deswegen nach einem allgemeinen und zwingenden gesetzlichen Schema rückabgewickelt werden müssen[152]. Privatautonomie und Vertragsfreiheit kann es hier also nicht geben. In zeitlicher Hinsicht dienen vertragliche Schuldverhältnisse der Zukunftsgestaltung. Gesetzliche Schuldverhältnisse orientieren sich am *status quo ante* und zielen auf Rückgewähr bzw. den Ausgleich von Rechtseingriffen in der Vergangenheit. Diese Unterscheidung betrifft aber nur die Entstehung von Schuldverhältnissen. Der weitere Umgang mit den so entstandenen Ausgleichsansprüchen unterliegt erneut privater Disposition[153].

---

150 *J. Esser/E. Schmidt*, Schuldrecht-AT, § 4, S. 65 ff., zu den notwendigen Ergänzungen des folgenden Modells S. 69 ff.

151 *L. Enneccerus/H. Lehmann*, § 32 II., S. 139.

152 *J. Esser/E. Schmidt*, Schuldrecht-AT, § 4 I. 1., S. 67.

153 *J. Esser/E. Schmidt*, Schuldrecht-AT, § 4 I. 1., S. 67.

ee) Prozeßrechtliche Folgerungen der Privatautonomie: Dispositionsgrundsatz und Prozeßvergleich

Mit dem zuletzt Genannten ist die Parallele zur Privatautonomie im Zivilverfahrensrecht angesprochen. Der Dispositionsgrundsatz als einer der zivilrechtlichen Verfahrensgrundsätze besagt, daß es alleine Sache der Parteien ist, über Beginn, Gegenstand und Ende des Verfahrens zu bestimmen[154]. Die aus der Privatautonomie folgende materiell-rechtliche Dispositionsbefugnis der Parteien setzt sich als Vorrang des Individualinteresses im Prozeß fort, was in den folgenden Vorschriften zum Ausdruck kommt:

Das Gericht darf einer Partei nur das zusprechen, was sie klage- oder antragsweise (§§ 253 I, 688 I, 920 I, 936 ZPO) begehrt hat (§§ 253 II Nr. 2, 308 I S. 1 ZPO: *ne eat iudex ultra petita partium*), das Urteil nur im Rahmen der Berufungsanträge abändern (§ 536 ZPO) und nur die von den Parteien gestellten Anträge in der Revision prüfen (§ 559 I ZPO). Der Staat stellt zwar die Einrichtungen der Justiz zur Verfügung und verweist den Bürger auf diese (§§ 227 ff., 561, 859, 904, 962 BGB), um es nicht zu maßloser Selbsthilfe und grenzenloser Rechtsverfolgung durch den Gläubiger kommen zu lassen[155]. Abgesehen von der Vorgabe dieses institutionellen Rahmens ist es aber in das Belieben des Bürgers gestellt, ob er seine Rechte durchsetzt oder nicht. Es ist ihm freigestellt, wie er auf eine gegen ihn erhobene Klage reagiert. Auch nach erhobener Klage können die Parteien frei über den Streitgegenstand verfügen: Der Kläger kann seine Klage zurücknehmen (§ 269 I ZPO) oder auf den geltend gemachten Anspuch verzichten (§ 306 ZPO). Er kann auf Berufung und Revision verzichten bzw. das Rechtsmittel zurücknehmen (§§ 514, 515, 566 ZPO). Eine Prozeßpartei kann den gegen sie erhobenen Anspruch anerkennen (§ 307 ZPO) oder im Termin nicht erscheinen, so daß ein Versäumnisurteil ergeht (§ 331 ZPO). Die Parteien können den Rechtsstreit für erledigt erklären (§ 91a ZPO). Das Gericht soll nach § 279 I S. 1 ZPO in jeder Lage des Verfahrens auf eine gütliche Beilegung des Rechtsstreits – zu verstehen als eine privatautonome Lösung – bedacht sein.

Aus dem Gesagten ergibt sich auch die Möglichkeit der Beendigung des Rechtsstreits durch einen Prozeßvergleich (§ 794 I Nr. 1 ZPO)[156], der jedes ho-

---

154 *O. Jauernig*, Zivilprozeßrecht, § 24, S. 76 ff.; *P. Arens/W. Lüke*, Zivilprozeßrecht, Rdnr. 6; *F. Baur/W. Grunsky*, Zivilprozeßrecht, Rdnr. 37.

155 Zum Zweck des Zivilprozesses s. *Th. Noske*, S. 36 ff.

156 Das war nicht immer unumstritten. *C. J. A. Mittermaier*, Der gemeine deutsche bürgerliche Prozeß (1820), § 12, S. 84 ff., lehnte den Prozeßvergleich noch rundweg ab: "Es gehört zu den Lieblingsideen neuerer Gesetzgeber, Vergleiche auf alle mögliche Art zu begünstigen, ... Alle diese Versuche beruhen aber auch auf einer unrichtigen Vorstellung von dem Prozesse und von der Würde des Rechts, da man je-

heitliche Urteil ausschließt[157]. Das Gesetz nennt den Vergleich nur als Vollstreckungstitel. Beim Prozeßvergleich handelt es sich aber um einen prozessualen Vertrag der Parteien, der den zwischen ihnen bestehenden Rechtsstreit beendet. Zugleich gibt er den Parteien einen materiell-rechtlichen Anspruch im Sinne des § 779 BGB, so daß sich ihr Rechtsverhältnis nunmehr nach dem Vergleichsinhalt richtet[158]. Der Prozeßvergleich zeichnet sich durch seine Doppelnatur[159] aus, die sowohl in materieller als auch in prozessualer Hinsicht die Privatautonomie und Vertragsfreiheit der Parteien des Zivilverfahrens unterstreicht.

ff) Zusammenfassung

Die Privatautonomie, die sich in der Eigentums-, der Testier- und vor allem der Vertragsfreiheit niederschlägt, ist Folge der dem Menschen kraft seiner Menschheit zustehenden Freiheit. Ist auch die Vertragsfreiheit jeder rechtlichen Regelung vorgängig, so erlaubt doch erst der rechtliche Zustand ihre Durchsetzung in rechtlich-praktischer Hinsicht. Für den Vertragsschluß zur Begründung oder Änderung eines Schuldverhältnisses (§ 305 BGB) ist wesentlich, daß das Vereinbarte nicht wegen der abstrakt-generellen Regelung in Gesetzen, sondern wegen der individuellen Übereinkunft der Vertragschließenden gilt. Idealtypisch gelangt der privatrechtliche Vertragsgedanke im gegenseitig verpflichtenden Vertrag zum Ausdruck: Die Leistungen werden nach dem Prinzip *Do ut des* geschuldet und sind sowohl in ihrer Begründung als auch in ihrer Durchsetzung voneinander abhängig. Vertragsfreiheit in dem angesprochenen Sinne kann es nur im Hinblick auf vertragliche Schuldverhältnisse geben, die dem zweckgerichteten Austausch von Gütern im weiteren Sinne dienen. Eingriffe in Rechtspositionen begründen gesetzliche Schuldverhältnisse, ohne daß es hierfür auf den Willen der zufällig zueinander in Beziehung geratenen Personen ankommt. Im Prozeß findet die Privatautonomie ihre Ausprägung im Dispositionsgrundsatz. Die Parteien können im Zivilrechtsstreit einen Prozeßvergleich schließen, d. h. einen Vertrag mit prozessualen und zugleich materiell-rechtlichen Wirkungen.

---

den Prozeß als ein Uebel betrachtet, das man verbannen müsse, und vergißt, daß da, wo ein feigherziges schwaches der Bequemlichkeit zusagendes Nachgeben nach dem gepriesenen Vergleichestiften an der Tagesordnung wäre, nur das größte Unrecht seinen Deckmantel fände, ...".

157 *W. Bottke*, Verfahrensgerechtigkeit, S. 36; auch im Verwaltungsprozeßrecht hat der Prozeßvergleich in §§ 106, 160 VwGO positivrechtliche Anerkennung gefunden.

158 Zu den Wirkungen und Rechtsfolgen des Vergleichs s. *R. Bork* , S. 310 ff.

159 BGHZ 79, S. 71 ff. (S. 74); *R. Bork*, S. 3 mit FN 10, S. 448 ff.

b) Konkretisierungen der Vertragsfreiheit

Die solchermaßen noch abstrakt bestimmte Vertragsfreiheit läßt sich weiter konkretisieren. Vorbehaltlich der für den Inhalt von Verträgen zwingenden Gesetzesbestimmungen ist es Sache der Teilnehmer am Rechtsverkehr, darüber zu entscheiden, ob, mit wem, über welchen Gegenstand und mit welchem Inhalt sie rechtsverbindliche Geschäfte abschließen wollen[160]. Die Vertragsfreiheit läßt sich demnach konkretisieren in die Abschlußfreiheit, die ihr korrespondierende Beendigungsfreiheit, die Partnerwahl-, Form-, Gestaltungs- und Änderungsfreiheit. Von den angesprochenen Konkretisierungen der Vertragsfreiheit sind hier vorrangig die Abschluß- und die Gestaltungsfreiheit zu erörtern.

aa) Abschlußfreiheit

Der Vertrag ist ein Akt der Selbstbestimmung, durch den sich die Willkür des einen freiwillig unter die Kontrolle eines anderen begibt. Niemand kann gezwungen werden, eine bestimmte Willenserklärung zum Abschluß eines Vertrags abzugeben (negative Abschlußfreiheit)[161]. Abgesehen von den Fällen des Kontrahierungszwangs[162], der insbesondere bei einer Monopolstellung eines Vertragspartners besteht, ist der einzelne frei darin, ob (positive Abschlußfreiheit) und mit wem (Partnerwahlfreiheit) er einen Vertrag schließt. Abschlußfreiheit meint Willensfreiheit[163]. Dazu müssen unterschiedliche positive wie negative Voraussetzungen erfüllt sein.

Soll das vertraglich Vereinbarte Geltung erlangen, so müssen die als gleichberechtigt und gleichbefähigt vorgestellten Kontrahenten geschäftsfähig im Sinne der §§ 104 ff. BGB sein[164]. Keiner der am Vertragsschluß Beteiligten darf

---

160 Staudinger-*Löwisch*, Rdnr. 1 zu § 305 BGB.

161 *H. G. Deggau*, Die Aporien der Rechtslehre Kants, S. 128. § 154 I S. 1 BGB als gesetzliche Auslegungsvorschrift ist Konsequenz der negativen Abschlußfreiheit. Es muß eine freie Entscheidung der Parteien sein, über die Bedingungen zu bestimmen, unter denen sie vertraglich gebunden sein wollen, s. MüKo-*Kramer*, Rdnr. 1 zu § 154 BGB.

162 Zum Kontrahierungszwang s. *H. Brox*, BGB-AT, Rdnr. 74; *W. Flume*, Das Rechtsgeschäft, § 33 6. d), S. 611 ff.; *J. Esser/E. Schmidt*, Schuldrecht-AT, § 10 II 4. a), S. 167 f.; *D. Medicus*, Schuldrecht-AT, Rdnr. 79 ff.; *E.-J. Mestmäcker*, JZ 1964, S. 444 f.

163 *E. Schmidt/G. Brüggemeier*, Zivilrechtlicher Grundkurs, S. 65. Zur Lehre von den Willensmängeln s. MüKo-*Kramer*, Rdnr. 3 vor § 116 BGB.

164 MüKo-*Kramer*, Rdnr. 1 vor § 104 BGB; *ders.*, Rdnr. 3 zu § 145 BGB.

unter Zwang stehen[165]. Im Rechtsverkehr soll jeder frei von irrigen Vorstellungen bzw. Furcht seine Willenserklärung abgeben. § 123 I BGB schützt die freie Selbstbestimmung auf rechtsgeschäftlichem Gebiet[166]. Rechtlich erheblich ist nur ein freies, nicht von Betrug oder Drohung bestimmtes Wollen[167]. Eine infolge Täuschung oder Drohung abgegebene Willenserklärung ist anfechtbar[168]. Der vorsätzlich in die Irre Geführte soll die auf dem Irrtum oder der Drohung beruhende Erklärung rückgängig machen können[169]. Die Rechtsfolge der Täuschung oder der Drohung besteht nicht in der Nichtigkeit der Willenserklärung. Es bleibt dem Erklärenden überlassen, ob er die Willenserklärung wegen der Umstände, die zu ihrer Abgabe führten, anficht und gemäß 142 I BGB der Nichtigkeit preisgibt. Er kann auch auf das Ergebnis schauen und die Willenserklärung – etwa weil sie für ihn vorteilhaft ist – gelten lassen[170]: *Volenti non fit iniuria*. Der bloße Schein einer Willenserklärung, der durch unwiderstehlichen Zwang (*vis absoluta*) hervorgerufen wird, ist nach dem BGB ohne rechtliche Bedeutung und wird deshalb auch von § 123 I BGB nicht erfaßt[171]. Die Willenserklärungen, die wirklich gewollt sein müssen (§§ 116 ff. BGB) und nicht auf einem Irrtum beruhen dürfen (§ 119 BGB)[172], verbinden sich erst dann zu einem Vertrag, wenn sie übereinstimmen. Feststellbare Widersprüche lassen den Vertragsschluß scheitern. Vertragsschluß meint die nach den §§ 145 ff. BGB erfolgende rechtliche Verpflichtung eines oder beider Teile zur Leistung, die nur durch entsprechende Willenserklärungen der hieran Beteiligten entstehen kann. Daraus ergibt sich das Verbot eines Vertrags zu Lasten Dritter[173]. § 305 BGB setzt also den Grundsatz der Vertragsfreiheit in die Rechtsanwendung des Privatrechts um: Indem der Vertrag gemäß § 305 BGB zwischen den Beteiligten ein Schuldverhältnis begründet, wird die Durchführung des Vereinbarten sichergestellt. Kraft des so entstandenen Schuldverhältnisses können die Beteiligten gemäß § 241 I S. 1 BGB die vereinbarten Leistungen von Rechts wegen verlangen.

---

165 MüKo-*Kramer*, Rdnr. 3 vor § 145 BGB; *W. Flume*, Das Rechtsgeschäft, § 1 7., S. 10: "Zwang und Privatautonomie [und damit auch Vertragsfreiheit, *St. S.*] sind miteinander unvereinbar."

166 Motive zum BGB, Bd. I, AT, S. 204.

167 *L. Enneccerus/H. C. Nipperdey*, § 172 II., S. 1060.

168 Zu den dogmatischen Einzelheiten s. *H. Brox*, BGB-AT, Rdnr. 401 ff.

169 MüKo-*Kramer*, Rdnr. 1 zu § 123 BGB.

170 MüKo-*Kramer*, Rdnr. 1 zu § 123 BGB; *H. Brox*, BGB-AT, Rdnr. 279.

171 Motive zum BGB, Bd. I, AT, S. 204.

172 MüKo-*Kramer*, Rdnr. 3 vor § 116 BGB verweist auf den Zusammenhang zwischen §§ 104 ff. und 116 ff. BGB. Immer gehe es darum, einer Willenserklärung so lange Relevanz abzusprechen, als keine Gewähr für ihre Vernünftigkeit besteht.

173 *W. Flume*, Das Rechtsgeschäft, § 1 6. b), S. 9; Staudinger-*Löwisch*, Rdnr. 7 zu § 305 BGB.

§ 305 BGB ist die Normierung des Satzes *Pacta sunt servanda* für das Privatrecht[174].

Der Abschlußfreiheit korrespondiert die Möglichkeit, einen einmal abgeschlossenen Vertrag abzuändern oder wieder aufzuheben (Abänderungs- bzw. Beendigungsfreiheit)[175].

bb) Gestaltungsfreiheit

Die Vertragsparteien sind frei darin, wie sie den Vertrag inhaltlich ausgestalten[176]. In diesem Zusammenhang steht die Typenfreiheit des Schuldrechts. Die in den §§ 433 ff. BGB geregelten Vertragsarten geben nur ein Muster vor. § 305 BGB erlaubt es den Kontrahenten, ihre Rechtsbeziehungen individuell zu gestalten, sie der gesellschaftlichen und wirtschaftlichen Entwicklung anzupassen und bei Bedarf neue Vertragstypen zu bilden[177].

Beschränkungen und Kontrollen der Gestaltungsfreiheit dienen der Gewährleistung eines Mindeststandards an Vertragsgerechtigkeit[178]. Eine unüberwindbare Schranke für die inhaltliche Gestaltungsfreiheit bildet das zwingende Recht, das zugunsten des wirtschaftlich Schwächeren in der Leistungsbeziehung auch nicht durch einverständliche Regelung abbedungen werden kann[179]. Generelle Grenzen der Vertrags- und damit auch der Gestaltungsfreiheit ziehen gesetzliche Verbote (§ 134 BGB) sowie die "guten Sitten" (§ 138 I BGB). Weitere Beschränkungen folgen aus den §§ 226, 242, 315 I BGB (Schikaneverbot, Treu und Glauben, Leistungsbestimmungsrecht), die jedoch keine Grenzen im Sinne der vorgenannten Normen ziehen. Im Zusammenhang mit den §§ 242, 315 BGB geht es nicht um eine Kontrolle der Unverträglichkeit des Vereinbarten mit der Rechtsordnung, sondern um eine Überprüfung am Maßstab der Billigkeit.

---

174 Staudinger-*Löwisch*, Rdnr. 2 zu § 305 BGB.

175 *W. Flume*, Das Rechtsgeschäft, § 33 5., S. 607 ff.; Staudinger-*Löwisch*, Rdnr. 3 zu § 305 BGB.

176 *H. Brox*, BGB-AT, Rdnr. 75.

177 *D. Medicus*, Schuldrecht-AT, Rdnr. 70; eine Zusammenstellung atypischer und gemischter Verträge findet sich bei Staudinger-*Löwisch*, Rdnr. 23 ff. zu § 305 BGB. Bekanntestes Beispiel ist wohl der Leasing-Vertrag.

178 MüKo-*Thole*, Rdnr. 3b zu § 305 BGB.

179 Neben den Regelungen des Miet- und Arbeitsrechts sind hier folgende Gesetze zu nennen: Das AGBG, das VerbraucherkreditG und das HaustürwiderrufsG auf individueller sowie das UWG und das GWB auf überindividueller Ebene. Allgemein zu den Grenzen der Gestaltungsfreiheit: MüKo-*Kramer*, Rdnr. 19 ff. vor § 145 BGB.

Sind die Grenzen der §§ 134, 138 I BGB nicht überschritten, und ist der Austausch der Leistungen überhaupt möglich (§ 306 BGB[180]), so findet eine Inhaltskontrolle des Vertrags nicht statt[181]. Insbesondere unterbleibt eine Angemessenheitskontrolle hinsichtlich der ausgetauschten Leistungen. Im Rahmen des Synallagmas ist nämlich die subjektive bzw. objektive Äquivalenz der Leistungen keine notwendige Bedingung für eine wirksame Verpflichtung der freien und gleichen Privatrechtspersonen[182].

c) Grenzen der Privatautonomie und der Vertragsfreiheit

Soll ein zwischen Privatpersonen geschlossener Vertrag Geltung beanspruchen können, so muß die Einigung der Privatrechtssubjekte bestimmte Grenzen einhalten. Diese können abstrakt benannt werden als mangelnde Verallgemeinerungsfähigkeit (konkretisiert in § 134 BGB: Verstoß gegen gesetzliche Verbote) sowie eine Infragestellung bzw. Aufhebung der Personalität und Subjektqualität des Vertragschließenden (vermittelt über die "guten Sitten", § 138 BGB).

aa) Gesetzliche Verbote (§ 134 BGB)

Nach § 134 BGB ist ein Rechtsgeschäft, das gegen ein gesetzliches Verbot verstößt, nichtig, wenn sich nicht aus dem Gesetz ein anderes ergibt[183]. Selbst wenn die Beteiligten an einem Vertragsschluß im Hinblick auf den Gesetzesverstoß einverständlich vorgehen, löst das gesetzliche Verbot die Nichtigkeit des Vertrags aus[184]. Für das Vorliegen eines Verbotsgesetzes ist es gleichgültig, ob der Abschluß des Geschäfts unmittelbar verboten, also etwa mit Strafe bedroht ist, oder ob der Inhalt des Rechtsgeschäfts mit dem Gesetz in Widerspruch steht, also z. B. eine verbotene Handlung versprochen wird. Jedoch muß sich das Verbot gegen das Rechtsgeschäft selbst, also gegen seinen Erfolg, gegen seine privat-

---

180 *L. Enneccerus/H. Lehmann*, § 29, S. 128 ff. (S. 132 ff.); *J. Esser/E. Schmidt*, Schuldrecht-AT, § 10 II., S. 160.

181 MüKo-*Säcker,* Einl. Rdnr. 28; *R. Dreier*, JuS 1996, S. 581, sieht hierin einen Übergang von materialen zu prozeduralen Gerechtigkeitsvorstellungen; *E. Schmidt/ G. Brüggemeier*, Zivilrechtlicher Grundkurs, S. 67.

182 Staudinger-*Otto*, Rdnr. 7 vor §§ 320 – 322 BGB; Staudinger-*Löwisch*, Rdnr. 18 zu § 305 BGB; *L. Enneccerus/H. Lehmann*, § 32 I. 2. a), S. 138; zur austauschend-erwerbenden Gerechtigkeit s. *M. Köhler*, ARSP 1993, S. 464 ff.

183 Zu den dogmatischen Einzelheiten vgl. *H. Brox*, BGB-AT, Rdnr. 274 ff.

184 Hinsichtlich des Vertrags als Rechtsgeschäft (zu den Begriffen s. *H. Brox*, BGB-AT, Rdnr. 76) drückt sich Art. 20 des Schweizer Obligationenrechts klarer aus: "Ein Vertrag, ... der einen widerrechtlichen Inhalt hat ..., ist nichtig."

rechtliche Wirksamkeit richten[185]. Dies ist im Zweifelsfall durch Auslegung zu ermitteln[186]. § 134 BGB setzt kein vorwerfbares Verhalten voraus. Ausreichend, aber auch erforderlich, ist der objektive Verstoß gegen das Verbotsgesetz.

Die Vorschrift ist die Positivierung des Grundgedankens, daß das privatautonom gestaltete Rechtsgeschäft in Übereinstimmung mit der Rechtsordnung stehen muß. Obwohl der Vertrag nur die Vertragschließenden bindet, muß das individuelle Rechtsgeschäft doch in einem negativen Sinne verallgemeinerungsfähig sein: Es darf nicht gegen allgemeine Gesetze verstoßen.

bb) Verstoß gegen die "guten Sitten" (§ 138 I BGB)

Nach § 138 I BGB ist ein Rechtsgeschäft, das gegen die "guten Sitten" verstößt, nichtig[187]. Diese Generalklausel wird von der Rechtsprechung dahingehend konkretisiert, es müsse ein Verstoß gegen das Anstandsgefühl aller billig und gerecht Denkenden vorliegen[188]. Hierbei handelt es sich um eine Definition, die Steine gibt statt Brot[189]. Zum einen wird eine Generalklausel durch eine andere ersetzt; zum anderen verweist die Formel vom "Anstandsgefühl aller billig und gerecht Denkenden" auf Wertungsmaßstäbe, die außerhalb des Rechts liegen[190]. Sie verwischt die oben[191] geforderte Trennung von Recht und Moral. Zugleich besteht die Gefahr, daß eine definitionsmächtige Mehrheit der Minderheit ihre Moralvorstellungen vorschreibt[192].

Daraus ergibt sich: Wo das einfach-positive Recht Regelungen trifft, denen der private Rechtsverkehr zu folgen hat, ist § 134 BGB die sachnähere Vorschrift zur Beantwortung der Frage, ob die Grenzen der Vertragsfreiheit überschritten sind[193]. Was die Rechtsordnung nicht verbietet, ist schließlich nach

---

185 *L. Enneccerus/H. C. Nipperdey*, AT II, § 190 II., S. 1154.

186 *L. Enneccerus/H. C. Nipperdey*, AT II, § 190 II., S. 1155 ff.; *J. Esser/E. Schmidt*, Schuldrecht-AT, § 10 II. 1., S. 160 f.; *H. Brox*, BGB-AT, Rdnr. 275.

187 Hinsichtlich der dogmatischen Einzelheiten s. *H. Brox*, BGB-AT, Rdnr. 283 ff. Zu vergleichen sind auch §§ 817, 826 BGB im Bereich der gesetzlichen Schuldverhältnisse, § 1 UWG im Wettbewerbsrecht und § 765a I S. 1 ZPO für die Zwangsvollstreckung.

188 MüKo-*Mayer-Maly*, Rdnr. 12 zu § 138 BGB m.w.N.

189 MüKo-*Mayer-Maly*, Rdnr. 13 zu § 138 BGB, hinsichtlich der Probleme einer Konkretisierung der Gute-Sitten-Formel.

190 *D. Medicus*, BGB-AT, Rdnr. 679, spricht vom Bezug "auf eine wenigstens ursprünglich außerrechtliche Ordnung".

191 I. 1. a) bb), S. 39 f.

192 *J. Esser/E. Schmidt*, Schuldrecht-AT, § 10 II. 2., S. 161; vgl. auch MüKo-*Mayer-Maly*, Rdnr. 1 zu § 138 BGB m.w.N.

193 *J. Esser/E. Schmidt*, Schuldrecht-AT, § 10 II. 2., S. 162; MüKo-*Mayer-Maly*, Rdnr. 4 zu § 138 BGB.

dem allgemeinen Gesetz der Freiheit erlaubt. § 138 I BGB darf deshalb nicht als beliebig anzupassende Auffangbestimmung in Fällen verwendet werden, in welchen dem Gesetz keine Verbotsabsicht im Sinne der § 134 BGB zu entnehmen ist: "Ergeben sich Zweifel, ist es allemal besser, wenn der Gesetzgeber sich dazu äußert, als wenn die Rechtsprechung dazu gezwungen wird, sittliche Negativatteste zu erteilen"[194]. Trotz dieser Kritik an der vorschnellen Ausweitung ihres Anwendungsbereichs kommt der Vorschrift des § 138 I BGB eine wichtige Funktion zu[195]: Würde und Freiheit des einzelnen sind vor solchen schuldrechtlichen Vereinbarungen zu schützen, die seine Autonomie in Frage stellen oder beseitigen[196]. Damit sind solche Verträge gemeint, die die Freiheit, Gleichheit und Selbständigkeit des einen Vertragsteils aufheben. Selbstbestimmung gerät dann zur Fremdbestimmung. Die Subjekt-Qualität des Vertragschließenden löst sich auf. Der einzelne gerät zum Objekt, der bloße Schein des Vertrags ist nicht länger angemessener Ausdruck seines Willens. Die Grenze des § 138 I BGB ist dann überschritten, wenn die unerläßliche Sicherung personaler Momente in der rechtsgeschäftlichen Beziehung der Parteien nicht mehr gewährleistet ist[197]. Obwohl sich auch diese Ausfüllung des Begriffs der "guten Sitten" als abstrakt erweist, vermeidet sie durch die Betonung der Subjektivität und Personalität der Vertragschließenden den Rekurs auf je beliebige Moralvorstellungen[198].

cc) Zusammenfassung

Die Vertragsfreiheit findet ihre Grenzen in einem Verstoß gegen gesetzliche Verbote und gegen die guten Sitten. Meint der Verstoß gegen gesetzliche Verbote die mangelnde Verallgemeinerungsfähigkeit des konkreten Rechtsgeschäfts, so ist der Maßstab für den Sittenverstoß in der Infragestellung oder Aufhebung der Personalität bzw. Subjekt-Qualität des oder der Vertragschließenden zu suchen. Vertragsfreiheit ist also nur innerhalb des Rahmens der allgemeinen Gesetze und unter den Bedingungen der Subjektivität (Freiheit, Gleichheit und Selbständigkeit) der am Vertragsschluß Beteiligten denkbar.

---

194 *J. Esser/E. Schmidt*, Schuldrecht-AT, § 10 II. 2., S. 162.
195 *J. Esser/E. Schmidt*, Schuldrecht-AT, § 10 II. 2., S. 162.
196 MüKo-*Mayer-Maly*, Rdnr. 61 ff. zu § 138 BGB m.w.N.; *M. Köhler*, ARSP 1993, S. 479.
197 *J. Esser/E. Schmidt*, Schuldrecht-AT, § 10 II. 2., S. 162.
198 So noch *L. Enneccerus/H. C. Nipperdey*, § 191 I., S. 1164: "*Gesunde* soziale und wirtschaftliche Zustände" (Hervorhebung von mir, *St. S.*).

d) Resümee: Der Vertrag zwischen Privatrechtssubjekten

Privatautonomie und Vertragsfreiheit sind die Bedingungen für den Vertragsschluß als Mittel zum Austausch von Leistungen zwischen den Privatrechtssubjekten. Sie stehen im Zusammenhang mit den Bedingungen der Staatsbegründung und werden durch gesetzliche Regelungen konkretisiert und in rechtlich-praktischer Hinsicht ausgestaltet. Insbesondere der gegenseitig verpflichtende Vertrag ist Ausdruck der Vertragsfreiheit, die es hingegen nicht auf dem Gebiet der gesetzlichen Schuldverhältnisse geben kann. Die Vertragsfreiheit wird insbesondere in der Abschluß- und der Gestaltungsfreiheit näher konkretisiert. Hinsichtlich der Abschlußfreiheit ist hervorzuheben, daß nur ein frei gebildeter und in der Willenserklärung geäußerter Wille rechtlich erhebliche Wirkung hat. Bezüglich der Gestaltungsfreiheit werden die Privatautonomie und die Vertragsfreiheit durch gesetzliche Verbote (als Ausdruck des Prinzips mangelnder Verallgemeinerungsfähigkeit des Rechtsgeschäfts gemäß § 134 BGB) und die "guten Sitten" (Sicherung der Personalität und Subjektivität der am Vertragsschluß Beteiligten im Sinne des § 138 I BGB) begrenzt.

2. Exkurs: Der Verwaltungsvertrag

Eine Darstellung des Vertragskonzepts zur Gewinnung eines Maßstabs für die Bewertung des Vertragsgedankens im Strafprozeßrecht wäre unvollständig, würde nicht auch der Verwaltungsvertrag in die Beschreibung aufgenommen. Scheint es doch, als ob hier das Bindeglied gefunden sei zwischen dem Vertrag als einer Verwirklichungsform der Privatautonomie[199] und einem Staatshandeln, das sich alleine an den Bedingungen der Staatsbegründung zu orientieren hat[200]. So verwundert es auch nicht, daß die Vertragsorientierung im Strafprozeßrecht in die Nähe des Verwaltungsvertragsrechts gerückt wird[201]. Im Rahmen der

---

199 S. o., 1., S. 54 ff.

200 S. o., I. 2., S. 46 ff.; mit klaren Worten hat *O. Mayer*, AöR Bd. 3 (1888), S. 42, den Verwaltungsvertrag abgelehnt: "Ein Gesetz, welches überflüssiger Weise die Einwilligung zu einer förmlichen Mitwirkung an der Erzeugung des Rechtsverhältnisses im Sinne des Vertrages steigerte, nur um einen wahren Vertrag zu haben, wäre eine leere juristische Liebhaberei. Darum sind wahre Verträge des Staates auf dem Gebiete des öffentlichen Rechts überhaupt nicht denkbar."; a.a.O., FN 59: "Nur auf dem Boden des Völkerrechts und des Civilrechts bestehen Gleichberechtigung und Vertragsform."

201 *E. Schlüchter*, ZRP 1997, S. 65, insbesondere S. 71; *A. Eser*, ZStW 104 (1992), S. 383 f. mit FN 90; kritisch zum Modellcharakter des Verwaltungsvertrags für Absprachen im Strafverfahren: *S. Friehe*, Verzicht auf Entschädigung, S. 314 ff.; *P. Kunig/S. Rublack*, Jura 1990, S. 3 f. Andere Rechtsordnungen fassen die Abspra-

Grundlegung kommt es zunächst auf eine Darstellung des Verwaltungsvertrags an. Ob diese Rechtsfigur die Vertragsorientierung im Strafverfahrensrecht zu rechtfertigen vermag, muß in einem späteren Kapitel untersucht werden.

a) Begriff des Verwaltungsvertrags[202]

Nach § 54 S. 1 VwVfG[203] kann ein Rechtsverhältnis auf dem Gebiet des öffentlichen Rechts durch Vertrag begründet, geändert oder aufgehoben werden, soweit Rechtsvorschriften nicht entgegenstehen. Durch einen Verwaltungsvertrag setzen mindestens zwei Rechtssubjekte in ihrer Einigung Rechtsfolgen auf dem Gebiet des Verwaltungsrechts[204]. § 9 VwVfG sieht den Abschluß eines Verwaltungsvertrags neben dem Erlaß eines Verwaltungsakts als mögliches Ergebnis des Verwaltungsverfahrens an. Der Abschluß eines Verwaltungsvertrags steht demnach als gleichberechtigte Handlungsform der Verwaltung neben dem Erlaß eines Verwaltungsakts, sofern der Verwaltungsvertrag nicht gegen gesetzliche Vorschriften oder allgemeine Rechtsgrundsätze verstößt und die Verfassung nicht eine spezialgesetzliche Ermächtigungsgrundlage fordert[205]. Der verwaltungsrechtliche Vertrag soll die Privatperson bereits an der Festlegung des Inhalts des Rechtsverhältnisses beteiligen[206]. Als Argumente für die Wahl der Handlungsform "Verwaltungsvertrag" werden genannt[207]: Die Erhöhung der Akzeptanz und Befolgungsbereitschaft der Verwaltungsentscheidung (Interes-

---

che über die Form oder die Rechtsfolge eines Strafverfahrens explizit als den Abschluß eines Verwaltungsvertrags auf. So beschreibt der italienische Kassationsgerichtshof Absprachen zwischen Staatsanwalt und Verteidiger als "negozio bilaterale di diritto pubblico", als zweiseitiges Rechtsgeschäft des öffentlichen Rechts, Corte di Cassazione, in: Cass. pen., 1995, S. 98 ff. (S. 100), im einzelnen zum italienischen Recht u., 4. Kapitel, C. III. 1., S. 240 ff.

202 Die Abschnittsüberschrift des IV. Teils des VwVfG spricht vom "Öffentlichrechtlichen Vertrag". Dies ist insofern zu weit, als der Begriff auch staats- und völkerrechtliche Verträge einschließt. Aus § 1 I VwVfG ergibt sich, daß der Anwendungsbereich des Gesetzes nur die öffentlich-rechtliche Verwaltungstätigkeit umfaßt, so daß im Zusammenhang der §§ 54 ff. VwVfG der Begriff "Verwaltungsvertrag" angemessener ist; *H.-U. Erichsen*, AllgVerwR, § 23 Rdnr. 1; *A. Scherzberg*, JuS 1992, S. 205.

203 Gleichlautend ist das HessVwVfG.

204 *H.-U. Erichsen*, AllgVerwR, § 23 Rdnr. 1.

205 Zur Abgrenzung zwischen Verwaltungsakt und Verwaltungsvertrag s. Wolff/Bachof-*Stober*, § 54 Rdnr. 14. Zur Geltung des Gesetzesvorbehalts für die Wahl der Handlungsform Verwaltungsvertrag s. Knack-*Henneke*, Rdnr. 6.3, 7.1 vor § 54 VwVfG; *Kopp*, Rdnr. 8 f. Vorbem. § 54 VwVfG.

206 Wolff/Bachof-*Stober*, § 54 Rdnr. 14.

207 Knack-*Henneke*, Rdnr. 8.3.3 vor § 54 VwVfG.

sensymbiose[208]), die flexible Lösung atypischer Fälle, die Regelung komplexer, durch Verwaltungsakt nicht mehr regelbarer Sachverhalte, die Nutzung besonderer Kenntnisse und Erfahrungen der Bürger sowie die Verknüpfung verschiedener Rechtsverhältnisse. Nicht zuletzt soll der Verwaltungsvertrag die Effektivität des Verwaltungshandelns steigern und – da die Anfechtbarkeit ausgeschlossen und die Abänderbarkeit eingeschränkt ist – eine Dauerhaftigkeit der Regelung im beiderseitigen Interesse verbürgen[209]. Die gesetzliche Regelung in §§ 54 ff. VwVfG hatte das Ziel, die Praxis des Verwaltungsvertrags aus ihrer Halblegalität zu befreien und die rechtlichen Grenzen zu markieren, innerhalb derer die Verwaltung dieses Instrument einsetzen kann. Auch dort, wo die Verwaltung im Einverständnis mit dem Betroffenen paktiert, soll sie an dieselben Grundsätze gebunden sein, die für ihr Handeln durch Verwaltungsakt gelten[210].

b) Anwendungsbereich des Verwaltungsvertrags

In Bereichen, in denen eine gleichberechtigte Mitwirkung von Privatpersonen an der Setzung von Rechtsfolgen ausgeschlossen ist, also etwa im Prüfungs-, Beamten-, Abgaben- oder Staatsangehörigkeitsrecht, kommt eine Regelung des Rechtsverhältnisses durch Verwaltungsvertrag nicht in Betracht[211]. Wo dies hingegen möglich ist, lassen sich je nach dem Verhältnis, in dem die Vertragsparteien zueinander stehen, der koordinationsrechtliche und der subordinationsrechtliche Verwaltungsvertrag unterscheiden.

Ein koordinationsrechtlicher Verwaltungsvertrag[212] im Sinne des § 54 S. 1 VwVfG liegt vor, wenn es sich bei den vertragschließenden Parteien nur um Träger öffentlicher Verwaltung oder nur um Privatpersonen handelt. Letzteres ist etwa dann der Fall, wenn ein Bürger eine einem anderen Bürger obliegende öffentlich-rechtliche Verpflichtung vertraglich übernimmt. Der koordinationsrechtliche Verwaltungsvertrag ermöglicht eine Regelung solcher Rechtsbeziehungen, die mangels einer übergeordneten Stellung der Behörde nicht einseitig – also durch Verwaltungsakt – geregelt werden können[213]. Der koordinationsrechtliche Vertrag kann auf gegenseitige Berechtigung oder Verpflichtung gerichtet sein oder einseitig einen der Vertragspartner verpflichten.

---

208 *D. Göldner*, JZ 1976, S. 354.
209 *A. Scherzberg*, JuS 1992, S. 205 f.
210 Knack-*Henneke*, Rdnr. 6.4 vor § 54 VwVfG.
211 Knack-*Henneke*, Rdnr. 7.1 vor § 54 VwVfG; Wolff/Bachof-*Stober*, § 54 Rdnr. 6 ff.
212 *H.-U. Erichsen*, AllgVerwR, § 25 Rdnr. 1 f.; Wolff/Bachof-*Stober*, § 54 Rdnr. 18 ff.
213 Knack-*Henneke*, Rdnr. 5.6 vor § 54 VwVfG.

§ 54 S. 2 VwVfG regelt den subordinationsrechtlichen Verwaltungsvertrag[214]. Er ist einschlägig, wenn es zwischen einem Träger der öffentlichen Verwaltung auf der einen und einem oder mehreren Bürgern auf der anderen Seite zum Vertragsschluß kommt[215]. Es handelt sich hierbei um ein Rechtsverhältnis, das auch durch Verwaltungsakt geregelt werden könnte. Die Entscheidung der Behörde zwischen der Regelung des Rechtsverhältnisses durch Vertrag oder durch Verwaltungsakt steht in ihrem pflichtgemäßen Ermessen, wobei keiner der beiden Handlungsformen der Vorrang zukommt (§ 40 VwVfG)[216]. Das Gesetz nennt den Vergleichs- und den Austauschvertrag (§§ 55, 56 VwVfG) als Spezialformen des subordinationsrechtlichen Vertrags.

c) Abgrenzung zwischen privatrechtlichem Vertrag und Verwaltungsvertrag

Aus der bisherigen Darstellung ergibt sich, daß der Vertrag sowohl eine Rechtsfigur des Privatrechts als auch des öffentlichen Rechts ist. Auf den Verwaltungsvertrag finden nach § 62 S. 2 VwVfG die Vorschriften des BGB ergänzend entsprechende Anwendung. Damit scheint der Vertrag einem für beide Regelungsmengen geltenden Gemeinrecht anzugehören[217]. Eine Abgrenzung zwischen dem privatrechtlichen Vertrag und dem Verwaltungsvertrag ist dennoch vorzunehmen, da die Kautelen für den Bürger im Verwaltungsvertrag größer sind[218]. Zu nennen sind hier besondere Anforderungen an den Vergleichsvertrag[219] und den Austauschvertrag[220] (§§ 55, 56 VwVfG), das Schriftformerfordernis (§ 57 VwVfG)[221] sowie spezielle Nichtigkeitsregelungen (§ 59 II VwVfG)[222].

Eine Abgrenzung zwischen dem privatrechtlichen Vertrag und dem Verwaltungsvertrag läßt sich zum einen nach den Bedingungen des Vertragsschlusses treffen. Hier liegt das wesentliche Differenzierungskriterium darin, daß es im Bereich des Verwaltungsvertrags wegen des Grundsatzes der Gesetzmäßigkeit der Verwaltung keine Privatautonomie und damit keine Vertragsfreiheit der

---

214 *H.-U. Erichsen*, AllgVerwR, § 26 Rdnr. 1 ff.; Wolff/Bachof-*Stober*, § 54 Rdnr. 22 ff.

215 *H.-U. Erichsen*, AllgVerwR, § 23 Rdnr. 2.

216 Knack-*Henneke*, Rdnr. 8.2 vor § 54 VwVfG; *A. Scherzberg*, JuS 1992, S. 210.

217 *H.-U. Erichsen*, AllgVerwR, § 24 Rdnr. 1.

218 *H.-U. Erichsen*, AllgVerwR, § 24 Rdnr. 1; *A. Scherzberg*, JuS 1992, S. 206.

219 Wolff/Bachof-*Stober*, § 54 Rdnr. 32 ff.

220 Zu den Einzelheiten s. *H.-U. Erichsen*, AllgVerwR, § 26 Rdnr. 11 ff.; Wolff/Bachof-*Stober*, § 54 Rdnr. 28 ff.

221 Zu seinen Funktionen s. Wolff/Bachof-*Stober*, § 54 Rdnr. 37 f.

222 S. im einzelnen Wolff/Bachof-*Stober*, § 54 Rdnr. 41 ff.

Verwaltung geben kann[223]. Zum anderen läßt sich eine Differenzierung nach dem Vertragsgegenstand vornehmen. Ein Vertrag ist dann als Verwaltungsvertrag zu qualifizieren, wenn er eine Regelung vollzieht, die dem öffentlichen Recht zuzuordnen ist[224]. Ein auf Verwaltungsvertrag beruhendes oder durch ihn gestaltetes Rechtsverhältnis liegt immer dann vor, wenn mindestens eine der dieses Rechtsverhältnis konstituierenden Rechtsbeziehungen dem Verwaltungsrecht zuzurechnen ist. Dies gilt unabhängig von der Vorstellung der Parteien[225]. Im Zweifel spricht die Vermutung für einen Verwaltungsvertrag, da mit dem öffentlichen Recht ein Instrument zur Verfassung und Disziplinierung der Staatsgewalt geschaffen worden ist[226]. Vertragliche Abmachungen dürfen die Normen der Verfassung, der Gesetze, der Verordnungen und des Gewohnheitsrechts nicht durchbrechen[227]. Der Vertrag darf also kein Mittel der Verwaltung zur Flucht aus der rechtlichen Bindung sein[228]. Er kann ihren gesetzlich begrenzten Handlungsspielraum nicht erweitern.

d) Grenzen des Verwaltungshandelns durch Verwaltungsvertrag

Mangels Privatautonomie besitzt die Verwaltung im Anwendungsbereich des Verwaltungsvertrags auch keine Vertragsfreiheit. Statt über die Privatautonomie und die Vertragsfreiheit konstituiert sich die Verwaltung durch das Recht. Ist sie an Recht und Gesetz gebunden, so hat sie nur diejenigen Kompetenzen und Befugnisse, welche das Recht ihr verleiht[229]. Auch wenn die Regelung eines Rechtsverhältnisses auf dem Gebiet des öffentlichen Rechts durch Verwaltungsvertrag auf einer Einigung und nicht auf einseitig-hoheitlicher Festsetzung beruht, muß das staatliche Handeln doch am Grundsatz der Gesetzmäßigkeit der Verwaltung ausgerichtet sein. Dies gilt umso mehr, als sich im Wege einer Einigung auch Rechtsfolgen durch Ausnutzung von Machtpositionen und Kommer-

---

223 Zur Privatautonomie und zur Vertragsfreiheit s. o., 1. a) aa), bb) S. 55 ff.; *H.-U. Erichsen*, § 26 Rdnr. 3 ff.; Knack-*Henneke*, Rdnr. 8.3.1. vor § 54 VwVfG; Wolff/Bachof-*Stober*, § 54 Rdnr. 4, 25; anders hinsichtlich der Vertragsfreiheit *D. Göldner*, JZ 1976, S. 358.

224 *H.-U. Erichsen*, AllgVerwR, § 24 Rdnr. 2; *A. Scherzberg*, JuS 1992, S. 207.

225 *A. Scherzberg*, JuS 1992, S. 206.

226 *H.-U. Erichsen*, AllgVerwR, § 24 Rdnr. 7; *A. Scherzberg*, JuS 1992, S. 207.

227 *H.-U. Erichsen*, AllgVerwR, § 26 Rdnr. 4; *A. Scherzberg*, JuS 1992, S. 210.

228 Knack-*Henneke*, Rdnr. 7.2 vor § 54 VwVfG.

229 Knack-*Henneke*, Rdnr. 8.3.1 vor § 54 VwVfG; diese Begrenzung taucht auch in der positivrechtlichen Regelung des Prozeßvergleichs in § 106 S. 1 VwGO a. E. auf, wonach die Beteiligten einen Vergleich schließen können, "soweit sie über den Gegenstand des Vergleichs verfügen können".

zialisierung von Verwaltungsleistungen setzen lassen[230]. Aus der Gesetzesbindung der Verwaltung folgt hinsichtlich des Verwaltungsvertrags zweierlei:

Wegen des Vorrangs des Gesetzes darf die Verwaltung keine Maßnahmen treffen, die gegen das Recht verstoßen. Die Inhalte eines Verwaltungsvertrags dürfen demnach höherrangiges Recht nicht verletzen. Dies betrifft sowohl die im Vertrag versprochene oder die gewährte Leistung der Verwaltung als auch die Gegenleistung des Bürgers. Der Verwaltungsvertrag erweitert den Handlungsspielraum der Behörde nicht. Sie hat sich im Rahmen der gesetzlich vorgesehenen Handlungsalternativen zu halten[231].

Aus der Gesetzmäßigkeit der Verwaltung folgt der Vorbehalt des Gesetzes. Staatliche Maßnahmen, die in Grundrechte eingreifen, dürfen nur aufgrund eines (formellen) Gesetzes erfolgen. Der Gesetzgeber[232] muß die Rechtssphäre der Bürger klar abgrenzen, die möglichen staatlichen Eingriffen offenliegt[233]. Eine über §§ 54 ff. VwVfG hinausgehende Ermächtigungsgrundlage[234] ist hinsichtlich des Verwaltungsvertrags immer dann erforderlich, wenn die vertragliche Bindung den Bürger in seiner grundrechtlich geschützten Freiheit nachteilig betrifft[235]. Wie bei jedem Vertragsschluß manifestiert sich auch im Abschluß eines Verwaltungsvertrags für den Bürger eine Freiheitsbeschränkung, da er sich mit seinem Willen unter den Willen eines anderen begibt. Zugleich bedeutet der Vertragsschluß aber auch einen Freiheitsgebrauch, der in der eigenverantwortlichen Gestaltung der Rechtsbeziehungen des einzelnen liegt. Solange keine Beeinträchtigung der Entschließungsfreiheit des Bürgers vorliegt, etwa wegen eines Verhandlungsübergewichts der Behörde[236], erweist sich die vertragliche Bindung des einzelnen im Verwaltungsvertrag als autonomer Freiheitsgebrauch. Handelt es sich dabei um einen grundrechtlich zulässigen Freiheitsgebrauch, der nicht einem Grundrechtsverzicht gleichgestellt werden darf[237], bedarf es mangels eines Grundrechtseingriffs keines Eingriffsvorbehalts[238]. Eine vertragliche

---

230 *H.-U. Erichsen*, AllgVerwR, § 26 Rdnr. 9.

231 Knack-*Henneke*, Rdnr 7.2.1 vor § 54 VwVfG. Hinsichtlich gebundener Entscheidungen und Ermessensentscheidungen s. a.a.O., Rdnr. 7.2.1.1, 7.2.1.2.

232 Zur kompetenzrechtlichen Funktion des Gesetzesvorbehalts: Knack-*Henneke*, Rdnr. 7.2.2 vor § 35 VwVfG; *A. Scherzberg*, JuS 1992, S. 211.

233 Vgl. *H.-U. Erichsen*, AllgVerwR, § 26 Rdnr. 10.

234 Ob §§ 54 – 62 VwVfG den Anforderungen an eine hinreichend konkrete Ermächtigungsgrundlage genügen, ist umstritten, Knack-*Henneke*, Rdnr. 7.2.2 vor § 54 VwVfG m.w.N.

235 *H.-U. Erichsen*, AllgVerwR, § 26 Rdnr. 10; *A. Scherzberg*, JuS 1992, S. 211; Knack-*Henneke*, Rdnr. 7.2.2 vor § 54 VwVfG.

236 *A. Scherzberg*, JuS 1992, S. 214.

237 *D. Göldner*, JZ 1976, S. 354 f.; *A. Scherzberg*, JuS 1992, S. 211.

238 Knack-*Henneke*, Rdnr. 7.2.2.1 vor § 54 VwVfG; *A. Scherzberg*, JuS 1992, S. 211.

Belastung des Bürgers ist dann (grund)rechtswidrig, wenn ihr kein autonomer Freiheitsgebrauch zugrunde liegt und eine entsprechende gesetzliche Handlungsgrundlage für die Verwaltung fehlt. Wird für den Fall, daß der Vertrag nicht zustande kommt, eine hoheitliche Durchsetzung der dem Bürger abverlangten Leistung angedroht oder besteht ein faktischer Kontrahierungszwang mit der Behörde, so muß diese hierzu gesetzlich ermächtigt sein. In den §§ 55, 56 VwVfG hat der Gesetzgeber entsprechend dem Gebot der Gesetzesbindung die Voraussetzungen benannt[239], unter denen die Verwaltung mit dem Bürger einen Vergleichs- bzw. Austauschvertrag schließen kann, um ihn zu Gegenleistungen für die von ihr erbrachten Leistungen zu verpflichten.

Auch im Verwaltungsrecht gilt das Verbot des Vertrags zu Lasten Dritter. Nach § 58 I VwVfG hängt die Wirksamkeit eines Vertrags, der in die Rechtsposition eines Dritten eingreift, von dessen schriftlicher Zustimmung ab[240]. Eine weitere Grenze des Verwaltungshandelns durch Verwaltungsvertrag zieht § 59 I VwVfG, der die Nichtigkeitsvorschriften des BGB für entsprechend anwendbar erklärt.

e) Zusammenfassung

Die Verwaltung hat die Entscheidung darüber, einen Verwaltungsakt zu erlassen oder einen Verwaltungsvertrag mit dem Bürger abzuschließen. Der Bürger hat hingegen keinen Anspruch auf Abschluß eines Vertrags anstelle des Erlasses eines gegen ihn gerichteten Verwaltungsakts. Dies zeigt, daß in großen Bereichen des Verwaltungsvertragsrechts nur von einer Überlegenheit der Verwaltung im Verhältnis zum Bürger und mitnichten von einer Gleichordnung der Vertragsparteien die Rede sein kann[241]. Wegen der Vormachtstellung der Behörde ist eine vertragliche Einigung im Bereich der öffentlichen Verwaltung nicht an den zivilrechtlichen Kategorien der Privatautonomie und der Vertragsfreiheit freier und gleicher Vertragsparteien, sondern an der Richtschnur staatlichen Handelns, d. h. an der Freiheit, Gleichheit und Selbständigkeit des Bürgers, zu messen.

Zusammenfassend ist festzustellen, daß die Handlungsform "Verwaltungsvertrag" den Handlungsspielraum der staatlichen Verwaltung nicht erweitert. Eine Einigung zwischen der Verwaltung und dem Bürger richtet sich nicht nach dem Willen der Parteien, sondern nach dem Gesetz, an das die Verwaltung gebunden ist. Die Behörde kann sich im Bereich der Freiheits- und Eigentumsein-

---

239 Im einzelnen: *H.-U. Erichsen*, AllgVerwR, § 26 Rdnr. 11 ff. (Rdnr. 17).

240 Im Detail: *H.-U. Erichsen*, AllgVerwR, § 26 Rdnr. 8; *P. Kunig/S. Rublack*, Jura 1990, S. 4; Wolff/Bachof-*Stober*, § 54 Rdnr. 40.

241 Wolff/Bachof-*Stober*, § 54 Rdnr. 4.

griffe nicht darauf berufen, daß der Bürger die sich aus dem Vertrag ergebenden Nachteile durch seine Zustimmung herbeigeführt, in die Freiheitseinschränkung eingewilligt habe und ihm deswegen kein Unrecht geschehe. Die Verwaltung kann zur Rechtfertigung ihres Handelns – zumal im Bereich der Eingriffsverwaltung – nicht auf den Satz *Volenti non fit iniuria* verweisen.

3. Resümee: Der Vertrag im Zusammenhang von Privatautonomie und Vertragsfreiheit

Der Vertrag im Sinne des Privatrechts ist das Instrument zur Gestaltung der rechtlichen Beziehungen zwischen Privatrechtssubjekten. In ihm verwirklicht sich die Privatautonomie des einzelnen in Form der Vertragsfreiheit. Da die Vertragsfreiheit als Bestandteil des allgemeinen Freiheitsrechts allen Privatrechtssubjekten eigen ist, stehen sich die Vertragschließenden als Freie und Gleiche gegenüber. Das zwischen den Vertragsparteien Vereinbarte gilt wegen ihrer Übereinkunft, die unter den Bedingungen der Freiheit und Wechselseitigkeit geschlossen wird. Wenn diese Bedingungen erfüllt sind, die Subjektivität der am Vertragsschluß Beteiligten nicht eingeschränkt ist, und der Vertrag nicht gegen allgemeine Gesetze verstößt, kommt es für die Geltung des Vertrags nicht auf seinen Inhalt und vor allem nicht auf die Angemessenheit der ausgetauschten Leistungen an. Es bleibt allein den Vertragsparteien überlassen, ihre Interessen durch den Vertragsschluß zu verfolgen und in Übereinstimmung zu bringen. Für die Folgen des privatrechtlichen Vertrags gilt der Satz *Volenti non fit iniuria.*

Genau das ist beim Verwaltungsvertrag nicht der Fall. Die Verwaltung kann sich bei fehlender gesetzlicher Ermächtigung nicht auf die bloße Einwilligung des Bürgers berufen, wenn sie durch einen Verwaltungsvertrag in dessen Rechte eingreift. Sie ist an Recht und Gesetz gebunden und kann ihren dermaßen vorgegebenen Handlungsspielraum nicht durch ein vertraglich-einverständliches Zusammenwirken mit dem Bürger erweitern. Hierzu fehlt es der Verwaltung aufgrund ihrer Rechts- und Gesetzesbindung an der Privatautonomie und der Vertragsfreiheit. Vor allem im Bereich subordinationsrechtlicher Verträge kann die Wahl der Handlungsform "Verwaltungsvertrag" nicht darüber hinwegtäuschen, daß Freiheit und Gleichheit der Vertragspartner im Sinne privatrechtlicher Vertragsschlüsse nicht gegeben sind. Stets hat die Behörde die Entscheidung über die Handlungsform. Schlägt der Abschluß des Verwaltungsvertrags fehl, so kann die Behörde immer noch einseitig-hoheitlich das Rechtsverhältnis durch Verwaltungsakt regeln. Handlungsanweisung für die Verwaltung ist das allgemeine Gesetz, nicht aber die individuelle Übereinstimmung des Parteiwillens im Vertrag.

III. Resümee: Allgemeiner Begriff des Vertrags

Aus der Gesamtbetrachtung des ursprünglichen Vertrags der Staats- und Rechtsbegründung, des privatrechtlichen Vertrags und des Verwaltungsvertrags läßt sich nunmehr ein allgemeiner Begriff des Vertrags ermitteln. In einem ergänzenden Schritt ist der Begriff des Vertrags von dem des Konsenses abzugrenzen.

1. Begriffsbestimmung

Allgemein ausgedrückt läßt sich der Vertrag als mehrseitiges Rechtsgeschäft beschreiben, durch das einvernehmliche Rechtsfolgen hervorgebracht werden: Vertrag bedeutet Geltungsstiftung durch autonome Zustimmung der Beteiligten[242]. Verträge haben insofern rechtsschöpferische Bedeutung[243]. Freiwillige Verpflichtungen infolge eines Vertrags sind nicht *normbegründet*, sondern *normbegründend*. Geltungsgrund ist nicht eine außerhalb des Vertrags liegende generelle Norm, sondern der Vertrag selbst ist schöpferischer Ursprung normativer Beziehungen[244].

Wenn das vertraglich Vereinbarte Geltung haben soll, muß eine autonome Zustimmung der Beteiligten gewährleistet sein[245]. Der Vertragsschluß muß freiwillig vonstatten gehen. Die Vertragspartner müssen sich hinreichend symmetrisch, d. h. als Freie und Gleiche, gegenüberstehen. In den durch den Vertrag begründeten freiwilligen Verpflichtungen zeigt sich die Autonomie des Individuums. Dieses ist der uneingeschränkte Herr seiner Verbindlichkeiten: Nur das kann eine rechtmäßige Freiheitsbeschränkung sein, was es selbst als Freiheitsbeschränkung seines Handelns will[246].

2. Vertrag oder Konsens?

Vertrag ist nicht gleichbedeutend mit Konsens. Die beiden Begriffe müssen voneinander abgesetzt werden. Die Übereinstimmung der Willen der Vertragspartner in den jeweiligen Leistungsversprechen, d. h. der *con-sensus*, liegt dem Vertragsschluß zugrunde, macht aber noch nicht den Vertrag aus[247]. Zwar wird

---

242 *W. Kersting*, Die politische Philosophie des Gesellschaftsvertrags, S. 19, 263.
243 *W. Kersting*, Die politische Philosophie des Gesellschaftsvertrags, S. 19.
244 *W. Kersting*, Die politische Philosophie des Gesellschaftsvertrags, S. 22 (Hervorhebungen im Original).
245 Vgl. *W. Kersting*, Die politische Philosophie des Gesellschaftsvertrags, S. 263.
246 *W. Kersting*, Die politische Philosophie des Gesellschaftsvertrags, S. 264.
247 So setzt der Vertragsschluß definitionsgemäß zwei übereinstimmende Willenserklärungen voraus. *C. Beduschi*, Riv. dir. civ. 1986, S. 365: "Il contratto è un accordo

auch im Konsens die Abschlußfreiheit der Vertragspartner ernstgenommen, es mangelt auch nicht an der Wechselseitigkeit der zugesagten Rechte und Pflichten. Es fehlt jedoch an einem Rechtsbindungswillen der Kontrahenten. Erst wenn zur bloßen Willensübereinstimmung ein Rechtsfolgewille der am Vertragsschluß Beteiligten hinzutritt, kann über die schlichte Einigung, das bloße *meeting of the minds*, hinaus von einer mit dem Vertrag verbundenen Geltungsstiftung gesprochen werden[248]. Der Konsens ist durch seinen Gegenwartsbezug ausgezeichnet. Die Willensübereinstimmung findet im Hier und Jetzt statt. Wesentlich für den Vertrag ist hingegen seine Zukunftsbezogenheit. Das im Hier und Jetzt Vereinbarte soll auch in Zukunft Geltung beanspruchen können. Der Vertragsschluß ist das Verfahrensinstrument, um einem Konsens dauerhafte Verbindlichkeit zu verleihen[249].

3. Ergebnis

Wie die bisherige Untersuchung gezeigt hat, gibt es zwei voneinander zu trennende Anwendungsbereiche des Vertragsgedankens:

Im Staatsrecht erscheint der Vertrag als ursprünglicher Vertrag (*contractus originarius*). Dieser stellt die Form dar, in der die praktische Vernunft die Staatsbegründung verwirklicht. Der Vertrag ist die vernunftrechtliche Organisationsnorm, die Verfassung des Staates, die normative Binnenstruktur des Rechtszustands, der allein nach Vernunftbegriffen entworfen ist. Der Eintritt in den staatlichen Zustand ist ein Gebot der Vernunft, des kategorischen Imperativs der Staatsgründung. Der Vertrag kann über das bloße Faktum der Staatsbegründung hinaus keine Legitimation für ein Staatshandeln liefern, das sich stets an den Bedingungen der Staatsbegründung – Freiheit, Gleichheit und Selbständigkeit – zu orientieren hat.

Der Vertrag hat seine eigentliche Domäne im Privatrecht. Hier treten sich die als frei und gleich vorzustellenden Privatrechtssubjekte gegenüber, um im Wege wechselseitiger Verpflichtung selbständig ihre Interessen durchzusetzen. Solan-

---

(art. 1321 c.c.), ma non tutti gli accordi sono contratti." Anders als im BGB findet sich im italienischen Zivilgesetzbuch in art. 1321 c.c. eine Legaldefinition des Vertrags: "Il contratto è l'accordo di due o più parti per costituire, regolare o estinguere tra loro un rapporto giuridico patrimoniale." Eine Übereinkunft (*accordo*) führt also erst (*per*) zu dem Rechtsverhältnis (*rapporto giuridico*).

248 MüKo-*Kramer*, Rdnr. 22a vor § 145 BGB; Staudinger-*Bork*, Rdnr. 3 vor §§ 145 ff. BGB.

249 *C.-W. Canaris*, JuS 1996, S. 573, reiht den Vertragsschluß neben freien Wahlen und parlamentarischen Mehrheitsentscheidungen als Instrument ein, um einen Konsens auf die Stufe des geltenden Rechts zu erheben. Unterhalb der Stufe des Vertrags steht also der Konsens.

ge die vertragliche Einigung ohne Verstoß gegen allgemeine Gesetze und unter Wahrung der Personalität und Subjektivität der Vertragschließenden erfolgt, entfaltet der Satz *Volenti non fit iniuria* umfassende Wirkung. Die Übereinkunft der Parteien legitimiert das von ihnen Gewollte, indem der Vereinbarung auch eine materielle Richtigkeitsgewähr attestiert wird. Mit dem Vertragsbegriff ist im Zusammenhang des privatrechtlichen Vertrags im Gegensatz zum ursprünglichen Vertrag auch ein inhaltliches Kriterium verbunden.

B. Der Strafprozeß

Im zweiten Teil der Grundlegung ist der Begriff des Strafprozesses zu klären, der in den weiteren Erörterungen Anwendung finden soll. So soll neben der im ersten Teil geleisteten näheren Bestimmung des Vertragsbegriffs ein weiteres Bewertungskriterium für den Vertragsgedanken im Strafprozeßrecht gewonnen werden. Es sollen zwei Prozeßtypen beschrieben werden, die als "alter" bzw. "neuer" Strafprozeß benannt werden können. Sie stehen für jeweils verschiedene Prozeßtheorien.

I. "Alter" oder "neuer" Strafprozeß

Die angedeutete Unterscheidung zwischen "altem" und "neuem" Strafprozeß legt es nahe, den Unterschied zwischen beiden Prozeßtypen allein zeitlich zu bestimmen. Als "alter" Strafprozeß wäre dann etwa der von der Reichsstrafprozeßordnung[250] kodifizierte Strafprozeß zu verstehen, der als vorläufiger Abschluß der Reformbewegung des 19. Jahrhunderts angesehen werden kann[251]. Der "neue" Strafprozeß könnte dem entgegengesetzt werden als die jeweils gültige Fassung der StPO nebst aktuellen Änderungen[252]. Allein, eine rein zeitliche Differenzierung vorzunehmen, würde den Untersuchungsgegenstand nicht zuverlässig beschreiben und auch keinen inhaltlichen Maßstab für die schließlich zu leistende Bewertung des Vertragsgedankens im Strafprozeßrecht liefern. Damit soll nicht abgestritten werden, daß auch eine historische Betrachtung ei-

---

250 Vom 01.02.1877, RGBl. 1877, S. 253 ff.

251 *Eb. Schmidt*, Lehrkommentar zur StPO und zum GVG, Nr. 331; *ders.*, Einführung in die Geschichte der deutschen Strafrechtspflege, §§ 287 ff. (§ 299); *W. Hassemer*, KritV 1988, S. 337 f.

252 Strafprozeßordnung vom 01.02.1877 in der Fassung der Bekanntmachung vom 07.04.1987 (BGBl I S. 1074, ber. S. 1319); zu den zahlreichen Änderungen der StPO s. die Tabelle in *Kleinknecht/Meyer-Goßner*, S. XXXI ff.

nen Erkenntnisgewinn für die Entwicklung des Strafprozesses hin zur Rechtsstaatlichkeit liefern kann. So läßt sich etwa anhand der "Gebrechen"[253] des deutschen Strafprozesses als Inquisitionsprozeß, der vor der RStPO galt, verstehen, warum der reformierte Strafprozeß der RStPO in dieser oder jener Weise ausgestaltet wurde[254]. Die Geltung oder Nicht-Geltung der jeweiligen Prozeßprinzipien aber alleine auf rechtspolitische Entscheidungen des historischen Gesetzgebers oder des einzelnen Gesetzesanwenders zurückzuführen[255] und den Prozeß allein als jeweils bessere oder schlechtere Realisierung dieser Prinzipien anzusehen[256], bedeutete die Kapitulation einer kritischen Strafrechts- und Strafverfahrenstheorie vor dem Gesetzgeber und der gesetzesanwendenden Praxis[257]. Die verfahrensrechtliche Frage, wie die Strafverfolgung im einzelnen ausgestaltet werden soll, würde ebenso der Beliebigkeit der Definitionsmacht wechselnder politischer Mehrheiten ausgeliefert wie die Frage des materiellen Rechts, welches menschliche Verhalten als Kriminalunrecht strafbar sein soll.

Die Scheidelinie zwischen "alt" und "neu" ergibt sich vielmehr aus dem Grad der Prinzipienorientierung, also infolge der dem jeweiligen Prozeßtyp zugrunde liegenden Prozeßtheorie. So soll der "alte" Strafprozeß als derjenige Prozeß aufgefaßt werden, welcher sich entlang den oben[258] beschriebenen staatstheoretischen Prinzipien der Freiheit, Gleichheit und Selbständigkeit des einzelnen, also auch des mutmaßlichen Straftäters, ausrichtet[259]. Ihre nähere Ausprägung für

253 *H. A. Zachariae*, Gebrechen und Reform des deutschen Strafverfahrens (Titel).

254 In diese Richtung geht etwa *W. Beulke*, Strafprozeßrecht, Rdnr. 15.

255 Dies klingt an bei *Eb. Schmidt*, Lehrkommentar zur StPO und zum GVG, Nr. 329 ff., der die Prozeßprinzipien unter dem Stichwort "rechtspolitische Grundlagen des Strafprozesses" zusammenfaßt.

256 In diese Richtung deutet *Eb. Schmidt*, Lehrkommentar zur StPO und zum GVG, Nr. 12, wonach die Verfahrensordnungen auf der in langer historischer Entwicklung gewonnenen Einsicht beruhen, daß nur in einem justizförmigen Verfahren Wahrheitsermittlung und Gerechtigkeitsfindung möglich sind.

257 Zum Verhältnis von Strafrechtswissenschaft und Strafrechtspraxis s. *W. Naucke*, ZStW 85 (1973), S. 399 ff.; *ders.*, KritV 1986, S. 199; *ders.*, KritV 1993, S. 162; *M. Köhler*, Strafrecht – Allgemeiner Teil, S. 8.

258 A. I. 1. a) aa), S. 36 ff.

259 Die Rechtsphilosophie *I. Kants* trifft zwar keine präzisen Aussagen zum Verfahrensrecht; geht man jedoch auf die Prinzipien der Staatsbegründung zurück, so gelingt es, Maßstäbe dafür zu finden, wie ein am Subjekt orientiertes Strafverfahren ausgestaltet sein muß. Zu einer Bestimmung der Verfahrensubjektivität anhand der Kantischen Theorie der praktischen Vernunft s. *M. Kahlo*, KritV 1997, S. 195 ff. mit FN 47, S. 200: "... die Subjektivität [muß] auch in den weiteren Konkretisierungen von Staatlichkeit, zu denen neben anderem das Strafverfahrensrecht gehört, zum Ausdruck kommen und sich in dessen Grundlinien und Institutionen so ausbilden, daß diese als Produkte menschlich praktischer Vernunft, also 'Erfindungen' von freiheitsorientiertem Geist, verständlich werden."

den Strafprozeß finden diese staatstheoretischen Prinzipien in den Verfahrensprinzipien[260]. Die Begriffsbildung nimmt den vielfach pejorativ gebrauchten Begriff des "*Alt*europäischen" auf und führt ihn jenseits der bloßen Etikettierung auf seinen eigentlichen Gehalt zurück, nämlich auf die Ausrichtung des Handelns anhand der Vorgaben der praktischen Vernunft. Der "neue" Strafprozeß ist dagegen ausgezeichnet durch schwindende bis verschwundene Prinzipiengeleitetheit[261], durch Orientierung auf den Einzelfall, Folgenberücksichtigung und Abwägungsdogmatik[262]. Als Beispiel für die Abwägungsdogmatik kann die Entscheidung zwischen zwei aus dem Rechtsstaatsprinzip abgeleiteten Grundsätzen angeführt werden: Gegen die Freiheit als dem Menschen kraft seiner Menschheit ursprünglich zustehendes Recht[263], die freilich weniger emphatisch als das Recht des Beschuldigten auf einen *fair trial* aufscheint, wird ein Rechtsgut wie die "Funktionstüchtigkeit der Strafrechtspflege" als überindividuell-staatliches Interesse gesetzt und abgewogen.

Der Unterschied zwischen dem "alten" und dem "neuen" Strafprozeß ist nunmehr in seinen Einzelheiten darzustellen.

II. Die Idee: Prinzipien des "alten" Strafprozesses

Zunächst soll die Prinzipienorientierung des "alten" Strafprozesses dargestellt werden. Diese Beschreibung geht von der Annahme aus, daß das Strafprozeßrecht nicht ein bloß pragmatisches Mittel ist, um das materielle Strafrecht zu verwirklichen[264], sondern daß es sich hierbei um eine Regelungsmaterie handelt, die sich wie jede rechtliche Regelung vor den "Verfassungsrichterstuhl der

---

260 Zur Rolle der Staatstheorie im Verhältnis zu den Prinzipien des Strafverfahrens vgl. *W. Naucke*, Strafrecht – Eine Einführung, § 5 Rdnr. 76: "Wie die Straftheorien sind auch die Strafverfahrensprinzipien ohne Zurückgehen auf die Allgemeine Staatslehre nicht begreifbar."; *ders.*, Der materielle Verbrechensbegriff im 19. Jahrhundert, S. 276, stellt fest, daß der Verbrechensbegriff aus der Staats- und Rechtstheorie entlassen wird – dasselbe gilt für das Strafverfahrensrecht. *J. Baumann*, Grundbegriffe, S. 38: "Die Prinzipien, die unser geltendes Strafprozeßrecht beherrschen und formen, stehen vor aller 'bloßen Technik'."; *W. Hassemer*, KritV 1988, S. 337; *ders.*, ZRP 1997, S. 319 f.; *Eb. Schmidt*, Lehrkommentar zur StPO und zum GVG, Nr. 46; eine Übersicht über diese Prinzipien nach verschiedenen Ordnungskriterien gibt *C. Roxin*, Strafverfahrensrecht, § 11.

261 Das Legalitätsprinzip kann hierfür als Indikator dienen, *Chr. Pott*, Außerkraftsetzung der Legalität, S. 34 ff., 90 ff.

262 *W. Hassemer*, KritV 1990, S. 260 ff. (S. 271).

263 *I. Kant*, MdS-RL, S. 345.

264 *Eb. Schmidt*, Lehrkommentar zur StPO und zum GVG, Nr. 24 f.; zu einer solchen Charakterisierung s. *W. Hassemer*, KritV 1990, S. 261 f.

Rechtsvernunft"[265] ziehen und an der Elle der Bedingungen der Staatsbegründung (Freiheit, Gleichheit, Selbständigkeit) messen lassen muß. Vor diesem Hintergrund sind die Regelungen des Grundgesetzes, der Europäischen Menschenrechtskonvention, der StPO und des Gerichtsverfassungsgesetzes, die sich mit dem Verhältnis des einzelnen zum strafverfolgenden Staat im Strafverfahren befassen, als Teil der bereits oben[266] erwähnten, notwendigen positiv-rechtlichen Konkretisierung vernunftrechtlicher Prinzipien zu verstehen[267]. Wie jede positive Regelung können sie sich diesen gegenüber nicht verselbständigen. Strafverfahrensrecht ist also nicht allein angewandtes Verfassungsrecht[268], das die Normen des Grundgesetzes ausbuchstabiert. Es ist auch kein bloßer Seismograph der Staatsverfassung[269], sondern gleichsam angewandtes Vernunftrecht, dem eine Staatstheorie zugrunde liegt[270].

Dieser Ableitungszusammenhang ist im folgenden für die einzelnen Prozeßprinzipien[271] aufzuzeigen. Diese lassen sich in die Grundsätze der Einleitung des Verfahrens, die Grundsätze der Durchführung des Verfahrens, die Beweisgrundsätze, die Grundsätze der Form sowie den Bestimmtheitsgrundsatz aufteilen.

1. Grundsätze der Einleitung des Verfahrens

Innerhalb der Grundsätze der Einleitung des Verfahrens sind das Offizial-, das Akkusations- und das Legalitätsprinzip sowie die Grundsätze des gesetzlichen Richters, des Richtervorbehalts und der richterlichen Unabhängigkeit zu behandeln.

---

265 *W. Kersting*, Wohlgeordnete Freiheit, S. 352.

266 A. I. 1. b) aa), S. 41 f.

267 Zum "Erbe der Aufklärung" s. *W. Hassemer*, KritV 1988, S. 337 f.

268 BGHSt 19, S. 325 ff. (S. 330); BVerfG NJW 1972, S. 1123 ff. (S. 1125); *Eb. Schmidt*, Lehrkommentar zur StPO und zum GVG, Nr. 333, spricht von der StPO als "Ausführungsgesetz zum Grundgesetz"; *W. Hassemer*, Legalität und Opportunität im Strafverfahren, S. 533; *ders.*, KritV 1988, S. 337 f.; *ders.*, KritV 1990, S. 262.

269 *C. Roxin*, Strafverfahrensrecht, § 2 Rdnr. 1.

270 *W. Naucke*, Strafrecht – Eine Einführung, § 5 Rdnr. 76; *M. Kahlo*, KritV 1997, S. 183 ff.

271 Der Begriff Maxime (etwa: Offizial*maxime*) ist in diesem Zusammenhang zu vermeiden. Maxime ist nämlich das *subjektiv-individuelle* Prinzip des Wollens. Ein Prinzip im Sinne der Prozeßprinzipien ist hingegen durch seine *objektiv-allgemeine* Geltung bestimmt; vgl. *J. Hoffmeister*, Wörterbuch der philosophischen Begriffe, S. 396 (Stichwort: Maxime), S. 486 f. (Stichwort: Prinzip).

a) Offizialprinzip[272]

Nach dem Offizialprinzip, das seinen gesetzlichen Niederschlag in § 152 I StPO findet[273], ist die Staatsanwaltschaft von Amts wegen zur Erhebung der öffentlichen Klage berufen. Einleitung und Durchführung des Strafverfahrens obliegen dem Staat. Sie sind nicht Sache des einzelnen Bürgers, also des durch die Straftat Verletzten oder anderweitig in seinen Interessen, etwa in seinem allgemeinen Sicherheitsbedürfnis, gekränkten Bürgers[274]. In dieser Konzeption äußert sich ein Mißtrauen sowohl gegen die Macht des einzelnen als auch gegen die Macht des Staates. Selbstjustiz durch den Bürger, in Form von blindem, gewaltsamem Zurückschlagen gegen die ihm angetane Gewalt, soll durch Monopolisierung der Machtausübung bei dem Staat unterbunden werden[275]. Die Strafverfolgung als Verwirklichung des materiellen, staatlichen Strafanspruchs erfolgt von Amts wegen. Das Gewaltmonopol des Staates findet also seine strafverfahrensrechtliche Ausprägung im Anklagemonopol des Staates[276]. Die Strafverfolgung *ex officio* ist eine Konsequenz des oben näher beschriebenen Postulats des öffentlichen Rechts: "Du sollst, im Verhältnisse eines unvermeidlichen Nebeneinanderseins, mit allen anderen, aus jenem [dem natürlichen Zustand] heraus, in einen rechtlichen Zustand, ..., übergehen"[277]. Im rechtlichen Zustand bedeutete die private Strafverfolgung einen Rückfall in den *status naturalis*, in eine bloß gewaltsame Konfliktregelung, etwa als Rache. Das Anklagemonopol findet seine Grenze in den Bedingungen der Staatsbegründung: Der Staat darf im Rahmen

272 Zum Offizialprinzip s. *C. Roxin*, Strafverfahrensrecht, § 12 m.w.N.; *Eb. Schmidt*, Lehrkommentar zur StPO und zum GVG, Nr. 355 ff.; *J. Baumann*, Grundbegriffe, S. 38 ff.; *W. Beulke*, Strafprozeßrecht, Rdnr. 16; KK-*Pfeiffer*, Einl. Rdnr. 4; KK-*Schoreit*, Rdnr. 9 ff. zu § 152 StPO. Zu den Ausnahmen vom Offizialprinzip (Antrags-, Ermächtigungs- und privatklagefähige Delikte) vgl. *C. Roxin*, Strafverfahrensrecht, § 12 Rdnr. 8 ff.; *J. Baumann*, Grundbegriffe, S. 40 f.

273 Nach HK-*Krehl*, Rdnr. 1 zu § 152 StPO, handelt es sich beim Offizialprinzip um ein dem deutschen Strafverfahren unausgesprochen zugrundeliegendes Prinzip, das an einigen Stellen lediglich positivrechtlich konkretisiert wird.

274 *J. Baumann*, Grundbegriffe, S. 39.

275 *W. Naucke*, KritV 1993, S. 139; *Eb. Schmidt*, Lehrkommentar zur StPO und zum GVG, Nr. 5; zum Friedensschutz durch staatliches Strafen s. *W. Kargl*, ARSP 1996, S. 502 ff.; *ders.*, GA 1998, S. 74 f.

276 *K. v. Birkmeyer*, DJZ 1909, Sp. 1049 f.

277 *I. Kant*, MdS-RL, S. 424; s. auch *O. Höffe*, Kategorische Rechtsprinzipien, S. 222: "Die Strafen werden aufgrund formeller Verfahren ausgesprochen, und die dazu autorisierten Amtsinhaber dürfen von dem Verbrechen, das sie verfolgen, nicht betroffen sein."

der Strafverfolgung nicht mehr, aber auch nicht weniger unternehmen, als zur Wiederherstellung des rechtlichen Zustands notwendig ist. Das Offizialprinzip gewährleistet, daß die Strafverfolgung einerseits mit dem erforderlichen Nachdruck, andererseits möglichst schonend hinsichtlich der Freiheitsrechte des Beschuldigten vonstatten geht[278]. Der Staat hat nicht nur den materiellen Strafanspruch, sondern auch das Recht und die Pflicht zur Strafverfolgung[279]. Er verwirklicht den Schuldspruch selbst, ohne Rücksicht auf den Verletzten und schreitet bei allen Straftaten von Amts wegen ein[280].

b) Akkusationsprinzip[281]

Zur Erhebung einer Klage, die die Eröffnung einer gerichtlichen Untersuchung bedingt, ist nach dem Akkusationsprinzip (vgl. §§ 151, 152 I StPO) die Staatsanwaltschaft als vom Gericht unabhängige Justizbehörde berufen. Die Privatklage (§ 374 I StPO) setzt eine Initiative des Verletzten und damit ebenfalls eine außergerichtliche Einleitung des Verfahrens voraus.

Entsprechend dieser Rollenteilung urteilt das Gericht über die Schuld- und Straffrage hinsichtlich der in der Anklage bezeichneten Tat (§ 264 StPO). Die Staatsanwaltschaft hat zunächst den Sachverhalt zu erforschen (§ 160 I StPO) und für den Fall hinreichenden Tatverdachts durch Einreichung einer Anklageschrift bei dem zuständigen Gericht Klage zu erheben (§ 170 I StPO) oder den Antrag auf Erlaß eines Strafbefehls zu stellen (§ 407 I StPO)[282]. Dies bewirkt nach § 155 I StPO eine thematische Bindung des Gerichts: Tat und mutmaßlicher Täter werden von der Staatsanwaltschaft benannt. Eine Veränderung der Anklage ist nur noch nach §§ 265, 266 StPO zulässig. So wird der Beschuldigte gegen eine willkürliche Ausdehnung der gerichtlichen Untersuchung und gegen Prozeß- und auch Haftverlängerungen geschützt[283].

---

278 *J. Baumann*, Grundbegriffe, S. 39.

279 *K. v. Birkmeyer*, DJZ 1909, Sp. 1049.

280 Zu dem mit dem Offizialprinzip zusammenhängenden Amtsbetrieb s. *J. Baumann*, Grundbegriffe, S. 74 f.

281 Zum Akkusationsprinzip s. *C. Roxin*, Strafverfahrensrecht, § 13; *Eb. Schmidt*, Lehrkommentar zur StPO und zum GVG, Nr. 347 ff.; *J. Baumann*, Grundbegriffe, S. 42 ff.; *W. Beulke*, Strafprozeßrecht, Rdnr. 18 ff.; KK-*Pfeiffer*, Einl. Rdnr. 3; KK-*Schoreit*, Rdnr. 1 ff. zu § 151 StPO; HK-*Krehl*, Rdnr. 1 zu § 151 StPO, jeweils m.w.N.

282 Die Staatsanwaltschaft ist mit einem unschönen Ausdruck "Herrin des Ermittlungsverfahrens", KK-*Pfeiffer*, Einl. Rdnr. 3.

283 *Eb. Schmidt*, Lehrkommentar zur StPO und zum GVG, Nr. 352 f.

Das staatliche Anklagemonopol hält rechtsstaatlichen Anforderungen im Sinne einer Verwirklichung der Freiheit und Gleichheit nur unter der Voraussetzung stand, daß bei entsprechendem Tatverdacht zugleich auch ein staatlicher Verfolgungs-, Ermittlungs- und Anklagezwang besteht. Dieser Zwang wird durch das Legalitätsprinzip[284] erzeugt, welches sich damit als das notwendige Korrelat zum Anklagemonopol der Staatsanwaltschaft erweist[285]. Dem Verfolgungsrecht des Staates entspricht seine Verfolgungspflicht, genauer: die staatliche Justizgewährungspflicht[286]. Das Klageerzwingungsverfahren gemäß §§ 172 ff. StPO dient damit neben der Sicherstellung des Legalitätsprinzips auch der Kontrolle des Akkusationsprinzips[287]. Gegensatz des Akkusationsprinzips ist das Inquisitionsprinzip, das der *Constitutio Criminalis Carolina* von 1532 zugrunde lag[288]. Danach hatte der Richter zugleich den Sachverhalt zu erforschen und über die von ihm selbst erforschte Tat zu urteilen. Diese Personalunion in der Ermittlungs- und der Urteilstätigkeit führte zum einen zur psychologisch nicht möglichen Unvoreingenommenheit gegenüber dem Beschuldigten[289]. Zum anderen begründete die Möglichkeit staatlicher Einflußnahme auf den vom Willen des Herrschers abhängigen Richter die historisch nur allzuoft realisierte Gefahr staatlicher Übermacht. Der Beschuldigte, der als das "sicherste" Beweismittel nur Gegenstand des Verfahrens war, wurde nicht als Subjekt geachtet[290]. Das Gewaltenteilungsprinzip, nach dem die ermittelnde Staatsanwaltschaft ein Teil der Exekutive ist, würde verletzt. Die Rollenverteilung der von Amts wegen erfolgenden Strafverfolgung auf eine Anklagebehörde und ein unabhängig urteilendes Gericht begründet einerseits eine Machtbegrenzung zugunsten des einer Straftat

---

284 Zum Legalitätsprinzip s. sogleich, c), S. 85 ff.

285 *O. Ranft*, Strafprozeßrecht, Rdnr. 278; KK-*Pfeiffer*, Einl. Rdnr. 5; HK-*Krehl*, Rdnr. 1, 4 zu § 152 StPO.

286 *K. Peters*, Strafprozeß, S. 21; *Chr. Pott*, Außerkraftsetzung der Legalität, S. 15.

287 KK-*Wache/Schmid*, Rdnr. 1 zu § 172 StPO.

288 *Eb. Schmidt*, Einführung in die Geschichte der deutschen Strafrechtspflege, §§ 108, 109; *H. Rüping*, Grundriß der Strafrechtsgeschichte, Rdnr. 132 ff., 163 ff.

289 *J. Baumann*, Grundbegriffe, S. 42; *K. Peters*, Strafprozeß, S. 49; *Eb. Schmidt*, Lehrkommentar zur StPO und zum GVG, Nr. 347; s. bereits *C. J. A. Mittermaier*, Archiv des Criminalrechts, NF 1842, S. 103 f.; *H. A. Zachariae*, Gebrechen und Reform, S. 77; *A. Vassalli*, Rechtsphilosophische Betrachtungen über das Strafverfahren, S. 181 ff. So war der Anklageprozeß auch eine Forderung der Paulskirchenverfassung (§ 179 I).

290 Grundlegend zur Prozeßsubjektivität und zur daraus folgenden notwendigen Trennung von ermittelndem Prozeßsubjekt und richtendem Prozeßsubjekt: *M. Kahlo*, KritV 1997, S. 200 f.

Verdächtigen, andererseits trägt sie dem Gewaltenteilungsprinzip Rechnung[291]. In dieser Hinsicht ist ein streng durchgeführtes akkusatorisches Verfahren die stärkste Garantie für ein freiheitssicherndes Verfahren[292]: Ermittlungstätigkeit und Beweisbeibringung obliegen der Staatsanwaltschaft und der Verteidigung. Der Richter urteilt neutral, distanziert und unvoreingenommen[293]. Er erhebt nur in Ausnahmefällen Beweis.

Für die Staatsanwaltschaft als vom Gericht unabhängige Justizbehörde[294] ergibt sich aus dem Akkusationsprinzip folgendes: Sie übt keine Verwaltungstätigkeit aus, die sich allein an Zweckmäßigkeit, Sicherheit und Ordnung orientiert. Vielmehr handelt es sich bei ihrer Tätigkeit um Rechtsverwirklichung und Rechtsdurchsetzung. Hieraus ergibt sich die Pflicht der Staatsanwaltschaft zur Wahrheitsermittlung, also zur Ermittlung sowohl belastender als auch entlastender Umstände (§ 160 II StPO). Sie kann zugunsten des Verurteilten Rechtsmittel einlegen (§ 296 II StPO) oder die Wiederaufnahme des Verfahrens anstrengen (§§ 359, 365, 296 II StPO). Die Staatsanwaltschaft ist eine Justizbehörde, die objektiv der Gerechtigkeit verpflichtet ist, keine eigenen Zwecke verfolgt und das Gericht bei der Wahrheitssuche unterstützt[295].

---

291 *Chr. Pott*, Außerkraftsetzung der Legalität, S. 12 f.; *W. Hassemer*, Legalität und Opportunität im Strafverfahren, S. 531; *ders.*, KritV 1990, S. 272.

292 *W. Hassemer*, KritV 1990, S. 272; ein jüngeres Beispiel für eine Gesamtreform des Strafverfahrens nach dem Akkusationsprinzip ist das italienische Strafverfahrensgesetzbuch (c.p.p.) von 1989. Zur Weiterentwicklung der Reform s. *A. Honert*, ZStW (106) 1994, S. 427 ff., der von "einem bemerkenswerten Gegenreformprozeß" und der "Rückkehr zum gemischt-inquisitorischen Prozeß" spricht (a.a.O., S. 427); *R. Roth*, SchwZStr 114 (1996), S. 148 ff., sowie ausführlich u., Viertes Kapitel, C., S. 232 ff.

293 Zur "Schiedsrichterrolle" des Richters im alten deutschen Prozeßrecht s. *J. Baumann*, Grundbegriffe, S. 42.

294 Zur Frage der Bindung der Staatsanwaltschaft an die höchstricherliche Rechtsprechung (bejaht in BGHSt 15, S. 155 ff. [S. 157 ff.]) s. *Eb. Schmidt*, Lehrkommentar zur StPO und zum GVG, Nr. 387; HK-*Krehl*, Rdnr. 12 zu § 152 StPO; *K. Geppert*, Jura 1982, S. 148 f.

295 *J. Baumann*, Grundbegriffe, S. 45 f.; *K. Geppert*, Jura 1982, S. 146; *K. Peters*, Strafprozeß, S. 162; *Kleinknecht/Meyer-Goßner*, Einl. Rdnr. 9 f., Rdnr. 7 vor § 141 GVG; daraus folgt auch, daß der Strafprozeß der StPO kein Parteiprozeß und die Staatsanwaltschaft keine Prozeßpartei ist. Zur Weisungsabhängigkeit der Staatsanwaltschaft s. HK-*Krehl*, Rdnr. 12 zu § 152 StPO; *Chr. Pott*, Außerkraftsetzung der Legalität, S. 103 ff., insbesondere S. 112, 114; *K. Geppert*, Jura 1982, S. 146 f.

c) Legalitätsprinzip[296]

Entdeckt sich die Strafverfolgung im Offizialprinzip als öffentliche Aufgabe, und ist der Richter nach dem Akkusationsprinzip nicht zugleich Ermittler, so stellt sich die Frage, in welchem Umfang die Staatsanwaltschaft zur Strafverfolgung ermächtigt und verpflichtet ist[297]. Das Legalitätsprinzip (§§ 152 II, 170 I StPO[298]) verpflichtet die Staatsanwaltschaft für jeden Fall eines entsprechenden Anfangsverdachts, Ermittlungen aufzunehmen und Anklage zu erheben, falls sich der Verdacht bestätigen sollte[299]. Das Legalitätsprinzip umfaßt also ei-

296 *W. Naucke*, Strafrecht – Eine Einführung, § 5 Rdnr. 81, bezeichnet das Legalitätsprinzip als das aufschlußreichste Prinzip im Strafverfahrensrecht; zu dem vom Legalitätsprinzip repräsentierten Verfahrenstyp s. *ders.*, Gutachten, S. D 19 f.; vgl. ferner *C. Roxin*, Strafverfahrensrecht, § 14; *Eb. Schmidt*, Lehrkommentar zur StPO und zum GVG, Nr. 385 ff.; *J. Baumann*, Grundbegriffe, S. 47 ff.; *Chr. Pott*, Außerkraftsetzung der Legalität, S. 10 ff.; *W. Beulke*, Strafprozeßrecht, Rdnr. 17; KK-*Pfeiffer*, Einl. Rdnr. 5; HK-*Krehl*, Einl. Rdnr. 23; *W. Hassemer*, Legalität und Opportunität im Strafverfahren, S. 529 ff., je m.w.N. Zum Opportunitätsprinzip als Alternative des Legalitätsprinzips s. u., III. 1., S. 114 ff. KK-*Pfeiffer,* Einl. Rdnr. 6, 62, nennt das Legalitätsprinzip in einem Atemzug mit dem Opportunitätsprinzip; ebenso KK-*Schoreit*, Rdnr. 13 ff. zu § 152 StPO; *F.-C. Schroeder*, Strafprozeßrecht, Rdnr. 63 ff., Rdnr. 88; daher auch die Situationsbeschreibung von *W. Naucke*, KritV 1993, S. 151: "Der strafrechtsphilosophische Zusammenhang, dem das Legalitätsprinzip Begründung und Wirksamkeit verdankt, ist matt geworden, wird als überholt nicht mehr mitgeführt."

297 *K. Geppert*, Jura 1982, S. 140; *ders.*, Jura 1986, S. 309 f.

298 Weitere Ausprägungen und Absicherungen des Legalitätsprinzips (hierzu: *W. Naukke*, Zustand des Legalitätsprinzips, S. 151, 153; *Chr. Pott*, Außerkraftsetzung der Legalität, S. 8 f.; *dies.*, Aushöhlung des Legalitätsprinzips, S. 90 ff.; *K. Geppert*, Jura 1982, S. 143 ff.) sind § 258a StGB (Strafvereitelung im Amt), § 339 StGB (Rechtsbeugung), § 344 StGB (Verfolgung Unschuldiger), §§ 172 ff. StPO (Klageerzwingungsverfahren, vgl. *M. Kahlo*, KritV 1997, S. 208 mit FN 99; KK-*Wache/Schmid*, Rdnr. 1 zu § 172 StPO; *K. Peters*, Strafprozeß, S. 536 f.) sowie § 146 GVG (Weisungsgebundenheit der Staatsanwaltschaft). Zu neueren Entwicklungen auf diesem Gebiet s. *Chr. Pott*, Außerkraftsetzung der Legalität, S. 117 ff. (S. 120): "Die These von der materiellrechtlichen Absicherung des Legalitätsprinzips ist ... genauso inhaltsleer wie die These seiner prozeßrechtlichen Absicherung."

299 *C. Roxin*, Strafverfahrensrecht, § 14 Rdnr. 1; *Kleinknecht/Meyer-Goßner*, Rdnr. 7 vor § 141 GVG, bezeichnet das Legalitätsprinzip als das "Grundgesetz" der Staatsanwaltschaft; zu einer historischen Betrachtung s. *W. Naucke*, Zustand des Legalitätsprinzips, S. 150, mit dem Hinweis darauf, daß das reine Legalitätsprinzip stets auf StGB, StPO und GVG beschränkt war.

nen Verfolgungszwang, der sich in einen Ermittlungs- und einen Anklagezwang untergliedern läßt[300].

Ist der materielle Strafanspruch ein vom Staat zu verwirklichender kategorischer Imperativ[301], und ist die Durchsetzung des Strafanspruchs eine staatliche Aufgabe, so muß der strafverfolgende Staat gegen jeden einer Straftat Verdächtigen in gleicher Weise vorgehen[302]. Verfolgungsrecht und gleichzeitige Verfolgungspflicht sind Ausfluß der kategorischen (Straf-)Rechtsbegründung.

Auch vor dem Hintergrund relativer Strafbegründung ist das Legalitätsprinzip nicht obsolet geworden[303]. Das Demokratie- und das Rechtsstaatsprinzip sowie der Bestimmtheitsgrundsatz verlangen, daß der Gesetzgeber selbst Voraussetzungen und Grenzen strafrechtlicher Ahndung allgemein bestimmt. Das Legalitätsprinzip ist der Mechanismus, der das materielle Recht, das freilich klar bestimmt sein muß[304], in den Prozeß überträgt[305]. Die einzelnen Vertreter der Strafverfolgungsorgane (Polizei, Staatsanwaltschaft und Gericht) dürfen folglich nicht die freie Entscheidung darüber haben, wie im konkreten Fall zu bestrafen ist: "Das Prinzip der Legalität im Strafrecht fordert, daß im Strafrecht Gesetze

---

300 *Chr. Pott*, Außerkraftsetzung der Legalität, S. 4 ff.; *Th. Weigend*, ZStW 109 (1997), S. 103 f.; *K. Geppert*, Jura 1982, S. 141 ff.

301 S. o., A. I. 3., S. 48 ff.; zum Zusammenhang zwischen der freiheitsgesetzlichen Straftheorie (zum Begriff s. *M. Köhler*, Strafrecht – Allgemeiner Teil, S. 43) und dem Legalitätsprinzip s. *M. Köhler*, a.a.O., S. 52; *A. Eser*, ZStW 104 (1992), S. 363 ff., S. 377; *C. Roxin*, Strafverfahrensrecht, § 14 Rdnr. 2. Erstaunlich ist, daß *C. Roxin*, obwohl sonst Anhänger der relativen Theorie, diesen Zusammenhang so deutlich herausstellt. *K. v. Birkmeyer*, Deutsches Strafprozeßrecht, S. 69: "[Die Strafpflicht des Staates] ist eine absolute, *quia peccatum est*, nicht eine nach irgend welchen anderen Staatszwecken, als dem der vergeltenden Gerechtigkeit, zu bemessende."; *ders.*, DJZ 1909, Sp. 1049; dagegen *Eb. Schmidt*, Lehrkommentar zur StPO und zum GVG, Nr. 385, nach dem das Legalitätsprinzip Folge der staatsrechtlichen Justizgewährungspflicht ist.

302 *K. v. Birkmeyer*, Deutsches Strafprozeßrecht, S. 65, 69, 74; *Chr. Pott*, Außerkraftsetzung der Legalität, S. 16 f., 30 ff.; *W. Naucke*, KritV 1990, S. 249: "Wo das Regime der Legalität endet, endet rechtsstaatliches Strafrecht".

303 Darauf weisen auch *W. Naucke*, Strafrecht – Eine Einführung, § 5 Rdnr. 83, sowie *Chr. Pott*, Außerkraftsetzung der Legalität, S. 17 ff., 23 ff., die beide auf dem Boden der freiheitsgesetzlichen Straftheorien stehen, explizit hin; s. auch *W. Hassemer*, Legalität und Opportunität im Strafverfahren, S. 529; anders: *K. Geppert*, Jura 1982, S. 151; *ders.*, Jura 1986, S. 310; *P. Rieß*, NStZ 1981, S. 4.

304 *Chr. Pott*, Außerkraftsetzung der Legalität, S. 10 f., 122; zum Bestimmtheitsgrundsatz s. u., 5., S. 105 ff.

305 *M. Kahlo*, KritV 1997, S. 206 f.; *W. Naucke*, Strafrecht – Eine Einführung, § 5 Rdnr. 85.

herrschen, nicht Personen"[306]. Das Legalitätsprinzip schließt willkürliche Verfahren aus und stellt Verfahren sicher, die sich an Gerechtigkeit und Gleichheit orientieren – auch und gerade in unruhigen Zeiten[307]. Es verbietet das Unterlassen der Anklageerhebung aus Zweckmäßigkeitserwägungen ebenso wie eine von solchen Erwägungen geleitete Anklageerhebung[308]. Aus dem Legalitätsprinzip folgt zugleich das in § 156 StPO niedergelegte Immutabilitätsprinzip, das die Zurücknahme der Klage nach Eröffnung des Hauptverfahrens verbietet. Die Strafverfolgungsorgane dürfen keine Rücksicht auf die Person und deren Stellung – beides nur zufällige Kriterien – nehmen. Insofern erweist sich das Legalitätsprinzip als Konkretisierung des Gleichheitsgrundsatzes in Art. 3 I GG[309]. Dieser Grundsatz wiederum ist als Konkretisierung der vernunftrechtlichen Gleichheit als Prinzip *a priori* der Staatsbegründung aufzufassen[310].

d) Grundsatz des gesetzlichen Richters, richterliche Unabhängigkeit, Richtervorbehalt

Neben dem Grundsatz des gesetzlichen Richters, der für die Einleitung des Verfahrens vor einem konkreten Gericht maßgeblich ist, sollen in diesem Zusammenhang die weiteren die Stellung des Richters betreffenden Grundsätze, nämlich die richterliche Unabhängigkeit und der Richtervorbehalt erwähnt werden.

---

306 *W. Naucke*, Zustand des Legalitätsprinzips, S. 149, sowie *ders.*, JuS 1989, S. 866; *W. Hassemer*, Legalität und Opportunität im Strafverfahren, S. 530.

307 *K. Peters,* Strafprozeß, S. 167.

308 *Chr. Pott*, Außerkraftsetzung der Legalität, S. 6.

309 HK-*Krehl*, Rdnr. 5 zu § 152 StPO; *W. Naucke*, Strafrecht – Eine Einführung, § 5 Rdnr. 83; *Chr. Pott*, Außerkraftsetzung der Legalität, S. 13 ff.; *W. Hassemer*, Legalität und Opportunität im Strafverfahren, S. 530. Zur Gleichheit als Prinzip *a priori* des staatlichen Zustands s. o., A. I. 1. a) aa), S. 37.

310 Nach *W. Hassemer*, Legalität und Opportunität im Strafverfahren, S. 532, residieren die Gründe für das Legalitätsprinzip im Bereich der *Gerechtigkeit* der Strafrechtspflege (Hervorhebung im Original). Auch angesichts der Ableitung des Legalitätsprinzips aus den Bedingungen *a priori* des staatlichen Zustands geht die Aussage *Th. Weigends*, ZStW 109 (1997), S. 104, 116, fehl, das Legalitätsprinzip (verstanden als der Satz, jedes Delikt bedürfe der Strafe) passe in ein archaisches, autoritäres Strafrechtssystem; s. auch *P. Rieß*, NStZ 1981, S. 4.

aa) Grundsatz des gesetzlichen Richters[311]

Niemand darf seinem gesetzlichen Richter entzogen werden. Dieser Grundsatz ist in Art. 101 I GG, § 16 S. 2 GVG positivrechtlich ausgeprägt. Es handelt sich um die prozeßrechtliche Entsprechung zu dem in erster Linie auf das materielle Recht bezogene[312] Prinzip *Nullum crimen, nulla poena sine lege* (Art. 103 II GG, § 1 StGB)[313]. So wie die Strafbarkeit gesetzlich bestimmt sein muß, bevor die Tat begangen wurde, muß der Richter, vor dem das Verfahren stattfindet, im voraus generell und abstrakt bestimmt sein. Die Gerichtsverfassung soll sicherstellen, daß nicht einzelfallbezogen auf die Durchführung und das Ergebnis eines Verfahrens Einfluß genommen wird. Diese Einflußnahme kann etwa darin bestehen, daß staatliche Organe innerhalb oder außerhalb der rechtsprechenden Gewalt den Fall demjenigen Gericht zuweisen, welches die ihrer Ansicht nach genehmste Meinung zur Sache vertritt. Jede Person hat ein subjektives, aus der Gleichheit aller als Bürger folgendes Recht darauf, daß ihre Angelegenheit von einem im voraus bestimmten, neutralen, objektiv und unabhängig, allein aufgrund des allgemeinen Gesetzes entscheidenden Richter[314] beurteilt wird[315]. Der Grundsatz des gesetzlichen Richters ist also eng mit dem sogleich[316] zu erörternden Grundsatz der richterlichen Unabhängigkeit und der Gleichheit der Menschen vor dem (Straf-) Gesetz verknüpft[317]. In negativer Hinsicht bedeutet

---

311 Zum Grundsatz des gesetzlichen Richters s. *Eb. Schmidt*, Lehrkommentar zur StPO und zum GVG, Nr. 560a ff.; KK-*Pfeiffer*, Einl. Rdnr. 25; *G. Fezer*, Strafprozeßrecht, 10/Rdnr. 9 ff.; *W. Beulke*, Strafprozeßrecht, Rdnr. 29, 34 f.; *M. Wolf*, Gerichtsverfassungsrecht aller Verfahrenszweige, S. 57 ff., je m.w.N.

312 S. aber u., 5., S. 105 ff.

313 *K. Peters*, Strafprozeß, S. 124. Von den vier Einzelgrundsätzen des Art. 103 II GG ist der Bestimmtheitsgrundsatz in diesem Zusammenhang vor dem Analogieverbot, dem Rückwirkungsverbot sowie dem Verbot strafbegründenden Gewohnheitsrechts an erster Stelle zu nennen.

314 Zur Objektivitätsgarantie im Hinblick auf Art. 103 II GG vgl. *G. Jakobs*, AT, 4/Rdnr. 9: "Das strafbare Verhalten und das Strafmaß sollen nicht unter dem Eindruck geschehener, aber noch abzuurteilender Taten und nicht als Mittel gegen schon bekannte Täter bestimmt werden, sondern *vorab* und *allgemein gültig*, ..." (Hervorhebungen im Original). Ersetzt man in diesem Satz "strafbares Verhalten und das Strafmaß" durch "Gericht", so trifft der Satz ebenso auf die Bestimmtheit des Gerichts zu.

315 So kann ein Verstoß gegen Art. 101 I S. 2 GG ebenso wie ein Verstoß gegen das Gesetzlichkeitsprinzip aus Art. 103 II GG mit der Verfassungsbeschwerde gemäß Art. 93a I Nr. 4a GG, §§ 13 Nr. 8a, 90 ff. BVerfGG gerügt werden.

316 S. u., bb), S. 89 f.

317 *M. Wolf*, Gerichtsverfassungsrecht aller Verfahrenszweige, S. 58. Zur Gleichheit als Prinzip *a priori* des staatlichen Zustands s. o., A. I. 1. a) aa), S. 37.

der Grundsatz des gesetzlichen Richters, daß für den Einzelfall eingesetzte Gerichte (Ausnahmegerichte) verboten sind (vgl. § 16 S. 1 GVG). Das Verbot, das sich an die Legislative und an die Exekutive wendet, soll die Gleichbehandlung der Bürger vor der rechtsprechenden Gewalt garantieren[318]. Positiv trifft den Staat aus dem Grundsatz des gesetzlichen Richters die Verpflichtung, Gerichte einzurichten und im voraus allgemein (gesetzlich bzw. aufgrund eines Gesetzes) für jeden denkbaren Einzelfall zu bestimmen, welches Gericht und welcher Spruchkörper bis hin zum einzelnen Richter innerhalb eines Spruchkörpers des Gerichts für die Behandlung des jeweiligen Falles zuständig ist[319]. Als gesetzliche Konkretisierungen folgen hieraus die Regelungen des Gerichtsverfassungsrechts[320], der sachlichen und örtlichen Zuständigkeit sowie die Geschäftsverteilung innerhalb des sachlich und örtlich zuständigen Gerichts[321].

bb) Richerliche Unabhängigkeit[322]

Innerhalb des staatlichen Zustands ist der Rechtsprechung die Aufgabe übertragen, die Einhaltung von Recht und Gesetz zu garantieren. Soll es sich hierbei allein um eine Kontrolle am Maßstab des Rechts, am Maßstab des allgemeinen Gesetzes handeln, so muß der Richter frei von jeglichen Machteinflüssen Recht sprechen können. Er muß unabhängig sein. Diesen Grundsatz bringen Art. 97 I GG, § 1 GVG zum Ausdruck. Er gilt für Berufs- und Laienrichter. Die richterliche Unabhängigkeit läßt sich untergliedern in die sachliche, persönliche und innere Unabhängigkeit. Sachliche Unabhängigkeit[323] (Art. 97 I GG) meint die Freiheit des Richters in seiner spezifisch rechtsprechenden Tätigkeit von allen Weisungen der Legislative und der Exekutive und die Unterworfenheit allein

---

318 *M. Wolf*, Gerichtsverfassungsrecht aller Verfahrenszweige, S. 58 f., auch zur Abgrenzung der Ausnahme- von den Sondergerichten.

319 Vgl. *M. Wolf*, Gerichtsverfassungsrecht aller Verfahrenszweige, S. 58; zum Problem der beweglichen Zuständigkeit zwischen Amts- und Landgericht gem. §§ 24 I Nr. 3, 74 I S. 2 GVG s. *C. Roxin*, Strafverfahrensrecht, § 7 Rdnr. 9 ff., sowie *M. Wolf*, a.a.O., S. 68 f.

320 Zum Begriff und zur Bedeutung des Gerichtsverfassungsrechts s. *M. Wolf*, Gerichtsverfassungsrecht aller Verfahrenszweige, S. 1 ff.

321 *M. Wolf*, Gerichtsverfassungsrecht aller Verfahrenszweige, S. 59.

322 Zur richterlichen Unabhängigkeit s. Eb. *Schmidt*, Lehrkommentar zur StPO und zum GVG, Nr. 457 ff.; KK-*Pfeiffer*, Einl. Rdnr. 24; *K. Peters*, Strafprozeß, S. 105 ff.; *G. Fezer*, Strafprozeßrecht, 10/Rdnr. 1 ff.; *W. Hassemer*, KritV 1990, S. 272 f.; kritisch *R. Lamprecht*, Mythos der Unabhängigkeit, *passim*, sowie *K. F. Piorreck*, FR vom 24.01.1997, S. 17, jeweils m.w.N.

323 Umfassend: *M. Wolf*, Gerichtsverfassungsrecht aller Verfahrenszweige, S. 189 ff., zur Dienstaufsicht im Spannungsverhältnis zur richterlichen Unabhängigkeit, S. 195 ff.

unter das Gesetz. Freiheit meint nicht die Freiheit zu willkürlicher, sondern allein zu sachgerechter Entscheidung. Der Richter ist an das Gesetz[324] und die anerkannten Methoden der Rechtsfindung gebunden. Die persönliche Unabhängigkeit[325] (Art. 97 II S. 1 GG) stellt die sachliche Unabhängigkeit sicher, die ohne jene bloße Form wäre. Der Richter soll nicht durch die Möglichkeit der Amtsenthebung, Entlassung oder Versetzung auf indirektem Wege zu Entscheidungen gezwungen werden können, die der Exekutive oder Legislative genehm sind, oder gar wegen unliebsamer Entscheidungen aus dem Dienst entfernt werden können. Innere Unabhängigkeit[326] bedeutet schließlich, daß der Richter kein eigenes Interesse am Ausgang des Prozesses hat. Sie wird durch die Ausschluß- und Befangenheitsvorschriften der §§ 22 ff. StPO sichergestellt.

cc) Richtervorbehalt[327]

Über die Zulässigkeit bzw. die Fortdauer einer Freiheitsentziehung entscheidet allein der Richter. Der in Art. 104 II S. 1 GG niedergelegte Richtervorbehalt stellt sicher, daß ausschließlich der unabhängige, keinen Weisungen der Exekutive unterliegende und im voraus eindeutig bestimmte Richter in die Freiheit der Person eingreifen darf. Dem Handeln der Exekutive schaltet Art. 104 II GG das Erfordernis einer richterlichen Entscheidung vor. Für die Anordnung der Untersuchungshaft kommt dies in § 114 I StPO einfachgesetzlich zum Ausdruck. Nur der Richter soll allein aufgrund der allgemeinen Gesetze über die Verhängung einer Freiheitsstrafe oder einer freiheitsentziehenden Maßregel urteilen und die Einhaltung eines rechtsstaatlich einwandfreien Verfahrens verbürgen. Der Richtervorbehalt dient damit zum einen dem Freiheitsschutz des einzelnen und garantiert andererseits die Gewaltenteilung bei der gravierenden Frage des Freiheitsentzugs. Weitere Ausprägungen dieses Grundsatzes sind die §§ 81f I S. 1, 98 I, 100 I, 100d II, 105 I S. 1, 111 II, 111a I S. 1, 111e I S. 1, 111n I S. 1, 163d II S. 1 StPO, nach denen die Befugnis zur Anordnung strafprozessualer Zwangsmaßnahmen beim unabhängigen Richter liegt. Nur unter der Voraussetzung, daß Gefahr im Verzug ist, darf – außer in den Fällen der §§ 81e, 100d II, 111a StPO – auch die Staatsanwaltschaft die genannten Anordnungen treffen.

---

324 Nach *W. Naucke*, Der Zustand des Legalitätsprinzips, S. 150, ist die in § 1 GVG ausgedrückte richterliche Unabhängigkeit "nichts als die Wiederholung des nullum crimen-Bekenntnisses für einen bestimmten juristischen Berufsstand".

325 Detailliert: *M. Wolf*, Gerichtsverfassungsrecht aller Verfahrenszweige, S. 203 ff.

326 KK-*Pfeiffer*, Einl. Rdnr. 24.

327 Zum Richtervorbehalt s. Maunz/Dürig-*Dürig*, Rdnr. 23 ff. zu Art. 104 GG; *Schmidt-Bleibtreu/Klein*, Rdnr. 7 zu Art. 104 GG; v. Münch-*Kunig*, Rdnr. 17 ff. zu Art. 104 GG.

2. *Grundsätze der Durchführung des Verfahrens*

Hier sind der Ermittlungsgrundsatz, der Grundsatz des rechtlichen Gehörs und der Beschleunigungsgrundsatz zu erörtern.

a) Ermittlungsgrundsatz[328]

Der Ermittlungsgrundsatz (§§ 244 II, 155 II StPO) begründet die Pflicht des Gerichts, den Sachverhalt von Amts wegen zu erforschen und eindeutig aufzuklären. Er umfaßt das Instruktionsprinzip, den Untersuchungsgrundsatz und das Prinzip der materiellen Wahrheit. Der Ermittlungsgrundsatz wird durch das Beweisantragsrecht (§§ 219, 244 StPO)[329], die Pflicht zur Bescheidung der Beweisanträge, verbunden mit einem *numerus clausus* der Ablehnungsgründe[330], den Grundsatz der freien Beweiswürdigung (§ 261 StPO)[331] sowie die Unschuldsvermutung (Art. 6 II EMRK) näher konkretisiert.

Nach dem Ermittlungsgrundsatz muß das Gericht in justizförmiger Weise all das aufklären, was zur Ermittlung der materiellen Wahrheit erforderlich ist[332]. Ohne Feststellung des wahren Sachverhalts, also des dem wirklichen Geschehen entsprechenden Sachverhalts[333], kann es keine Freiheitsverletzung in Form der Strafe geben[334]. Nur der unter die Strafnorm subsumierte wahre Sachverhalt vermag die staatliche Strafe zu legitimieren[335]. Der Ermittlungsgrundsatz umfaßt die Erforschung des gesamten die Straftat betreffenden Geschehens und der Täterpersönlichkeit, soweit es im Hinblick auf die Beurteilung der Schuld- und Straffrage erforderlich ist. Allein auf diese Weise können das materielle Recht und das Verfahrensrecht korrekt angewendet und dem Grundsatz *Nullum crimen,*

---

328 Zum Ermittlungsgrundsatz s. *C. Roxin*, Strafverfahrensrecht, § 15 Rdnr. 3 ff.; *Eb. Schmidt*, Lehrkommentar zur StPO und zum GVG, Nr. 363 ff.; *J. Baumann*, Grundbegriffe, S. 56 ff.; *W. Beulke*, Strafprozeßrecht, Rdnr. 21; KK-*Pfeiffer*, Einl. Rdnr. 7; HK-*Krehl*, Einl. Rdnr. 25, je m.w.N. Zur Krise des Ermittlungsgrundsatzes angesichts der Absprachenpraxis s. *C. Roxin*, a.a.O., § 15 Rdnr. 6 ff. Zum Phänomen "Absprache" s. u., Drittes Kapitel, B., S. 179 ff.

329 Im einzelnen: KK-*Herdegen*, Rdnr. 42 ff. zu § 244 StPO.

330 Näher hierzu: KK-*Herdegen*, Rdnr. 57 ff., 64 ff. zu § 244 StPO.

331 S. sogleich u., 3. b), S. 97 f.

332 *M. Kahlo*, KritV 1997, S. 208 f.; *Eb. Schmidt*, Lehrkommentar zur StPO und zum GVG, Nr. 22: "Das Mittel der Justizförmigkeit ist seit jeher die prozessuale Form."; *W. Hassemer*, KritV 1990, S. 268 ff.

333 *K. Peters*, Strafprozeß, S. 287; KK-*Herdegen*, Rdnr. 18 zu § 244 StPO; *W. Hassemer*, KritV 1990, S. 270, spricht von einer forensischen Wahrheit.

334 *Eb. Schmidt*, Lehrkommentar zur StPO und zum GVG, Nr. 15, 20.

335 *W. Naucke*, KritV 1993, S. 152.

nulla poena sine lege Genüge getan werden[336]. Ausschließlich auf der Grundlage des durchermittelten Sachverhalts kann dem Opfer versichert werden, daß die Straftat als Verletzung seiner Freiheit ernstgenommen wird. Zugleich wird dem Täter garantiert, daß seine Freiheit nur innerhalb der zugelassenen Grenzen beschränkt wird[337]. Wegen der tief in die Freiheit und die Reputation des einzelnen in der Öffentlichkeit einschneidenden Wirkung des Strafverfahrens ist auch ein Freispruch auf eine möglichst breite Grundlage zu stellen[338]. Der strafende Staat hat den Nachweis der Schuld des Angeklagten zu erbringen, nicht dieser den Beweis seiner Unschuld. Er gilt solange als unschuldig, bis ihm die schuldhafte Begehung einer Straftat nachgewiesen worden ist.

Es ist im Strafverfahren nicht wie bei der im Zivilrechtsstreit in der Regel geltenden Verhandlungsmaxime Sache der Parteien, darüber zu befinden, welche Tatsachen sie dem Gericht zu seiner Entscheidungsfindung unterbreiten und welche Tatsachen beweisbedürftig sind. Im Gegensatz zum Zivilprozeß, der vom Prinzip der formellen Wahrheit geprägt ist, folgt der Strafprozeß dem Prinzip der materiellen Wahrheit. Das Gericht ist nicht an die Behauptungen der Prozeßbeteiligten, insbesondere an ein Geständnis des Angeklagten gebunden[339]. Aus diesem Grund kann es im Strafprozeß auch kein Säumnisverfahren geben. Aus der Tatsache, daß der Angeklagte nicht im Hauptverhandlungstermin erscheint, kann das Gericht nämlich nicht den Schluß ziehen, daß er seine Schuld eingesteht und schuldig ist.

Das Gericht ist hinsichtlich des Gegenstands und des Umfangs der Beweisaufnahme nicht auf die Beweisanträge der Prozeßbeteiligten beschränkt. In allen Verfahrensstadien kann und muß es zur Ermittlung der materiellen Wahrheit zusätzlich auch andere, weder von der Staatsanwaltschaft noch von dem Angeklagten benannte Beweismittel beiziehen. Auch hinsichtlich der Frage einer Verurteilung des Angeklagten und der Strafhöhe ist das Gericht nicht an die Anträge der Staatsanwaltschaft und des Angeklagten bzw. seines Verteidigers gebunden.

---

336 *W. Naucke*, KritV 1993, S. 152; KK-*Herdegen*, Rdnr. 19 zu § 244 StPO.

337 *W. Naucke*, KritV 1993, S. 152.

338 *K. Peters*, Strafprozeß, S. 287.

339 *Eb. Schmidt*, Lehrkommentar zur StPO und zum GVG, Nr. 379; *K. v. Birkmeyer*, Deutsches Strafprozeßrecht, S. 75.

b) Grundsatz des rechtlichen Gehörs[340]

Der in Art. 103 I GG positivierte Grundsatz des rechtlichen Gehörs ist Folge der Subjektstellung des an einem gerichtlichen Verfahren Beteiligten und Voraussetzung für eine richtige und gerechte Entscheidung[341]. Der Grundsatz gilt für alle Gerichtszweige. Freilich kommt ihm im Strafverfahren als dem Verfahren, das am tiefsten in die Freiheit des einzelnen eingreift, besondere Bedeutung zu. Die Würde des Beschuldigten verbietet es, ihn als bloßes Objekt des Verfahrens zu betrachten. Die Strafverfolgungsorgane dürfen nicht einseitig über seinen Kopf hinweg urteilen oder ihn gar – wie im Inquisitionsprozeß[342] – zum bloßen Beweis*mittel* herabwürdigen. Insofern ist die Bezeichnung des rechtlichen Gehörs als "prozessuales Urrecht des Menschen"[343] nicht übertrieben.

Der Beschuldigte muß zunächst rechtzeitig von den Strafverfolgungsorganen darüber informiert werden, daß gegen ihn ein Strafverfahren betrieben wird. Er ist immer anzuhören und muß sich jederzeit in jeder geeignet erscheinenden Weise verteidigen und Entlastendes zu Gehör bringen können[344]. Auch Anwesenheitsrechte des Beschuldigten stellen das rechtliche Gehör sicher[345]. Der mutmaßliche Täter ist im Strafverfahren als Person zu achten und daher mit seinen Einwänden und Ausführungen zu hören. Er muß Gelegenheit erhalten, sich vor Erlaß einer Entscheidung zu dem ihr zugrunde liegenden Sachverhalt und zur Rechtslage[346] zu äußern und damit gehört zu werden[347]. Seine Meinung ist

340 Zum Grundsatz des rechtlichen Gehörs s. *C. Roxin*, Strafverfahrensrecht, § 18 Rdnr. 3 ff., § 42 Rdnr. 1; *Eb. Schmidt*, Lehrkommentar zur StPO und zum GVG, Nr. 334 ff.; *J. Baumann*, Grundbegriffe, S. 79 ff.; *W. Beulke*, Strafprozeßrecht, Rdnr. 30; KK-*Pfeiffer*, Einl. Rdnr. 26 f.; *G. Fezer*, Strafprozeßrecht, 10/Rdnr. 49 ff.; *M. Wolf*, Gerichtsverfassungsrecht aller Verfahrenszweige, S. 270 ff., jeweils m.w.N.

341 *M. Kahlo*, KritV 1997, S. 202; *M. Wolf*, Gerichtsverfassungsrecht aller Verfahrenszweige, S. 271, 275.

342 Zum Inquisitionsprozeß s. *Eb. Schmidt*, Einführung in die Geschichte der deutschen Strafrechtspflege, §§ 108, 109; *H. Rüping*, Grundriß der Strafrechtsgeschichte, Rdnr. 132 ff., Rdnr. 163 ff.; *A. Vassalli*, Rechtsphilosophische Betrachtungen über das Strafverfahren, S. 136 f., 146 f.

343 BVerfGE 55, S. 1 ff. (S. 6): "[Das rechtliche Gehör] verwehrt, daß mit dem Menschen 'kurzer Prozeß' gemacht werde."

344 *H. Rüping*, JR 1974, S. 137.

345 *J. Baumann*, Grundbegriffe, S. 80.

346 Ein Ausdruck hiervon ist auch § 265 I StPO, der den Angeklagten vor Überraschungen schützen soll, KK-*Hürxthal*, Rdnr. 1 zu § 265 StPO; vgl. hierzu BGHSt 43, S. 212 ff., mit Anm. *G. Herdegen*, JZ 1998, S. 54 ff. Zur Frage, inwieweit das Gericht aus dem Grundsatz des rechtlichen Gehörs zu einem Rechtsgespräch verpflichtet ist, s. *M. Wolf*, Gerichtsverfassungsrecht aller Verfahrenszweige, S. 272; *Eb. Schmidt*, Lehrkommentar zur StPO und zum GVG, Nr. 345.

zur Kenntnis zu nehmen und in die Überlegungen des Gerichts einzubeziehen. Dieses gewinnt so eine breitere Entscheidungsgrundlage, die den Anforderungen der Gerechtigkeit und Richtigkeit besser entspricht[348]. Das Gericht hat die Pflicht, alle vorgetragenen Tatsachen auf ihre Richtigkeit und Erheblichkeit zu überprüfen und muß die Tatsachen bei festgestellter Richtigkeit in seiner Entscheidung berücksichtigen (Berücksichtigungspflicht)[349]. Der Beschuldigte kann zu diesem Zweck Anträge stellen und Ausführungen machen. Die StPO bringt den Grundsatz des rechtlichen Gehörs häufig zum Ausdruck (§§ 33, 33a, 136, 201 StPO). Für den Bereich der Hauptverhandlung (§§ 226 ff. StPO) ist auf § 230 StPO (Anwesenheitspflicht des Angeklagten), § 243 IV StPO (Hinweis auf die Aussagefreiheit), § 257 StPO (Befragung des Angeklagten, des Staatsanwalts und des Verteidigers) und § 258 StPO (Schlußvorträge, letztes Wort des Angeklagten)[350] besonders hinzuweisen. Für andere Entscheidungen ist § 33 StPO zu beachten, der danach differenziert, ob eine Entscheidung in oder außerhalb der Hauptverhandlung ergeht. Auch die Staatsanwaltschaft als Verfahrensbeteiligte kann sich auf den Grundsatz des rechtlichen Gehörs berufen. Das Gericht darf seiner Entscheidung nur solche Tatsachen und Beweisergebnisse zugrundelegen, zu denen der Angeklagte gehört worden ist; es darf daher ihm bekannte, aber dem Beschuldigten verschlossene Sachverhalte nicht zu dessen Nachteil verwerten. Das gilt auch für wesentliche Schriftstücke[351]. Notwendige Folge des Grundsatzes des rechtlichen Gehörs ist die Begründungspflicht für gerichtliche Entscheidungen. Ohne sie wäre nicht zu überprüfen, ob das Vorbringen des Angeklagten auch tatsächlich in der Urteilsfindung berücksichtigt worden ist. Im Gegensatz zum Grundsatz der Öffentlichkeit, der der Allgemeinheit eine Rechtsstellung einräumt, gilt der Grundsatz des rechtlichen Gehörs nur für den von einer gerichtlichen Entscheidung Betroffenen[352].

---

347 KK-*Pfeiffer*, Einl. Rdnr. 26.

348 *M. Wolf*, Gerichtsverfassungsrecht aller Verfahrenszweige, S. 271.

349 *M. Wolf*, Gerichtsverfassungsrecht aller Verfahrenszweige, S. 271.

350 Bereits der Sprachgebrauch in §§ 258 II 2. HS, 326 S. 2, 351 II S. 2 StPO zeigt, wie hoch das rechtliche Gehör angesiedelt ist: "Dem Angeklagten *gebührt* das letzte Wort." Es ist keine lästige Pflicht, ihn anzuhören. Von ihm soll der letzte Eindruck auf das Gericht ausgehen, *J. Baumann*, Grundbegriffe, S. 60, 80.

351 *M. Wolf*, Gerichsverfassungsrecht aller Verfahrenszweige, S. 271.

352 *M. Wolf*, Gerichsverfassungsrecht aller Verfahrenszweige, S. 276.

c) *Beschleunigungsgrundsatz, Konzentrationsprinzip*[353]

Der Beschleunigungsgrundsatz fordert, daß der Beschuldigte innerhalb möglichst kurzer Frist Klarheit über den Tatvorwurf erhält. Ausgeprägt ist der Grundsatz in Art. 5 III S. 2, Art. 6 I S. 1 EMRK. In das Grundgesetz wird er in Art. 20 III GG (Rechtsstaatsprinzip) hineingelesen. Einfachgesetzlicher Ausdruck des Beschleunigungsgrundsatzes sind die §§ 115, 121 f., 128 f., 163 II S. 1 StPO. Der Beschleunigungsgrundsatz, der für das gesamte Erkenntnisverfahren gilt[354], ergibt sich aus dem Ziel des Strafverfahrens: Der Ermittlung der materiellen Wahrheit. Je unmittelbarer und zügiger das Verfahren nach der mutmaßlichen Tat durchgeführt wird, desto eher wird sein Zweck erreicht: Beweismittel sind präsent, Erinnerungsbilder der Zeugen weder abgeschwächt noch verfälscht[355]. Aus dem neben der Überführung des Straftäters stehenden Ziel des Strafverfahrens, Unschuldige möglichst rasch aus dem Verfahren zu entlassen, folgt, daß der Beschleunigungsgrundsatz in erster Linie dem Schutz des (unschuldigen) Beschuldigten dient. Wegen des tiefen Eingriffs in die Freiheit der Person muß – vor allem in Haftsachen – jede Möglichkeit einer schnellen Durchführung des Verfahrens genutzt werden.

In der Hauptverhandlung erfährt der Beschleunigungsgrundsatz eine spezielle Ausprägung im Konzentrationsprinzip. Nach ihm soll die Hauptverhandlung möglichst in einem Zug durchgeführt werden. Das Konzentrationsprinzip hat zum einen eine wahrheitssichernde Funktion, da das Gericht durch die straffe Verfahrensdurchführung einen möglichst frischen und unvermittelten Eindruck von den urteilsrelevanten Faktoren erhalten und bis zur Verkündung des Urteils behalten soll. Das Konzentrationsprinzip hat zum anderen eine schützende Funktion für den Beschuldigten. Er soll nicht länger der freiheitseinschränkenden und seine Reputation schädigenden öffentlichen Hauptverhandlung ausgesetzt sein als zur Wahrheitsfindung unbedingt erforderlich ist.

---

353 Zum Beschleunigungsgrundsatz s. *C. Roxin*, Strafverfahrensrecht, § 16 Rdnr. 3 ff.; *W. Beulke*, Strafprozeßrecht, Rdnr. 26; KK-*Pfeiffer*, Einl. Rdnr. 11 ff.; HK-*Krehl*, Einl. Rdnr. 16, je m.w.N. Zum Konzentrationsprinzip s. *C. Roxin*, a.a.O., § 42 Rdnr. 6; *J. Baumann*, Grundbegriffe, S. 72 ff.; *W. Beulke*, a.a.O., Rdnr. 26 a. E.; KK-*Pfeiffer*, Einl. Rdnr. 10; HK-*Krehl*, a.a.O.; LR-*Gollwitzer*, Rdnr. 20 vor § 213 StPO.

354 KK-*Pfeiffer*, Einl. Rdnr. 11.

355 KK-*Pfeiffer*, Einl. Rdnr. 11.

3. Beweisgrundsätze

Unter der Rubrik "Beweisgrundsätze" ist zunächst auf den Ermittlungsgrundsatz als Grundlage der Beweisgewinnung Bezug zu nehmen[356]. Daneben sind der Grundsatz der Unmittelbarkeit der Beweiserhebung, der Grundsatz der freien richterlichen Beweiswürdigung, der Grundsatz *In dubio pro reo* sowie das Prinzip *Nemo tenetur se ipsum prodere* und das Verbot unzulässiger Vernehmungsmethoden darzustellen.

a) Grundsatz der Unmittelbarkeit[357]

Nach dem Grundsatz der Unmittelbarkeit, der eng mit dem Mündlichkeitsprinzip[358] verknüpft ist, soll sich der Richter sein Urteil allein aufgrund seines persönlichen Eindrucks von dem Angeklagten und den Beweismitteln in der Hauptverhandlung bilden. Der Grundsatz der Unmittelbarkeit findet seine gesetzliche Ausprägung in den §§ 226, 250, 261 StPO. In einem formellen Sinne[359] bedeutet Unmittelbarkeit, daß das den Prozeß entscheidende Gericht die Beweiserhebung selbst durchführen muß. Es darf sie nicht anderen Personen, etwa einem ersuchten oder beauftragten Richter, überlassen[360]. Nach dem Grundsatz der materiellen Unmittelbarkeit[361] muß das Gericht die Tatsachen, die der Entscheidung zugrunde liegen, der Beweisquelle unmittelbar entnehmen, also den Angeklagten und die Zeugen persönlich vernehmen. Es hat das jeweils tatnächste Beweismittel heranzuziehen. Die Verlesung eines über eine frühere Vernehmung aufgenommenen Protokolls ist daher wegen des Verbots des Beweissurrogats

---

356 S. o., 2. a), S. 91 f.

357 Zum Grundsatz der Unmittelbarkeit s. *C. Roxin*, Strafverfahrensrecht, § 15 Rdnr. 10, § 44; *Eb. Schmidt*, Lehrkommentar zur StPO und zum GVG, Nr. 444 ff.; *J. Baumann*, Grundbegriffe, S. 63 ff.; *W. Beulke*, Strafprozeßrecht, Rdnr. 24; KK-*Pfeiffer*, Einl. Rdnr. 9; HK-*Krehl*, Einl. Rdnr. 27, jeweils m.w.N.

358 *G. Fezer*, Strafprozeßrecht, 14/Rdnr. 3; s. auch u., 4. b), S. 104 f. Zu beiden Grundsätzen s. *Eb. Schmidt*, Lehrkommentar zur StPO und zum GVG, Nr. 425 ff., mit dem Hinweis, daß erst die Unmittelbarkeit und die Mündlichkeit des Strafverfahrens eine Laienbeteiligung ermöglichten, da den Laienrichtern der Akteninhalt unbekannt ist; zu Berufs- und Laienrichtern s. a.a.O., Nr. 561 ff.

359 *G. Fezer*, Strafprozeßrecht, 14/Rdnr. 1 f.; *Eb. Schmidt*, Lehrkommentar zur StPO und zum GVG, Nr. 444, 446.

360 Zur Ausnahme der kommissarischen Beweisaufnahme gemäß §§ 223 ff. StPO s. *G. Fezer*, Strafprozeßrecht, 14/Rdnr. 5 ff.; *C. Roxin*, Strafverfahrensrecht, § 41 Rdnr. 10.

361 *G. Fezer*, Strafprozeßrecht, 14/Rdnr. 15 ff.; *Eb. Schmidt*, Lehrkommentar zur StPO und zum GVG, Nr. 445, 447.

grundsätzlich unstatthaft[362]. Nach dem Grundsatz der Unmittelbarkeit und auch nach dem Mündlichkeitsprinzip, das seinen gesetzlichen Ausdruck in den §§ 261, 264 I StPO gefunden hat, ist der Inhalt der Ermittlungsakten als Urteilsgrundlage ausgeschlossen, da er nicht in der Hauptverhandlung gesammelt wurde. Personen, die als Beweisquelle dienen, müssen vom Gericht selbst vernommen werden[363]. Auch sonstige Erkenntnisquellen außerhalb der Hauptverhandlung dürfen nicht die Urteilsgrundlage bilden. So darf der Richter nicht einfach sein privates Wissen bei der Urteilsfindung verwerten[364]. Das Gericht darf sich nicht noch während der Beratung neue Erkenntnisse verschaffen, etwa durch telefonische Nachfrage bei einem Sachverständigen zu einzelnen Punkten seines Gutachtens[365]. Schließlich muß der Richter in der Lage sein, der Hauptverhandlung in vollem Umfang zu folgen, ansonsten kann er seine Überzeugung nicht aus dem Inbegriff der Verhandlung im Sinne des § 261 StPO schöpfen. Eine konstitutionelle oder auch nur vorübergehende Beeinträchtigung der Apperzeptionsfähigkeit des Richters verstößt daher gegen die Grundsätze der Unmittelbarkeit und Mündlichkeit[366].

b) Grundsatz der freien richterlichen Beweiswürdigung[367]

Im Gegensatz zu einer Prozeßordnung, die mit formellen Beweisregeln arbeitet[368], folgt die StPO in § 261 dem Grundsatz der freien richterlichen Beweiswürdigung[369]. Danach muß der Richter einen bestimmten Sachverhalt als Ergebnis der Beweisaufnahme für wahr halten. Vernünftige Zweifel an einer für den Schuldspruch maßgeblichen Frage schließen eine Verurteilung aus[370]. Der

---

362 *G. Fezer*, Strafprozeßrecht, 14/Rdnr. 17; *C. Roxin*, Strafverfahrensrecht, § 44 Rdnr. 2; zu den Ausnahmen s. *G. Fezer*, a.a.O., 14/Rdnr. 21 ff.

363 Zur Ausnahme der Protokollverlesung über Zeugenvernehmungen und andere schriftliche Äußerungen von Zeugen s. *C. Roxin*, Strafverfahrensrecht, § 44 Rdnr. 5 ff.; *G. Fezer*, Strafprozeßrecht, 14/Rdnr. 21 ff.; als weitere Ausnahme ist § 255a StPO zu nennen. Zur V-Mann-Problematik und zur Zulässigkeit des Zeugen vom Hörensagen s. *C. Roxin*, a.a.O., § 44 Rdnr. 27 ff.; *G. Fezer*, a.a.O., 14/Rdnr. 28 ff., 48 ff.

364 *C. Roxin*, Strafverfahrensrecht, § 44 Rdnr. 19 m.w.N.

365 *C. Roxin*, Strafverfahrensrecht, § 44 Rdnr. 20 m.w.N.

366 *C. Roxin*, Strafverfahrensrecht, § 44 Rdnr. 30 ff. m.w.N.

367 Zum Grundsatz der freien richterlichen Beweiswürdigung s. *C. Roxin*, Strafverfahrensrecht, § 15 Rdnr. 11 ff.; *J. Baumann*, Grundbegriffe, S. 82 ff.; *W. Beulke*, Strafprozeßrecht, Rdnr. 22; KK-*Pfeiffer*, Einl. Rdnr. 14 ff.; HK-*Krehl*, Einl. Rdnr. 28, je m.w.N.

368 KK-*Pfeiffer*, Einl. Rdnr. 14.

369 Zur geschichtlichen Entwicklung s. *K. Peters*, Strafprozeß, S. 298 f.

370 *C. Roxin*, Strafverfahrensrecht, § 15 Rdnr. 31 ff.

Richter muß sich mit den in der Beweisaufnahme zusammengetragenen Tatsachen erschöpfend auseinandersetzen. Das Wort "frei" in § 261 StPO bedeutet frei von gesetzlichen Beweisregeln[371]. Gemeint ist aber nicht die Freiheit von Sachgebundenheit und rechtsstaatlicher Absicherung[372].

Eine zumindest sehr hohe objektive Wahrscheinlichkeit der Sachverhaltsannahme muß mit subjektiver richterlicher Überzeugung verbunden sein[373]. Die Beweiswürdigung ist kein willkürlicher, sondern ein rechtlich bestimmter, rational ablaufender Vorgang. Er ruht auf einem objektiven Fundament und wird subjektiv überhöht[374]. Eine rechtsstaatliche Beweiswürdigung erfordert, daß der Beweis objektiv abgesichert und der rein subjektiven Wertung des Richters entzogen ist. So werden die Gleichartigkeit der Beweiswürdigung und die Auswechselbarkeit der Richter sichergestellt[375]. Objektivität der Beweiswürdigung meint, daß sie auf der Allgemeingültigkeit von Erkentnissen und Regeln aufbaut. Das subjektive Element liegt einerseits darin, daß der Richter Erkenntnisse verwertet, die nur er besitzen kann, nämlich den Eindruck von der Tat, "wie sie sich nach dem Ergebnis der Verhandlung darstellt" (§ 264 I StPO). Daneben bedeutet Subjektivität der Beweiswürdigung, daß der Richter auch seine persönlichen Erfahrungen und Wertungen zur Anwendung bringt. Die objektive Komponente der Beweiswürdigung ist gegenüber der subjektiven vorrangig. Andernfalls würde der Grundsatz *In dubio pro reo*[376] unterlaufen[377]. Wenn nämlich der Richter auch bei nur geringer Wahrscheinlichkeit des Tatsachennachweises in nicht überprüfbarer Weise überzeugt sein darf, büßt der Satz seine schützende Wirkung ein.

c) In dubio pro reo[378]

Nach dem Grundsatz *In dubio pro reo*, der seinen gesetzlichen Ausdruck in den §§ 152 I, 160, 244 II, 261, 359 Nr. 5, 362 Nr. 4 StPO findet, muß der Richter bei in tatsächlicher Hinsicht zweifelhaften Fällen den für den Angeklagten günstige-

---

371 Zur Bindung an zivilrechtliche Vorentscheidungen (§ 262 StPO) s. *J. Baumann*, Grundbegriffe, S. 84; HK-*Krehl*, Einl. Rdnr. 28.

372 *J. Baumann*, Grundbegriffe, S. 83; *K. Peters*, Strafprozeß, S. 300.

373 *J. Baumann*, Grundbegriffe, S. 83.

374 *K. Peters*, Strafprozeß, S. 298, 644.

375 *K. Peters*, Strafprozeß, S. 644.

376 S. sogleich u., c).

377 *C. Roxin*, Strafverfahrensrecht, § 15 Rdnr. 15.

378 Zum Grundsatz *In dubio pro reo* s. *C. Roxin*, Strafverfahrensrecht, § 15 Rdnr. 31 ff.; *Eb. Schmidt*, Lehrkommentar zur StPO und zum GVG, Nr. 371, 376; *W. Beulke*, Strafprozeßrecht, Rdnr. 25; KK-*Pfeiffer*, Einl. Rdnr. 19 f.; HK-*Krehl*, Einl. Rdnr. 28, jeweils m.w.N.

ren Sachverhalt feststellen[379]. Keine Person darf aufgrund einer zweifelhaften Überführung in ihrer Freiheit eingeschränkt werden. Die Verletzung der Freiheit und des Eigentums durch Strafe darf nicht auf einem Zweifel, sondern muß auf einer objektiv nachprüfbaren Überzeugung beruhen. Das Gericht muß in tatsächlicher Hinsicht die Überzeugung erlangt haben, daß der staatliche Strafanspruch besteht.

Es handelt sich bei diesem Grundsatz nicht um eine Beweisregel, sondern um einen Rechtssatz[380]. Ein Zweifel im Sinne des *In dubio pro reo*-Grundsatzes kann sich nur auf die Sachverhaltsfeststellung beziehen, wobei die zu treffende Entscheidung einen eindeutigen Sachverhalt erfordern muß. Der Grundsatz gilt sowohl für materiell-rechtliche Voraussetzungen der Schuld- und Straffrage[381] als auch für den Nachweis prozessualer Voraussetzungen der Strafverfolgung sowie sonstiger verfahrensrechtlicher Tatsachen[382]. Eine Verurteilung des Angeklagten setzt voraus, daß seine Schuld erwiesen ist. Aus diesem Grunde muß das Gericht zu der Überzeugung gelangen, daß der Angeklagte rechtswidrig und schuldhaft gehandelt hat. Zweifel hinsichtlich der Rechtsanwendung sind dagegen durch rechtliche Überlegungen, etwa durch Auslegung, zu beseitigen[383].

Der Grundsatz *In dubio pro reo* erweist sich als Konsequenz des Prinzips der materiellen Wahrheit im Strafprozeßrecht und als Ausfluß des allgemeinen Grundsatzes, im Zweifel stets für die Freiheit – *In dubio pro libertate* – zu entscheiden[384].

---

379 *K. Peters*, Strafprozeß, S. 287.

380 KK-*Pfeiffer*, Einl. Rdnr. 19.

381 BGHSt 18, S. 274 ff. (S. 277); 22, S. 90 ff. (S. 93); KK-*Pfeiffer*, Einl. Rdnr. 19; *K. Peters*, Strafprozeß, S. 289.

382 Wegen der funktionalen Äquivalenz einzelner Institute und der damit einhergehenden Ununterscheidbarkeit von materiellem Recht und Verfahrensrecht sollte dies eine Selbstverständlichkeit sein; s. auch KK-*Pfeiffer*, Einl. Rdnr. 19; *H. C. Maier*, Die Garantiefunktion des Gesetzes im Strafprozeß, S. 50 ff. (S. 53), sowie u., 5. b), S. 109 ff. BGHSt 18, S. 274 ff. (S. 277), verlangt "eine den besonderen Umständen der Einzelfrage zugemessene Entscheidung".

383 KK-*Pfeiffer*, Einl. Rdnr. 19; *K. Peters*, Strafprozeß, S. 290 f.

384 *M. Kahlo*, KritV 1997, S. 202.

d) Nemo tenetur se ipsum prodere[385], *Verbot unzulässiger Vernehmungsmethoden*[386]

Der Beschuldigte braucht im Strafverfahren nichts zu seiner eigenen Überführung beizutragen. Die Strafverfolgungsorgane dürfen ihn nicht durch Zwang, Drohung, List oder Täuschung zu einer Aussage bewegen. Diese Grundsätze, die u. a. in den §§ 136 I S. 2, 136a StPO ihren einfachgesetzlichen Ausdruck finden[387], sind notwendige Folge der Subjektstellung des Beschuldigten[388] und der staatlichen Organisation des Strafverfahrens.

Daß der Beschuldigte nichts zu seiner eigenen Überführung beitragen muß (*Nemo tenetur se ipsum prodere*), ist Ausfluß der Orientierung des Strafverfahrens an den Prinzipien der Staatsbegründung[389]. Diese Orientierung verlangt, daß der in ein Strafverfahren Gezogene in seiner Freiheit, Gleichheit und Selbständigkeit geachtet wird. Dies macht seine Prozeßsubjektivität aus. Von dem Beschuldigten eine gegen sich selbst gerichtete wahre Aussage zu verlangen, bedeutete, ihn als Mittel zum Zweck der Wahrheitsfindung zu gebrauchen[390]. Jeder Versuch, den Beschuldigten in den objektiven Erkenntnisprozeß des Strafverfahrens einzuspannen, widerstreitet der Anerkennung seiner Autonomie im rechtlichen Sinne[391]. Der Beschuldigte muß sich frei verteidigen können, wozu eben auch gehört, daß er nichts zur Beschuldigung vorbringt. Ihm eine Pflicht zur wahren Aussage aufzuerlegen, heißt, eine rechtliche Pflicht mit einer moralischen zu verwechseln[392]. Die Vermutung streitet stets dafür, daß der Beschuldig-

---

385 Zum *Nemo tenetur*-Prinzip s. *G. Fezer*, Strafprozeßrecht, 3/Rdnr. 8 ff.; *W. Beulke*, Strafprozeßrecht, Rdnr. 125; *St. Kirsch*, Freiheit von Selbstbezichtigungszwang?, S. 229 ff. (S. 233 ff.); KK-*Pfeiffer*, Einl. Rdnr. 89; einschränkend *T. Verrel*, NStZ 1997, S. 361 ff., 415 ff., jeweils m.w.N.

386 Zum Verbot unzulässiger Vernehmungsmethoden s. *C. Roxin*, Strafverfahrensrecht, § 25 Rdnr. 14 ff.; *W. Beulke*, Strafprozeßrecht, Rdnr. 130 ff.; KK-*Boujong*, Rdnr. 1 zu § 136a StPO; *K. Peters*, Strafprozeß, S. 333 ff.

387 Zu den Rechtsgrundlagen des *Nemo tenetur*-Grundsatzes aus positiv-rechtlichen Normen vgl. *K. Rogall*, Der Beschuldigte als Beweismittel gegen sich selbst, S. 104 ff.

388 *M. Kahlo*, KritV 1997, S. 205; *M. Köhler*, Strafrecht – Allgemeiner Teil, S. 311.

389 S. o., A. I. 1., S. 36 ff.; daher handelt es sich nicht bloß um eine Entscheidung des Bundesverfassungsgerichts, den Grundsatz mit Verfassungsrang auszustatten, wie *Th. Weigend*, JZ 1990, S. 778, annimmt.

390 Die Parallele zu *I. Kants* praktischem Imperativ, GMdS, S. 61, liegt auf der Hand: "Handle so, daß du die Menschheit, sowohl in deiner Person, als in der Person eines jeden andern, jederzeit zugleich als Zweck, niemals bloß als Mittel brauchest."

391 *H. Rüping*, JR 1974, S. 139.

392 *H. Rüping*, JR 1974, S. 136, der unter Bezugnahme auf historische Quellen von einem Verweis in den Bereich der Sittlichkeit spricht.

te unschuldig ist[393]. Nicht der Beschuldigte muß den Nachweis seiner Unschuld erbringen, sondern der strafende Staat den Nachweis der Begehung einer rechtswidrigen, schuldhaften Tat. Wenn sich die Freiheit des Beschuldigten auch im Strafverfahren verwirklichen soll, muß es ihm einerseits freistehen, sich gar nicht zu verteidigen (sich passiv zu verhalten), andererseits muß er von Selbstbezichtigungszwang frei sein (nicht aktiv zu seiner Überführung beitragen). Ist Art. 2 I GG die verfassungsrechtliche Artikulation des Freiheitsrechts als einziges, dem Menschen kraft seiner Menschheit zustehendes Recht[394], so umfaßt dieses Grundrecht auch das Selbstbestimmungsrecht des Beschuldigten[395]. Nähere Ausprägungen dieses Prinzips sind die §§ 115 III S. 1, 136 I S. 2, 163a IV S. 2, 243 IV S. 1 StPO.

Noch deutlicher offenbart sich der Zusammenhang zwischen den Bedingungen der Staatsbegründung und den strafprozessualen Grundsätzen beim Verbot unzulässiger Vernehmungsmethoden. Muß der Angeklagte schon nicht gegen sich selbst aussagen, so widerspricht es noch stärker seiner Stellung als Prozeßsubjekt, wenn ihm eine Aussage durch Zwang, Drohung, List oder Täuschung abgepreßt oder abgerungen wird. Hier wird die Person nicht nur in ihrer Autonomie nicht geachtet, sondern es wird physisch oder psychisch in ihre Integrität und Freiheit eingegriffen. Kein übergreifender Zweck, kein staatliches Interesse vermag einen derartigen Eingriff in die Freiheit des Beschuldigten zu rechtfertigen. Wegen der Prozeßsubjektivität des Beschuldigten darf es keine Wahrheitserforschung um jeden Preis geben[396]. Das Folterverbot im Strafprozeß ist unverfügbar[397]. Ausprägungen des Grundsatzes finden sich in Art. 104 I S. 2 GG, Art. 3 EMRK[398] und § 136a I StPO[399]. Konsequent bestimmt § 136a III S. 2 StPO als

---

393 Zur kategorischen Geltung der Unschuldsvermutung s. *M. Kahlo*, KritV 1997, S. 201 f.

394 *I. Kant*, MdS-RL, S. 345: "*Freiheit* (Unabhängigkeit von eines anderen nötigender Willkür), sofern sie mit jedes anderen Freiheit nach einem allgemeinen Gesetz zusammen bestehen kann, ist dieses einzige, ursprüngliche, jedem Menschen, kraft seiner Menschheit, zustehende Recht." (Hervorhebung im Original).

395 *K. Rogall*, Der Beschuldigte als Beweismittel gegen sich selbst, S. 129 ff.; *H. Rüping*, JR 1974, S. 137.

396 *M. Kahlo*, KritV 1997, S. 205; ohne explizite Erwähnung der Prozeßsubjektivität: BGHSt 14, S. 358 ff. (S. 365); nach BGHSt 25, S. 325 ff. (S. 330), und BGHSt 38, S. 214 ff. (S. 221) ist die Anerkennung des Schweigerechts notwendiger Bestandteil des fairen Verfahrens; zum *Fair trial*-Grundsatz s. u., III. 2. c), S. 125 ff.

397 Ebenso wie die Aussagefreiheit: *W. Hassemer*, Unverfügbares im Strafprozeß, S. 202 f.; anderer Auffassung: *W. Brugger*, Der Staat 1996, S. 67 ff., insbesondere S. 86 ff., unter Inanspruchnahme der *Kantischen* Rechtslehre.

398 Gegen die Unverfügbarkeit und für eine Abwägung in extremen Ausnahmesituationen: *W. Brugger*, Der Staat 1996, S. 67 ff. (S. 74 ff.).

gesetzlicher Ausdruck des Prinzips ein Beweisverwertungsverbot, wenn Aussagen unter Verletzung des Beweisgewinnungsverbots des § 136a I und II erlangt wurden. Selbst wenn der Beschuldigte der Verwertung derart gewonnener Beweise zustimmt, sind seine Aussagen nicht verwertbar (§ 136a III S. 2 StPO). Der Verstoß gegen seine Prozeßsubjektivität ist so gravierend, daß auch eine Einwilligung des Betroffenen nichts an der Unverwertbarkeit der Aussage ändert. Der Satz *Volenti non fit iniuria* entfaltet trotz der Einwilligung keine Wirkung.

4. Grundsätze der Form

Innerhalb der Grundsätze der Form sind das Mündlichkeitsprinzip sowie der Grundsatz der Öffentlichkeit zu erörtern. Diese Prinzipien sind nicht etwa leere Förmelei, sondern stellen sicher, daß die Rechtsprechung als allgemeine Angelegenheit von einer interessierten Öffentlichkeit wahrgenommen werden kann. Sie dienen damit auch dem Schutz des Angeklagten.

a) Grundsatz der Öffentlichkeit[400]

Der Öffentlichkeitsgrundsatz, kodifiziert in § 169 GVG, geht auf das reformierte (Straf-)Verfahren des 19. Jahrhunderts zurück und zählt zu den grundlegenden Einrichtungen des Rechtsstaats[401]. Wie hoch sein Stellenwert ist, ergibt sich auch aus der Tatsache, daß seine Verletzung gemäß § 338 Nr. 6 StPO einen absoluten Revisionsgrund darstellt. Der Öffentlichkeitsgrundsatz hat eine dreifache Funktion, die in seinem Täter-, Opfer- und Gesellschaftsbezug begründet ist[402]:

Hinsichtlich des *Täters* soll der Öffentlichkeitsgrundsatz zum einen die Durchführung eines justizförmigen Verfahrens garantieren, das Verantwortungsbewußtsein der Rechtspflegeorgane schärfen und der Gefahr vorbeugen, daß sachfremde Überlegungen das richterliche Urteil beeinflussen. Der einzelne Bürger soll beobachten können, ob das Recht gewahrt wird[403]. Dies ist gerade im Strafver-

---

399 *U. Neumann*, ZStW 101 (1989), S. 62, spricht davon, daß mittels § 136a StPO externe, verfassungsrechtliche und strafrechtliche Grenzen strafprozessualer Ermittlungstätigkeit explizit als Verfahrensnormen anerkannt werden.

400 Zum Öffentlichkeitsgrundsatz s. *C. Roxin*, Strafverfahrensrecht, § 45; *Eb. Schmidt*, Lehrkommentar zur StPO und zum GVG, Nr. 401 ff.; *J. Baumann*, Grundbegriffe, S. 75 ff.; *W. Beulke*, Strafprozeßrecht, Rdnr. 27; KK-*Pfeiffer*, Einl. Rdnr. 21; HK-*Krehl*, Einl. Rdnr. 27, je m.w.N.

401 BGHSt 2, S. 56 ff. (S. 57); 9, S. 280 ff. (S. 281); 22, S. 297 ff. (S. 301).

402 Im einzelnen *W. Kargl/St. Sinner*, Jura 1998, S. 231 ff. (S. 232 ff.).

403 BGHSt 2, S. 56 ff. (S. 57).

fahren als demjenigen staatlichen Verfahren, welches am tiefsten in die Freiheit des einzelnen eingreift, von besonderer Wichtigkeit. Zum anderen soll der Grundsatz aber auch gewährleisten, daß der Täter seine Sicht der Dinge darstellen kann, um sich sowie seine Handlung begreiflich zu machen und zu Gehör zu bringen. Der Grundsatz verschafft auch dem *Opfer* öffentliches Gehör. Die damit verbundene öffentliche Genugtuung vermeidet die Gefahr der endlosen Gewaltspirale, die in privater Rache angelegt ist. Schließlich, und das betrifft den *Gesellschaftsbezug*, vollzieht sich die vergeltende Reaktion auf die Straftat auf der öffentlichen Bühne. "Öffentlich" heißt daher: Für jedermann zugänglich[404]. Die staatliche Reaktion auf Freiheitsverletzungen manifestiert sich im Öffentlichen und trägt so dazu bei, das Vertrauen der Allgemeinheit in die Unabhängigkeit der Rechtsprechung zu festigen[405]. Die Öffentlichkeit dient der Vergewisserung der Allgemeinheit, daß der Staat die Strafverfolgung nach dem Offizialprinzip und dem Legalitätsprinzip ernst nimmt. Die Möglichkeit des von der Straftat nicht unmittelbar verletzten, aber doch betroffenen Bürgers, Rechtsprechung als öffentliche Aufgabe wahrnehmen und kritisch begleiten zu können, bewahrt vor dem Rückfall in den Naturzustand gewaltsamer Machtbekundung des Opfers und der sich mit ihm solidarisierenden Allgemeinheit gegenüber der Machtanmaßung durch den Täter.

Der Grundsatz der Öffentlichkeit gilt nur für die Hauptverhandlung, jedoch nicht für das an Effektivitätsüberlegungen orientierte Ermittlungs- und das Zwischenverfahren[406]. § 169 S. 1 GVG garantiert auch die mittelbare Öffentlichkeit, d. h. die Information der nicht im Gerichtssaal anwesenden Öffentlichkeit durch schriftliche oder mündliche Verhandlungsberichte. Ton-, Fernseh- und Rundfunkaufnahmen zum Zwecke der öffentlichen Vorführung oder Veröffentlichung ihres Inhalts sind dagegen während der Verhandlung einschließlich der Urteilsverkündung untersagt (§ 169 S. 2 GVG). Hinsichtlich der Unberührtheit des Richterspruchs von sachfremden Erwägungen kann sich das Öffentlichkeitsprinzip nämlich als zweischneidiges Schwert erweisen. Nicht nur durch gesetzeswidrige Einschränkungen, sondern auch durch unzulässige Erweiterungen kön-

---

404 *J. Baumann*, Grundbegriffe, S. 76.

405 BGHSt 3, S. 386 ff. (S. 387 f.); 9, S. 280 ff. (S. 282); zur richterlichen Unabhängigkeit s. o., 1. d) bb), S. 89 f.

406 *C. Roxin*, Strafverfahrensrecht, § 37 Rdnr. 23, § 45 Rdnr. 1. Zur Begründung: BGHSt 3, S. 386 ff. (S. 389 ff.). Nach *J. Baumann*, Grundbegriffe, S. 76, ist eine öffentliche Kontrolle der Hauptverhandlung ausreichend, da nur das in ihr Verhandelte dem Urteil zugrunde gelegt werden darf. Eine solche Argumentation wird jedoch dann zweifelhaft, wenn das Hauptverfahren neben der verstärkt präventiven Ausrichtung des Ermittlungsverfahrens mehr und mehr zu einer strafprozessualen Nebenmenge verkommt; vgl. *W. Naucke*, KritV 1993, S. 145. Zur Problematik der Einstellung nach § 153a I StPO s. *W. Kargl/St. Sinner*, Jura 1998, S. 231 ff.

nen ihm Gefahren drohen. Die Massenöffentlichkeit eines Rundfunk- und Fernsehpublikums kann das Verhalten von Angeklagten und Zeugen beeinflussen und das Gericht zum Spielball öffentlicher Erwartungen, Vorurteile und Vorverurteilungen werden lassen[407]. Vor diesem Hintergrund erscheint die gesetzliche Wertung des § 169 S. 1 GVG, der die unmittelbare Öffentlichkeit der Gerichtssäle gewährleistet, der Intention einer öffentlichen Kontrolle der Rechtsprechung am angemessensten[408]. Auch innerhalb der Öffentlichkeit der Gerichtssäle kann die Notwendigkeit einer öffentlichen Kontrolle der Rechtsprechung als Recht der Allgemeinheit mit dem Recht des Angeklagten, des Opfers und des Zeugen oder überindividuellen Interessen in Kollision geraten. §§ 170 ff. GVG sind die gesetzlichen Vorgaben zur Lösung dieser Kollision[409].

b) Mündlichkeitsprinzip[410]

Das Mündlichkeitsprinzip ist eng mit dem Grundsatz der Öffentlichkeit und Unmittelbarkeit verknüpft[411]. Es besagt, daß nur der mündlich vorgetragene und erörterte Prozeßstoff dem Urteil zugrunde gelegt werden darf. Dem geheimen, schriftlichen Inquisitionsprozeß wird das nachvollziehbare, offene Strafverfahren entgegengesetzt. Das Prinzip findet seinen gesetzlichen Ausdruck in den §§ 250, 261, 264 StPO, 169 GVG. Der Prozeßstoff muß in irgendeiner Weise mündlich in die Verhandlung eingeführt, zur Kenntnis gebracht und zur Diskussion gestellt werden. So müssen Urkunden grundsätzlich verlesen werden (§ 249 I StPO). Alle Verfahrensbeteiligten sollen wissen, was Gegenstand des Urteils sein wird, um ihre Anträge und Vorträge darauf einstellen zu können. Hierdurch soll das Verfahren gerade auch für den Angeklagten nachvollziehbarer sein. Der Zuhörer kann der Hauptverhandlung nur auf diese Weise in vollem Umfang folgen, so daß die Öffentlichkeit der Hauptverhandlung in besonderem Maße durch die Mündlichkeit sichergestellt wird. Das gesprochene Wort kann der Öffentlichkeit wesentlich leichter zugänglich gemacht werden, als dies etwa bei Schriftstücken der Fall ist. Würden diese öffentlich gemacht, so wäre die Hem-

---

407 *C. Roxin*, Strafverfahrensrecht, § 45 Rdnr. 2; *A. Eser*, ZStW 104 (1992), S. 375 f.; S. 378 ff.

408 *C. Roxin*, Strafverfahrensrecht, § 45 Rdnr. 2.

409 Im einzelnen: *C. Roxin*, Strafverfahrensrecht, § 45 Rdnr. 7 ff.; KK-*Pfeiffer*, Einl. Rdnr. 22; *M. Wolf*, Gerichtsverfassungsrecht aller Verfahrenszweige, S. 247 ff.

410 Zum Mündlichkeitsprinzip s. *C. Roxin*, Strafverfahrensrecht, § 44 Rdnr. 1; *Eb. Schmidt*, Lehrkommentar zur StPO und zum GVG, Nr. 429 ff.; *J. Baumann*, Grundbegriffe, S. 59 ff.; *W. Beulke*, Strafprozeßrecht, Rdnr. 23; KK-*Pfeiffer*, Einl. Rdnr. 8; HK-*Krehl*, Einl. Rdnr. 27; *M. Wolf*, Gerichtsverfassungsrecht aller Verfahrenszweige, S. 245 ff.

411 KK-*Pfeiffer*, Einl. Rdnr. 8; *W. Bottke*, Verfahrensgerechtigkeit, S. 37.

mung des Verfahrensablaufs oder gar ein Mißbrauch der Schriftstücke zu befürchten. Für schriftliche Verfahren gilt demnach der Öffentlichkeitsgrundsatz nicht[412].

5. Bestimmtheitsgrundsatz

Es mag verwundern, den Bestimmtheitsgrundsatz aus Art. 103 II GG, der in § 1 StGB wörtlich wiederholt wird, im Rahmen einer Erörterung der Prozeßprinzipien anzutreffen. In der Tat wird auch die Anwendung des Gesetzlichkeitsprinzips und damit des Bestimmtheitsgrundsatzes auf strafprozessuale Normen weithin abgelehnt[413]. Allerdings zeigt eine nähere Betrachtung des Inhalts und der Bedeutung des Bestimmtheitsgrundsatzes, daß dies keineswegs zwingend ist[414].

a) Inhalt und Bedeutung des Bestimmtheitsgrundsatzes

Der Bestimmtheitsgrundsatz als einer der in Art. 103 II GG und § 1 StGB niedergelegten Grundsätze verpflichtet den Gesetzgeber, nur solche Strafrechtsnormen zu schaffen, die strafbares Verhalten klar von straflosem Verhalten un-

---

412 Übersicht bei *M. Wolf*, Gerichtsverfassungsrecht aller Verfahrenszweige, S. 246.

413 Die Kommentarliteratur konstatiert, daß sich das Gesetzlichkeitsprinzip nur auf Straftatbestand und Strafdrohung beziehe: S. etwa Maunz/Dürig-*Schmidt-Aßmann*, Rdnr. 194 – 197 zu Art. 103 II GG; *Schmidt-Bleibtreu/Klein*, Rdnr. 10 zu Art. 103 GG; v. Münch-*Kunig*, Rdnr. 27, 31 zu Art. 103 GG; LK-*Gribbohm*, Rdnr. 45 ff., 60 ff. zu § 1 StGB; SK-*Rudolphi*, Rdnr. 12, 15 zu § 1 StGB; *Lackner*, Rdnr. 1 zu § 1 StGB; Schönke/Schröder-*Eser*, Rdnr. 1, 18, 23 zu § 1 StGB; s. auch *H.-H. Jescheck/Th. Weigend*, AT, S. 128, 136 f.; *Th. Weigend*, Anklagepflicht und Ermessen, S. 73 f.; *J. Pföhler*, Unanwendbarkeit des strafrechtlichen Rückwirkungsverbots im Strafprozeßrecht, Rdnr. 1025 ff. (Rdnr. 1034); wohl auch *U. Kapahnke*, Opportunität und Legalität im Strafverfahren, S. 75; zusammenfassend *H. C. Maier*, Die Garantiefunktion des Gesetzes im Strafprozeß, S. 19 ff.

414 Für die Anwendbarkeit: *C. Roxin*, Strafverfahrensrecht, § 14 Rdnr. 15; *J. Baumann/U. Weber/W. Mitsch*, AT, § 9 Rdnr. 29 ff. (nur Normen, die den Verfahrensaufbau und seine Durchführung betreffen, sind von Art. 103 II GG freizustellen); *G. Jakobs*, AT, 4/Rdnr. 9 mit FN 21a (ausdrücklicher Bezug auf den Bestimmtheitsgrundsatz), Rdnr. 57; *E. Kausch*, Der Staatsanwalt – Ein Richter vor dem Richter?, S. 157 ff.; *Chr. Pott*, Außerkraftsetzung der Legalität, S. 116, 145 ff.; *W. Hassemer*, Legalität und Opportunität im Strafverfahren, S. 539; *Th. Weigend*, ZStW 109 (1997), S. 108 f.; *K. Lüderssen*, Grenzen des Legalitätsprinzips, S. 208 ff.; *K. Marxen*, GA 1985, S. 551; *C. Krehl*, Geldstrafe, S. 189 ff.; *M. Krahl*, Bestimmtheitsgrundsatz, S. 68 ff. (mit explizitem Bezug auf §§ 153, 153a StPO); *U. Nelles/P. Velten*, NStZ 1994, S. 370; umfassend zur Anwendung des Gesetzlichkeitsprinzips (insbesondere des Rückwirkungsverbots) auf Verfahrensnormen *H. C. Maier*, Die Garantiefunktion des Gesetzes im Strafprozeß, S. 38 ff.

terscheiden: "Eine Tat kann nur bestraft werden, wenn die Strafbarkeit gesetzlich bestimmt war, bevor die Tat begangen wurde". Gefordert ist die inhaltliche Bestimmtheit der Voraussetzungen und der Folgen einer so unter Strafe gestellten Handlung[415]. Zwar ist damit nicht eine derart genaue Beschreibung des poenalisierten Verhaltens gemeint, daß die Anwendung der Norm durch den Richter reine Subsumtion bedeutete. Zu fordern ist aber eine eindeutige Auslegbarkeit der Norm[416]. Dahinter stehen zwei Schutzzwecke[417]:

Zum einen soll der Bestimmtheitsgrundsatz die Freiheit des einzelnen schützen. Durch unbestimmte Straftatbestände wird es dem Bürger objektiv unmöglich, die Grenze zwischen noch erlaubtem und schon strafbarem Verhalten zu erkennen. Will er der Gefahr einer Bestrafung entgehen, so verbleibt ihm nur der Verzicht auf die Ausübung seiner Freiheit bis an den strafbaren Bereich heran, obwohl ihm eine derartige Ausübung seiner Freiheit in legaler Weise möglich wäre[418]. Die freiheitssichernde Funktion des rechtlichen Zustands würde in eine freiheitsbeschränkende mutieren[419]. Der Bestimmtheitsgrundsatz hingegen beschränkt die Zugriffsmöglichkeiten des Staates auf den Bürger[420]. Im Hinblick auf die verfassungsrechtliche Ausgestaltung wird diese Sicht auch durch Art. 93 I Nr. 4a GG, §§ 13 Nr. 8a, 90 ff. BVerfGG belegt, die Art. 103 II GG in den Katalog derjenigen Vorschriften aufnehmen, deren Verstoß mit der Verfassungsbeschwerde gerügt werden kann[421]. Art. 103 II GG soll den Schutz des einzelnen bewirken, indem die Schutzbereiche der Grundrechte in ein Gefährdungsstadium vorverlagert werden. Die spezielle, in diesem Bereich drohende Beein-

---

415 *H. Mayer*, Strafrecht – AT, S. 86; Maunz/Dürig-*Schmidt-Aßmann*, Rdnr. 186 ff. zu Art. 103 II GG; *M. Krahl*, Bestimmtheitsgrundsatz, S. 81 ff.; *W. Naucke*, Strafbarer Betrug, S. 184 ff.; *ders.*, Generalklauseln, S. 26 f.; *ders.*, KritV 1990, S. 246; *W. Kargl*, JZ 1997, S. 287 f.; *K. H. Labsch*, Untreue, S. 178 ff.; für ein "Gebot der relativen Bestimmtheit": *E. Schmidhäuser*, Strafgesetzliche Bestimmtheit, S. 243 f.

416 *M. Köhler*, Strafrecht – Allgemeiner Teil, S. 87 f.; *H. Woesner*, NJW 1963, S. 274; *H. Mayer*, Materialien I, S. 273, 276.

417 *M. Krahl*, Bestimmtheitsgrundsatz, S. 14 ff.; Maunz/Dürig-*Schmidt-Aßmann*, Rdnr. 179 ff. zu Art. 103 II GG.

418 *K. H. Labsch*, Untreue, S. 185; Maunz/Dürig-*Schmidt-Aßmann*, Rdnr. 179 zu Art. 103 II GG; *W. Naucke*, Generalklauseln, S. 16.

419 *I. Kant*, MdS-RL, S. 337: "Das Recht ist ... der Inbegriff der Bedingungen, unter denen die Willkür des einen mit der Willkür des andern nach einem *allgemeinen Gesetze der Freiheit* zusammen vereinigt werden kann." (Hervorhebung von mir, *St. S.*). Art. 103 II GG, § 1 StGB sollen verhindern, daß aus dem allgemeinen Gesetz der Freiheit unberechenbar-freiheitseinschränkende positive Normen werden.

420 *W. Naucke*, Strafrecht – Eine Einführung, § 2 Rdnr. 40.

421 *K. H. Labsch*, Untreue, S. 184; Maunz/Dürig-*Schmidt-Aßmann*, Rdnr. 193 zu Art. 103 II GG.

trächtigung der Grundrechte ergibt sich aus unbestimmten Strafgesetzen und ihrer Anwendung.

Neben dieser individuellen Schutzrichtung des Art. 103 II GG steht die Garantie der Gewaltenteilung (Art. 20 II S. 2 GG)[422]. Nach Art. 103 II GG muß die Strafbarkeit *gesetzlich* bestimmt sein. Dies bedeutet, daß der Gesetzgeber und nicht der Richter oder der Staatsanwalt die Strafbarkeit eines Verhaltens bestimmt. Nur der demokratisch legitimierte Gesetzgeber soll die Strafbarkeit eines Verhaltens festlegen können[423]. Der Richter oder der Staatsanwalt ist dagegen nur zur Anwendung und Auslegung des Gesetzes befugt[424]. Daneben soll durch diese Aufgabenzuweisung aber auch sichergestellt werden, daß das betreffende Strafgesetz von allen Richtern und Staatsanwälten in allen Fällen mit einheitlichen Voraussetzungen angewendet wird[425]. Andernfalls könnte jeder Rechtsanwender, beeinflußt durch den jeweiligen Einzelfall, die Voraussetzungen der Strafbarkeit selbst entwickeln[426]. Gleichmäßige Ergebnisse wären so nicht mehr zu erzielen. Ein Verstoß gegen die Gleichheit als Prinzip *a priori* des staatlichen Zustands und gegen den sie konkretisierenden Gleichheitssatz aus Art. 3 I GG wäre die notwendige Folge[427].

Aus straftheoretischer Sicht ist der Bestimmtheitsgrundsatz auch eine Voraussetzung für die Wirksamkeit der Strafbegründung. Nach der freiheitsgesetzlichen Theorie der Strafe kann Strafe nur dann legitim sein, wenn sie klaren Vor-

---

422 *W. Naucke*, Strafrecht – Eine Einführung, § 2 Rdnr. 43 ff., unter Hinweis darauf, daß auch der Grundgedanke aus Art. 103 II GG der staatstheoretischen Absicherung bedarf; Maunz/Dürig-*Schmidt-Aßmann*, Rdnr. 178, 180 zu Art. 103 II GG; *M. Krahl*, Bestimmtheitsgrundsatz, S. 40.

423 *M. Köhler*, Strafrecht – Allgemeiner Teil, S. 87; Maunz/Dürig-*Schmidt-Aßmann*, Rdnr. 184 zu Art. 103 II GG; *W. Kargl*, JZ 1997, S. 291.

424 *M. Krahl*, Bestimmtheitsgrundsatz, S. 42 ff.; zweifelnd an der ergebnisbestimmenden Kraft der Auslegungslehren für die Auslegung des Gesetzes: AK-*Hassemer*, Rdnr. 126 ff. zu § 1 StGB.

425 *K. H. Labsch*, Untreue, S. 185 f.; *H. Mayer*, Materialien I, S. 272, 274.

426 BVerfGE 73, S. 206 ff. (S. 238); *W. Bottke*, Verfahrensgerechtigkeit, S. 16. Gerade in der Abstraktion vom Einzelfall liegt die prinzipielle Entsprechung zu dem o., 1. d) aa), S. 88 f., erläuterten Prinzip des (im voraus bestimmten) gesetzlichen Richters. Als Beispiele für die Beliebigkeit des Umgangs der Rechtsprechung mit Art. 103 II GG vgl. die folgenden Entscheidungen zum Gewaltbegriff im Tatbestand der Nötigung (§ 240 I StGB): BVerfG NJW 1995, S. 1141 ff. (insbesondere S. 1142, *sub* 2., 3.) einerseits, BGH NJW 1995, S. 2643 ff.; BGH NJW 1995, S. 2862; OLG Karlsruhe NJW 1996, S. 1551 f.; OLG Köln 1996, S. 472 f.; OLG Düsseldorf NJW 1996, S. 2245 f., andererseits.

427 *W. Naucke*, Strafrecht – Eine Einführung, § 2 Rdnr. 41; *K. H. Labsch*, Untreue, S. 186; *M. Krahl*, Bestimmtheitsgrundsatz, S. 26 f. Zur Gleichheit als Prinzip *a priori* des staatlichen Zustands s. o., A. I. 1. a) aa), S. 37.

aussetzungen folgt[428]. Jede unklar formulierte Strafvorschrift schränkt nämlich den zulässigen Freiheitsgebrauch ein und führt zu einer nicht zu rechtfertigenden Freiheitsbeschränkung.

Auch für die relativen Theorien ist der Bestimmtheitsgrundsatz nicht hinwegzudenkende Voraussetzung ihrer Wirksamkeit und Legitimität: Nach der Theorie der negativen Generalprävention soll die Strafe den zu einem strafbaren Handeln entschlossenen Täter durch Überlegungen zu der ihm drohenden Strafe von der Straftat abbringen[429]. Diese psychologische Zwangswirkung kann nur von klar formulierten Gesetzen ausgehen, wenn sie sich nicht in völliger Freiheitsbeschränkung, die die Freiheitsgewährleistung als Zweck des Staates in ihr Gegenteil verkehren würde, auswirken soll. Nur das hinsichtlich Voraussetzungen und Rechtsfolgen klar bestimmte Gesetz kann bei dem potentiellen Täter eine Gegenmotivation zur Tat erzeugen. Die Theorie der positiven Generalprävention sieht die Aufgabe der Strafe darin, "die *fundamentalen Normen* öffentlich zu *behaupten* und zu *sichern*, die im materiellen Strafrecht niedergelegt sind: die Freiheitsgrenzen auszuzeichnen, die jeder Bürger einhalten muß, damit wir zusammen existieren können"[430]. Diese Theorie sozialer Kontrolle kann den Schutz der Freiheit des einzelnen mittels Rechtsgüterschutz nur dann erreichen, wenn vor der strafrechtlichen Sozialkontrolle klar bestimmt ist, welches Verhalten als kriminell qualifiziert wird und wie die auf die Tat verhängte Sanktion ausfällt[431]. Die Spezialpräventionstheorie schließlich, die den Strafzweck in der Einwirkung auf den Täter sieht, kann zumindest auf die Bestimmtheit der Strafbarkeitsvoraussetzungen und einer diesbezüglichen Orientierung auf das in der Vergangenheit als strafbar bestimmte Verhalten nicht verzichten. Sie setzte sich dem Verdikt eines Verstoßes gegen das Schuldprinzip aus, wenn sie jede Limitierung staatlichen Zugriffs auf den Täter aus Gründen unbegrenzter Prävention aufgibt.

Zusammenfassend läßt sich feststellen, daß der Bestimmtheitsgrundsatz der Freiheitssicherung des einzelnen dient, der berechenbar feststellen können soll, welche Handlungen strafbar sind und welche nicht. Der Grundsatz gesetzlicher Bestimmtheit stellt zum Schutz des einzelnen eine gleichmäßige Gesetzesan-

---

428 Zur freiheitsgesetzlichen Theorie der Strafe s. o., A. I. 3., S. 48 ff.; vgl. auch *M. Kahlo*, KritV 1997, S. 198 f.

429 Bereits formuliert von *P. J. A. Feuerbach*, Lehrbuch des gemeinen in Deutschland gültigen peinlichen Rechts, §§ 8 ff. (§ 20), S. 36 ff. (S. 41).

430 *W. Hassemer*, Einführung, S. 326 (Hervorhebung im Original).

431 *W. Hassemer*, Einführung, S. 321 f. (S. 321); *ders.*, Strafziele im sozialwissenschaftlich orientierten Strafrecht, S. 57 ff. (S. 63, 66); s. auch *W. Kargl*, Funktion des Strafrechts, S. 39; *ders.*, JZ 1997, S. 290 f.

wendung sicher, unterstreicht das Gewaltenteilungsprinzip und ist Grundlage der Legitimität und Wirksamkeit der Straftheorien.

b) Anwendung auf strafprozessuale Normen

Aus der Darstellung des Inhalts und der Bedeutung des Bestimmtheitsgrundsatzes ergibt sich, daß der Gesetzgeber aufgefordert ist, die "Grenze zwischen Strafbarkeit und Straflosigkeit"[432] klar zu ziehen. Diese Grenze wird aber nicht länger ausschließlich durch die Normen des Strafgesetzbuchs bestimmt. Sie wird nicht allein durch ein ausuferndes Nebenstrafrecht immer unklarer. Auch eine scharfe Trennung zwischen materiellem Recht und Prozeßrecht ist nicht mehr aufrechtzuerhalten. Somit verliert auch eine formalisierende Auffassung ihre Berechtigung, die die Anwendung des Bestimmtheitsgrundsatzes allein davon abhängig macht, in welcher Regelungsmaterie die am Bestimmtheitsgrundsatz zu messende Norm steht (vereinfacht ausgedrückt: StGB oder StPO)[433]. Eine Trennung zwischen Normen des materiellen Strafrechts und Normen des Prozeßrechts, das wegen seines hinsichtlich des Strafanspruchs "formellen" Charakters von der Reichweite des Bestimmtheitsgrundsatzes nicht eingeholt wird, ist nicht mehr haltbar[434]. Vielmehr läßt sich feststellen, daß der Gesetzgeber die Grenze zwischen Strafbarkeit und Straflosigkeit in immer größerem Umfang auch durch das Strafprozeßrecht zieht. Als prägnantes Beispiel können in diesem Zusammenhang §§ 153, 153a StPO (Einstellung des Strafverfahrens, Einstellung gegen Auflagen und Weisungen)[435] dienen. Vor dem Hintergrund des Bestimmtheitsgrundsatzes wären diese Normen dann unbedenklich, wenn es sich bei ihnen um Prozeßrecht im engeren Sinne handelte, um sogenannte prozeßleitende, organisa-

---

432 So der Titel des Aufsatzes von *W. Naucke*, Jura 1979, S. 426; s. auch *ders.*, GA 1984, S. 201; *ders.*, JuS 1989, S. 865.

433 *G. Jakobs*, AT, 4/Rdnr. 9, 57, spricht davon, daß solchermaßen nur "Zufallsergebnisse" zu erzielen seien, und zieht den Umkehrschluß, daß zum materiellen Strafrecht alle Bereiche zu zählen sind, die dem Bestimmtheitsgrundsatz unterliegen (a.a.O., FN 24); vgl. auch *K. Marxen*, GA 1985, S. 551; *U. Nelles/P. Velten*, NStZ 1994, S. 370; *H. C. Maier*, Die Garantiefunktion des Gesetzes im Strafprozeß, S. 43 ff., für das Beispiel des Strafantragserfordernisses.

434 Ausgangspunkt der Diskussion war das Problem der rückwirkenden Verlängerung von Verjährungsfristen und die damit verbundene Frage, ob die Verjährung dem materiellen Recht oder dem Prozeßrecht zuzurechnen ist; BVerfGE 25, S. 269 ff. (S. 287); s. auch BVerfGE 1, S. 418 ff. (S. 423 f.); BGHSt 2, S. 300 ff. (S. 305 ff.); 4, S. 379 ff. (S. 384 f.); 20, S. 22 ff. (S. 27); *W. Naucke*, ZRP 1969, S. 8 ff.; *K. Marxen*, GA 1985, S. 551. Gegen eine Auffassung des Prozeßrechts als Summe reiner Zweckmäßigkeitsnormen s. *U. Neumann*, ZStW 101 (1989), S. 54 ff. (S. 58).

435 S. hierzu im einzelnen u., Drittes Kapitel, A. I. 1., 2., S. 140 ff., 144 ff.

torisch-technische Vorschriften[436]. Hier wäre eine Anwendung des *Nullum crimen*-Satzes nicht geboten[437]. Die genannten Vorschriften treffen aber mit Begriffen wie "öffentliches Interesse" und "geringe Schuld" (§ 153 StPO) oder "Geeignetheit zur Beseitigung des öffentlichen Interesses" und "nicht entgegenstehende Schwere der Schuld" (§ 153a StPO) und der damit verbundenen Einstellungsmöglichkeit eine Aussage darüber, ob ein Verhalten als strafbares Handeln verfolgt wird oder nicht. Sie haben einen materiellen Gehalt[438]. Innerhalb des § 153a StPO ist die Einstellung des Verfahrens – also die Entscheidung über die *Straf*losigkeit – nicht *sanktions*los, werden doch Auflagen und Weisungen verhängt. Findet hier gar ein Eingriff in die Freiheit und das Eigentum des Beschuldigten statt, so muß sich die freiheitssichernde Funktion des Bestimmtheitsgrundsatzes auch auf solche (scheinbar) prozessuale Normen beziehen. Konkret: Der einzelne kann im weiten Anwendungsbereich der §§ 153 ff. StPO gar nicht mehr allein aufgrund der Strafnorm des materiellen Rechts voraussehen, ob Strafbarkeit eintritt oder nicht[439]. Weil eine genaue Bestimmung der Strafbarkeit anhand der genannten Generalklauseln nicht möglich ist, liegt ein Verstoß gegen das Bestimmtheitsgebot auf der Hand[440]. Das gesetzgeberische Konzept führt sich vollständig *ad absurdum*, wenn eine Generalklausel des materiellen Rechts

---

436 *M. Krahl*, Bestimmtheitsgrundsatz, S. 68 ff.

437 *M. Krahl*, Bestimmtheitsgrundsatz, S. 68.

438 *W. Naucke*, Der Begriff der "geringen Schuld" (§ 153 StPO) im Straftatsystem, S. 202 f., 204 ff.; *ders.*, Gutachten, S. D 115; *ders.*, Der Kleinbetrug, S. 706 ff. (zum Verhältnis von § 263 StGB und §§ 153, 153a StPO); *ders.*, GA 1998, S. 270; *U. Neumann*, ZStW 101 (1989), S. 54 f.; *C. Roxin*, Strafrecht – Allgemeiner Teil I, § 23 Rdnr. 59 f.; *U. Nelles/P. Velten*, NStZ 1994, S. 370; *F. Dencker/R. Hamm*, Der Vergleich im Strafprozeß, S. 63; *R. Müller/V. Wache*, Straftaten gegen die äußere Sicherheit, S. 327; *H. C. Maier*, Die Garantiefunktion des Gesetzes im Strafprozeß, S. 42, möchte die Anwendung des Art. 103 II GG davon abhängig machen, ob die Norm einen "moralischen Tadel nach sich zu ziehen geeignet ist"; a.a.O, S. 129 f., kommt er für die Anwendbarkeit des Gesetzlichkeitsprinzips dann aber doch wieder auf eine "materielle Bewertung menschlichen Verhaltens" zurück.

439 *Chr. Pott*, Außerkraftsetzung der Legalität, S. 150: "Die Unvorhersehbar[keit] gehört bei den Opportunitätsvorschriften der §§ 153 ff. StPO geradezu zum Programm."

440 *G. Jakobs*, Strafrecht-AT, 4/9 mit FN 21a; *C. Roxin*, Strafverfahrensrecht, § 14 Rdnr. 15; implizit: *ders.*, Strafrecht – Allgemeiner Teil I, § 23 Rdnr. 59; *U. Nelles/P. Velten*, NStZ 1994, S. 370 (auch hinsichtlich § 153b StPO und § 31a BtMG); *W. Hassemer*, Einführung, S. 255; Andeutungen auch bei *Th. Weigend*, ZStW 109 (1997), S. 107; *W. Hassemer*, Legalität und Opportunität im Strafverfahren, S. 539: "Vage formulierte Opportunitätsregeln zerstören das Legalitätsprinzip vollständig."; darauf wies bereits *K. v. Birkmeyer*, DJZ 1909, Sp. 1052 f., angesichts des E 1909 erfolglos hin. Anders: *U. Kapahnke*, Opportunität und Legaltität im Strafverfahren, S. 75.

zur Annahme nur geringer Schuld des Täters und damit zur Einstellung nach §§ 153, 153a StPO führt: Eine Generalklausel bedingt die andere[441].

Ein weiteres Argument kommt hinzu: Im Bereich der §§ 153 ff. StPO haben die Normanwender (Staatsanwaltschaft und/oder Gericht) ein weites Ermessen darüber, ob das Verfahren beendet werden soll oder nicht, ob also am Ende des Verfahrens die Strafbarkeit des Beschuldigten festgestellt wird oder nicht. Liegt es nach dem Erfordernis gesetzlicher Bestimmtheit allein in der Hand des Gesetzgebers zu bestimmen, ob ein Verhalten strafbar ist oder nicht, so kollidieren Vorschriften, die diese Entscheidung dem Normanwender in der konkreten Situation überlassen, mit der zweiten Schutzrichtung des Gesetzlichkeitsprinzips, nämlich der Garantie der Gewaltenteilung[442]. Im Zusammenhang des § 153a StPO kommt ein Konflikt mit dem Grundsatz, daß die rechtsprechende Gewalt den Richtern anvertraut ist (Art. 92 1. HS GG), hinzu, wenn der Staatsanwalt ohne Zustimmung des Gerichts eine Sanktion i.S.d. § 153a I Nr. 1 – 4 StPO verhängt[443].

Hier tritt eine Parallele zutage, die im folgenden nicht aus den Augen zu verlieren sein wird. Entschließt sich der Gesetzgeber nicht zu materiell-rechtlicher Entkriminalisierung, sondern verlegt er sich auf (scheinbare) prozeßrechtliche Entkriminalisierung[444], so kann er nur noch generell und abstrakt deren Voraussetzungen regeln[445]. Wird jedoch im Prozeß der jeweils konkrete Lebenssachverhalt vor dem im Einzelfall zuständigen Staatsanwalt oder Gericht verhandelt, so muß sich eine derartige generell-abstrakte Lösung in Generalklauseln flüchten, um dem Normanwender flexible Reaktionsmöglichkeiten für den Einzelfall zu geben[446]. Allgemeinheit und Bestimmtheit, die mit dem Legalitätsprinzip

---

441 *W. Naucke*, Generalklauseln, S. 22.

442 Hierzu hinsichtlich § 153a StPO: *C. Roxin*, Strafverfahrensrecht, § 14 Rdnr. 15; *E. Kausch*, Der Staatsanwalt – Ein Richter vor dem Richter?, S. 179 ff., 235 f., 241; *Chr. Pott*, Außerkraftsetzung der Legalität, S. 151 f., hinsichtlich des gleichgelagerten Problems in §§ 154, 154a StPO.

443 Anders *U. Kapahnke*, Opportunität und Legalität im Strafverfahren, S. 74.

444 S. hierzu *W. Naucke*, Jura 1979, S. 426 ff.; *ders.*, GA 1984, S. 199 ff. (insbesondere S. 205 f.); hinsichtlich § 29 BtMG vgl. *U. Nelles/P. Velten*, NStZ 1994, S. 367 ff.

445 Was freilich kein Beruhigungsmittel ist, *W. Naucke*, JuS 1989, S. 866. Die Probleme potenzieren sich, wenn die Generalklauseln durch Richtlinien der Exekutive ausgefüllt werden, worauf *U. Nelles/P. Velten*, NStZ 1994, S. 368, hinweisen; s. auch *F. Dencker/R. Hamm*, Der Vergleich im Strafprozeß, S. 65 f.

446 *P.-A. Albrecht*, KritV 1993, S. 180 f.; *Th. Weigend*, ZStW 109 (1997), S. 119; *W. Naucke*, Generalklauseln, S. 15; *ders.*, KritV 1986, S. 203 f.; *C. Roxin*, Strafrecht – Allgemeiner Teil I, § 23 Rdnr. 59.

untrennbar verbunden sind, lösen sich auf in Einzelfallbetrachtung und Anwendung von Generalklauseln im konkret zu entscheidenden Fall[447].

c) Zusammenfassung

Zusammenfassend ist festzustellen, daß strafverfahrensrechtliche Normen in weiten Bereichen die gleiche Funktion wie das materielle Strafrecht erfüllen. Dies gilt dann, wenn sie die Bedingungen für die Ausübung staatlicher Strafgewalt festlegen. Soweit solche Normen nicht allein technisch-organisatorischen[448] Charakter haben, unterliegen auch sie dem Bestimmtheitsgebot. Nur so kann die distanzschaffende Wirkung des Gesetzlichkeitsprinzips und das von ihm umfaßte Bestimmtheitsgebot das Machtpotential des Staates in Grenzen halten und dem Betroffenen Schutz davor bieten, bloßes Objekt staatlicher Regelungsmacht zu werden[449]. Soweit der strafende Staat durch prozessuale Normen zum Eingriff in Freiheit und Eigentum des Bürgers ermächtigt wird, muß sich ein solches Gesetz – wie jedes Strafgesetz – an der Elle des Bestimmtheitsgebots messen lassen.

6. Resümee: Prinzipienorientierung und Gesetzesorientierung des "alten" Strafprozesses

Der "alte" Strafprozeß zeichnet sich aus durch seine Formenstrenge, die im Sinne einer Machtbeschränkung des Staates vor der Freiheit, der Gleichheit und der Selbständigkeit des einzelnen, also auch des Beschuldigten, halt macht. Bei den Grundsätzen der Einleitung des Verfahrens steht der Charakter des Strafverfahrens als öffentliches Verfahren im Vordergrund. Die Strafverfolgungsorgane leiten das Verfahren von Amts wegen ein. Die vom Gericht unabhängige Staatsanwaltschaft entscheidet allein anhand des allgemeinen Strafgesetzes, ob Anklage zu erheben oder ob das Verfahren einzustellen ist (§ 170 StPO). Das im voraus genau bestimmte und von der politischen Exekutive unabhängige Gericht entscheidet ebenso gesetzesgebunden über die Schuld- und Straffrage. Entscheidungen über Freiheitsentziehungen trifft allein der unabhängige Richter. Hin-

---

447 *W. Naucke*, JuS 1989, S. 865, spricht davon, daß die durch §§ 153, 153a StPO geschaffene Lage ungefähr der Situation gleichen muß, "die im 18. Jahrhundert die Forderung nach Gesetzlichkeit zum Ausschluß willkürlicher Milderung trug".

448 Obwohl freilich, wie o., 1. – 4., S. 79 ff., gezeigt wurde, auch die technisch-organisatorische Ausgestaltung des Strafverfahrens eine Frage der Orientierung an Prinzipien und nicht beliebiger Entscheidungen ist.

449 So *K. Marxen*, GA 1985, S. 552, mit der Folgerung, daß den Gesetzgeber in diesen Bereichen ein Experimentierverbot treffe.

sichtlich der Durchführung des Verfahrens ermittelt das Gericht selbständig und in möglichst kurzer Frist die dem Urteil zugrundeliegenden Tatsachen. Dabei gewährt es allen Verfahrensbeteiligten – insbesondere dem Beschuldigten – in jeder Lage des Verfahrens rechtliches Gehör. Die Beweisgrundsätze sind der Ermittlung der materiellen Wahrheit verpflichtet. Das Gericht würdigt frei die unmittelbar erhobenen Beweise. Ist die Beweislage zweifelhaft, so streitet die Vermutung für die Freiheit des Beschuldigten. Für den Fall der Kollision des Freiheitsrechts des Beschuldigten mit dem Ermittlungsauftrag des Staates darf der Beschuldigte unter keinen Umständen zum bloßen Objekt des Verfahrens werden. Er ist frei von Selbstbezichtigungszwang und darf nie durch verbotene Vernehmungsmethoden zur Aussage gezwungen werden. Selbst im Falle seiner Einwilligung sind weder diese Vernehmungsmethoden noch die Verwertung derart gewonnener Ergebnisse statthaft. Mißtrauisch gegenüber staatlicher Macht wird die Autonomie des Beschuldigten gegen das *Volenti non fit iniuria* verteidigt. Das Hauptverfahren ist öffentlich und wird, um die Öffentlichkeit zu gewährleisten, mündlich geführt. Strafprozessuale Normen, die in Freiheit und Eigentum eingreifen, unterliegen ebenso wie Straftatbestände dem Bestimmtheitsgrundsatz.

Aus dieser Gesamtbetrachtung ergibt sich, daß die "schützenden Formen"[450] des Strafprozeßrechts nicht bloß formale, sondern materielle Prinzipien sind. Sie lösen die im Strafverfahren stets aktuelle Antinomie zwischen der Freiheit des einzelnen und der Sicherheit im staatlichen Zustand im Konfliktfall zugunsten des einzelnen auf. Grundlage und Grenze jeder rechtlichen Ausgestaltung des Strafverfahrens und seiner praktischen Handhabung ist die Prozeßsubjektivität des einzelnen, die sich gründet auf seine Freiheit, seine Gleichheit und seine Selbständigkeit.

III. Die Wirklichkeit: Erosionen durch den "neuen" Strafprozeß

Nach der Darstellung des an den Prinzipien der Staatsbegründung orientierten "alten" Strafprozesses ist nunmehr die aktuelle Wirklichkeit des Strafprozesses zu beschreiben. Diese Wirklichkeit ist nicht die Wirklichkeit der Ideen der Aufklärung[451], sondern geprägt von einer Erodierung[452] der Prinzipien, die die Idee

450 *H. A. Zachariae,* Handbuch des Strafprocesses, S. 145 ff. (S. 146); *ders.*, Gebrechen und Reform, S. 124 f.; s. hierzu *W. Hassemer*, KritV 1988, S. 337 f., 340; *ders.*, KritV 1990, S. 271.

451 *W. Hassemer*, KritV 1988, S. 337 f.

452 So der Titel des Aufsatzes von *P.-A. Albrecht*, KritV 1993, S. 163 ff.: "Erosionen des rechtsstaatlichen Strafrechts".

der Verfahrensgestaltung nach der Prozeßsubjektivität des Beschuldigten ausmachen[453]. Die Entwicklung ist in stetigem Fluß, so daß hier nur ihre Grundzüge dargestellt werden sollen. Die Veränderungen, etwa im Beweisrecht[454], können nicht bis in Einzelheiten hinein besprochen werden. Vielmehr gilt es, die Durchbrechung bzw. die Außerkraftsetzung der den "alten" Prozeß ausmachenden Prinzipien herauszustellen.

Im Vordergrund steht das Opportunitätsprinzip, das in weiten Bereichen das Legalitätsprinzip ersetzt hat. Weitere den "neuen" Strafprozeß leitende Prinzipien sind die Prozeßökonomie sowie die Funktionstüchtigkeit der Strafrechtspflege und der *Fair trial*-Grundsatz. Nach der Darstellung dieser Grundsätze kann in der Gesamtbetrachtung mit den Prinzipien des "alten" Strafprozesses die bereits in staatstheoretischer Hinsicht angesprochene Antinomie zwischen Freiheit und Sicherheit für das Strafprozeßrecht aktualisiert und konkretisiert werden. Schließlich soll als Zusammenfassung der Darstellung des "neuen" Strafprozesses eine vorläufige Antwort auf die Frage nach den Gründen für die Entdeckung des Vertrags im Strafprozeßrecht gegeben werden.

1. Opportunitätsprinzip

Der Begriff Opportunität tauchte zunächst im Verwaltungsrecht auf und meint dort, daß die Behörde im Einzelfall selbständig über die Zweckmäßigkeit einer hoheitlichen Maßnahme entscheiden kann. Dies bezieht sich auf das "Ob" und das "Wie" einer solchen Maßnahme[455]. Besondere Bedeutung erlangt das verwaltungsrechtliche Opportunitätsprinzip im Polizei- und Ordnungsrecht. Im Rahmen der polizeirechtlichen Generalklausel (vgl. etwa § 11 HSOG) hat die Polizeibehörde nach pflichtgemäßem Ermessen vorzugehen, wenn die Tatbestandsvoraussetzungen der Handlungsermächtigung vorliegen[456].

Im Ordnungswidrigkeitenverfahren als Verwaltungsverfahren (§ 35 I OWiG), in dem die Verwaltungsbehörden gemäß dem Inquisitionsprinzip sowohl Ermittlungs- als auch Ahndungsbehörden sind, gilt ein nicht begrenztes Opportuni-

---

453 Diese Entwicklung legen in aller Deutlichkeit offen: *P.-A. Albrecht*, KritV 1993, S. 163 ff.; *ders.*, NJ 1994, S. 193 ff; *W. Hassemer*, KritV 1988, S. 336 ff.; *ders.*, KritV 1990, S. 260 ff.; *ders.*, ZRP 1992, S. 378 ff.; *W. Naucke*, KritV 1986, S. 189 ff; *ders.*, KritV 1990, S. 244 ff.; *ders.*, KritV 1993, S. 135 ff.

454 Zu neuen Entwicklungen auf diesem Gebiet s. *G. Bertram*, ZRP 1996, S. 47; *P.-A. Albrecht*, KritV 1993, S. 175 ff.

455 Wolff/Bachof-*Stober*, § 31 Rdnr. 31.

456 S. im einzelnen *K. H. Friauf*, Polizei- und Ordnungsrecht, Rdnr. 58 ff.

tätsprinzip (§ 47 I OWiG)[457]. Die Verfolgung von Ordnungswidrigkeiten liegt im pflichtgemäßen Ermessen[458] der Verwaltungsbehörde (§ 47 I S. 1 OWiG). Solange das Verfahren bei ihr anhängig ist, kann sie es jederzeit einstellen (§ 47 I S. 2 OWiG). Dasselbe gilt für die Staatsanwaltschaft und das Gericht (§ 47 II S. 1 OWiG). Nach § 47 II S. 2 OWiG kann das Gericht das Verfahren durch unanfechtbaren Beschluß auch ohne Zustimmung der Staatsanwaltschaft einstellen, wenn durch den Bußgeldbescheid eine Geldbuße bis zu 200,-- DM verhängt worden ist und die Staatsanwaltschaft erklärt hat, sie nehme an der Hauptverhandlung nicht teil. Durch die Ausgliederung der früher im StGB geregelten Übertretungen in das OWiG ist also ein ganzer Bereich des materiellen Rechts, der vormals der Geltung des Legalitätsprinzips unterworfen war, unter das Opportunitätsprinzip gestellt worden[459].

Im RStGB von 1871 und in der RStPO von 1877 galt ein strenges, durch Verfahrensregelungen[460] und Strafvorschriften[461] abgesichertes Legalitätsprinzip[462], das nur durch die Regelungen der § 208 RStPO (Einstellung des Verfahrens durch das Gericht hinsichtlich für die Strafzumessung unwesentlicher Taten) und § 416 RStPO (Privatklageverfahren) durchbrochen wurde[463]. Heute[464] öffnet sich neben einem immer noch vom Legalitätsprinzip bestimmten Bereich der Strafverfolgung ein kontinuierlich weiter werdendes Feld einer am Opportunitätsprinzip orientierten Strafverfolgung[465]. Freilich ist das Opportunitätsprin-

---

457 *W. Naucke*, Gutachten, S. D 92, warnt vor der "Idylle" des Ordnungswidrigkeitenverfahrens, "in der sich Entkriminalisierung voll mildernd und humanisierend auswirken könnte".

458 Zu einem "Bußtatsystem" als Maßstab für die Handhabung dieses Ermessens s. *H. Müller*, GA 1988, S. 317 ff. (S. 330).

459 Zum institutionell-staatsrechtlichen Bezug der Unterscheidung zwischen Straf- und Ordnungswidrigkeitenrecht s. *M. Köhler*, Strafrecht – Allgemeiner Teil, S. 33 ff.

460 §§ 172 ff. StPO, § 146 GVG.

461 §§ 258a, 336, 344 StGB.

462 Zum Legalitätsprinzip s. o., II. 1. c), S. 85 ff.

463 S. hierzu *Chr. Pott*, Außerkraftsetzung der Legalität, S. 7 f.

464 Zur geschichtlichen Entwicklung s. *Chr. Pott*, Außerkraftsetzung der Legalität, S. 34 ff.; *U. Kapahnke*, Opportunität und Legalität im Strafverfahren, S. 3 ff.; *A. Eser*, ZStW 104 (1992), S. 367 ff.; nach *W. Naucke*, Zustand des Legalitätsprinzips, S. 150, galt das Legalitätsprinzip in einem strengen Sinne stets nur im Anwendungsbereich der RStPO, des RStGB und des GVG.

465 Diese Zweispurigkeit zieht sich auch durch die Darstellungen der Lehrbücher und Kommentare. Das Legalitätsprinzip wird zwar als hehres Verfahrensprinzip hochgehalten (hierzu: *Chr. Pott*, Außerkraftsetzung der Legalität, S. 40, 156), stets jedoch zugleich in einem Atemzug mit dem Opportunitätsprinzip genannt. Treffend ist die Situationsbeschreibung *C. Roxins*, Strafverfahrensrecht, § 14 Rdnr. 5: "Als Grundsatz gilt in der StPO nach wie vor das Legalitätsprinzip." – § 14 Rdnr. 6: "Der genannte Grundsatz ist nun allerdings von so vielen Ausnahmen durchbrochen, daß

zip keine Erfindung des ausgehenden zwanzigsten Jahrhunderts[466]. Bereits 1842 trat *C. J. A. Mittermaier* für eine an Zweckmäßigkeitsüberlegungen ausgerichtete Strafverfolgung ein: "Jeder, der nur einige Zeit in Gerichtshöfen gelebt hat, weiß, wie viel alberne Anzeigen von angeblichen Gesetzesübertretungen, in welchen zwar dem Buchstaben nach die That unter ein Strafgesetz subsumirt werden muß, bei den Gerichten vorkommen. ... Der deutsche Inquirent, an welchen solche Anzeigen gelangen, muß, wenn der angezeigte Fall unter das Gesetz paßt, ihn untersuchen; ... Dagegen zeigt sich in den Ländern, in welchen Staatsanwälte die Anklage zu führen haben, die *Wohlthat der Einrichtung*, nach welcher einer Behörde es zusteht, die Interessen der bürgerlichen Gesellschaft abzuwägen und nur da Anklage zu erheben, wo das öffentliche Interesse es verlangt. In die Hände dieses Beamten legt die Gesellschaft die Besorgung desselben, und erwartet von ihm, daß er nicht durch Untersuchungen über die vermöge ihrer Geringfügigkeit gleichgültigen Handlungen das öffentliche Ansehen herabwürdige und den Staat lächerlich mache"[467].

Das strafrechtliche Opportunitätsprinzip ist die der Staatsbehörde erteilte Erlaubnis, im einzelnen Fall ihre Verfolgungstätigkeit zu unterlassen, falls sie ihr aufgrund von Zweckmäßigkeitserwägungen nicht geboten erscheint[468]. Die Strafverfolgung ist in das Ermessen der Staatsanwaltschaft bzw. nach Anklageerhebung in das Ermessen des Gerichts gestellt. Das Opportunitätsprinzip findet einen gesetzlichen Ausdruck sowohl im materiellen Recht als auch im Prozeß-

---

im Bereich der kleineren und weitgehend auch der mittleren Kriminalität praktisch das Opportunitätsprinzip gilt." S. auch *F.-C. Schroeder*, Strafprozeßrecht, Rdnr. 63 ff. (Rdnr. 65); *P. Rieß*, NStZ 1981, S. 4, 6; *W. Beulke*, Strafprozeßrecht, Rdnr. 17; *G. Fezer*, Strafprozeßrecht, 1/Rdnr. 21 ff.; KK-*Pfeiffer*, Einl. Rdnr. 6, 62; KK-*Schoreit*, Rdnr. 13 ff. zu § 152 StPO. Nach *Kleinknecht/Meyer-Goßner*, Rdnr. 7 zu § 152 StPO, handelt es sich bei dem Opportunitätsprinzip im wesentlichen nur um die negative Seite des Legalitätsprinzips.

466 Schon im Entwurf einer Strafprozeßordnung von 1909 wurde die Einschränkung des Legalitätsprinzips als ein wesentliches Ziel der Strafprozeßreform erachtet. Zur Begründung s. E 1909, Sp. 151 ff., 252 ff., vgl. hierzu die kritischen Besprechungen durch *K. v. Lilienthal*, ZStW 29 (1909), S. 198 ff., und *K. v. Birkmeyer*, DJZ 1909, Sp. 1049 ff.; zum heutigen Zustand vgl. nur BT-Drucksache, 13/4541, S. 17.

467 Archiv des Criminalrechts NF 1842, S. 449 f. (Hervorhebung von mir, *St. S.*); *C. J. A. Mittermaier* sieht die Staatsanwaltschaft vor allem in den Fallgruppen der Geringfügigkeit (entsprechend § 153 StPO) und der politischen Straftaten (heute §§ 153c, 153d StPO, hierzu: *R. Müller/V. Wache*, Straftaten gegen die äußere Sicherheit, S. 337 ff.) als Garantin der Zweckmäßigkeit (Opportunität) des Verfahrens an.

468 So die klare Definition *K. v. Birkmeyers*, DJZ 1909, Sp. 1050.

recht[469]. Es erlaubt einen Strafverfolgungs-, Strafverhängungs- und Strafvollstreckungsverzicht[470]. Im Bereich des materiellen Rechts schlägt sich die Opportunität in den besonderen Voraussetzungen der Antragsdelikte (etwa § 248a StGB), der Verfolgungsermächtigung (z. B. § 257 IV StGB), des Strafverlangens (§ 104a StGB) oder der Annahme eines besonderen öffentlichen Interesses an der Strafverfolgung (siehe erneut § 248a StGB) nieder. Im Strafverfahrensrecht kommt das Opportunitätsprinzip etwa in den §§ 153 ff., 376, 383 II StPO, §§ 45, 47 JGG sowie in der Kronzeugenregelung bei terroristischen Straftaten[471] zum Ausdruck[472].

Das wuchernde Vordringen des Opportunitätsprinzips und die dadurch bedingte weitgehende Verdrängung des Legalitätsprinzips[473] werden mit einer Verfahrensvereinfachung und Verfahrensverkürzung gerechtfertigt. Die Begründung der Opportunität wird im Bereich der Effektivität des Strafverfahrens gesucht[474]. Der bestechende Vorteil der Opportunität wird in der Justizentlastung erblickt. Sie erlaube eine materielle Abstufung des Unrechtsbegriffs, die es ermögliche, Bagatellfälle aus der Strafverfolgung herauszunehmen[475]. Würde, so

---

469 Zusammenstellung der Vorschriften bei *Chr. Pott*, Außerkraftsetzung der Legalität, S. 37 f.

470 *Chr. Pott*, Außerkraftsetzung der Legalität, S. 90 ff., sieht das Opportunitätsdenken neben der ersten und der zweiten Strafrechtsspur (Strafe bzw. Maßregelrecht) verwirklicht in der dritten Strafrechtsspur (betreffend alternative strafrechtliche Reaktionsmöglichkeiten, Diversion), in der Amnestie und im Gnadenrecht (vierte Strafrechtsspur, hierzu *M. Köhler*, Strafrecht – Allgemeiner Teil, S. 693) sowie im Rahmen der Abolition (§§ 154, 154a StPO) als fünfter Strafrechtsspur. Zum Begriff der Abolition s. *W. Naucke*, Strafrecht – Eine Einführung, § 4 Rdnr. 48 ff., insbesondere Rdnr. 50. Der Kritik des Gnadenrechts von *I. Kant*, MdS-RL, S. 459 f., ist nichts hinzuzufügen.

471 Nach *W. Hassemer*, Legalität und Opportunität im Strafverfahren, S. 537, hat in dieser Regelung die folgenorientierte Opportunität die gerechtigkeitsorientierte Legalität vollständig ausmanövriert.

472 Zum Zusammenspiel von Opportunitätsvorschriften im Zusammenhang mit § 263 StGB vgl. *W. Naucke*, Der Kleinbetrug, S. 697 ff.; zu den einzelnen Opportunitätsvorschriften, die den Untersuchungsgegenstand betreffen, s. u., Drittes Kapitel, A., S. 139 ff.

473 So die Situationsbeschreibung von *W. Naucke*, Zustand des Legalitätsprinzips, S. 155; s. auch KK-*Schoreit*, Rdnr. 4 zu § 153a StPO.

474 *W. Hassemer*, Legalität und Opportunität im Strafverfahren, S. 532.

475 Nach LR-*Rieß*, Rdnr. 44 zu § 152 StPO, stellen die Nichtverfolgungsermächtigungen "elastische Formen einer einzelfallangepaßten prozessualen Entkriminalisierung anstelle eines schwerer zu verwirklichenden und auf dogmatische und ideologische Hindernisse stoßenden materiell-strafrechtlichen Konzepts" bereit; s. auch *ders.*, NStZ 1981, S. 6, wonach die Eingrenzung der Verfolgungspflicht weniger ein Mit-

eine exemplarische Argumentation, das Legalitätsprinzip streng durchgeführt, also "jedes kleinste Verbrechen stur angeklagt, so würden die Kräfte der Strafrechtspflege heillos zersplittert. Die Strafverfolgung würde den Anstrich des Kleinkarierten und Pedantischen erhalten, wichtige und besonders sozialschädliche Taten könnten nicht mit der notwendigen Energie verfolgt werden, und im Ergebnis hätte die Rechtsgemeinschaft von einer solchen Strafrechtspflege mehr Schaden als Nutzen"[476]. Das Opportunitätsprinzip wird also negativ mit der Schwerfälligkeit und mangelnden Praktikabilität des Legalitätsprinzips begründet. Befürchtet werden ein Stillstand der Justiz[477], die Funktionsuntüchtigkeit der Strafrechtspflege[478] oder ein Verstoß gegen den Grundsatz der Prozeßökonomie[479]. Bei Einhaltung eines strikten Verfolgungs- und Anklagezwangs sei wegen der damit einhergehenden überlangen Verfahrensdauer kein Zustand des Rechtsfriedens und der Rechtssicherheit zu erreichen[480]. Wesentliches werde unter der Geltung des Legalitätsprinzips nicht vom Unwesentlichen getrennt.

Alle diese Einwände gegen eine überbordende Strafverfolgungspraxis und die warnenden Hinweise auf eine nicht mehr zu bewältigende Fallast sind berechtigt – allein, es bleibt außer Betracht, daß der Grund für die Verfahrensmenge nicht primär im strafprozessualen Legalitätsprinzip, sondern vor allem in einer materiell-rechtlichen Strafgesetzgebung zu suchen ist, die sich längst nicht mehr an einem so engen, freiheitsgesetzlichen Verbrechensbegriff orientiert, wie er oben dargestellt wurde[481]. Die im Kernstrafrecht und Nebenstrafrecht zu beobachtende inflationäre Schaffung neuer materiell-rechtlicher Normen spiegelt sich in der Flexibilisierung des Verfahrensrechts für das individuell-konkrete Verfahren wider. Vor dem Hintergrund relativer Strafbegründung erscheint es aber nicht als Widerspruch, in den §§ 153 ff. StPO ein Instrumentarium einzel-

---

tel zur Entlastung der Strafjustiz als eine prozessuale Entsprechung des materiell-strafrechtlichen Wandels vom Tat- zum Täterstrafrecht sei.

476 *J. Baumann*, Grundbegriffe, S. 49; allerdings hat er zuvor das Legalitätsprinzip beschrieben und sich im Rahmen der Darstellung des Opportunitätsprinzips für eine Entkriminalisierung im materiellen Recht eingesetzt, a.a.O., S. 47 ff., S. 50 f.; s. auch *ders.*, ZRP 1972, S. 273 ff.

477 *K. Peters*, Sozialadäquanz und Legalitätsprinzip, S. 425.

478 *G. Fezer*, Strafprozeßrecht, 1/Rdnr. 25; *Th. Weigend*, ZStW 109 (1997), S. 105. Zum Begriff "Funktionstüchtigkeit der Strafrechtspflege" s. u., 2. b), S. 123 ff.

479 *J. Baumann*, Grundbegriffe, S. 49.

480 *U. Kapahnke*, Opportunität und Legalität im Strafverfahren, S. 56, 144 f., 158 f.; zu fragen ist aber, ob das Rechtsbewußtsein der Bevölkerung nicht viel stärker durch den Ja-Aber-Zustand, den das Opportunitätsprinzip erzeugt, Schaden nimmt, s. *Chr. Pott*, Außerkraftsetzung der Legalität, S. 22.

481 A. I. 3., S. 48 ff.

fallangepaßter prozessualer Entkriminalisierung[482] zu sehen: "Was strafbar ist, braucht noch lange nicht bestraft zu werden"[483].

Der Unterschied zum Legalitätsprinzip tritt klar hervor: Das Opportunitätsprinzip ist nicht länger Ausdruck einer Orientierung der Strafverfolgungstätigkeit an der Vorgabe des allgemeinen Gesetzes, folglich auch kein Prinzip im engeren Sinne, sondern eine Entscheidung anhand der für den jeweils konkreten Fall aufgesuchten Kriterien. Dient das Legalitätsprinzip dem Schutz von Freiheit und Gleichheit der Bürger und der Gewährleistung der Rechtssicherheit durch rechtsstaatliche Bindung, so erstrebt die Opportunität Einzelfallgerechtigkeit und (vermeintliche) Modernität. Generalklauseln wie "öffentliches Interesse" und "geringe Schuld" in § 153 I S. 1 StPO lassen genügend Raum, um bei gleichzeitiger Aufrechterhaltung des Legalitätsprinzips einzelfallbezogene Entkriminalisierung auf prozessualem Wege zu betreiben – oder aus übergeordneten Interessen auch das geringste, unter anderen äußeren Bedingungen ohne weiteres nach den Regeln der Opportunität eingestellte Verfahren über die Anklage bis zu einer Verurteilung zu betreiben[484]. Das staatliche Strafverfolgungsrecht bleibt bestehen – die Strafverfolgungspflicht, als seine die Gleichheit aller vor dem Gesetz gewährleistende Kehrseite, löst sich dagegen in Zweckmäßigkeitserwägungen im Einzelfall auf. Die Aporie, die durch das Opportunitätsprinzip in das Strafrechtsgefüge[485] hineingetragen wird, liegt auf der Hand: Im materiellen Strafrecht wird Strafbarkeit bei rechtswidriger und schuldhafter Erfüllung des Tatbestands postuliert. Das Prozeßrecht aber ermöglicht es, trotz der festgestellten rechtswidrigen und schuldhaften Freiheitsverletzung aus öffentlichem Interesse von der Strafverfolgung abzusehen[486]. Der Gesetzgeber selbst nimmt die strafrechtliche Norm nicht ernst, wenn er den kategorischen Imperativ des Strafgeset-

---

482 Nochmals: LR-*Rieß*, Rdnr. 44 zu § 152 StPO; vgl. dagegen *J. Baumann*, ZRP 1972, S. 275: "Wenn es sich um Minima handelt, muß das im materiellen Recht zum Ausdruck gebracht werden."; *K. Geppert*, Jura 1986, S. 311.

483 So die Situationsbeschreibung *W. Nauckes*, Strafrecht – Eine Einführung, § 3 Rdnr. 63; s. auch *ders.*, KritV 1993, S. 136; *Chr. Pott*, Außerkraftsetzung der Legalität, S. 22; *K. Geppert*, Jura 1982, S. 151.

484 *W. Naucke*, Gutachten, S. D 27, S. D 34, S. D 75, S. D 116; *F. Dencker/R. Hamm*, Der Vergleich im Strafprozeß, S. 66.

485 S. bereits *K. v. Birkmeyer*, DJZ 1909, Sp. 1050; seine Kritik ist ein erneuter Beleg für die These, daß Opportunitätserwägungen nichts Neues sind. *W. Hassemer*, Legalität und Opportunität im Strafverfahren, S. 538; *Th. Weigend*, ZStW 109 (1997), S. 107.

486 Nach *W. Hassemer*, Legalität und Opportunität im Strafverfahren, S. 532, ist das Opportunitätsprinzip vom Verfahren her, das Legalitätsprinzip vom Text, vom materiellen Strafrecht her konzipiert. Vgl. bereits die Kritik *K. v. Birkmeyers* am Opportunitätsprinzip, DJZ 1909, Sp. 1051.

zes[487] durch eine verfahrensrechtliche Gegenregel aufhebt, und auch der Rechtsanwender nimmt sie nicht ernst, wenn er die Gegenregel anwendet[488]. Der Satz *Nullum crimen, nulla poena sine lege* verkehrt sich in sein Gegenteil, falls dem Gesetzlichkeitsprinzip bereits dann Genüge getan sein sollte, wenn die Grenzen der Strafbarkeit im materiellen Recht, die Grenzen der Verfolgbarkeit aber im formellen Recht geregelt sind und von Fall zu Fall von den Strafverfolgungsorganen bestimmt werden können[489]. Das Opportunitätsprinzip setzt sich nicht nur in Widerspruch zum Legalitäts-, sondern auch zum Akkusationsprinzip[490]. Zu beobachten ist nämlich die Entwicklung eines "exekutivischen Rechts"[491], in dem die weisungsgebundene Staatsanwaltschaft die Entscheidung über das Absehen von der Strafverfolgung – auch unter Verhängung von Sanktionen – ohne Beteiligung eines unabhängigen Gerichts trifft.

Die Frage, die eine Orientierung auf das Opportunitätsprinzip aufwirft, ist also nicht allein, ob es das Legalitätsprinzip ergänzt oder begrenzt, durchbricht oder einschränkt[492]. Zu fragen ist vielmehr, ob die Opportunität nicht das gesamte Gefüge der Prozeßprinzipien, wie es oben[493] dargestellt wurde, zerstört. Daß ein Prozeßmodell nicht auf zwei verschiedenen Grundannahmen beruhen kann, die in sich widersprüchlich sind, ist evident[494].

Prinzipienorientiert ist im "neuen" Strafprozeß nur noch die übergeordnete Erwägung, daß Ermessensentscheidungen gefällt werden sollen. Die einzelne Entscheidung ist es nicht. Der Gesetzesanwender entscheidet nicht anhand prinzipieller Vorgaben, sondern – wenn man diese Unterscheidung aufrechterhalten will – anhand der für den jeweiligen Einzelfall gebildeten *Maxime*. Für die Verfahrenseinstellung aus Gründen der Opportunität ist diejenige Bezeichnung angebracht, welche sonst – fälschlicherweise – für einige Prozeßprinzipien gebraucht wird (Offizialmaxime, Öffentlichkeitsmaxime). Es handelt sich beim

---

487 Zu der dieser Arbeit zugrundeliegenden freiheitsgesetzlichen Straftheorie s. o., A. I. 3., S. 48 ff.

488 *Chr. Pott*, Außerkraftsetzung der Legalität, S. 22.

489 *U. Nelles/P. Velten*, NStZ 1994, S. 370, im Hinblick auf den Cannabis-Beschluß, BVerfGE 90, S. 145 ff. (S. 191 f.).

490 S. o., II. 1. b), S. 82 ff.

491 Etwa §§ 153 I S. 2, 153a I S. 6 StPO; der Begriff stammt von *P.-A. Albrecht*, Exekutivisches Recht, S. 7.

492 S. die Begriffsbildungen bei *O. Ranft*, Strafprozeßrecht, Rdnr. 1139; *A. Eser*, ZStW 104 (1992), S. 386; HK-*Krehl*, Rdnr. 3 vor §§ 151 ff. StPO; Rdnr. 4 zu § 152 StPO, Rdnr. 1 zu § 153 StPO; *P. Rieß*, NStZ 1981, S. 6; *K. Geppert*, Jura 1986, S. 309 f.; *M.-K. Meyer*, GA 1997, S. 417.

493 II., S. 79 ff.

494 Eine Neubestimmung des Verhältnisses von Legalität und Opportunität findet sich bei *Chr. Pott*, Außerkraftsetzung der Legalität, S. 121 ff.

Opportunitäts*prinzip* nicht um ein Prinzip, sondern um eine auf die Ebene der Allgemeinheit gehobene Maxime[495]. Die Opportunitäts*maxime* des Normanwenders, die sich an vagen Vorgaben orientiert, ersetzt die Entscheidung anhand klarer Vorgaben des allgemeinen Gesetzes.

Der Widerspruch zwischen Legalitätsprinzip und Opportunitäts*maxime* ist nur aufzulösen, wenn man die Opportunität gerade nicht als Gegenspieler der Legalität begreift, sondern als Alternative[496], die auf ein anderes Verfahrensmodell, eben das des "neuen" Strafprozesses hindeutet. Dieses Modell ersetzt Gleichheit und Gerechtigkeit durch Abwägung im Einzelfall, Würdigung der jeweiligen Besonderheiten und kluge Rücksicht auf die Folgen der singulären Entscheidung[497]. Der strafwürdige Täter wird nur deshalb nicht angeklagt, weil man sich von einer solchen Entscheidung Vorteile für das Funktionieren des Gesamtsystems der Strafjustiz erhofft[498]. Die praktische Vernunft der strafrechtlichen Prozeßprinzipien wird so von einer instrumentellen Vernunft abgelöst, die sich in reinen Zweckmäßigkeitsüberlegungen niederschlägt und auch nicht mit einer Berufung auf den verfassungsrechtlichen Verhältnismäßigkeitsgrundsatz kaschiert werden kann[499].

2. Weitere Prinzipien des "neuen" Strafprozesses

a) Prozeßökonomie

In der Zeit knapper Kassen muß sich auch der Strafprozeß gefallen lassen, an der Elle ökonomischer Überlegungen gemessen zu werden. Die Orientierung des Strafprozesses auf ökonomische Überlegungen ist Teil einer allgemeinen Entwicklung, die in allen Verfahrensordnungen Platz greift[500]. So werden z. B. auch für die Zivilprozeßordnung entlastende Maßnahmen angemahnt, um übertriebenen Rechtsschutz zurückzuschneiden und die Funktionstüchtigkeit des Ge-

---

495 Zur Unterscheidung der Begriffe s. *J. Hoffmeister*, Wörterbuch der philosophischen Begriffe, S. 396 (Stichwort: Maxime), S. 486 f. (Stichwort: Prinzip).

496 *W. Naucke*, KritV 1993, S. 150.

497 *W. Hassemer*, Legalität und Opportunität im Strafverfahren, S. 538.

498 *Th. Weigend*, ZStW 109 (1997), S. 110 f.

499 Zur Beziehung zwischen Verhältnismäßigkeitsgrundsatz und Opportunität s. *K. Peters*, Sozialadäquanz und Legalitätsprinzip, S. 425; KK-*Pfeiffer*, Einl. Rdnr. 6; *P. Rieß*, NStZ 1981, S. 5 f.; *K. Geppert*, Jura 1982, S. 150; klar abgelehnt von HK-*Krehl*, Einl. Rdnr. 23.

500 Vgl. NJW Wochenspiegel 31/1996, S. XXXI: Hinsichtlich der Vereinfachung des Verwaltungsverfahrens werden verkürzte und schnellere gerichtliche Verfahren als wichtiger Standortfaktor im globalen (!) Wettbewerb gesehen. – Wer wollte einem solchen Argument noch die Subjektivität des einzelnen entgegensetzen?

samtsystems aufrecht zu erhalten. In Ergänzung zu § 495a ZPO, der es dem Amtsrichter bereits erlaubt, bei einem Streitwert bis zu 1.200,-- DM das Verfahren nach billigem Ermessen zu bestimmen, sieht der geplante § 15a EGZPO ein obligatorisches Schlichtungsverfahren bei einem Streitwert bis zu 1.000,-- DM vor[501]. Im Idealfall sollen nach diesem Modell nur noch solche Verfahren gerichtlich entschieden werden, die der Rechtsfortbildung dienen oder bei denen keine Einigung mehr möglich ist.

Prozeßökonomische Überlegungen sind allerdings auch im Strafprozeßrecht keine Novität. Die Justiz hat Grenzen der Leistungsfähigkeit und soll nicht überlastet werden. In der Überlegung etwa, daß ein Strafverfahren, in dem der Staatsanwaltschaft nach der Beweislage die Überführung des Täters nicht gelingen wird, mangels hinreichenden Tatverdachts einzustellen ist (§ 170 I StPO), kommt ein berechtigter prozeßökonomischer Gedanke zum Ausdruck[502]. Kurze Rechtsmittelfristen und kurze Begründungsfristen für Rechtsmittel (§§ 314 I, 317; 341 I, 345 I S. 1 StPO) dienen neben der Verfahrensbeschleunigung auch dem Schutz des Bürgers.

Neu ist in diesem Zusammenhang allerdings, daß die Prozeßökonomie auch als Abwägungsposten gegen Beschuldigtenrechte ins Feld geführt wird[503]. Die Subjektstellung des Beschuldigten wird mit Hilfe dieser Argumentationsfigur gegen die Effizienz des Gesamtsystems ausgespielt. Subjektivität und Personalität des Beschuldigten sind dann nur noch ein Abwägungsposten neben anderen. Nach dem Grundsatz der Prozeßökonomie ist zunächst die Frage zu beantworten, ob der Aufwand für ein Verfahren im Verhältnis zu dem angestrebten Nutzen steht. In dieser Formulierung kommt bereits die Nähe zum öffentlich-rechtlichen Verhältnismäßigkeitsprinzip, das aus dem Rechtsstaatsprinzip des Art. 20 III GG abgeleitet wird[504], zum Ausdruck. Die prozeßökonomische Argumentation findet auf zwei Ebenen statt. Zum einen muß die gesamtwirtschaftliche Auswirkung der Strafverfolgung berücksichtigt werden[505]. Diese Fragestellung kann auf Überlegungen im Rahmen der ökonomischen Analyse des Rechts[506]

---

501 BT-Drucksache 13/6398, S. 8; hierzu: *K. Eichele*, ZRP 1997, S. 393 ff., mit einer ökonomischen Analyse des auf ökonomische Gründe gestützten Gesetzentwurfs (s. nur BT-Drucksache 13/6398, S. 2 f.); allgemein zum vorläufigen Gesetzentwurf zur Entlastung der Zivilgerichte s. *B. Ring*, ZRP 1997, S. 138 f.

502 *Chr. Pott*, Außerkraftsetzung der Legalität, S. 137.

503 *W. Hassemer*, KritV 1988, S. 339; *ders.*, KritV 1990, S. 274 f.; *P.-A. Albrecht*, KritV 1993, S. 163 f.; *ders.*, NJ 1994, S. 197.

504 Maunz/Dürig-*Herzog*, Rdnr. 71 ff. zu Art. 20 GG, Abschnitt 7.

505 S. hierzu *H. Schellhoss*, Kosten des Verbrechens, S. 218 ff.

506 Zur ökonomischen Analyse des Rechts s. *P. Salje*, RTh 1984, S. 277 ff.; *M. R. Dekkert*, JA 1996, S. 712 ff.; *U. A. Steinmetzler*, JA 1998, S. 335 ff.; *H.-P. Schwintowski*, JZ 1998, S. 581 ff.

zurückgreifen, die sich so auch im Bereich des Straf- und Strafverfahrensrechts zu etablieren vermag[507]. Zum anderen ist danach zu fragen, ob das einzelne Verfahren den Anforderungen der Prozeßökonomie genügt: Kleine Delikte erfordern ein einfaches, eventuell auch spezielles Verfahren[508] – gravierende Delikte erfordern ein aufwendiges Verfahren. Das einzelne Verfahren muß also in einem angemessenen Umfang betrieben werden, der sich auch überindividuell vor dem Hintergrund ökonomischer Interessen und dem Nutzen für die – neuerdings auch vorbeugend betriebene (vgl. etwa § 1 IV HSOG) – Verbrechensbekämpfung rechtfertigen läßt. Strafrecht wird nach dieser Konzeption als Mittel zum Zwecke der Bekämpfung aktueller und künftiger Kriminalitätsprobleme eingesetzt. Der Einsatz erfolgt in dem Maße, wie er zur Erreichung präventiver Ziele förderlich erscheint. So kann es sein, daß die Strafverfolgungsorgane in bestimmten Deliktsbereichen einen großen Ermittlungsaufwand betreiben, während sie andere Bereiche vernachlässigen, die früher vielleicht eine ebenso große Rolle spielten[509]. Verbunden mit der Prozeßökonomie ist ein strafrechtliches und strafprozessuales Denken, nach dem allein der Erfolg die Mittel heiligt.

b) Funktionstüchtigkeit der Strafrechtspflege

Das Gebot der funktionstüchtigen Strafrechtspflege verpflichtet die Strafverfolgungsorgane zu der vor dem Hintergrund des Legalitätsprinzips selbstverständlichen Aufklärung und Verfolgung von Straftaten, um den schuldigen Täter in einem justizförmigen Verfahren mit Strafe zu belegen[510]. Daß die Strafrechtspflege funktionstüchtig zu sein hat, folgt bereits aus dem Beschleunigungsgrundsatz und aus dem Konzentrationsprinzip[511]: Nur in einer funktionstüchtigen Justiz kann der Beschuldigte innerhalb kurzer Frist Klarheit über den Tatvorwurf erhalten, kann im Verfahren nach der materiellen Wahrheit als Grundlage der Verurteilung oder des Freispruchs gesucht werden. So gesehen drückt der Begriff Funktionstüchtigkeit der Strafrechtspflege nichts anderes aus als eine moderne

---

507 *St. Werner*, KritV 1992, S. 433 ff.

508 Vor diesem Hintergrund ist etwa § 153a StPO zu verstehen; vgl. BGHSt 28, S. 69 ff. (S. 70 f.): "Beendigungsverfahren mit Selbstunterwerfung". Gleiches gilt für das Strafbefehlsverfahren (§§ 407 ff. StPO, zur Ausdehnung seines Anwendungsbereichs s. *M. Lemke/U. Rothstein-Schubert*, ZRP 1997, S. 488 ff. [S. 490 ff.]) und für das beschleunigte Verfahren (§§ 417 ff. StPO, krit. hierzu *Kleinknecht/Meyer-Goßner*, Rdnr. 3 ff. vor § 417 StPO) mit der Möglichkeit der Hauptverhandlungshaft (§ 127b StPO, krit. hierzu LR-*Hilger*, Rdnr. 7 zu § 127b StPO: "Einfallstor für apokryphe Haftgründe"; *Kleinknecht/Meyer-Goßner*, Rdnr. 2 f. vor § 127b StPO).

509 *Th. Weigend*, ZStW 109 (1997).

510 BVerfGE 46, S. 214 ff. (S. 222 f.).

511 S. o., II. 2. c), S. 95.

Reformulierung zweier Prozeßprinzipien und damit eine bare strafprozessuale Selbstverständlichkeit.

Der Begriff gewinnt aber eine neue Qualität, wenn man betrachtet, in welchem argumentativen Zusammenhang ihn das BVerfG gebraucht. Dieses leitet ihn aus dem Rechtsstaatsprinzip ab, das es Art. 20 III GG entnimmt. In diesem Zusammenhang wird die Funktionstüchtigkeit nicht mehr allein als Voraussetzung für ein den Tatvorwurf rasch klärendes Verfahren verstanden, sondern gleichsam als Gefäß angesehen, in dem Gerechtigkeit, Wahrheit, Effizienz und Rechtsstaatlichkeit harmonisch zusammenfließen und den Gegensatz zwischen Effizienz und Rechtsförmigkeit rhetorisch verbrämen[512]. Der Topos "Funktionstüchtigkeit der Strafrechtspflege" verwandelt sich so von dem Imperativ, im Interesse des Beschuldigten und der Beweissicherheit ein möglichst zügiges Verfahren durchzuführen, zu einer Argumentations- und Abwägungsfigur. Der Grundsatz kann so auch gegen liberale Reformbestrebungen sowie die Justiz belastende Beschuldigtenrechte ins Feld geführt werden und steht für die Reduktion von Beschuldigteninteressen und effektive Strafverfolgung[513]. Sind die Prinzipien des "alten" Strafprozesses aus der Subjektivität und Personalität des Beschuldigten abgeleitet, so handelt es sich bei dem Begriff "Funktionstüchtigkeit der Strafrechtspflege" um ein überindividuell-systemisches Interesse, das gegen die Rechte vor allem des Beschuldigten, aber auch der anderen Verfahrensbeteiligten in Stellung gebracht wird. So wurde der Begriff von der Verfassungsrechtsprechung denn auch stets gegen eine Ausweitung von Rechten der Verfahrensbeteiligten, die nicht der Justiz angehören, ins Feld geführt: Gegen ein Aussageverweigerungsrecht der Sozialarbeiter[514], gegen ein Verwertungsverbot bei heimlichen Tonbandaufnahmen[515], gegen ein unbeschränktes Recht des Zeugen auf Rechtsbeistand[516], gegen ein berufsbezogenes Zeugnisverweigerungsrecht des Tierarztes[517], gegen die Rücksichtnahme auf eine teilweise Verhandlungsunfähigkeit des Angeklagten in der Hauptverhandlung[518], gegen die Beschlagnahmefreiheit von Klientenakten einer Drogenberatungsstelle[519], gegen den Verzicht auf die Verwirklichung des staatlichen Strafanspruchs nach einer

512 *W. Hassemer*, StV 1982, S. 277; *ders.*, KritV 1990, S. 266; zur Zerbrechlichkeit des rechtsstaatlichen Strafrechts wegen der in ihm liegenden Zusammenführung von Humanität und Effizienz s. *W. Naucke*, KritV 1990, S. 254 ff.

513 *W. Hassemer*, StV 1982, S. 275, spricht von einem "gegenreformatorischen Argumentationstopos"; s. auch *U. Neumann*, ZStW 101 (1989), S. 62.

514 BVerfGE 33, S. 367 ff. (S. 383).

515 BVerfGE 34, S. 238 ff. (S. 248 f.).

516 BVerfGE 38, S. 105 ff. (S. 118).

517 BVerfGE 38, S. 312 ff. (S. 321 f.).

518 BVerfGE 41, S. 246 ff. (S. 250).

519 BVerfGE 44, S. 353 ff. (S. 374, 378).

erpresserischen Geiselnahme[520], gegen den freien Informationsaustausch terroristischer Gefangener untereinander und mit ihren Verteidigern[521], gegen eine Einstellung des Verfahrens bei Gesundheits- und Lebensgefahr des Beschuldigten[522], gegen ein Verwertungsverbot tagebuchähnlicher Aufzeichnungen[523].

Die Rede von der Funktionstüchtigkeit der Strafrechtspflege erweist sich somit als Argumentationsfigur zur Abwehr störender Verfahrensrechte sowie zur Durchsetzung von Präventionsbestrebungen und zur Verwirklichung der Prozeßökonomie[524].

c) Fair trial-Grundsatz

Der *Fair trial*-Grundsatz ist tragendes Argument vieler Entscheidungen des BVerfG und des BGH, wenn es um die Rechtsstellung der Verfahrensbeteiligten, insbesondere des Beschuldigten geht. Er ist gleichsam der Antagonist der Funktionstüchtigkeit der Strafrechtspflege. Ist die Funktionstüchtigkeit der Strafrechtspflege tendenziell eine der Opportunität zuzuordnende Argumentationsfigur, so kann man den *Fair trial*-Grundsatz eher in die Nähe der Legalität rücken. Obwohl dieser Grundsatz häufig zur Erweiterung von Rechtspositionen herangezogen wurde, sind seine Begründung, seine Reichweite sowie die Rechtsfolgen bei einem Verstoß gegen ihn unklar.

aa) Der Begriff des Fair trial

Der Begriff *fair trial,* also faires Gerichtsverfahren, stammt aus dem angloamerikanischen Strafprozeß[525]. Er verbürgt dort vor allem die Waffengleichheit im Parteiprozeß, einem Verfahren, in dem sich der Staatsanwalt und der Angeklagte bzw. sein Verteidiger als zumindest der Idee nach gleichberechtigte Parteien gegenüberstehen. Der *Supreme Court* prüft im Rahmen der *Due-process*-Klausel auch die Frage, ob das Strafverfahren fair und damit rechtmäßig war.

Im deutschen Strafverfahrensrecht erscheint der Begriff des fairen Verfahrens zum ersten Mal in einer BVerfG-Entscheidung vom 3. Juni 1969[526]. Das

---

520 BVerfGE 46, S. 214 ff. (S. 222 f.).

521 BVerfGE 49, S. 24 ff. (S. 54), zu § 31 EGGVG (Kontaktsperregesetz).

522 BVerfGE 51, S. 324 ff. (S. 343 f., 345 f.).

523 BVerfGE 80, S. 367 ff. (S. 375 f.); vgl. auch BVerfG NJW 1994, S. 1970 f. (S. 1970)

524 *W. Hassemer*, KritV 1990, S. 265 f.

525 Ausführlich hierzu: *N. Schmid*, Strafverfahren in den Vereinigten Staaten, S. 139 ff.; *D. Steiner*, Das Fairneßprinzip im Strafprozeß, S. 29 ff.

526 BVerfGE 26, S. 66 ff. (S. 71).

späte Auftauchen des Begriffs mag überraschend sein. Die Überraschung verfliegt jedoch, wenn man bedenkt, daß die StPO mit dem "alten" Strafprozeß[527] ein formstrenges Verfahren zur Verfügung gestellt hatte, das sich im Gegensatz zum fallrechtlich orientierten anglo-amerikanischen Recht[528] am allgemeinen Gesetz und der Prozeßsubjektivität des Beschuldigten orientierte. Ein solches Verfahren mußte einer Generalklausel wie der des *Fair trial* zur Kontrolle der Rechtmäßigkeit einzelner Verfahrenshandlungen und des Strafprozesses kritisch gegenüberstehen und bedurfte ihrer auch nicht. Zu den möglichen Ursachen der raschen Etablierung und häufigen Anwendung dieses Grundsatzes zählen die Ausbreitung des Opportunitätsprinzips (§§ 153 ff. StPO) unter Außerkraftsetzung eines streng gehandhabten Legalitätsprinzips (§ 152 II StPO)[529], die Informalisierung der Strafverfolgung durch Absprachen[530] sowie die Ausweitung der Ermittlungsbefugnisse der Polizei im Rahmen von Vorfeldermittlungen[531]. Solange die strenge Beachtung der gesetzlichen Regelungen zu einem justizförmigen Verfahren führte, brauchte man den *Fair trial*-Grundsatz im Strafprozeß nicht. Die Lage hat sich aber gewandelt, seit die Strafprozesse die rechtsstaatlich starren, den Beschuldigten in seiner Prozeßsubjektivität schützenden Formen der StPO, also das oben[532] beschriebene "alte" Strafprozeßmodell verlassen haben[533].

Betrachtet man die Kommentar-[534] und Lehrbuchliteratur[535], so fällt auf, daß unter dem Stichwort "faires Verfahren" kaum eine allgemeine Ableitung des Inhalts und der Reichweite des Begriffs gegeben wird, sondern nur ein Verweis auf den engen Zusammenhang mit der Verfassungsdogmatik und auf Einzelfallentscheidungen erfolgt.

---

527 S. o., II., S. 79 ff.

528 S. dazu im einzelnen u., Viertes Kapitel, B. I., S. 210 ff.

529 S. o., 1., S. 114 ff.

530 S. u., Drittes Kapitel, B., S. 179 ff.

531 Hierzu: *O. König*, Die Entwicklung der strafprozessualen Zwangsmaßnahmen im Ermittlungsverfahren seit 1877, insbesondere S. 109 ff., S. 121 ff.; s. auch *F.-C. Schroeder*, Strafprozeßrecht, Rdnr. 83 ff. (Rdnr. 85).

532 S. o., II., S. 79 ff.

533 *R. Hamm*, Entdeckung des "fair trial", S. 274 f.

534 *Kleinknecht/Meyer-Goßner*, Einl. Rdnr. 19; AK-StPO-*Loos*, Einl. III., Rdnr. 28 f. (Qualifikation als "prozessuale[r] Zwischenbegriff" bzw. als "Verfahrensprinzip mittlerer Reichweite"); LR-*Schäfer*, Einl. Kap. 6, Rdnr. 17 ff.; KK-*Pfeiffer*, Einl. Rdnr. 28; *Pfeiffer/Fischer*, Einl. Rdnr. 21.

535 *C. Roxin*, Strafverfahrensrecht, § 11 Rdnr. 9 ff.; *W. Beulke*, Strafprozeßrecht, Rdnr. 28; eingehender *E. Schlüchter*, Das Strafverfahren, 35.2 – 35.5; kritisch *F.-C. Schroeder*, Strafprozeßrecht, Rdnr. 52, 54 ff., sowie *H.-H. Kühne*, Strafprozeßlehre, Rdnr. 133.

bb) Die Rechtsgrundlagen des Fair trial-Grundsatzes

Über die Rechtsgrundlage des Fairneßgrundsatzes herrscht keine Einigkeit.

Die StPO verwendet den Begriff nicht. Es existiert auch keine Norm, deren Wortlaut als Einbruchstelle für den Fairneßgedanken dienen könnte wie etwa die Generalklauseln des Zivilrechts (vgl. §§ 138, 242, 826 BGB; § 765a I S. 1 ZPO). Allenfalls aus einer Gesamtbetrachtung der Normen unter Berücksichtigung von Sinn und Zweck der Einzelvorschriften könnte man einen solchen Grundsatz herauslesen. Dabei wären in erster Linie die vielfach normierten Belehrungs-, Hinweis- und Aussetzungspflichten heranzuziehen. Als hinreichend bestimmte Rechtsgrundlage des *Fair trial*-Grundsatzes scheidet die StPO jedenfalls aus[536].

Als Rechtsgrundlage kämen weiterhin Art. 6 I S. 1 EMRK und Art. 14 I S. 2 IPBPR in Betracht, die einen Anspruch des Bürgers auf Verhandlung der strafrechtlichen Anklage in billiger Weise geben. Im englischen Originaltext ist von einem *fair hearing* die Rede, so daß mit den beiden Normen eine mögliche Rechtsgrundlage gefunden wäre, die den Begriff zumindest wörtlich wiedergibt. Problematisch ist jedoch, daß es sich bei der EMRK und dem IPBPR um völkerrechtliche Verträge handelt, die die Bundesrepublik Deutschland per Zustimmungsgesetz in einfache innerstaatliche Gesetze transformiert hat[537]. Art. 6 I S. 1 EMRK und Art. 14 I S. 2 IPBPR stehen in der Normenhierarchie unterhalb der Verfassung, binden aber gleichwohl als unmittelbar geltendes Recht Exekutive und Judikative (Art. 20 III GG). Als einfache Gesetze vermögen sie aber nicht modifizierend auf Normen der StPO, welche ebenfalls ein Gesetz einfachen Ranges ist, einzuwirken.

Auch im Grundgesetz wird der *Fair trial*-Grundsatz weder im Grundrechtsteil noch im Abschnitt über die Rechtsprechung explizit genannt. Daher versuchen BVerfG und BGH, ihn aus den Normen des GG abzuleiten: Das BVerfG führt den *Fair trial*-Grundsatz auf ein materiell verstandenes Rechtsstaatsprinzip und die darin verbürgten Freiheitsrechte zurück (Art. 2 I, 20 III, 28 I S. 1 GG; teilweise i.V.m. Art. 1 I S. 1, 2 II S. 2 GG)[538]. Beide Senate begreifen den Grundsatz als Prozeßgrundrecht, vergleichbar den Art. 19 IV, 101 I, 103 I GG.

---

536 *D. Steiner*, Das Fairneßprinzip im Strafprozeß, S. 33.

537 *D. Steiner*, Das Fairneßprinzip im Strafprozeß, S. 33 ff.

538 BVerfGE 26, S. 66 ff. (S. 71); 38, S. 105 ff. (S. 111); 39, S. 238 ff. (S. 243); 40, S. 95 ff. (S. 99); 41, S. 246 ff. (S. 249); 46, S. 202 ff. (S. 210); 46, S. 325 ff. (S. 334 f.); 51, S. 150 ff. (S. 156); 52, S. 131 ff. (S. 145, 147); 52, S. 203 ff. (S. 207); 57, S. 250 ff. (S. 274 f.); 63, S. 380 ff. (S. 390); 64, S. 135 ff. (S. 145); 65, S. 171 ff. (S. 174 f.); 66, S. 313 ff. (S. 318); 70, S. 297 ff. (S. 308). Selbst diese exemplarische Aufzählung verdeutlicht die Begründungskraft, die der *Fair trial*-Topos in der Rechtsprechung des BVerfG besitzt.

Es handelt sich demnach um einen auf der Ebene des Verfassungsrechts angesiedelten allgemeinen Grundsatz des Verfahrensrechts. Die Wurzel des *Fair trial*-Gebots wurde vom BVerfG nie in Art. 6 I S. 1 EMRK gesehen. Dies mag auch damit zusammenhängen, daß nur ein GG-Verstoß die Prüfungskompetenz des BVerfG im Rahmen der konkreten Normenkontrolle bzw. Verfassungsbeschwerde eröffnet.

Innerhalb der Senate des BGH werden unterschiedliche Ansätze zur Herleitung des *Fair trial*-Grundsatzes vertreten. So wird auf das Rechtsstaatsprinzip, auf Art. 2 I, 20 III GG, auf das Rechtsstaatsprinzip und Art. 6 I EMRK, in dem der *Fair trial*-Grundsatz seinen besonderen Ausdruck gefunden habe, sowie auf Art. 1 I S. 1, 2 I GG zurückgegriffen[539].

In der Literatur[540] wird die Grundlage in einer Verknüpfung des rechtsstaatlichen Charakters der geltenden StPO mit sozialstaatlichem Gedankengut[541] bzw. im Rechtsstaats- und Sozialstaatsprinzip sowie einer Gesamtbetrachtung der Art. 1 I S. 1, 20 III, 28 I S. 1 GG[542] erblickt.

Bereits die Divergenzen in der Festlegung auf eine Rechtsgrundlage des *Fair trial*-Grundsatzes innerhalb der Rechtsprechung des BVerfG und des BGH sowie in der Literatur verdeutlichen, wie schwach das Fundament ist, auf dem das "oberste Gebot des gesamten Strafprozeßrechts"[543] ruht.

cc) Versuch einer Inhaltskonkretisierung des Fair trial-Grundsatzes

Der genaue Inhalt des *Fair trial*-Grundsatzes ist noch schwerer zu ermitteln als seine Rechtsgrundlage. Betrachtet man die BVerfG- und BGH-Rechtsprechung, so gewinnt man den Eindruck, als ob von Fall zu Fall neu bestimmt werde, welchen Inhalt, welche Reichweite und welche Rechtsfolgen ein Verstoß gegen den *Fair trial*-Grundsatz hat. Konsequenter ist ein Teil der Literatur[544], der eine eigenständige Bedeutung des *Fair trial*-Grundsatzes im Strafverfahren ablehnt: Dieser besage nämlich nicht mehr als das allgemeine Verfassungsgebot eines rechtsstaatlichen Strafverfahrens. Ihm komme nur eine deklaratorische Bedeutung im Sinne eines Merkpostens zu, der den Gesetzgeber und den Normanwen-

---

539 BGHSt 25, S. 325 ff. (S. 330); 32, S. 44 ff. (S. 47); 32, S. 221 ff. (S. 228 f.); 37, S. 10 ff. (S. 13); 38, S. 214 ff. (S. 220 f.); 38, S. 263 ff. (S. 266); 38, S. 302 ff. (S. 305); 39, S. 310 ff. (S. 312); 39, S. 335 ff. (S. 346); 40, S. 211 ff. (S. 217 f.).

540 Übersicht bei *D. Steiner*, Das Fairneßprinzip im Strafprozeß, S. 87 ff.

541 *C. Roxin*, Strafverfahrensrecht, § 2 Rdnr. 9 a. E.; § 11 Rdnr. 9.

542 *W. Beulke*, Strafprozeßrecht, Rdnr. 28.

543 *C. Roxin*, Strafverfahrensrecht, § 11 Rdnr. 9.

544 Etwa *V. Krey*, Strafverfahrensrecht, Bd. 2, Rdnr. 254 f. (Rdnr. 255); *H.-H. Kühne*, Strafprozeßlehre, Rdnr. 133.

der daran erinnern soll, daß das Strafverfahren dem Grundgesetz gerecht werden muß.

Erkennt man hingegen eine eigenständige Bedeutung des Grundsatzes an, so folgt daraus – wegen des ihm vom BVerfG beigelegten Verfassungsranges – eine Direktive an den Gesetzgeber bei der Ausgestaltung des Strafverfahrens sowie eine Auslegungsdirektive für den Rechtsanwender. Schließlich begründet er unmittelbar Rechte und Pflichten der am Strafverfahren Beteiligten. Der Grundsatz darf aber nicht an die Stelle von Vorschriften der StPO oder von Verfahrensgrundsätzen gesetzt werden, die sich umittelbar aus der StPO ergeben. Ferner ist der Fairneßgrundsatz für Strafgerichte nur ergänzend anwendbar, falls die StPO keine Einzelregelung trifft.

Der Versuch einer Inhaltskonkretisierung des Fairneßgrundsatzes kann mit verschiedenen Methoden unternommen werden.

Eine Wortlautauslegung des Begriffs *fair*, der im Englischen einen sehr umfassenden Bedeutungsgehalt hat, hilft kaum weiter[545]. Gleiches gilt für eine grammatikalische Auslegung der Art. 6 I S. 1 EMRK und Art. 14 I S. 2 IPBPR. Hier wird zwar der Begriff *in billiger Weise* verwendet. Eine um Authentizität bemühte Auslegung, die auf den im englischen Originaltext verwendeten Begriff *fair hearing* zurückgehen muß, handelt sich aber wiederum die Schwierigkeit des Begriffs *fair* ein.

Im Rahmen einer systematischen Auslegung ist auf die Unterscheidung zwischen den unbenannten Fairneßkriterien des Art. 6 I EMRK ("Verhandlung in billiger Weise") und auf die benannten Fairneßkriterien der Abs. 2 und 3 der Vorschrift als Mindeststandard an Rechten des Beschuldigten hinzuweisen[546]. Das Problem besteht nun darin, daß dieser Katalog an Mindestrechten nicht abschließend ist. Wäre er abschließend, so stellte sich das Problem eines *Fair trial*-Verstoßes zumindest in der Bundesrepublik nicht, da die in Art. 6 III EMRK als Minimum garantierten Rechte umfänglich durch die StPO gewährleistet sind[547]. Durch einen Rückgriff auf einen Katalog von Mindestrechten kann der Inhalt des Fairneß-Grundsatzes zudem nicht ausreichend beschrieben werden, da es sich bei dem Grundsatz nicht um einen schlagwortartig-formalen Oberbegriff, sondern um ein inhaltlich-materielles Kriterium handelt[548].

---

545 *D. Steiner*, Das Fairneßprinzip im Strafprozeß, S. 119 f.

546 *D. Steiner*, Das Fairneßprinzip im Strafprozeß, S. 120 ff.

547 Zu nennen sind das rechtliche Gehör (§§ 33, 33a, 308 I S. 1, 311a I StPO), das Recht auf Verteidigung (§§ 137 ff., 265 III, IV StPO: materielles Verteidigungsrecht), die Aussagefreiheit des Beschuldigten (§§ 136 I S. 2, 136a, 163a IV S. 2, 243 IV S. 1 StPO), der Grundsatz der freien richterlichen Beweiswürdigung (§ 261 StPO) sowie Rechtsmittel und Rechtsmittelbelehrung (§§ 296 ff., 35a StPO).

548 *D. Steiner*, Das Fairneßprinzip im Strafprozeß, S. 121.

Anders verhält es sich im amerikanischen Recht, in dem der *Supreme Court* auch wegen der Zersplitterung der einzelstaatlichen Verfahrensrechte über den aus der *Due-process*-Klausel hergeleiteten *Fair trial*-Grundsatz die folgenden rechtsstaatlichen Streben in das Verfahren einzieht[549]: Öffentlichkeit des Verfahrens (§ 169 GVG); Recht des Angeklagten, Zeugen aufbieten zu können und mit diesen konfrontiert zu werden (§§ 244, 245 II, 250 StPO); Pflicht der Anklagebehörde, auch zugunsten des Angeklagten tätig zu werden (§ 160 II StPO); Anspruch auf ein rasches Verfahren; Recht auf eine unparteiische, unbeeinflußte *jury* und einen würdigen Prozeß; verfassungsrechtliche Schranken bei Beweisvermutungen (§ 261 StPO). Ein Rückgriff auf anglo-amerikanische Grundsätze scheitert an der mangelnden Vergleichbarkeit des anglo-amerikanischen Parteiprozesses mit dem reformierten deutschen Strafprozeß, der durch das Offizial-, das Akkusations- und das Legalitätsprinzip bestimmt wird[550].

Handelt es sich bei dem *Fair trial*-Grundsatz um ein inhaltlich-materielles Kriterium, so liegt die inhaltliche Bestimmung des fairen Verfahrens anhand des Rechtsstaatsprinzips (Art. 20 III, 28 I S. 1 GG) nahe[551]. Wie bereits erwähnt[552], ist dies auch der Ansatz des BVerfG[553]. Danach gebietet der *Fair trial*-Grundsatz eine Selbstbeschränkung der staatlichen Möglichkeiten gegenüber den begrenzten Möglichkeiten des einzelnen. Der in ein Strafverfahren Gezogene darf niemals bloßes Objekt des Verfahrens sein. Der *Fair trial*-Grundsatz verpflichtet die staatlichen Organe, korrekt zu verfahren. Der Beschuldigte muß prozessuale Rechte und Möglichkeiten mit der erforderlichen Sachkunde selbständig wahrnehmen und Übergriffe der Institutionen der staatlichen Rechtsausübung oder der anderen Verfahrensbeteiligten angemessen abwehren können. Dem dienen Belehrungs-, Hinweis- und Fürsorgepflichten der Strafverfolgungsorgane[554]. Der Grundsatz soll die Waffengleichheit zwischen dem Ankläger und dem Beschuldigten verwirklichen, der deshalb in jeder Lage des Verfahrens zu seiner Unterstützung und zur Wahrung seiner Unabhängigkeit gegenüber den anderen Verfahrensbeteiligten einen Strafverteidiger hinzuziehen kann. Es muß eine Waffengleichheit im Sinne einer Chancengleichheit der Verteidigung ge-

549 *N. Schmid*, Strafverfahren in den Vereinigten Staaten, S. 139 ff.; in Klammern jeweils die entsprechenden Regelungen des deutschen Verfahrensrechts.

550 *D. Steiner*, Das Fairneßprinzip im Strafprozeß, S. 126 ff. (S. 127); zum Problem der Vergleichbarkeit des anglo-amerikanischen Parteiprozesses mit dem reformierten deutschen Strafprozeß vgl. *F.-C. Schroeder*, Strafprozeßrecht, Rdnr. 54, sowie u., Viertes Kapitel, B., S. 210 ff.; D., S. 258 f.

551 *D. Steiner*, Das Fairneßprinzip im Strafprozeß, S. 123 f.

552 S. o., bb), S. 127 f.

553 So die Grundsatzentscheidung BVerfGE 38, S. 105 ff. (S. 111 ff.).

554 BGHSt 24, S. 15 ff. (S. 24 ff.): Das Gericht muß den rechtsunkundigen Angeklagten auf Antragsrechte und verborgene Nachteile von Prozeßhandlungen hinweisen.

genüber der an Mitteln überlegenen Anklagebehörde bestehen. Der Grundsatz des fairen Verfahrens dient insbesondere dem Beschuldigten, für den bis zur rechtskräftigen Verurteilung die Unschuldsvermutung (Art. 6 II EMRK) streitet. Der *Fair trial*-Grundsatz wendet sich an Richter, Staatsanwaltschaft und Polizei. Er gilt in allen Verfahrensabschnitten, also vom Ermittlungs- bis zum Vollstreckungsverfahren[555], und umfaßt auch das Beschleunigungsgebot[556]. Die größte Relevanz kommt ihm freilich in der Hauptverhandlung zu. Der Richter ist mithin als Hauptadressat anzusehen. Aus diesen Grundlinien hat die Rechtsprechung durch eine Fallgruppenbildung Anwendungsfelder des *Fair trial*-Grundsatzes abgesteckt, die hier nur stichwortartig benannt werden können. Die Zusammenstellung erhebt keinen Anspruch auf Vollständigkeit: Schweigerecht des Beschuldigten im Ermittlungsverfahren[557], Recht der Verteidigung[558], Beweisrecht[559], Recht des Zeugen auf anwaltlichen Beistand[560] sowie Absprachen im Strafverfahren[561].

dd) Rechtsfolge eines Verstoßes gegen den Fair trial-Grundsatz

Die Rechtsfolge eines Verstoßes gegen den *Fair trial*-Grundsatz ist in Literatur und Rechtsprechung ebenfalls noch nicht geklärt[562]. Diskutiert werden die Annahme eines Revisionsgrundes unter dem Gesichtpunkt der §§ 338 Nr. 8, 337 II

---

555 BVerfGE 70, S. 297 ff. (S. 308 f.).

556 LG Berlin StV 1991, S. 371 ff. (S. 390 ff.).

557 BGHSt 38, S. 214 ff. (S. 220 f.): Vernehmung des Beschuldigten ohne Hinweis auf sein Schweigerecht.

558 BVerfGE 38, S. 105 ff. (S. 111): Recht des Beschuldigten, sich im Strafverfahren von einem Rechtsanwalt seines Vertrauens verteidigen zu lassen; BVerfG NJW 1993, S. 2301 ff. (S. 2302 f.): Anwesenheit des Strafverteidigers bei mündlicher Anhörung im Vollstreckungsverfahren; BVerfGE 46, S. 202 ff. (S. 209 ff.): Recht des mittellosen Angeklagten auf Pflichtverteidigung im Revisionsverfahren bei "schwerwiegendem Fall"; OLG Hamm NStZ 1996, S. 454 f. (S. 454): Beauftragung eines weiteren Sachverständigen durch das Berufungsgericht.

559 BGHSt 32, S. 44 ff. (S. 47 f.): Abweichung von einer zugesagten Wahrunterstellung zum Nachteil des Angeklagten; BGHSt 24, S. 125 ff. (S. 131 f.): Verwertbarkeit fehlerhaft gewonnener Beweismittel; BVerfGE 57, S. 250 ff. (S. 274 ff.): Verwertbarkeit von Aussagen des Zeugen vom Hörensagen.

560 BVerfGE 38, S. 105 ff. (S. 111 ff.)

561 BVerfG wistra 1987, S. 134 f. (S. 134), zur grundsätzlichen Zulässigkeit von Absprachen im Strafverfahren; BGHSt 37, S. 10 ff. (S. 12); 42, S. 46 ff. (S. 50); 43, S. 195 ff.; zur Problematik eines selbständigen Beweisverwertungsverbots aus dem *Fair trial*-Grundsatz im Falle einer fehlgeschlagenen Absprache s. *W. Beulke/H. Satzger*, JuS 1997, S. 1075 f.; hinsichtlich Absprachen s. im einzelnen u., Drittes Kapitel, B., S. 179 ff.

562 *D. Steiner*, Das Fairneßprinzip im Strafprozeß, S. 192 ff.

StPO[563], eines Verfahrenshindernisses[564] sowie die Verwirkung des staatlichen Strafanspruchs[565]. Die höchstrichterliche Rechtsprechung neigt am ehesten zur Annahme eines (wesentlichen) Strafmilderungsgrundes[566].

ee) Kritik des Fair trial-Grundsatzes

Der *Fair trial*-Grundsatz, der sowohl in seiner Herleitung als auch in seinen Rechtsfolgen unklar ist, überpielt die allgemeinen Prinzipien des Strafverfahrens durch eine übergeordnete Generalklausel, in die die jeweiligen Konkretisierungsdesiderate des Rechtsanwenders einfließen können[567]. Bei einer Hinwendung zur Generalklausel liegt jedoch die vom Gewaltenteilungsprinzip geforderte Trennung der gesetzgeberischen Staatsgewalt von der richterlichen nicht mehr vor: Der Richter, der nicht mehr das allgemeine Strafgesetz und die StPO anwendet, sondern nur noch für den Einzelfall entscheidet, ob das Verfahren "fair" ist, übernimmt tendenziell gesetzgeberische Funktion. Es ist aber gerade die Aufgabe des Gesetzgebers, anhand einer Orientierung an den Prinzipien *a priori* des staatlichen Zustandes zu entscheiden, unter welchen gesetzlichen Voraussetzungen ein Verfahren "fair" – und das heißt doch: der Subjektivität und Personalität des Beschuldigten gemäß – ist. Die Etablierung des *Fair trial*-Grundsatzes leistet hingegen einer Abwägungsdogmatik[568] Vorschub. Es geht nicht länger um den Schutz von Freiheiten im Sinne der Achtung der Prozeßsubjektivität des Beschuldigten, sondern um "Wertoptimierung"[569]. Das faire Verfahren als ein Wert, mit dem eine Ausweitung der Beschuldigtenrechte begründet wird, wird stets im Zusammenhang mit der Funktionstüchtigkeit der Strafrechtspflege gesehen. Die Funktionstüchtigkeit der Strafrechtspflege hingegen bringt

---

563 KMR-*Paulus*, Rdnr. 102 zu § 338 StPO.

564 Bejaht in: LG Berlin StV 1991, S. 371 ff. (S. 390 ff.), mit Anm. *U. Scheffler* JZ 1992, S. 131 ff.; verneint in: BGHSt 32, S. 345 ff. (S. 350 ff.); 37, S. 10 ff. (S. 13): "Wegen der Weite und Unbestimmtheit (des Rechtsstaatsprinzips, *St. S.*) ist es aus Gründen der Rechtssicherheit ausgeschlossen, ohne gesetzliche Regelung ein Verfahrenshindernis dann anzunehmen, wenn ein bestimmtes Vorkommnis als Verstoß gegen das Rechtsstaatsprinzip und den daraus herzuleitenden Anspruch auf ein faires Verfahren bewertet werden kann."

565 Abgelehnt in BGHSt 32, S. 345 ff. (S. 352 f.), wonach es sich um eine unzulässige Übertragung zivilrechtlicher Kategorien auf das Strafrecht handele.

566 BGHSt 37, S. 10 ff. (S. 14): "Eine von einem Tatrichter festgestellte Nichteinhaltung einer solchen im Ermittlungsverfahren getroffenen 'Vereinbarung' ist *ganz maßgeblich* bei der Strafzumessung für diese dennoch angeklagte Straftat zu berücksichtigen." (Hervorhebung von mir, *St. S.*); BGHSt 32, S. 345 ff. (S. 355).

567 *W. Frisch*, Ausschluß und Ablehnung des Staatsanwalts, S. 391.

568 Hierzu: *W. Hassemer*, KritV 1988, S. 343; *ders.*, KritV 1990, S. 270 f.

569 *D. Steiner*, Das Fairneßprinzip im Strafprozeß, S. 179 ff.

als überindividueller Wert und als staatliches Interesse tendenziell eine Einschränkung der individuellen Beteiligten- und vor allem der Beschuldigtenrechte mit sich. Die Entscheidung darüber, welchem Abwägungsposten der Vorrang gebührt, bleibt dem Rechtsanwender im konkreten Einzelfall überlassen. Mit dem Rechtsstaatsprinzip, das sowohl das Postulat der Funktionstüchtigkeit der Strafrechtspflege als auch den *Fair trial*-Grundsatz umfaßt, kann jede Abwägungspräferenz vereinbart werden. Angestrebt wird eine Flexibilisierung zugunsten eines reibungslosen Prozeßgeschehens, wie sich am Beispiel des Rechts des Zeugen auf anwaltlichen Beistand zeigt: "Das Rechtsstaatsprinzip (aus dem unter dem Gesichtspunkt des fairen Verfahrens auch das Recht des Zeugen auf einen Rechtsbeistand abgeleitet wurde, *St. S.*) zieht jedoch einem allgemeinen Recht des Zeugen auf Rechtsbeistand Grenzen. Es wäre mit dem Postulat der Aufrechterhaltung einer *funktionsfähigen, wirksamen Strafrechtspflege* nicht vereinbar, den Rechtsbeistand des Zeugen in allen Fällen ohne Einschränkung zuzulassen. Der Grundsatz der Verhältnismäßigkeit verlangt vielmehr eine *Abwägung* zwischen dem Anspruch des Zeugen und dem *öffentlichen Interesse an der Effizienz des Strafprozesses* und ähnlicher Verfahren, die die Behörden und Gerichte unter Abwägung aller persönlichen und tatsächlichen Umstände des Einzelfalles vorzunehmen haben"[570]. Auch die Strafzumessungslösung bei einem Verstoß gegen den *Fair trial*-Grundsatz ist halbherzig und führt erneut zu einer Abwägung, an dieser Stelle im Rahmen des § 46 StGB[571].

Ein Mehr an Rechten der Prozeßbeteiligten ist wünschenswert. Einer Rechtsposition gegenüber, die zu einer Ausdehnung der Abwägungsdogmatik[572] führt, ist aber alle Skepsis geboten.

---

570 BVerfGE 38, S. 105 ff. (S. 117 f., Hervorhebungen von mir, *St. S.*); vgl. dagegen BGHSt 40, S. 217 ff.: "Die ausufernde Anwendung solcher in Randzonen einander oft widerstreitender und 'begrifflich unscharfer Verfassungsprinzipien' – hier des Rechtsstaatsprinzips oder des Prinzips der Aufrechterhaltung einer funktionstüchtigen Strafrechtspflege (vgl. BVerfGE 33, 367, 383) – ermöglicht eine ungebundene Ausfüllung prozessualer Regelungen und lockert die Bindung der Strafrechtsprechung an das positive Recht, auf dessen Beachtung der Rechtsstaat beruht (...)."

571 Beispiel: BGHSt 37, S. 10 ff. (S. 14).

572 S. hierzu *W. Hassemer*, KritV 1988, S. 343; *ders.*, KritV 1990, S. 270 f.; *ders.*, StV 1993, S. 664 ff. (S. 667); in den Worten *J. Austins*, Lectures on Jurisprudence, part II, S. 333; "So as far as the judges *arbitrium* extends, there is no law at all." (Hervorhebung im Original); in der Übersetzung *R. Dreiers,* Rechtsbegriff und Rechtsidee, S. 30: "Wo die Abwägung beginnt, hört das Recht auf."

d) Zusammenfassung: Aktualisierung und Konkretisierung der Antinomie von Freiheit und Sicherheit für das Strafprozeßrecht

Die bereits für das Staatsrecht angesprochene Antinomie von Freiheit und Sicherheit[573] läßt sich nunmehr für das Strafprozeßrecht aktualisieren und konkretisieren:

Betrachtet man den "neuen" Strafprozeß und die ihn bestimmenden Maximen – Opportunität, Prozeßökonomie, Funktionstüchtigkeit der Strafrechtspflege, *Fair trial* – so fällt auf, daß die Freiheit des einzelnen nur insoweit zur Geltung kommt, als sie nicht in Widerspruch zu systemisch-überindividuellen Interessen tritt. Gerade an der Ableitung sowohl des Grundsatzes der funktionstüchtigen Strafrechtspflege als auch des *Fair trial*-Grundsatzes aus dem Rechtsstaatsprinzip und der damit einhergehenden Abwägungsdogmatik zeigt sich, daß die Rechte des Beschuldigten nicht um ihrer selbst willen gewährleistet, sondern vom Staat gewährt werden. Kollektive Sicherheitsinteressen können auf diese Weise gegen individuelle Rechte stark gemacht werden.

Strafverfahrensrecht ist folglich nicht länger Schutz vor oder Abwehr von Eingriffen in die Freiheitsposition des einzelnen. Die neuere Gesetzgebung muß an den "schützenden Formen"[574] umso weniger interessiert sein, als flexible Lösungen des Einzelfalls an die Stelle generell-abstrakter und damit gleichmäßiger Gesetzesanwendung treten. Freiheit, Gleichheit und Selbständigkeit als Bedingungen *a priori* des staatlichen Zustands sind nicht länger die Meßlatte vor dem "Verfassungsrichterstuhl der Rechtsvernunft", sondern sie sind abgelöst worden vom Effizienz-, Folgen- und Ökonomiekalkül der Tagespolitik und ihrer verfassungsrichterlichen Sanktionierung. Das kritische Potential des negativen Prinzips der öffentlichen Gerechtigkeit, das der im Staat akkumulierten Gewalt stets mit Mißtrauen begegnet, wird durch ein affirmatives Verständnis auch des Strafprozeßrechts ersetzt, in dem das Pendel je nach Bedeutung des Einzelfalls einmal zugunsten der Freiheit des einzelnen, einmal zugunsten der Sicherheit der Gesellschaft ausschlagen kann.

3. Resümee: Die Entdeckung des Vertrags im Strafprozeßrecht

Betrachtet man die Wirklichkeit des Strafprozesses, so fällt auf, daß im "neuen" Strafprozeß eine Orientierung auf überindividuelle Interessen Platz greift und von einem prinzipiellen Denken, das sich am allgemeinen Gesetz ausrichtet, ab-

---

573 S. o., A. I. 2., S. 46 ff.

574 *H. A. Zachariae*, Handbuch des Strafprocesses, S. 145 ff. (S. 146); *ders.*, Gebrechen und Reform, S. 124 f.

gegangen wird. Das individuelle Interesse des einzelnen Beschuldigten oder der nicht zur Justiz gehörenden Prozeßbeteiligten an ihrer Rechtsposition wird gegen die Prozeßökonomie oder die Funktionstüchtigkeit der Strafrechtspflege als überindividuelles Interesse abgewogen und zwangsläufig für zu leicht befunden. Der *Fair trial*-Grundsatz markiert innerhalb dieser Abwägungsvorgänge nur die äußerste Grenze des Staatshandelns gegen den schwächeren Prozeßbeteiligten, die in einem auf die Prinzipien der Staatsbegründung gebauten Verfahren ohnehin und zudem abwägungsfest fixiert ist. Insofern vermochte das am RStGB, der RStPO und dem GVG[575] orientierte Strafverfahren die Subjektstellung und die Personalität des Beschuldigten besser zu schützen, als es ein an den in prozessualer Hinsicht spärlichen Vorgaben des Grundgesetzes orientiertes Verfahren je könnte. Gerade die Abwägung zwischen dem Grundsatz der Funktionstüchtigkeit der Strafrechtspflege und dem *Fair trial*-Grundsatz als aus dem Rechtsstaatsprinzip des Art. 20 III, 28 I S. 1 GG abgeleitete Grundsätze gibt hierfür ein beredtes Zeugnis.

Scheinbar im Gegensatz zu dieser Auflösung der Subjektivität und Personalität des Beschuldigten erlaubt gerade die Opportunität eine Rücksichtnahme auf den jeweiligen Einzelfall. Die einzelne Einstellungsentscheidung nach §§ 153 ff., 374, 376, 383 II StPO, §§ 45, 47 JGG mag an der Oberfläche zwar der Einzelfallgerechtigkeit bzw. der Billigkeit[576] im Gegensatz zu der von dem Legalitätsprinzip angestrebten Gerechtigkeit[577] dienen. Im Grunde steht hinter der Fassade der Rücksichtnahme auf das Individualinteresse aber doch ein überindividuelles Interesse: Die Effizienz des Gesamtsystems soll gesteigert werden, indem Entkriminalisierung auf prozessualem Wege betrieben wird.

Von den beiden beschriebenen Tendenzen, also dem Vordringen des Ökonomiegedankens, der Funktionstüchtigkeit der Strafrechtspflege und des Opportunitätsprinzips sowie der Orientierung auf den Einzelfall, ist es nicht mehr weit zur Entdeckung des Vertrags im Strafverfahren. Zur Verwirklichung des ökonomischen Interesses und zur Aufrechterhaltung einer effizienten Strafjustiz liegt

---

575 II., S. 79 ff.

576 *I. Kant*, MdS-RL, S. 342: "Der *Sinnspruch* (dictum) der *Billigkeit* ist nun zwar: 'Das strengste Recht ist das größte Unrecht' (summum ius summa iniuria); aber diesem Übel ist auf dem Wege Rechtens nicht abzuhelfen, ob es gleich eine Rechtsforderung betrifft, weil diese für das *Gewissensgericht* (forum poli) allein gehört, dagegen jede Frage Rechtens vor das *bürgerliche Recht* (...) gezogen werden muß." (Hervorhebungen im Original).

577 Vgl. erneut *I. Kant*, MdS-RL, S. 337: "Das Recht ist ... der Inbegriff der Bedingungen, unter denen die Willkür des einen mit der Willkür des andern nach einem allgemeinen Gesetze der Freiheit zusammen vereinigt werden kann."; *ders.*, a.a.O., S. 330: "Was nach äußeren Gesetzen recht ist, heißt *gerecht* (iustum), ..." (Hervorhebung im Original).

nichts näher, als den Beschuldigten in den Vorgang der Herstellung von Einzelfallgerechtigkeit einzubeziehen. Seine Beteiligung in und seine Zustimmung zu dem jeweiligen Verfahren ersetzt dann innerhalb äußerster Grenzen die Orientierung an generell-abstrakten Prinzipien: *Volenti non fit iniuria.* Das in die Form des Gesetzes gegossene Bemühen um eine auch im Vergleich zu anderen Verfahren gerechte Entscheidung wird durch eine Entscheidung ersetzt, die deshalb als gerecht angesehen wird, weil der Beschuldigte in das Verfahren und sein Ergebnis eingewilligt hat. Die Vertragsorientierung entdeckt sich als die optimale Form der Einzelfallorientierung. Im Paktieren mit dem Beschuldigten soll es gelingen, sowohl dem einzelnen Fall Rechnung zu tragen als auch die individuellen Interessen zu kollektivieren. Die Maxime des Rechtsanwenders[578] und die des Beschuldigten treffen sich in der Übereinkunft, daß das Verfahren in einem bestimmten Stadium beendet oder zumindest vereinfacht werden soll. Was von den Strafverfolgungsorganen dem Legalitäts- und Offizialprinzip zum Trotz als opportun angesehen wird, erscheint dem einzelnen als geringeres Übel gegenüber dem Pochen auf die Unschuldsvermutung, seine Verfahrensrechte und die Durchführung einer Hauptverhandlung: "Die Gleichung 'Recht ist Zwang' wird umgeformt in die Gleichung 'Recht ist Einigung'"[579].

Daß der Vertrag als zivilistisches Instrument[580] vor allem in der Sphäre des Güteraustauschs seine Domäne hat, unterstreicht dabei in sinnfälliger Weise die prozeßökonomische Tendenz bei der Entdeckung des Vertrags im Strafprozeßrecht.

C. Zusammenfassung des Zweiten Kapitels – Grundlegung

Die Grundlegung hat hinsichtlich der Begriffe Vertragsgedanke und Strafprozeßrecht folgende Klärung erbracht:

Im Staatsrecht stellt der Vertragsgedanke als *contractus originarius* kein inhaltliches Kriterium dar, das ein von den Bedingungen der Staatsbegründung – Freiheit, Gleichheit und Selbständigkeit des einzelnen – losgelöstes Staatshandeln legitimieren könnte. Der Gesellschaftsvertrag ist nicht der Grund dafür, daß sich die Naturzustandsbewohner in einem Staat zusammenschließen, der ihnen in der Folge nur noch eine Sicherheit um ihrer selbst willen gewährt. Vielmehr ist die Staatsgründung eine Leistung des einzelnen, der sich angesichts des "Na-

---

578 S. o., 1., S. 120 f., zur Kritik des Begriffs Opportunitäts*prinzip*.

579 *W. Naucke*, KritV 1986, S. 191.

580 Zur Reprivatisierung des Strafverfahrens s. *A. Eser*, ZStW 104 (1992), S. 361 ff., insbesondere S. 396 f. zur Angleichung der Prozeßmodelle des Zivil- und des Strafverfahrens; s. hierzu auch *K. Lüderssen*, Alternativen zum Strafen, S. 495.

turzustands als Denkfigur moderner praktischer Vernunft"[581] gemäß dem kategorischen Imperativ der Staatsgründung mit allen anderen in einem rechtlich-staatlichen Zustand vereinigt. Aufgabe des aus der Vernunftleistung des einzelnen hervorgegangenen Staates ist die Sicherung der äußeren Freiheit des einzelnen durch allgemein zustimmungsfähige Gesetze.

Das Privatrecht ist das Zentrum des Vertragsarguments. Hier treten sich die als frei und gleich zu denkenden Personen gegenüber, um vor allem im gegenseitig verpflichtenden Vertrag ihrer Selbständigkeit Ausdruck zu verleihen. Das zivilistische Vertragsrecht ist eine Sphäre innerhalb des Staates, in der es dem einzelnen bei Beachtung äußerster Grenzen (vor allem: mangelnde Verallgemeinerungsfähigkeit, Mißachtung der Subjektivität und Personalität des Gegenübers) überlassen bleibt, ob und in welche Beziehungen er zu dem anderen treten will. Die Beteiligten stiften durch ihre autonome Zustimmung zu dem vertraglich Vereinbarten Geltung. Das Vereinbarte gilt wegen der Übereinkunft der Parteien, die unter den Bedingungen der Freiheit und Wechselseitigkeit steht. Aus diesem Grunde ist auch Tendenzen eine Absage zu erteilen, die durch Verwaltungsverträge den Handlungsspielraum der öffentlichen Verwaltung – zumal der Eingriffsverwaltung – erweitern wollen. Das Handeln der staatlichen Verwaltung ist wie alles Handeln der staatlichen Gewalt an den Bedingungen von Freiheit, Gleichheit und Selbständigkeit des einzelnen orientiert, die im allgemeinen Gesetz ihren Ausdruck finden.

Dem staatsrechtlichen Ausgangspunkt dieser Arbeit entspricht das beschriebene Modell des "alten" Strafprozesses, der auch als das an der Prozeßsubjektivität des Beschuldigten orientierte Verfahren bezeichnet werden kann. Die Strafverfolgung orientiert sich an allgemeinen Prinzipien und Gesetzen, die im Zweifel stets für die Freiheit des in ein Strafverfahren Gezogenen streiten. Mißtrauisch gegen das stets vorhandene Übergewicht des strafverfolgenden Staates gewährleisten die "schützenden Formen" des Strafverfahrens auch die Freiheit, Gleichheit und Selbständigkeit dessen, dem die Begehung einer rechtswidrigen und schuldhaften Verletzung elementarer Freiheiten nachgewiesen werden soll.

Dem subjektorientierten Modell des Strafprozesses steht der "neue" Strafprozeß gegenüber, der sich an überindividuellen Interessen ausrichtet. Handlungsleitende Maximen der Gesetzgebung und des Rechtsanwenders sind Opportunität, Ökonomie und Effizienz der Strafverfolgungsmaßnahmen. Nur innerhalb dieser übergeordneten Interessen kann das Freiheitsrecht des einzelnen, reformuliert als *Fair trial*-Grundsatz, zum Ausdruck gelangen. War der "alte" Strafprozeß der Prozeß der praktischen Vernunft, so ist der "neue" Strafprozeß der Prozeß der instrumentellen Vernunft, die den Nutzen für das Gesamtsystem "Strafjustiz" im

581 So der Titel der Arbeit von *R. Harzer*, Naturzustand.

Blick hat. Angesichts der beschriebenen Entwicklung nimmt es nicht wunder, daß der Staat dem Beschuldigten im Rahmen scheinbarer Gleichordnung Vertragsofferten macht oder solche des Beschuldigten annimmt. Das Argument *Volenti non fit iniuria* ersetzt im Rahmen der Vertragsorientierung die Ausrichtung des Staatshandelns an den Bedingungen der Staatsbegründung, also an der Freiheit, der Gleichheit und der Selbständigkeit des einzelnen, die in den Prozeßprinzipien sowie im allgemeinen materiellrechtlichen oder prozeßrechtlichen Gesetz ihren Niederschlag finden.

Der Umfang der Vertragsorientierung ist im folgenden Kapitel darzustellen. Dabei ist sowohl die Vertragsorientierung im Prozeßrecht als auch im materiellen Recht zu beschreiben. Nach einer rechtsvergleichenden Untersuchung ist das Vertragsdenken im Strafverfahrensrecht abschließend kritisch zu würdigen.

Drittes Kapitel – Phänomenologie des Vertragsgedankens im Strafprozeßrecht

Nunmehr ist die Erscheinung des Vertragsgedankens in der Wirklichkeit des Strafverfahrens darzustellen. Zu beschreiben sind verschiedenartige prozeß- und materiellrechtliche Institute, die aufgrund einer äußerlichen Übereinkunft der Beteiligten hinsichtlich Verfahren und Rechtsfolge auf den Einzelfall bezogene Ergebnisse hervorbringen. Der Beschuldigte[1] und die Justiz treten in eine Austauschbeziehung, die sich positivrechtlich geregelt oder ungeregelt im Prozeßrecht und im materiellen Strafrecht finden läßt. An dieser Stelle soll lediglich eine Darstellung der Austauschbeziehungen erfolgen, um den Untersuchungsgegenstand auf der Phänomenebene zu beschreiben und zu begrenzen. Bewertung und Kritik bleiben einem späteren Kapitel der Arbeit überlassen. Unter "Austauschbeziehungen" sollen nur solche Institute verstanden werden, an denen der Richter, der Staatsanwalt und der Angeklagte (bzw. sein Strafverteidiger) beteiligt sind.

Die Untersuchung ist so aufgeteilt, daß zunächst die Vertragsorientierung auf positivrechtlicher Grundlage dargestellt wird. Hier wird zwischen dem Strafverfahrensrecht und dem materiellen Strafrecht unterschieden. An die Beschreibung der positivrechtlich geregelten Erscheinungen des Vertragsgedankens schließt sich die Darstellung der Vertragsorientierung *praeter legem* an. Dies ist der weite Bereich der Absprachen, der auch mit den Begriffen Verständigung, Vereinbarung oder Vergleich im Strafverfahren bezeichnet wird. Er ist die Domäne des Vertragsgedankens im Strafprozeßrecht.

A. Vertragsorientierung auf positivrechtlicher Grundlage

Im folgenden sind die Vorschriften des Strafprozeßrechts und des materiellen Strafrechts darzustellen, denen das Vertragsdenken zugrunde liegt. Einleitend ist bereits darauf hinzuweisen, daß beide Regelungsmengen in dem hier interessierenden Zusammenhang nicht mehr in einem strengen systematischen Sinne unterschieden werden können, sondern sich flexibel ergänzen[2]. Die Darstellung

1 Der Begriff "Beschuldigter" wird im folgenden in einem weiten Sinne verwendet, der auch die Eigenschaft als Angeschuldigter und Angeklagter umfaßt (vgl. § 157 StPO).

2 *U. Nelles/P. Velten*, NStZ 1994, S. 366; *W. Naucke*, Der Kleinbetrug, S. 706 ff. (S. 707); zur Forderung, die Unterscheidung zwischen materiellem und Prozeßrecht

bemüht sich dennoch, zunächst die strafprozessualen Erscheinungsformen des Vertragsgedankens zu benennen, um dann zu den Vertragsphänomenen im Bereich des materiellen Strafrechts überzugehen.

I. Vertragsorientierung im Strafprozeßrecht

Im Bereich des Strafprozeßrechts konzentriert sich die Darstellung auf Vertragsorientierung im Bereich der Opportunitätsvorschriften, des Privatklageverfahrens sowie des Strafbefehlsverfahrens.

1. Verfahrenseinstellung in Bagatellsachen (§ 153 II StPO)

§ 153 StPO steht in der Reihe der Opportunitätsvorschriften, die eine Ausnahme vom Legalitätsprinzip (§ 152 II StPO) zulassen[3], an erster Stelle. Der systematische Standort entspricht der Bedeutung der durch die Emminger Verordnung[4] 1924 in die StPO eingefügten Norm: Sie läßt ein Absehen von Strafverfolgung im Ermittlungsverfahren (Abs. 1) und eine Einstellung des Strafverfahrens im Zwischen- und Hauptverfahren (Abs. 2) zu. Die Einstellung ist in jeder Lage des Verfahrens, also auch in der Berufung und der Revision[5] zulässig. § 153 StPO schafft ein geschlossenes System der Möglichkeit des Absehens von Strafverfolgung und der Verfahrenseinstellung im Bereich der Bagatellkriminalität. Diese Vorschrift ist die in ihrer Grundstruktur "schon fast als klassisch zu bezeichnende älteste Begrenzung des Legalitätsprinzips im deutschen Strafverfahrensrecht"[6].

Die hier in erster Linie interessierende Einstellung durch das Gericht nach § 153 II StPO verlangt die Zustimmung der Staatsanwaltschaft und des Angeschuldigten bzw. des Angeklagten[7]. Neben dem Zustimmungserfordernis ist Bedingung, daß sich das einzustellende Strafverfahren auf ein Vergehen (§ 12 II

---

aufzuheben, s. *M. Buttel*, Kritik der Figur des Aufklärungsgehilfen, S. 46 m.w.N. in FN 70; *F.-C. Schroeder*, Strafprozeßrecht, Rdnr. 7 f.

3 Zum Opportunitätsdenken s. ausführlich und grundlegend *Chr. Pott*, Außerkraftsetzung der Legalität, *passim*.

4 S. hierzu *Th. Vormbaum*, Die Lex Emminger vom 4. Januar 1924, insbesondere S. 41 f.; *P.-A. Albrecht*, NJ 1994, S. 198 f.

5 HK-*Krehl*, Rdnr. 20 zu § 153 StPO; zu den hiermit verbundenen Problemen s. *W. Naucke,* Die Einstellung gem. § 153 Abs. 2 StPO in der Revision, S. 459 ff.

6 LR-*Rieß*, Rdnr. 1 zu § 153 StPO; eine § 153 StPO nachgeformte Vorschrift findet sich in § 31a BtMG.

7 Zu beachten sind jedoch die über den Verweis auf §§ 205, 231 II, 232 und 233 StPO geschaffenen Ausnahmen gemäß § 153 II S. 2 StPO.

StGB) bezieht, die Schuld des Täters als gering anzusehen wäre und kein öffentliches Interesse an der Strafverfolgung besteht.

Hinsichtlich der Schuld des Täters liegt die Betonung darauf, daß die Schuld des Täters als gering anzusehen *wäre*[8]. Dies bedeutet, daß das Gericht keinen Schuldnachweis führen muß, sondern eine weitere Sachaufklärung unterlassen und somit eine hypothetische Schuldbeurteilung[9] vornehmen kann. Für die Annahme geringer Schuld genügt die Unwahrscheinlichkeit eines Freispruchs[10], selbst wenn anzunehmen wäre, daß bei Durchführung weiterer Ermittlungen eine für den Beschuldigten günstigere Entscheidungsart als § 153 StPO, nämlich eine Einstellung nach § 170 II S. 1 StPO in Betracht kommt[11]. § 153 II StPO führt also zu einer Einschränkung des Grundsatzes, daß ein gerichtlich anhängiges Verfahren nur nach vollständiger Aufklärung des Sachverhalts durch eine Verurteilung oder einen Freispruch in der Sache beendet werden kann[12]. Die zu unterstellende Schuld ist dann als gering anzusehen, wenn sie im Vergleich mit Vergehen gleicher Art nicht unerheblich unter dem Durchschnitt liegt[13]. Auch wenn ein Mindestmaß der Schuld nicht bestimmt werden kann, so müßte eine Bestrafung im untersten Bereich des in Betracht kommenden Strafrahmens angemessen sein[14]. Obwohl die Bezugnahme auf die Schuld in das materielle Strafrecht verweist, handelt es sich nach der überwiegend vertretenen Ansicht nicht um einen persönlichen Strafausschließungsgrund, sondern um eine rein prozeßrechtliche Vorschrift[15].

Für die Beantwortung der Frage, ob ein öffentliches Interesse an der Strafverfolgung besteht, sind nach allgemeiner Auffassung die Strafzwecke der Spezial- und Generalprävention zu berücksichtigen[16]. Ferner kann ein öffentliches Inter-

---

8 Zu dieser Voraussetzung für die Anwendung des § 153 I StPO s. *M.-K. Meyer*, GA 1997, S. 405 ff.

9 BVerfGE 82, S. 106 ff. (S. 118); 74, S. 358 ff. (S. 373 f.).

10 *Kleinknecht/Meyer-Goßner*, Rdnr. 3 zu § 153 StPO.

11 LR-*Rieß*, Rdnr. 33 zu § 153 StPO; HK-*Krehl*, Rdnr. 7 zu § 153 StPO; *Kleinknecht/Meyer-Goßner*, Rdnr. 3 zu § 153 StPO; *K. Geppert*, Jura 1986, S. 314.

12 LR-*Rieß*, Rdnr. 2 zu § 153 StPO; *K. Geppert*, Jura 1986, S. 314.

13 LR-*Rieß*, Rdnr. 21 zu § 153 StPO; *Kleinknecht/Meyer-Goßner*, Rdnr. 4 zu § 153 StPO; *W. Beulke*, Strafprozeßrecht, Rdnr. 334; HK-*Krehl*, Rdnr. 8 zu § 153 StPO.

14 *Kleinknecht/Meyer-Goßner*, Rdnr. 4 zu § 153 StPO; *G. Fezer*, Strafprozeßrecht, 1/Rdnr. 31; *M.-K. Meyer*, GA 1997, S. 408 f., schlagen eine Orientierung an § 46 II StGB vor.

15 Für die überwiegende Ansicht vgl. LR-*Rieß*, Rdnr. 2 zu § 153 StPO; anders *W. Naucke*, Der Begriff der "geringen Schuld" (§ 153 StPO) im Straftatsystem, S. 203: persönlicher Strafausschließungsgrund; vermittelnd *M.-K. Meyer*, GA 1997, S. 407 f.

16 *Kleinknecht/Meyer-Goßner*, Rdnr. 7 zu § 153 StPO; HK-*Krehl*, Rdnr. 9 zu § 153 StPO; *K. Geppert*, Jura 1986, S. 314; *P. Rieß*, NStZ 1981, S. 8; *W. Beulke*, Strafpro-

esse an der Strafverfolgung bestehen, wenn der kriminogene Hintergrund der Tat aufgeklärt oder weiterer Schaden für den Verletzten verhindert werden soll. Ein allgemeines Interesse an der Strafverfolgung wird auch angenommen, wenn der Verletzte im öffentlichen Leben steht[17].

Vor Erhebung der öffentlichen Klage liegt die Befugnis zum Absehen von der Strafverfolgung bei der Staatsanwaltschaft, die hierfür gemäß § 153 I StPO der Zustimmung des Gerichts bedarf[18]. Eine Zustimmung des Beschuldigten ist nicht erforderlich. Dies wird damit gerechtfertigt, daß das Absehen von der Strafverfolgung ihn nicht beschwere, die Schuldfrage offen bleibe und die Unschuldsvermutung gelte[19]. Die Entscheidung nach § 153 I StPO führt nicht zum Strafklageverbrauch[20].

Nach Anklageerhebung (§ 170 I StPO) geht die Befugnis zur Einstellung gemäß § 153 II StPO auf das Gericht über. Die Staatsanwaltschaft und der Angeschuldigte bzw. der Angeklagte haben nicht das Recht, die Einstellung im gerichtlichen Verfahren zu beantragen, sondern nur die Befugnis, die Einstellung anzuregen. Sie haben lediglich ein Zustimmungsrecht und können die Einstellung durch die Versagung ihrer Zustimmung verhindern[21]. Durch die Notwendigkeit der Zustimmung der Staatsanwaltschaft zu einer Einstellung nach § 153 II StPO soll dem Anklagemonopol Rechnung getragen sowie eine gegenseitige Kontrolle zwischen Staatsanwaltschaft und Gericht bei der Einstellung nach Op-

---

zeßrecht, Rdnr. 334, der über die Spezial- und Generalprävention hinaus auch den "Strafzweck" des Schuldausgleichs nennt; kritisch zu einer Orientierung an den Präventionstheorien *M.-K. Meyer*, GA 1997, S. 413 ff., *dies.*, a.a.O., S. 417, verlangt den Verzicht auf das Kriterium des öffentlichen Interesses.

17 *Kleinknecht/Meyer-Goßner*, Rdnr. 7 zu § 153 StPO.

18 Zur Ausnahme des § 153 I S. 2 StPO s. *Kleinknecht/Meyer-Goßner*, Rdnr. 14 ff. zu § 153 StPO; HK-*Krehl*, Rdnr. 15 ff. zu § 153 StPO. *W. Naucke*, Gutachten, S. D 26, spricht hinsichtlich §§ 153 I S. 2, 153a I S. 6 StPO a. F. von Verfahrenssondervorschriften für Eigentums- und Vermögensdelikte; s. auch *ders.*, Der Kleinbetrug, S. 706 ff. Zum Charakter der Zustimmung des Gerichts als bloße Beteiligung statt einer effektiven Rechtskontrolle s. *Chr. Pott*, Außerkraftsetzung der Legalität, S. 107; anderer Auffassung: *R. Müller/V. Wache*, Straftaten gegen die öffentliche Sicherheit, S. 326. Zur Einschätzung des Zustimmungserfordernisses seitens der Richterschaft s. *P.-A. Albrecht*, KritV 1993, S. 174.

19 Kritisch hierzu *G. Fezer*, Strafprozeßrecht, 1/Rdnr. 34. Der Verletzte spielt in dem Verfahren nach § 153 I StPO keine Rolle: § 172 II S. 3 StPO bestimmt, daß gegen eine Einstellung nach § 153 I StPO ein Klageerzwingungsantrag nicht statthaft ist. Hierzu bereits *K. v. Birkmeyer*, Beiträge zur Kritik des Vorentwurfs III, S. 26 f., hinsichtlich § 153 E 1909; zur nachhaltigen Schmälerung der Prozeßsubjektivität des Verletzten durch den Ausschluß des Klageerzwingungsverfahrens im geltenden Recht s. *M. Kahlo*, KritV 1997, S. 208 mit FN 99.

20 *Kleinknecht/Meyer-Goßner*, Rdnr. 37 zu § 153 StPO; *K. Geppert*, Jura 1986, S. 317.

21 *Kleinknecht/Meyer-Goßner*, Rdnr. 23 zu § 153 StPO.

portunitätsvorschriften verwirklicht werden[22]. Das Erfordernis der Zustimmung des Angeschuldigten bzw. Angeklagten soll sicherstellen, daß er die Durchführung des Verfahrens zum Zwecke einer ihm günstigeren Entscheidung erzwingen kann, auch wenn er dabei das Risiko einer Verurteilung in Kauf nimmt[23]. Die Zustimmungserklärung ist bedingungsfeindlich, eine bedingte Zustimmung unwirksam[24]. Sie kann vom Verteidiger für den Angeschuldigten bzw. Angeklagten abgegeben werden. Bei Meinungsverschiedenheiten geht die Ansicht des Angeschuldigten oder Angeklagten vor. Für den in der Hauptverhandlung abwesenden Angeklagten kann der Verteidiger die Zustimmung nur infolge besonderer Vertretungsvollmacht (§ 234 StPO) erklären[25]. Die Zustimmung darf nicht als Schuldeingeständnis gewertet werden[26]. Hat der Angeschuldigte bzw. Angeklagte der Einstellung zugestimmt, ist es aber nicht zu einer Einstellung gekommen, so kann er in einem späteren Verfahrensstadium seine Zustimmung zurücknehmen oder – erneut danach befragt – versagen. Nach dem Einstellungsbeschluß kann er seine Zustimmungserklärung nicht mehr widerrufen[27]. Der gerichtliche Einstellungsbeschluß entfaltet eine beschränkte Rechtskraftwirkung[28].

§ 153 II StPO stellt ein flexibles Mittel dar, um auch nach Anklageerhebung im Bereich der Bagatellkriminalität der Flut der Verfahren Herr zu werden[29]. Verfolgt wird ein doppelter Zweck: Einerseits wird die Verwirklichung eines prozeßökonomischen Vorteils angestrebt[30]. Zum anderen soll durch die oppor-

22 *Kleinknecht/Meyer-Goßner*, Rdnr. 26 zu § 153 StPO; HK-*Krehl*, Rdnr. 21 zu § 153 StPO.

23 *Kleinknecht/Meyer-Goßner*, Rdnr. 27 zu § 153 StPO; HK-*Krehl*, Rdnr. 22 zu § 153 StPO.

24 *Kleinknecht/Meyer-Goßner*, Rdnr. 27 zu § 153 StPO; anderer Ansicht LR-*Rieß*, Rdnr. 67 zu § 153 StPO, mit dem einleuchtenden Argument, daß der Angeschuldigte bzw. Angeklagte, der mit großer Wahrscheinlichkeit mit einem Freispruch rechnet, ein legitimes Interesse daran hat, nicht durch eine Verfahrenseinstellung den Erstattungsanspruch wegen seiner Verteidigerauslagen zu verlieren, der ihm bei einem Freispruch sicher wäre (§ 467 I StPO einerseits, § 467 IV StPO andererseits); zur Kostentragungspflicht bei Verfahrenseinstellungen gemäß Opportunitätsvorschriften s. *Kleinknecht/Meyer-Goßner*, Rdnr. 19 zu § 467 StPO, sowie *W. Naucke*, NJW 1970, S. 84 ff.

25 HK-*Krehl*, Rdnr. 22 zu § 153 StPO.

26 BVerfGE 82, S. 106 ff. (S. 118); LR-*Rieß*, Rdnr. 66 zu § 153 StPO; HK-*Krehl*, Rdnr. 22 zu § 153 StPO.

27 KG JR 1978, S. 524 f. (S. 525).

28 *Kleinknecht/Meyer-Goßner*, Rdnr. 37 f. zu § 153 StPO; *K. Geppert*, Jura 1986, S. 318.

29 Eine § 153 II StPO entsprechende Vorschrift findet sich auch in den Regelungen über das Privatklageverfahren (§ 383 II S. 1 StPO), die als Spezialvorschrift den allgemeineren § 153 StPO verdrängt, HK-*Krehl*, Rdnr. 6 zu § 153 StPO.

30 HK-*Krehl*, Rdnr. 1 zu § 153 StPO: "in erster Linie justizentlastende Funktion".

tune Verfahrenseinstellung Diversion[31], Entkriminalisierung auf strafprozessualem Wege betrieben werden[32]. Vorausgesetzt ist die Annahme des Angebots des Gerichts durch die Staatsanwaltschaft sowie den Angeschuldigten bzw. Angeklagten. Im Rahmen der so entstehenden Austauschbeziehung ist die Leistung des Angeschuldigten bzw. Angeklagten durch den Verzicht auf ein Verfahren bestimmt, das mit einem Freispruch enden kann. Die Gegenleistung des Staates besteht in dem Verzicht auf die Durchsetzung des öffentlichen Strafanspruchs im Rahmen der Legalität, obwohl der Täter schuldhaft gehandelt hat.

2. *Verfahrenseinstellung bei Erfüllung von Auflagen und Weisungen (§ 153a StPO)*

§ 153a StPO kann als Zentrum des Vertragsdenkens in den Opportunitätsvorschriften der §§ 153 ff. StPO bezeichnet werden[33]. Die Vorschrift ist wie § 153 StPO sowohl im Ermittlungsverfahren (Abs. 1) als auch im Zwischen- und Hauptverfahren (Abs. 2) anwendbar. Allerdings ist die Anwendbarkeit nach § 153a II S. 1 StPO beschränkt auf das Ende der Hauptverhandlung, in der die tatsächlichen Feststellungen letztmals geprüft werden können[34].

§ 153a StPO bezieht sich ebenso wie § 153 StPO nur auf Vergehen (§ 12 II StGB). Die Schwere der Schuld darf der Einstellung nicht entgegenstehen[35]. Diese Formulierung bringt zum Ausdruck, daß neben der Bagatellkriminalität auch die sogenannte mittlere Kriminalität erfaßt wird[36]. Die Staatsanwaltschaft

---

31 *W. Naucke*, Strafrecht – Eine Einführung, § 1 Rdnr. 38: "Nichtbestrafen trotz Strafbarkeit"; zum Begriff "Diversion" s. *L. Kuhlen*, Diversion im Jugendstrafverfahren, S. 1 ff., 9 ff.; zur Diversion als dritte strafrechtliche Spur s. *W. Naucke*, Die strafjuristische Privilegierung staatsverstärkter Kriminalität, S. 74 f.

32 LR-*Rieß*, Rdnr. 1 zu § 153 StPO; M.-K. Meyer, GA 1997, S. 417: "Diese Entkriminalisierung ... [durch § 153 StPO] ist Ausdruck pragmatischer Strafklugheit."

33 LR-*Rieß*, Rdnr. 10 zu § 153a StPO, spricht vorsichtiger von "gewissen vertragsähnlichen Elementen".

34 Nach dem Entwurf eines Zweiten Gesetzes zur Entlastung der Rechtspflege, BT-Drucksache 13/4541, S. 5, 12, 17 f., soll diese Beschränkung entfallen.

35 Kritisch zur Ausweitung des Anwendungsbereichs durch das Rechtspflegeentlastungsgesetz (1993) KK-*Schoreit*, Rdnr. 4 f. zu § 153a StPO; *M. Hettinger*, Entwicklungen im Strafrecht, S. 50 f.; HK-*Krehl*, Rdnr. 7 zu § 153a StPO, spricht dagegen von einer "behutsamen Erweiterung des bisherigen Anwendungsbereichs"; vergleichende Darstellung der alten und der neuen Rechtslage bei *G. Fezer*, ZStW 106 (1994), S. 24 ff.

36 *W. Beulke*, Strafprozeßrecht, Rdnr. 337; *G. Fezer*, Strafprozeßrecht, 1/Rdnr. 41; *ders.*, ZStW 106 (1994), S. 31 f., 35; *E. Kausch*, Der Staatsanwalt – Ein Richter vor dem Richter?, S. 104 ff.; HK-*Krehl*, Rdnr. 9 zu § 153a StPO, bezweifelt, ob der Schuld überhaupt noch eine Begrenzungsfunktion für die Anwendung der Vor-

muß das Maß der Schuld auf der Grundlage abgeschlossener Ermittlungen beurteilen. Die Anwendung des § 153a StPO setzt also einen "durchermittelten" Sachverhalt voraus[37]. Die weitere Strafverfolgung mit dem Ziel der Verhängung einer strafrechtlichen Sanktion im engeren Sinne unterbleibt, weil den Tatverdächtigen durch die Erfüllung der Auflagen und Weisungen (Abs. 1 S. 1 Nr. 1 – 4 der Vorschrift) ein den Sanktionen des StGB vergleichbares Übel trifft, zu dem er aber nicht gezwungen werden kann[38]. Dieses macht nach der allgemeinen Auffassung die Verhängung einer Strafe unter Schuld- und Präventionsgesichtspunkten überflüssig[39].

Das öffentliche Interesse an einer Strafverfolgung wird durch die Leistung des Tatverdächtigen beseitigt[40]. Die Norm führt so zu einer wesentlichen Erweiterung des Einstellungsbereichs und zu einer erheblichen Einschränkung des Legalitätsprinzips, da auch Verfahren, die wegen eines öffentlichen Interesses an der Strafverfolgung durchgeführt werden müßten, eingestellt werden können[41].

§ 153a StPO begründet ein zweistufiges Verfahren[42]: Nach Erzielung des Einverständnisses zwischen der Staatsanwaltschaft, dem Gericht und dem Beschuldigten (im Ermittlungsverfahren ist eine Zustimmung des Gerichts unter den Voraussetzungen der §§ 153a I S. 6, 153 I S. 2 StPO entbehrlich[43]) kommt

---

schrift zukommt; *M. Hettinger*, Entwicklungen im Strafrecht, S. 50, weist darauf hin, daß von § 153a StPO wegen § 12 II StGB auch Delikte mit Strafrahmen erfaßt werden, die bis zu 15 Jahren Freiheitsstrafe reichen; zur Differenzierung der Strafwürdigkeit in den §§ 153, 153a StPO s. *W. Naucke*, Gutachten, S. D 13, 114 f.

37 *KleinknechtMeyer-Goßner*, Rdnr. 7 zu § 153a StPO; *G. Fezer*, Strafprozeßrecht, 1/Rdnr. 42.

38 Sehr kritisch zu einer auferlegten Wiedergutmachung im Sinne des § 153a I S. 1 Nr. 1 StPO: *M. Köhler*, Strafrecht – Allgemeiner Teil, S. 50; s. auch *G. Fezer*, ZStW 106 (1994), S. 45 f.; zudem ist anzumerken, daß die Rolle des Verletzen im Verfahren nach § 153a I S. 1 StPO wegen der Unzulässigkeit des Klageerzwingungsverfahrens sehr schwach ist (vgl. § 172 II S. 3 StPO); *M. Kahlo*, KritV 1997, S. 208 mit FN 99; *G. Fezer*, a.a.O., S. 45. Nach dem Entwurf eines Zweiten Gesetzes zur Entlastung der Rechtspflege, BT-Drucksache 13/4541, S. 5, 12, 17, soll der bislang abschließende Katalog der Auflagen und Weisungen geöffnet und das Bemühen um einen Täter-Opfer-Ausgleich aufgenommen werden.

39 LR-*Rieß*, Rdnr. 2 zu § 153a StPO.

40 *W. Beulke*, Strafprozeßrecht, Rdnr. 337, der bezeichnenderweise zu Beginn der Darstellung von der Erbringung von Gegenleistungen des Tatverdächtigen spricht, obwohl dieser doch stets *Vor*leistungen zu erbringen hat.

41 *W. Hassemer*, KritV 1990, S. 275; *G. Fezer*, Strafprozeßrecht, 1/Rdnr. 40.

42 *Kleinknecht/Meyer-Goßner*, Rdnr. 52 zu § 153a StPO; HK-*Krehl*, Rdnr. 21 zu § 153a StPO; *K. Geppert*, Jura 1986, S. 315.

43 Zum Charakter der Zustimmung des Gerichts als bloße Beteiligung statt einer effektiven Rechtskontrolle s. erneut *Chr. Pott*, Außerkraftsetzung der Legalität, S. 107. *P.-A. Albrecht*, KritV 1993, S. 178, spricht in diesem Zusammenhang von einem

es zu einem *vorläufigen* Absehen von der Erhebung der öffentlichen Klage bzw. zu einer *vorläufigen* Einstellung, die ein bedingtes Verfahrenshindernis nach sich zieht[44]. Die Zustimmung des Gerichts bindet die Staatsanwaltschaft nicht. Sie kann das Verfahren jederzeit fortsetzen[45]. Der Beschuldigte muß dem Verfahren gemäß § 153a StPO auch im Falle des vorläufigen Absehens von der Erhebung der öffentlichen Klage im Ermittlungsverfahren zustimmen. Er kann seine Zustimmung frei widerrufen, solange die Auflagen und Weisungen nicht vollständig erfüllt sind. Die hierzu erbrachten Leistungen werden bei einem Widerruf der Zustimmung nicht erstattet (§ 153a I S. 5 StPO). Wenn der Tatverdächtige die Auflagen oder Weisungen erfüllt, wird das Verfahren *endgültig* eingestellt. Die Tat kann nicht mehr als Vergehen verfolgt werden (Abs. 1 Satz 4), da der Verfolgung ein endgültiges Verfahrenshindernis entgegensteht[46]. Der Strafklageverbrauch ist beschränkt. Er bezieht sich nicht auf die Strafverfolgung wegen derselben Tat unter dem rechtlichen Gesichtspunkt des Verbrechens[47].

Die Austauschbeziehung besteht in der Erfüllung von Auflagen oder Weisungen, die die Staatsanwaltschaft bzw. das Gericht[48] dem Tatverdächtigen auferlegen, im Tausch gegen das endgültige Absehen von Strafverfolgung bzw. die endgültige Einstellung des Strafverfahrens[49]. Die Entscheidung nach § 153a StPO wird zudem nicht in das Bundeszentral- und das Verkehrszentralregister eingetragen.

"eindeutig bürokratisch-administrativen Entlastungsprogramm zugunsten der exekutivischen Ermittlungsorgane" und weist auf "Schwerpunktverlagerungen innerhalb des verfassungsrechtlich geschützten Systems der Gerichtsverfassung zu Lasten der Judikative" hin.

44 HK-*Krehl*, Rdnr. 21, 30 zu § 153a StPO.

45 HK-*Krehl*, Rdnr. 11 zu § 153 StPO, 12 zu § 153a StPO.

46 HK-*Krehl*, Rdnr. 20, 36 zu § 153a StPO.

47 *Kleinknecht/Meyer-Goßner*, Rdnr. 45 zu § 153a StPO.

48 Zu den Auflagen und Weisungen gemäß § 153a I S. 1 Nrn. 1 – 4 StPO s. im einzelnen *Kleinknecht/Meyer-Goßner*, Rdnr. 14 ff. zu § 153a StPO; HK-*Krehl*, Rdnr. 23 ff. zu § 153a StPO.

49 Im Hinblick auf die Abwicklung der Austauschbeziehung ist der Satz *P. Rieß'* in LR-*Rieß*, Rdnr. 10 zu § 153a StPO, bezeichnend: "Daß der Anwendung der Vorschrift Gespräche und Verhandlungen auch über die Modalitäten der Auflagen vorangehen, sollte deshalb nicht ausnahmslos mit den negativen Bezeichnungen des 'Freikaufs', des 'Feilschens', des 'Handels' oder des 'Tuschelns' abgewertet werden."; *W. Beulke*, Strafprozeßrecht, Rdnr. 337, weist darauf hin, daß besonders in vielen Wirtschaftsstrafsachen das Ermittlungsverfahren maßgeblich durch das Tauziehen zwischen Staatsanwaltschaft und Verteidigung um die Anwendung des § 153a StPO gekennzeichnet ist; vgl. auch *W. Schmidt-Hieber*, Verständigung im Strafverfahren, Rdnr. 52 ff.; *H. Dahs*, NJW 1996, S. 1192 f.; nach *F.-C. Schroeder*, Strafprozeßrecht, Rdnr. 90, "[sind] die Auflagen und Weisungen von den berüchtigten Verdachtsstrafen des Gemeinen Rechts nicht weit entfernt."

Das durch § 153a StPO beschriebene neuartige[50] Prozeßmodell liegt in der Kooperation zwischen den Verfahrensbeteiligten zur Vermeidung eines langwierigen Strafverfahrens[51]. Hierdurch soll ermöglicht werden, "daß für die Fälle *schwererer* Schuld und größeren Sanktionsbedürfnisses und für die Fälle fehlender Kooperation der Beteiligten das *traditionelle* und *in diesem Bereich* rechtsstaatlich unverzichtbare Normalverfahren *funktionsfähig* erhalten werden

---

50 LR-*Rieß*, Rdnr. 1 zu § 153a StPO, erblickt "in Ansätzen einen neuartigen Verfahrenstyp"; klarer *W. Naucke*, Gutachten, S. D 28, der in §§ 153, 153a StPO ein neues, selbständiges Verfahren sieht, das anderen Regeln als dem Legalitätsprinzip folgt; *ders.*, Der Kleinbetrug, S. 707. *Kleinknecht/Meyer-Goßner*, Rdnr. 1a zu § 153a StPO, plädiert dafür, die Vorschrift wegen der Besonderheiten des Verfahrens aus dem Zusammenhang der §§ 153 ff. StPO herauszulösen, zumal das Rechtspflegeentlastungsgesetz die normative Bindung zu § 153 StPO aufgelöst habe.
Ein besonders eindrucksvolles Beispiel für diesen neuen Verfahrenstyp und die neuartigen Sanktionsformen liefert die Wiederauflage des sogenannten Holzschutzmittelverfahrens vor dem LG Frankfurt/M. Nach der Aufhebung des ersten Urteils durch den BGH (BGHSt 41, S. 206 ff., s. hierzu *R. Hamm*, StV 1997, S. 159 ff.) stellte sich bereits vor Beginn und in den ersten Tagen der Hauptverhandlung die Frage, ob das Verfahren nicht gemäß § 153a StPO gegen Zahlung eines hohen Geldbetrages eingestellt werden sollte (FR vom 26.10.1996; FR vom 29.10.1996, S. 1, 23). Nach einer einwöchigen Verhandlungspause zur Suche einer Kompromißlösung wurde das Verfahren gegen die beiden Angeklagten schließlich im Hinblick auf die zu erwartende erneut lange Verhandlungsdauer eingestellt (FR vom 07.11.1996, S. 1, 4). Interessant sind die ausgehandelten Leistungen: Die Geschäftsführer zahlten einen Betrag in Höhe von je 100.000,- DM an die Staatskasse. Die von ihnen vertretenen Firmen stellten 4 Mio. DM zur Einrichtung eines Lehrstuhls für Toxikologie mit dem Schwerpunkt "Wohnrauminnenluft" (!) an der Universität Gießen bereit. In der Tat ein neues Prozeßmodell! DIE ZEIT vom 15.11.1996, S. 18, spricht von einem "mittelalterlichen Ablaßhandel". Weitere spektakuläre Anwendungsfälle des § 153a StPO sind das Absehen von der Erhebung der öffentlichen Klage gegen die Verantwortlichen im sogenannten Amalgam-Verfahren (DIE ZEIT vom 24.05.1996, S. 29), gegen Steffi Graf (FR vom 27.03.1997, S. 1; FAZ vom 27.03.1997, S. 1, 39; SZ vom 27.03.1997, S. 2; DER SPIEGEL vom 07.04.1997, S. 17; hierzu *W. Kargl/St. Sinner*, Jura 1998, S. 231 ff.; FR vom 13.06.1997, S. 30, Mitteilung der endgültigen Einstellung des Verfahrens), gegen Verantwortliche der Hoechst AG wegen eines gravierenden Störfalls im Jahre 1993 (FR vom 05.04.1997, S. 15) sowie im Fall *Lopez* (DIE ZEIT vom 30.07.1998, S. 15).

51 *G. Fezer*, ZStW 106 (1994), S. 44: "Die Zustimmung des Beschuldigten ist in dem Maße eine tragfähige Grundlage für die Verhängung von Rechtsfolgen nichtstrafrechtlicher Art (und zwar auch durch ein nichtrichterliches Strafverfolgungsorgan), wie darauf verzichtet werden kann, den staatlichen Strafanspruch in einem gerichtlichen Verfahren durchzusetzen."; LR-*Rieß*, Rdnr. 2 zu § 153a StPO, zieht eine Parallele zum anglo-amerikanischen *plea bargaining*; zum US-amerikanischen Strafverfahren s. u., Viertes Kapitel, B. II. 1., S. 217 ff.

kann"[52]. In dieser Logik liegt auch, daß die Entscheidung nach § 153a StPO nicht mit dem Klageerzwingungsverfahren angreifbar ist. Neben dem Zweck der Verfahrensbeschleunigung steht auch bei § 153a StPO das Ziel der Entkriminalisierung auf prozessualem Wege[53]. Das Strafen soll durch § 153a StPO im Bereich der kleineren und mittleren Kriminalität durch ein neuartiges Verfahren zurückgedrängt, divergiert werden[54]. Verurteilungslose Friedensstiftung soll in diesem Bereich zwar ohne Verzicht auf Sanktionen, aber ohne Strafe und Vorbestraftsein erreicht werden[55]. Nach Ansicht des Bundesgerichtshofs[56] ist dies das Hauptziel der Regelung. § 153a StPO ziele darauf ab, in einem "Beendigungsverfahren mit Selbstunterwerfung" den einsichtigen und sanktionswilligen Täter eines Delikts der Kleinkriminalität, dessen Schuld gering ist, nach Erfüllung von Auflagen mit Strafe und deren Makel zu verschonen. Der Gesetzgeber wolle damit der Gefahr entgegenwirken, daß ein geringfügig Gestrauchelter durch die Bestrafung und den Makel des Vorbestraftseins tiefer in die Kriminalität gerät. Angesichts der geringen Schuld träte der staatliche Strafanspruch nach Erfüllung der Sanktionen vollständig zurück, die negativen Auswirkungen einer Vorstrafe würden vermieden. Um dieses kriminalpolitischen Zwecks willen bewahre der Gesetzgeber den Kleinkriminellen, der sich *in freier Willensbestimmung* mit den verhängten Sanktionen einverstanden erklärt, sie erfüllt und dadurch Unrechtseinsicht beweist, vor einer Wiederaufnahme des Verfahrens, *soweit* dies rechtspolitisch vertretbar erscheine. Der Beschleunigungs- und der Vereinfachungszweck seien in diesem Zusammenhang untergeordnete Ziele[57]. Damit stellt sich sogleich die Frage nach dem Charakter der im Rahmen des § 153a StPO verhängten Sanktion. Die Qualifizierung als "Selbstunterwerfung in freier Willensbestimmung" erweckt den Eindruck, als ob eine Unrechtseinsicht des (mutmaßlichen[58]) Täters vorausgesetzt sei. Darauf kommt es in dem Verfahren nach § 153a StPO aber gerade nicht an. Der Beschuldigte kann das Verfahren auch aus rein taktischen Gründen wählen, etwa weil er der Bestrafung oder

52 LR-*Rieß*, Rdnr. 4 zu § 153a StPO (Hervorhebungen von mir, *St. S.*): das Prozeßökonomie-Argument sowie das der Funktionstüchtigkeit der Strafrechtspflege treten deutlich zu Tage.

53 LR-*Rieß*, Rdnr. 3 zu § 153a StPO; HK-*Krehl*, Rdnr. 1 zu § 153a StPO.

54 *Kleinknecht/Meyer-Goßner*, Rdnr. 1 zu § 153a StPO.

55 *Kleinknecht/Meyer-Goßner*, Rdnr. 2 zu § 153a StPO.

56 BGHSt 28, S. 69 ff. (S. 70).

57 BGHSt 28, S. 69 ff. (S. 70 f., Hervorhebungen von mir, *St. S.*).

58 Da die Schuldfrage auch nach Erfüllung der Auflagen und Weisungen offenbleibt und die Zustimmungserklärung nicht als Zugeständnis des vorgeworfenen Sachverhalts begriffen werden darf, hat der Verdächtige auch nach der Einstellung weiter als unschuldig im Sinne des Art. 6 II EMRK zu gelten; *G. Fezer*, Strafprozeßrecht, 1/Rdnr. 44; HK-*Krehl*, Rdnr. 13 zu § 153a StPO.

trotz eines erwartbaren Freispruchs den Mißliebigkeiten des weiteren Verfahrens entgehen will[59]. Außerdem verstellt die Charakterisierung als "Selbstunterwerfung" den Blick darauf, daß die Initiative zu dem Verfahren nach § 153a StPO nicht nur von der Justiz, sondern auch von dem Tatverdächtigen ausgehen kann[60]. Die Rechtsnatur der Auflagen und Weisungen wird daher als Sanktion beschrieben, der weder ein Unwerturteil über die Tat noch eine Schuldfeststellung zukommt[61]. Diese Charakterisierung versteht sich auch insoweit von selbst, als eine Strafe im engeren Sinne erst nach vollständiger Durchführung eines Strafverfahrens verhängt werden darf. Im Rahmen des § 153a StPO kann der Tatverdächtige nicht zur Erfüllung der Auflagen und Weisungen gezwungen werden. Es handelt sich also um eine Sanktion *sui generis*[62].

In § 153a StPO kommt der Vertragsgedanke zweifach zum Ausdruck: Einmal in dem "Verpflichtungsgeschäft", das durch das Einverständnis der Beteiligten begründet wird, nach der Vorschrift zu verfahren, also bestimmte Auflagen und Weisungen zu erfüllen und das Verfahren endgültig einzustellen. Dieser Verpflichtung folgt das "Erfüllungsgeschäft"[63], denn nachdem der Tatverdächtige die Leistung gemäß den zuvor ausgehandelten Bedingungen erbracht hat, sehen die betreffenden Justizorgane von der Erhebung der öffentlichen Klage ab oder stellen das Verfahren ein.

---

59 LR-*Rieß*, Rdnr. 9 zu § 153a StPO.

60 LR-*Rieß*, Rdnr. 10 zu § 153a StPO; BT-Drucksache 13/4541, S. 17, spricht davon, daß sich der Beschuldigte mit den Maßnahmen des § 153a StPO von der drohenden Strafverfolgung "dispensieren" kann.

61 LR-*Rieß*, Rdnr. 9 zu § 153a StPO. Man kann gleichsam von einem vikariierenden System zwischen dem Strafrecht und dem Zivilrecht sprechen. S. hierzu *W. Naucke*, Gutachten, S. D 97. Zu beobachten ist eine funktionale Äquivalenz zwischen den Auflagen und Weisungen sowie den strafrechtlichen und den zivilrechtlichen Rechtsfolgen einer Handlung. So entspricht die Wiedergutmachung im Sinne des § 153a I S. 1 Nr. 1 StPO dem Schadensersatz des Zivilrechts, die Zahlung eines Geldbetrags zugunsten einer gemeinnützigen Einrichtung oder der Staatskasse nach § 153a I S. 1 Nr. 2 StPO der Geldbuße oder Geldstrafe.

62 *G. Fezer*, ZStW 106 (1994), S. 33; nach *H. J. Hirsch*, ZStW 92 (1980), S. 224, handelt es sich sowohl bei den Geldbußen als auch bei der Erbringung sonstiger gemeinnütziger Leistungen um pönale Sanktionen, da beide Ahndungscharakter haben; zur Parallele mit dem Sanktionscharakter eines Verzichts auf Strafverfolgungsentschädigung nach einer verzichtsanbahnenden Absprache s. *S. Friehe*, Verzicht auf Entschädigung, S. 628 ff., S. 649.

63 Wie zutreffend diese Unterscheidung nach Vertragskriterien ist, zeigt die Darstellung bei HK-*Krehl*, Rdnr. 19 zu § 153a StPO.

3. Verfahrenseinstellung bei der Möglichkeit des Absehens von Strafe im materiellen Recht (§ 153b II StPO)

Das materielle Strafrecht gibt in einigen Vorschriften des Allgemeinen[64] und des Besonderen[65] Teils die Möglichkeit, im Urteil von der zu verhängenden Strafe abzusehen[66]. Es kommt zum Schuldspruch, eine Sanktion wird jedoch nicht ausgesprochen. § 153b StPO übersetzt die Möglichkeit des Schuldspruchs unter Sanktionsverzicht in die Sprache des Prozeßrechts. Staatsanwaltschaft und Gericht erhalten die Möglichkeit, das Verfahren einzustellen, wenn die Voraussetzungen vorliegen, unter denen das Gericht von Strafe absehen könnte. Dabei kann die Staatsanwaltschaft bereits von der Erhebung der öffentlichen Klage absehen (Abs. 1). Das Gericht kann das Verfahren im Beschlußwege bis zum Beginn der Hauptverhandlung einstellen (Abs. 2), wenn nach dem materiellen Recht ein Absehen von Strafe möglich wäre. Zweck der Norm ist die Vermeidung eines aufwendigen Verfahrens (Abs. 1) bzw. einer Hauptverhandlung (Abs. 2), wenn bereits absehbar ist, daß das Verfahren nicht mit einer strafrechtlichen Sanktion beendet werden wird[67]. Die Norm soll also der Verwirklichung eines prozeßökonomischen Vorteils dienen[68]. Daneben wird ihr Zweck darin gesehen, dem Tatverdächtigen die mit der Durchführung eines Strafverfahrens verbundenen Belastungen zu ersparen[69].

Bedingung für die Einstellung nach § 153b StPO ist, daß die Voraussetzungen vorliegen, unter denen das Gericht nach dem materiellen Strafrecht von Strafe absehen kann. Ist diese Bedingung erfüllt, so kann das Strafverfahren nach

---

64 § 46a StGB (Täter-Opfer-Ausgleich), § 60 StGB (Absehen von Strafe bei besonders schweren Tatfolgen für den Täter).

65 Zusammenstellung bei HK-*Krehl*, Rdnr. 2 zu § 153b StPO, sowie für das Nebenstrafrecht bei *M. Buttel*, Kritik der Figur des Aufklärungsgehilfen, S. 23 mit FN 5. Zu ergänzen ist § 261 X StGB (Geldwäsche).

66 Hierbei handelt es sich häufig um Möglichkeiten der Korrektur zu weit geratener Strafbarkeit durch Vorfeldkriminalisierungen, Gefährdungs- oder Unternehmensdelikte, s. *W. Naucke*, GA 1984, S. 199 ff. (S. 201 f.); *ders.*, Jura 1979, S. 426 ff. (S. 429); *M. Buttel*, Kritik der Figur des Aufklärungsgehilfen, S. 26; zu § 29 BtMG s. *U. Nelles/P. Velten*, NStZ 1994, S. 366 ff. (370); für den Bereich der Staatsschutzdelikte (§ 99 I StGB) vgl. *R. Müller/V. Wache*, Straftaten gegen die äußere Sicherheit, S. 329.

67 LR-*Rieß*, Rdnr. 2 zu § 153b StPO; HK-*Krehl*, Rdnr. 1 zu § 153b StPO.

68 In diese Kerbe schlägt auch, daß gegen eine Einstellung nach § 153b I StPO der Antrag auf ein Klageerzwingungsverfahren nicht zulässig ist, § 172 II S. 3 StPO.

69 *Th. Weigend*, ZStW 109 (1997), S. 108; LR-*Rieß*, Rdnr. 2 zu § 153b StPO, der ferner darauf hinweist, daß bei einer Entscheidung nach § 153b StPO die Schuldfrage offenbleibt, der Beschuldigte sich also weiter auf die Unschuldsvermutung (Art. 6 II EMRK) berufen kann.

§ 153b StPO auch bei der Verfolgung eines Verbrechens eingestellt werden. Die Norm ist nicht anwendbar, falls persönliche Strafaufhebungsgründe vorliegen[70]. Hier fehlt bereits der hinreichende Tatverdacht, so daß die Staatsanwaltschaft das Ermittlungsverfahren gemäß § 170 II StPO einzustellen, das Gericht die Eröffnung der Hauptverhandlung abzulehnen oder freizusprechen hat[71]. § 153b StPO kann nur Anwendung finden, wenn ohne Durchführung einer Hauptverhandlung mit der erforderlichen Sicherheit beurteilt werden kann, ob die materiell-rechtlichen Voraussetzungen des Absehens von Strafe erfüllt sind[72]. Es muß also wenigstens hinreichend wahrscheinlich im Sinne des § 203 StPO sein, daß das Gericht von Strafe absähe, falls sich der ermittelte Sachverhalt in der Hauptverhandlung bestätigte[73]. Auch wenn diese Voraussetzung erfüllt sein sollte, hat das Absehen von Strafe durch Urteil zu erfolgen, falls das im Schuldausspruch liegende Unwerturteil über die Tat unerläßlich ist. Gleiches gilt, wenn zwar nicht die Verhängung einer Strafe, jedoch die Anordnung einer Maßregel erforderlich ist (z. B. die Entziehung der Fahrerlaubnis)[74].

Zum Absehen von der Anklageerhebung bedarf die Staatsanwaltschaft stets der Zustimmung des Gerichts, das auch die Sachentscheidung treffen würde[75]. Die Ausnahmen vom Zustimmungserfordernis des § 153 II S. 2 StPO gelten nicht. Der Beschuldigte muß nicht zustimmen, er muß auch nicht angehört werden[76]. Das Gericht erhält nach Klageerhebung die Einstellungsbefugnis, die mit dem Beginn der erstinstanzlichen Hauptverhandlung endet (§ 243 I S. 1 StPO). Nach diesem Zeitpunkt kann das Absehen von Strafe nur noch als materiellrechtliche Entscheidung im Urteil ausgesprochen werden. Die Einstellung durch das Gericht bedarf stets der Zustimmung des Angeschuldigten und der Staatsanwaltschaft. Der Einstellungsbeschluß ist grundsätzlich unanfechtbar. Obwohl eine ausdrückliche Regelung fehlt, ist der Gesetzgeber davon ausgegangen, daß es wegen der Zustimmung des Angeschuldigten und der Staatsanwaltschaft zur Einstellung des Verfahrens einer ausdrücklichen Unanfechtbarkeitsbestimmung nicht bedarf[77].

Auch wenn ein Zusammenhang des § 153b StPO mit dem Vertragsgedanken nicht unmittelbar erkennbar ist, hat die Norm im Gesamtgefüge für die strafprozessuale Vertragsorientierung eine erhebliche Bedeutung. Sie stellt nämlich das

---

70 Etwa §§ 24, 31, 310, 315 VI S. 2 StGB.
71 HK-*Krehl*, Rdnr. 2 zu § 153b StPO.
72 LR-*Rieß*, Rdnr. 4 zu § 153b StPO.
73 LR-*Rieß*, Rdnr. 4 zu § 153b StPO.
74 LR-*Rieß*, Rdnr. 4 zu § 153b StPO.
75 § 153 I S. 2 StPO gilt nicht; LR-*Rieß*, Rdnr. 10 zu § 153b StPO.
76 HK-*Krehl*, Rdnr. 5 zu § 153b StPO
77 LR-*Rieß*, Rdnr. 16 zu § 153b StPO.

Bindeglied zwischen den materiell-rechtlich vertragsorientierten Normen und dem Prozeßrecht dar[78]. Damit sind der unten näher erläuterte Täter-Opfer-Ausgleich (§ 46a StGB)[79] sowie die Kronzeugenregelungen[80] angesprochen, die den hier interessierenden Normbereich darstellen. Das Problem der Geringfügigkeit der Tatfolge im Zusammenhang mit dem Absehen von Strafe soll daher ausgeblendet werden. § 153b StPO ermöglicht es, die materiell-rechtliche Vertragsorientierung in das Verfahrensrecht zu übernehmen. Dies geschieht mit der Folge, daß bei einer Übereinkunft der Beteiligten über das Verfahren und sein Ergebnis keine inhaltliche Entscheidung mehr getroffen werden muß, sondern das Verfahren zuvor beendet werden kann. Das Bemühen um einen Ausgleich zwischen Täter und Opfer, die Schadenswiedergutmachung oder die Vermittlung von Information im Zusammenhang mit Kronzeugenregelungen reichen aus, um gemäß § 153b II StPO die Anklage fallen zu lassen. Bereits die Wahrscheinlichkeit, daß aufgrund der Leistungen des Täters im materiell-rechtlichen Sinne von der Verhängung einer Sanktion abzusehen wäre, genügt, um den prozeßökonomisch weitaus günstigeren Weg zu gehen[81]. Ist bereits erkennbar, daß keine Sanktion zu erwarten ist, wird der (mutmaßliche) Täter für seine Kooperationsbereitschaft mit dem Absehen von der Anklageerhebung bzw. mit der Einstellung des Verfahrens belohnt, die nicht mit dem Klageerzwingungsverfahren überprüft werden kann. Hat er dem Verfahren zugestimmt, so muß folgerichtig eine Anfechtung des Einstellungsbeschlusses ausgeschlossen sein: *Volenti non fit iniuria.* Ist im materiellen Recht ein Absehen von Strafe auch bei Verbrechen möglich, so muß – der inneren Logik der Norm und dem prozeßökonomischen Denken folgend – auch die Einstellung der Strafverfolgung wegen eines Verbrechens möglich sein. § 153b StPO dient also der Parallelisierung des Vertragsdenkens im materiellen Recht und im Prozeßrecht. Die Vorschrift harmonisiert die erweiterten Reaktionsmöglichkeiten des materiellen Rechts (Absehen von Strafe als Schuldausspruch ohne Sanktionsverhängung) mit den Einstellungsmöglichkeiten im Verfahrensrecht. War mit §§ 153, 153a StPO noch ein Entkriminalisierungszweck verbunden, so liegt § 153b StPO – abgesehen von einem Schutz des Kronzeugen durch Vermeidung seines öffentlichen Auftretens[82] –

78 Eine ähnliche Funktion erfüllt § 153e StPO, der u., 4., S. 153 ff., näher erörtert wird.

79 II. 1., S. 167 ff.; *Lackner*, Rdnr. 8 zu § 46a StGB.

80 Art. 4 § 1 des Gesetzes vom 09.06.1989 (BGBl I, S. 1059 [S. 1061]); §§ 129 VI; 129a V i.V.m. 129 VI; 261 X StGB; § 31a BtMG; vgl. im einzelnen u., II. 2., S. 172 ff.

81 *Th. Weigend*, ZStW 109 (1997), S. 108: "Prozessualisierung einer eigentlich materiellrechtlich gemeinten Entpönalisierung".

82 Erbs/Kohlhaas-*Pelchen*, Rdnr. 9 zu § 31 BtMG.

allein der Gedanke der Prozeßökonomie zugrunde: Wo die Verhängung einer Sanktion nach materiellem Recht nicht mehr zwingend ist, lohnt sich auch kein zeitaufwendiges, personal- und kostenintensives Strafverfahren.

4. Verfahrenseinstellung bei tätiger Reue (§ 153e StPO)

Neben den Vorschriften im Allgemeinen Teil des StGB über den Rücktritt vom Versuch (§ 24 StGB) bzw. vom Versuch der Beteiligung (§ 31 StGB) enthält das materielle Strafrecht eine Reihe unterschiedlich strukturierter Vorschriften, die eine Strafmilderung bis hin zum Absehen von Strafe ermöglichen oder einen persönlichen Strafaufhebungsgrund schaffen, wenn der Täter durch aktives Tun den Schadenseintritt zu verhindern sucht und dies erreicht oder wenn er einen Beitrag zur Tataufklärung leistet. Diese Vorschriften werden mit dem Sammelbegriff "tätige Reue" bezeichnet. Für den hier insbesondere interessierenden Bereich der Ermittlungs- und Aufklärungshilfe hat sich die Bezeichnung als Kronzeugenregelung etabliert[83]. Grund für den Strafnachlaß bzw. Strafverzicht ist in diesem Zusammenhang die Informationsvermittlung durch den Täter, die zur Aufklärung weiterer Taten aus seinem Umkreis führt. § 153e StPO erweitert diese flexible Reaktionsmöglichkeit mit dem Ziel der Informationsgewinnung in den Bereich des Verfahrensrechts. Die Gegenleistung der Justiz liegt hier nicht in der Abschwächung oder dem Verzicht auf eine Sanktion, sondern in der Prämierung von Aufklärungshilfe[84] durch Absehen von der Verfolgung (Abs. 1) bzw. Einstellung des Verfahrens (Abs. 2). Die Besonderheit gegenüber dem materiellen Strafrecht besteht darin, daß die Einstellungsmöglichkeit auf bestimmte Staatsschutzdelikte beschränkt ist, ihre Anwendung allein in der Zuständigkeit des Generalbundesanwalts und des Oberlandesgerichts liegt und daß die vom Täter verlangten Handlungen der tätigen Reue nicht – wie zumeist in den Normen des materiellen Rechts – tatbezogen sein müssen, sondern auch allgemeiner Art sein können[85].

Der Anwendungsbereich der Vorschrift erstreckt sich ausschließlich auf die Staatsschutzdelikte im Sinne der §§ 74a I Nr. 2 bis 4 und 120 I Nr. 2 bis 7 GVG und umfaßt auch Verbrechen[86]. § 153e StPO fordert als Ausgleichshandlung ein bestimmtes aktives Tun des Beschuldigten nach der Tat[87].

---

83 Art. 4 § 1 des Gesetzes vom 09.06.1989 (BGBl I, S. 1059 ff. [S. 1061]); § 31a BtMG; §§ 129 VI; 129a V i.V.m. 129 VI; 261 X StGB; s. auch u., II. 2., S. 172 ff.

84 LR-*Rieß*, Rdnr. 1 zu § 153e StPO.

85 LR-*Rieß*, Rdnr. 1 zu § 153e StPO.

86 Allgemein zur Anwendung der §§ 153, 153a, 153b StPO im Bereich der Staatsschutzdelikte s. *R. Müller/V. Wache*, Straftaten gegen die äußere Sicherheit, S. 327 ff.

87 LR-*Rieß*, Rdnr. 4 f. zu § 153e StPO.

Bis zur Kenntnis des Täters[88] von der Entdeckung seiner Tat (Konstellation des Abs. 1 Satz 1) reicht jede Handlung aus, die geeignet ist, eine tatsächlich bestehende Gefahr für den Bestand oder die Sicherheit der Bundesrepublik Deutschland oder die verfassungsmäßige Ordnung[89] abzuwenden. Nachdem der Täter von der Entdeckung seiner Tat Kenntnis erlangt hat (Abs. 1 Satz 2), muß die Ausgleichshandlung in der Offenbarung bestimmten Wissens gegenüber einer Dienststelle bestehen, von der erwartet werden kann, daß sie das Wissen dazu verwendet, um erforderliche Gegenmaßnahmen zu ergreifen. Zur Abwendung der Gefahr ist es weder erforderlich, daß die Ausgleichshandlung des Beschuldigten die Gefahr vollständig beseitigt, noch daß die Ausgleichshandlung der einzige oder entscheidende Beitrag hierfür ist. Es reicht aus, daß sie nur zusätzlich oder in geringfügigem Umfang der Gefahrabwendung dienlich ist[90]. Kann der Beschuldigte aber nur Wissen offenbaren, das der Dienststelle bereits bekannt ist, so liegt keine taugliche Ausgleichshandlung vor[91]. Das preisgegebene Wissen muß Bestrebungen im Sinne der §§ 81 bis 91, 93 bis 100a StGB betreffen, auch wenn nur ein entfernterer Zusammenhang gegeben sein mag[92]. Der Beschuldigte muß sein gesamtes Wissen hierüber offenlegen, selbst wenn er bezüglich der von ihm selbst verwirklichten Tat ein Geständnis ablegen muß[93]. Die Anwendung des § 153e StPO ist Ergebnis einer Ermessensentscheidung[94]. Hierbei sind das gesamte Verhalten des Täters einschließlich seiner Motive für die Tat und für die Ausgleichshandlung, deren Zeitpunkt und Bedeutung, die Größe der abgewendeten Gefahr sowie der Unrechts- und Schuldgehalt der Tat, von deren Verfolgung abgesehen werden soll, zu berücksichtigen.

Das Absehen von der Verfolgung durch den Generalbundesanwalt gemäß § 153e I StPO bedarf weder der Zustimmung des Beschuldigten noch seiner Anhörung im Sinne des § 33 StPO. Er braucht auch nicht über die Möglichkeiten der Einstellung gemäß § 153e I S. 2 StPO belehrt zu werden. In Fällen, in denen dies dennoch geschieht, soll mit Zurückhaltung vorgegangen werden, um dem

---

88 LR-*Rieß*, Rdnr. 3 zu § 153e StPO, weist zutreffend darauf hin, daß das Wort "Täter" in Abs. 1 nicht dahingehend mißverstanden werden darf, die Täterschaft des Beschuldigten müsse feststehen. Gemeint ist also der "mutmaßliche, mögliche" Täter.

89 Zu diesen Tatbestandsmerkmalen s. *H. Tröndle*, Rdnr. 6 f. zu § 81 StGB; Rdnr. 2 ff. zu § 92 StGB; zur Anwendung in einem praktischen Fall s. *R. Müller/V. Wache*, Straftaten gegen die äußere Sicherheit, S. 336 f.

90 LR-*Rieß*, Rdnr. 7 zu § 153e StPO; *R. Müller/V. Wache*, Straftaten gegen die äußere Sicherheit, S. 335 f.

91 LR-*Rieß*, Rdnr. 7 zu § 153e StPO.

92 LR-*Rieß*, Rdnr. 11 zu § 153e StPO.

93 LR-*Rieß*, Rdnr. 11 zu § 153e StPO.

94 LR-*Rieß*, Rdnr. 12 zu § 153e StPO; die Entscheidung ist nicht im Rahmen eines Klageerzwingungsverfahrens überprüfbar, § 172 II S. 3 StPO.

Vorwurf unzulässiger Einflußnahme auf den Beschuldigten (§ 136a StPO) zu entgehen[95]. Das Absehen von der Verfolgung kann nur der Generalbundesanwalt mit Zustimmung des zuständigen Oberlandesgerichts anordnen. Nach Anklageerhebung kann das Verfahren unter den Voraussetzungen des Abs. 1 in jeder Lage, also auch in der Revisionsinstanz[96], eingestellt werden. Die Einstellung ist selbst nach Eintritt von Teilrechtskraft möglich. Auch wenn das Verfahren gemäß § 74a GVG vor der Strafkammer anhängig ist, fällt die Einstellung in die Kompetenz des Oberlandesgerichts, das stets der Zustimmung des Generalbundesanwalts bedarf[97]. Einer Zustimmung des Angeklagten bedarf es auch hier nicht[98].

Der Vertragsgedanke kommt in § 153e StPO darin zum Ausdruck, daß das Strafverfahren infolge der Aufklärungshilfe des Beschuldigten eingestellt wird. Information wird gegen Verfolgungsverzicht gehandelt[99]. Hat der Beschuldigte die (Vor-)Leistung der Aufklärungshilfe erbracht, so hat er damit auch in die Einstellung des Verfahrens eingewilligt. Er kann die Verfolgungsorgane also nicht durch die Verweigerung seiner Zustimmung dazu zwingen, das Verfahren bis zu einem möglichen Freispruch weiterzuführen.

5. Diversion im Jugendstrafverfahren (§§ 45, 47 JGG)

Auch in dem vom Erziehungsgedanken[100] beherrschten Jugendstrafverfahren (§§ 5 I, 13 I, 17 II JGG) läßt sich eine zunehmende Informalisierung und Orientierung auf das Vertragsdenken beobachten. Das Kriminaljustizsystem hat sich im Hinblick auf jugendstrafrechtliche Sanktionen in zwei Teilsysteme der Verfahrenserledigung gespalten[101]. Der Unterschied zwischen den Teilbereichen ist dadurch gekennzeichnet, daß in dem ersten Teilsystem die Verfahrensbeendi-

---

95 LR-*Rieß*, Rdnr. 13 zu § 153e StPO.

96 LR-*Rieß*, Rdnr. 21 zu § 153e StPO.

97 *Kleinknecht/Meyer-Goßner*, Rdnr. 3 zu § 153e StPO; LR-*Rieß*, Rdnr. 17 f. zu § 153e StPO; *R. Müller/V. Wache*, Straftaten gegen die äußere Sicherheit, S. 336.

98 LR-*Rieß*, Rdnr. 16 zu § 153e StPO m.w.N., auch zur umstrittenen Frage, ob hier eine Anhörung des Beschuldigten rechtlich notwendig ist.

99 Insoweit Kronzeugenregelungen des materiellen Rechts anwendbar sind, deckt sich der Regelungsbereich des § 153e StPO mit dem des § 153b StPO; LR-*Rieß*, Rdnr. 3 zu § 153e StPO.

100 Zum Erziehungsgedanken: *L. Kuhlen*, Diversion im Jugendstrafverfahren, S. 27 ff., zum Verhältnis des Erziehungs- zum Diversionsgedanken im Jugendstrafrecht s. *L. Kuhlen*, a.a.O., S. 23 ff.

101 Zu §§ 45, 47 JGG a.F. s. *L. Kuhlen*, Diversion im Jugendstrafverfahren, S. 15 ff.; *P.-A. Albrecht*, Jugendstrafrecht, S. 117; *K. Peters*, Strafprozeß, S. 600, spricht von einer "erheblichen Auflockerung des Legalitätsprinzips".

gung informell, z. T. mit Selbstunterwerfung unter eine sanktionsähnliche Maßnahme, in dem zweiten formell durch Urteil erfolgt[102]. §§ 45, 47 JGG formulieren innerhalb der informellen Reaktionsmöglichkeiten ein abgestuftes Reaktionsschema[103]: Vorrang hat die Diversion ohne Intervention wegen geringer Schuld (§§ 45 I, 47 I S. 1 Nr. 1 JGG). Ist diese Voraussetzung nicht erfüllt, so besteht die Möglichkeit der Informalisierung nach bereits durchgeführter oder eingeleiteter erzieherischer Maßnahme (§§ 45 II, 47 I S. 1 Nr. 2 JGG). Wenn ein Vorgehen nach diesen Erledigungsvarianten nicht als ausreichend, eine förmliche Reaktion aber noch nicht als erforderlich angesehen wird, kommt eine Verfahrenseinstellung nach §§ 45 III, 47 I S. 1 Nr. 3 JGG in Betracht. In jedem Fall scheiden die informellen Erledigungsformen nach §§ 45, 47 JGG aus, wenn kein hinreichender Tatverdacht besteht. Der Jugendstaatsanwalt muß dann das Verfahren nach § 170 II StPO, § 2 JGG einstellen, der Jugendrichter die Eröffnung des Hauptverfahrens ablehnen bzw. freisprechen[104].

Die Zustimmungserfordernisse im informellen Reaktionssystem des JGG unterscheiden sich von denen der §§ 153 ff. StPO[105]. Nach § 45 I, II JGG kann der Jugendstaatsanwalt selbständig, gemäß § 45 III JGG nur unter Mitwirkung des Jugendrichters von der Strafverfolgung absehen. Die Kompetenz zur Entkriminalisierung durch Verfahren ist somit zu einem großen Teil der unabhängigen Rechtsprechung entzogen und der weisungsgebundenen Staatsanwaltschaft übertragen[106]. Soweit die Zuständigkeit auf den Jugendrichter übergegangen ist, erfolgt die Einstellung durch ihn mit Zustimmung der Staatsanwaltschaft. Das JGG schreibt für §§ 45 I, II JGG keine Zustimmung des Jugendlichen oder Heranwachsenden bzw. seines Erziehungsberechtigten oder gesetzlichen Vertreters vor. Allgemein wird jedoch eine Einverständniserklärung des Betreffenden als unerläßlich angesehen[107].

Im Rahmen der staatsanwaltschaftlichen Einstellungsbefugnisse kann der Jugendstaatsanwalt nach § 45 I JGG von der Verfolgung absehen, wenn die Voraussetzungen des § 153 StPO vorliegen. Unter den folgenden Einschränkungen

---

102 *P.-A. Albrecht*, Jugendstrafrecht, S. 118.

103 *P.-A. Albrecht*, Jugendstrafrecht, S. 119.

104 HK-*Krehl*, Rdnr. 3 zu § 153a StPO.

105 Zur Unanwendbarkeit der §§ 153, 153a StPO im Jugendstrafverfahren s. *L. Kuhlen*, Diversion im Jugendstrafverfahren, S. 15 f.

106 *P.-A. Albrecht*, Jugendstrafrecht, S. 120, der angesichts der Anwendungshäufigkeit des § 45 I, II JGG von einer exklusiven Einstellungs- und Ahndungskompetenz der Staatsanwaltschaft spricht; *ders.*, Exekutivisches Recht, S. 5: "Der Richter wird durch den Staatsanwalt ersetzt."

107 *P.-A. Albrecht*, Jugendstrafrecht, S. 120; *R. Brunner/D. Dölling*, Jugendgerichtsgesetz, Rdnr. 25 zu § 45 JGG.

kann auf die Ausführungen zu § 153 StPO[108] verwiesen werden: Die Schuld des (mutmaßlichen) Täters ist entsprechend seines Entwicklungsstandes zu bestimmen[109]. Bei der Beurteilung des öffentlichen Interesses ist im Jugendstrafrecht kein Raum für generalpräventive Erwägungen[110]. Die Anwendung des § 45 I JGG hängt in keinem Fall von der Zustimmung des Richters ab. Sie entfaltet keine Rechtskraftwirkung. Das Verfahren kann von der Staatsanwaltschaft jederzeit fortgeführt werden[111].

§ 45 II JGG nimmt eine vermittelnde Stellung zwischen der sogenannten folgenlosen Einstellung (Abs. 1) und dem formlosen jugendrichterlichen Erziehungsverfahren der §§ 45 III, 47 I S. 1 Nr. 3 JGG ein. Der Jugendstaatsanwalt *muß* von der Verfolgung absehen, wenn eine erzieherische Maßnahme[112] bereits durchgeführt oder eingeleitet ist und weder die Beteiligung des Richters gemäß § 45 III JGG noch die Erhebung der Anklage erforderlich sind. Wichtig ist in diesem Zusammenhang § 45 II S. 2 JGG, nach dem von der Verfolgung auch dann zwingend abzusehen ist, wenn sich der Jugendliche bemüht, einen Ausgleich mit dem Verletzten zu erreichen. Diese Vorschrift nimmt den Gedanken des Täter-Opfer-Ausgleichs bzw. der Schadenswiedergutmachung in das Sanktionenrecht des JGG auf[113]. Entscheidungen nach § 45 I, II JGG sind in das Erziehungsregister beim Bundeszentralregister einzutragen (§ 60 I Nr. 7 BZRG)[114].

Nach § 45 III JGG, der in seiner Grundstruktur § 153a StPO ähnelt, kann der Jugendstaatsanwalt die Erteilung einer Ermahnung, Auflage oder Weisung[115] beim Jugendrichter anregen. Der Beschuldigte muß geständig sein[116]. Der Jugendstaatsanwalt muß die Verhängung einer der genannten Maßnahmen für erforderlich, die Erhebung der öffentlichen Klage aber nicht für geboten halten. Gemäß § 45 III S. 2 JGG *muß* der Jugendstaatsanwalt von der Verfolgung absehen, wenn der Jugendrichter seiner Anregung gefolgt und der Beschuldigte den angeordneten Maßnahmen nachgekommen ist. Diese Entscheidung ist ebenfalls

---

108 S. o., 1., S. 140 ff.

109 *P.-A. Albrecht*, Jugendstrafrecht, S. 121, 92 ff.

110 *P.-A. Albrecht*, Jugendstrafrecht, S. 121.

111 *K. Geppert*, Jura 1986, S. 312 f.

112 Zum Begriff s. *U. Eisenberg*, Jugendgerichtsgesetz, Rdnr. 19 ff. zu § 45 JGG.

113 Zu § 46a StGB vgl. u., II. 1., S. 167 ff.

114 Kritisch hierzu vor dem Hintergrund der Unschuldsvermutung *P.-A. Albrecht*, Jugendstrafrecht, S. 124 f., 130 f.; *L. Kuhlen*, Diversion im Jugendstrafverfahren, S. 55; *W. Bottke*, Verfahrensgerechtigkeit, S. 62 f.

115 Hierzu zählt gemäß § 10 I S. 3 Nr. 7 JGG wiederum der Täter-Opfer-Ausgleich.

116 Zur Problematik des Geständnisses in § 45 III JGG s. *P.-A. Albrecht*, Jugendstrafrecht, S. 125 f.; *U. Eisenberg*, Jugendgerichtsgesetz, Rdnr. 24 ff. zu § 45 JGG; *L. Kuhlen*, Diversion im Jugendstrafverfahren, S. 30 ff.

im Erziehungsregister beim Bundeszentralregister einzutragen, wobei auch die getroffene Maßnahme zu vermerken ist (§ 60 I Nr. 7, II BZRG).

Der Jugendrichter kann das Verfahren unter den Voraussetzungen des § 45 JGG zwischen Anklageerhebung und rechtskräftiger Entscheidung nach § 47 I S. 1 Nr. 1 bis 3 JGG einstellen. Die Einstellung gemäß § 47 I S. 1 Nr. 2 und 3 JGG steht im Ermessen des Jugendrichters, während sie – wie oben dargestellt – für den Jugendstaatsanwalt zwingend ist (§ 45 II, III JGG). § 47 I S. 2 bis 5 JGG regelt die "Einstellung auf Bewährung". Dem Beschuldigten wird durch richterlichen Beschluß, der der Zustimmung der Staatsanwaltschaft bedarf, eine Frist bis zu sechs Monaten gesetzt, innerhalb derer er den erzieherischen Maßnahmen in den Fällen von Satz 1 Nr. 2 und 3 nachzukommen hat. Ähnlich wie in § 153a II StPO stellt der Jugendrichter das Verfahren nach der Beschlußfassung vorläufig, nach Erfüllung der Verpflichtungen durch den Beschuldigten endgültig ein[117].

Die Vertragsorientierung in §§ 45, 47 JGG manifestiert sich je nach Reaktionsebene[118]: In §§ 45 I, 47 I S. 1 Nr. 1 JGG besteht die Leistung des beschuldigten Jugendlichen bzw. Heranwachsenden wie bei der Verfahrenseinstellung gemäß § 153 StPO in dem faktischen[119] Verzicht auf ein Verfahren, das auch mit einem Freispruch enden könnte. Die Gegenleistung besteht in der "folgenlosen Einstellung" des Strafverfahrens, die jedoch entgegen der gewohnten Terminologie nicht gänzlich folgenlos ist: Die Einstellung wird im Erziehungsregister vermerkt (§ 60 I Nr. 7 BZRG). Im Rahmen der §§ 45 II, 47 I S. 1 Nr. 2 JGG leistet der Jugendliche seinen Beitrag zur Diversion in der Weise, daß er durch das Bemühen um die Erfüllung einer erzieherischen Maßnahme bzw. in dem Bemühen um einen Ausgleich mit dem Verletzten zu erkennen gibt, daß er ein nur "geringfügig Gestrauchelter"[120] ist. Die generalpräventive Entbehrlichkeit des Verfahrens wird in die staatliche Gegenleistung umgemünzt. Auch diese Art der Einstellung wird im Erziehungsregister vermerkt. Die Austauschbeziehung gemäß §§ 45 III, 47 I S. 1 Nr. 3 JGG schließlich erinnert an § 153a StPO: Sie besteht in der Erfüllung von Auflagen oder Weisungen, die die Staatsanwaltschaft bzw. das Gericht dem Beschuldigten auferlegen, im Tausch gegen die

117 Vgl. *L. Kuhlen*, Diversion im Jugendstrafverfahren, S. 42 ff., 49 ff.

118 Als spezifische Effekte der Informalisierungsstrategien nennt *P.-A. Albrecht*, Exekutivisches Recht, S. 5, die Erhöhung der Steuerungsfähigkeit der Justizverwaltung und die Beschleunigung der Verfahren verbunden mit einem erheblichen Entlastungseffekt.

119 An dieser Stelle ist nochmals darauf hinzuweisen, daß es einer expliziten Zustimmung des Jugendlichen zu den Verfahren nach § 45 I, II JGG nicht bedarf, daß jedoch sein Einverständnis bzw. das Einverständnis des Erziehungsberechtigten oder des gesetzlichen Vertreters als unerläßlich angesehen wird.

120 So BGHSt 28, S. 69 ff. (S. 70), zum mutmaßlichen Täter des § 153a StPO.

Einstellung des Strafverfahrens. Anders als § 153a StPO setzen diese Vorschriften aber ein Geständnis des Jugendlichen als zusätzliche Leistung voraus. Zudem wird die Einstellung samt der getroffenen Maßnahme im Erziehungsregister eingetragen.

6. Sühneversuch im Privatklageverfahren (§ 380 I StPO)

Das Privatklageverfahren, das in den §§ 374 ff. StPO geregelt ist, stellt ein staatliches Strafverfahren dar, das der durch die Straftat Verletzte als Kläger anstelle der Staatsanwaltschaft einleitet und betreibt. Der Privatkläger verfolgt den staatlichen Strafanspruch ohne Bindung an das Legalitätsprinzip[121]. Die Staatsanwaltschaft erhebt wegen der in § 374 I Nr. 1 bis 8 StPO abschließend aufgezählten Delikte nur Anklage, falls hierfür ein öffentliches Interesse besteht (§ 376 StPO, vgl. Nr. 86 II RiStBV). § 376 StPO schreibt also die Opportunität für das Privatklageverfahren fest. Obwohl der Privatkläger eine weite Dispositionsbefugnis über die Klageerhebung und deren Umfang hat, handelt es sich bei dem Privatklageverfahren nicht um einen Parteiprozeß, denn das Gericht ist nach Klageerhebung dem Amtsaufklärungsgrundsatz verpflichtet (§§ 384 III, 244 II StPO). Bei geringer Schuld kann das Gericht das Verfahren gemäß § 383 II S. 1 StPO einstellen[122]. Die stetige Erweiterung des Anwendungsbereichs der Privatklage und die damit verbundene weitere Aushöhlung des Offizial- und Legalitätsprinzips[123] zeigen, daß das Motiv des historischen Gesetzgebers weiterwirkt: "Beleidigungen und leichte Mißhandlungen [ursprünglicher Umfang der Privatklagedelikte des § 414 RStPO] sind alltägliche Vorkommnisse; sie berühren das allgemeine Wohl der bürgerlichen Gesellschaft meistens wenig, und selbst für die Betheiligten haben sie in der Regel eine viel zu geringe Bedeutung, als daß ein rechtliches oder sittliches Bedürfniß vorläge, *stets* eine Bestrafung herbeizuführen. Darum bildet erfahrungsgemäß die Verfolgung und Bestrafung jener Ge-

---

121 *Kleinknecht/Meyer-Goßner*, Rdnr. 5 vor § 374 StPO.

122 HK-*Kurth*, Rdnr. 14 ff. zu § 383 StPO; zur Kosten- und Auslagenentscheidung nach einer Einstellung gem. §§ 383 II, 471 III Nr. 2 StPO s. BVerfGE 74, S. 358 ff. (S. 374 ff.).

123 Zur Kritik des Privatklageverfahrens, die seit Inkrafttreten der §§ 414 ff. RStPO nicht verstummt ist – etwa *K. v. Birkmeyer*, DJZ 1909, Sp. 1056 ff. – s. die Hinweise bei LR-*Wendisch*, Rdnr. 2 vor § 374 StPO. Eindringlich legt *F.-C. Schroeder*, Strafprozeßrecht, Rdnr. 355, offen, daß der Staat sich zwar listig vorkommen möge, wenn er sich mittels der Privatklage lästige Verfahren der Kleinkriminalität vom Hals hält. In Wahrheit sei jedoch festzustellen, daß in der Bundesrepublik gerade bei Delikten, die nicht gegen das Vermögen, sondern gegen die Person gerichtet sind, nur unzulänglicher Rechtsschutz bestehe.

setzesverletzungen nicht die Regel, sondern die Ausnahme"[124]. Motiv der Schaffung der Privatklage war folglich, Bagatelldelikte aus dem staatlichen Strafverfolgungszwang herauszunehmen[125].

a) Der Sühneversuch im Privatklageverfahren im allgemeinen

Nicht genug mit der Tatsache, daß die Privatklage den staatlichen Strafverfolgungszwang eingrenzt: Der Gesetzgeber hat für dieses Verfahren noch weitere besondere Verfahrensvoraussetzungen und Verfahrenshindernisse geschaffen[126]. Hierzu zählt auch der in dieser Arbeit interessierende Sühneversuch gemäß § 380 I StPO: Wegen Hausfriedensbruchs, Beleidigung, Verletzung des Briefgeheimnisses, Körperverletzung (§§ 223, 229 StGB), Bedrohung und Sachbeschädigung kann der Privatkläger nur dann Klage erheben, wenn vor einer Vergleichsbehörde die Sühne erfolglos versucht worden ist[127]. Täter und Verletzter sollen zu einem Ausgleich gelangen, der den Streitstoff aus der Welt schafft und die Durchführung eines gerichtlichen Verfahrens entbehrlich macht. Der Sühneversuch hat eine dreifache Funktion[128]: Er soll die Strafgerichtsbarkeit entlasten, indem er übereilt oder von vornherein ungerechtfertigt erhobene Klagen auffängt. Er soll der Aussöhnung zwischen den Parteien und damit dem Rechtsfrieden dienen. Und schließlich soll der Sühneversuch mit der Möglichkeit einer informellen Konfliktbewältigung entkriminalisierend wirken. Um das erste Ziel zu erreichen, muß der Sühneversuch als besondere Klagevoraussetzung[129] vor Kla-

124 *C. Hahn*, Materialien, S. 276 f. (Hervorhebung im Original). Diese Auffassung kann sich auf *G. W. F. Hegel*, Grundlinien der Philosophie des Rechts, § 223, beziehen: Das Recht selbst als die substantielle Sache, worauf es ankommt, sei durch ein Vergleichsverfahren gegen den Rechtsgang und vor dessen Mißbrauch in Schutz zu nehmen, damit dieser nicht als etwas Äußerliches seinem Zweck gegenüber trete. Diese Begründungslinie wird in BVerfGE 26, S. 66 ff. (S. 70); 74, S. 358 ff. (S. 374 f.), fortgeführt.

125 LR-*Wendisch*, Rdnr. 3 vor § 374 StPO; zum Vorschlag, den Diebstahl geringwertiger Sachen in den Kreis der Privatklagedelikte aufzunehmen, s. *Chr. Reichert*, ZRP 1997, S. 492 ff.

126 Zu den "Lasten der Privatklage" vgl. *F.-C. Schroeder*, Strafprozeßrecht, Rdnr. 353 ff.

127 In Hessen ist das Schiedsamt gemäß § 37 Schiedsamtsgesetz vom 23.03.1994 (GVBl. I, S. 148) die Vergleichsbehörde. Zu den einzelnen landesrechtlichen Regelungen s. HK-*Kurth*, Rdnr. 11 ff. zu § 380 StPO. Auch hinsichtlich einer künftigen Einbeziehung des Diebstahls geringwertiger Sachen in den Bereich der Privatklagedelikte wird die Bedeutung des Sühneverfahrens für die Entlastung der Amtsgerichte hervorgehoben: *Chr. Reichert*, ZRP 1997, S. 498.

128 KMR-*Stöckel*, Rdnr. 1 zu § 380 StPO.

129 *Kleinknecht/Meyer-Goßner*, Rdnr. 10 zu § 380 StPO; KMR-*Stöckel*, Rdnr. 2 zu § 380 StPO; HK-*Kurth*, Rdnr. 3 zu § 380 StPO.

geerhebung unternommen werden. Er ist daher nicht nachholbar[130]. Der Kläger (Verletzte) muß zum Sühneversuch erscheinen, ansonsten gilt dieser als nicht erfolgt. Erscheint der Beklagte (Beschuldigte) nicht, so ist der Sühneversuch mißlungen. Hat das Gericht das Hauptverfahren eröffnet, ohne daß ein Sühneverfahren stattgefunden hat, so hat dieses seine Funktion nicht erfüllen können, was dem Privatkläger nicht zum Nachteil gereichen darf. Daher ist das Verfahren fortzusetzen und nicht wegen Fehlens einer Prozeßvoraussetzung einzustellen[131].

b) Insbesondere: Der Vergleich im Privatklageverfahren

Zeigt sich in dem auf eine Einigung zwischen Täter und Verletztem angelegten Sühneversuch des Privatklageverfahrens bereits eine vertragsorientierte Gestaltung des Verfahrens, so gewinnt das Privatklageverfahren für den Untersuchungsgegenstand umso größere Bedeutung, als in ihm Raum für eine Rücknahmeerklärung in Form eines Vergleichs sowohl im Sühneverfahren als auch im gerichtlichen Verfahren ist[132].

§ 380 I StPO fordert einen "erfolglosen" Sühneversuch. Das bedeutet, daß der Täter und der Verletzte sich nicht geeinigt haben. Damit ist die Möglichkeit eines Vergleichs im Privatklageverfahren vorausgesetzt, auch wenn dieser positiv-rechtlich nicht normiert ist[133].

Der Vergleich ist ein freiwilliger Ausgleich zwischen den beiden Gegnern. Er kann etwa in einer Ehrenerklärung gegenüber dem Privatkläger, einer Schadensersatzverpflichtung des Täters gegenüber dem Verletzten, einer Bereiterklärung zur Leistung einer Buße an eine dritte Stelle, einer Verteilung der Verfahrenskosten oder der Übernahme der Anwaltskosten des Privatklägers bestehen. Der Vergleich enthält notwendig einen Verzicht des Privatklägers auf sein Privatklagerecht, der mit der Erklärung vor der Sühnebehörde wirksam wird. Der Verzicht ist als Prozeßhandlung unwiderruflich, läßt das Privatklagerecht untergehen

---

130 HK-*Kurth*, Rdnr. 5 zu § 380 StPO.

131 *C. Roxin*, Strafverfahrensrecht, § 61 Rdnr. 17; *F.-C. Schroeder*, Strafprozeßrecht, Rdnr. 356, der den Sühneversuch als Eröffnungsvoraussetzung bezeichnet; HK-*Kurth*, Rdnr. 3 zu § 380 StPO.

132 Zur Herleitung des Vergleichs im Zivilrechtsstreit aus der Privatautonomie s. o., Zweites Kapitel, A. II. 1. a) ee), S. 59 f.; zum gerichtlichen Vergleich zwischen dem Adhäsionskläger und dem Angeklagten im Adhäsionsverfahren s. *Kleinknecht/Meyer-Goßner*, Rdnr. 12 zu § 404 StPO.

133 KMR-*Stöckel*, Rdnr. 13 vor § 374 StPO; *C. Roxin*, Strafverfahrensrecht, § 61 Rdnr. 17, 23; *K. Peters*, Strafprozeß, S. 579.

und stellt dem Verfahren ein Prozeßhindernis entgegen[134]. Er ist nicht anfechtbar[135].

Auch nach Erhebung der Privatklage können sich die Parteien vor Gericht vergleichen. Einen Zwangsvergleich, der durch das Gericht auferlegt wird, kennt die Strafprozeßordnung nicht[136]. Der Privatkläger muß im Falle des gerichtlichen Vergleichs die Zurücknahme der Privatklage erklären. Der Verletzte will die Verpflichtung des Täters erst erfüllt sehen, bevor er sich der Möglichkeit begibt, das Verfahren fortzusetzen. Diesem Interesse dient die Aufnahme eines Widerrufsvorbehalts[137] oder eine bedingte Zurücknahme der Privatklage. Die den Vergleichsinhalt bildenden Erklärungen sind in der Hauptverhandlung dem Gericht gegenüber abzugeben und zu protokollieren. Die Rücknahmeerklärung stellt ein Verfahrenshindernis dar. Das Privatklageverfahren ist demnach gemäß § 260 III StPO einzustellen[138]. Der gerichtliche Vergleich stellt einen vollstreckungsfähigen Titel im Sinne des § 794 I Nr. 1 ZPO dar[139]. Ein Vergleich beseitigt das Strafverfolgungsrecht der Staatsanwaltschaft nicht[140]. Sie kann auch nach Zurücknahme der Privatklage oder nach Erklärung eines Verzichts wegen Vorliegens des öffentlichen Interesses öffentliche Klage erheben oder das Verfahren übernehmen (§ 377 II StPO). Etwas anderes gilt, wenn die gleichzeitige Zurücknahme des Strafantrags ein endgültiges Verfahrenshindernis schafft[141].

Vom gerichtlichen Vergleich ist der außergerichtliche bzw. der Vergleich außerhalb des Sühneverfahrens zu unterscheiden. Hier werden die Erklärungen nur gegenüber dem jeweiligen Gegner abgegeben. Sie sind für das Verfahren so lange ohne Wirkung, bis sie dem Gericht bzw. der Sühnebehörde vorgelegt werden. Zu einer solchen Vorlage haben sich die Parteien im Vergleich unwiderruflich ermächtigt[142]. Auch der formlose außergerichtliche, also nicht vor einer staatlichen Vergleichsbehörde abgeschlossene Vergleich ist, wenn er dem Ge-

---

134 KMR-*Stöckel*, Rdnr. 14 vor § 374 StPO; HK-*Kurth*, Rdnr. 6 zu § 380 StPO.

135 LG Frankfurt/Main NJW 1959, S. 1454.

136 *K. Peters*, Strafprozeßrecht, S. 579, hält eine solche Möglichkeit für wünschenswert, da die Ursachen der Streitigkeiten häufig auf beiden Seiten lägen.

137 LR-*Wendisch*, Rdnr. 16 zu § 391 StPO; *Kleinknecht/Meyer-Goßner*, Rdnr. 11 vor § 374 StPO; KMR-*Stöckel*, Rdnr. 15 vor § 374 StPO.

138 KMR-*Stöckel*, Rdnr. 16 vor § 374 StPO; *Kleinknecht/Meyer-Goßner*, Rdnr. 7 zu § 391 StPO.

139 KMR-*Stöckel*, Rnr. 17 vor § 374 StPO; *C. Roxin*, Strafverfahrensrecht, § 61 Rdnr. 23; *F.-C. Schroeder*, Strafprozeßrecht, Rdnr. 358; differenzierend nach dem Vorliegen vollstreckbarer Verpflichtungen: *K. Peters*, Strafprozeß, S. 579.

140 KMR-*Stöckel*, Rdnr. 18 vor § 374 StPO.

141 OLG Stuttgart JR 1953, S. 349.

142 KMR-*Stöckel*, Rdnr. 19 vor § 374 StPO; LR-*Wendisch*, Rdnr. 27 zu § 391 StPO.

richt nachgewiesen wird, zu beachten und führt zu einer Einstellung des Verfahrens[143].

c) Zusammenfassung

Das Privatklageverfahren stellt eine Mischung aus Partei- und Amtsprozeß dar. Der Vertragsgedanke kommt in diesem Verfahren klar zum Ausdruck, wenn vor der Sühnebehörde, außerhalb des Verfahrens oder vor dem Gericht der Hauptverhandlung ein Vergleich im Sinne des § 794 I Nr. 1 ZPO geschlossen wird. Dieser beendet – in der zivilrechtlichen Terminologie ausgedrückt[144] – das Prozeßrechtsverhältnis und gibt einen Anspruch aus dem Vergleich. Der Beendigung des Prozeßrechtsverhältnisses im Zivilverfahren entspricht der Wegfall der Prozeßvoraussetzung nach geglücktem Sühneverfahren bzw. die Schaffung eines Verfahrenshindernisses nach einem Vergleich vor dem Gericht der Hauptverhandlung. Angesichts der Möglichkeit eines Vergleichs im Privatklageverfahren überrascht es, daß die neuere Diskussion um Absprachen im Strafverfahren die an dem Vergleich im Privatklageverfahren seit längerem geübte Kritik nicht aufnimmt: "Der Begriff des 'Vergleichs' ist unangemessen. Vergleichen kann man sich nur über einen Anspruch. Die staatliche Strafkompetenz ist kein Anspruch, schon gar nicht ein Anspruch oder eine Berechtigung des Gekränkten [Beleidigten]. Auch macht gegenseitiges Nachgeben das Wesen eines Vergleichs aus. Daß der Verletzte, wenn der Beleidiger eine Ehrenerklärung abgibt, in die Einstellung des Verfahrens einwilligt, ist kein Nachgeben; denn es geht um die Wahrheit, von der nichts abgelassen werden soll. Es ist nicht nur rechtlich verfehlt, mit dem unangebrachten Begriff des 'Vergleichs' zu operieren, sondern die gegenwärtige Übung ist peinlich. ... Statt des im Strafverfahrensrecht nicht vorgesehenen 'Vergleichens', das diesen Namen nicht verdient, ist es angemessener, nach dem (wenn auch unzulänglichen) Gesetz zu verfahren und 'Justiz zu gewähren', bis die fällige große Reform der Strafprozeßordnung ein *Unterwerfungsverfahren* vorsieht"[145].

---

143 *C. Roxin*, Strafverfahrensrecht, § 61 Rdnr. 23; LR-*Wendisch*, Rdnr. 23 ff. zu § 392 StPO.

144 *F. Baur/W. Grunsky*, Zivilprozeßrecht, Rdnr. 149.

145 *A. Arndt*, NJW 1962, S. 783 ff. (Hervorhebung im Original); *K. v. Birkmeyer* hat bereits in DJZ 1909, Sp. 1057 f., darauf hingewiesen, daß durch den Vergleich das Privatklageverfahren zu einem der Dispositions- und Verhandlungsmaxime unterstellten Prozeß, also zu einem Zivilprozeß vor dem Strafrichter mutiert.

7. Strafbefehlsverfahren ("Schweigen als Zustimmung" des Angeklagten)

Das Strafbefehlsverfahren ist ein summarisches Strafverfahren, das Fälle minder schwerer Kriminalität schnell und unkompliziert abhandeln soll[146]. Beschleunigung und Vereinfachung sind die mit dieser besonderen Verfahrensart verfolgten Ziele[147]. Das Strafbefehlsverfahren dient der Entlastung der Gerichte und hat eine wesentliche Bedeutung für die Erhaltung der Funktionstüchtigkeit der Strafrechtspflege[148]. Der Strafbefehl enthält eine einseitige Straffestsetzung ohne Hauptverhandlung und Urteil, zu der nicht die Überzeugung des Gerichts von der Schuld des Täters erforderlich, sondern der hinreichende Tatverdacht ausreichend ist[149]. Grundlage der richterlichen Entscheidungsfindung im Strafbefehlsverfahren sind tatsächliche Umstände, die nicht der Richter selbst, sondern der Staatsanwalt festgestellt hat.

Nach §§ 407 I, 408 III S. 1 StPO kann das Amtsgericht bei Vergehen auf schriftlichen Antrag der Staatsanwaltschaft die in § 407 II StPO bezeichneten Rechtsfolgen in der Form des § 409 StPO durch schriftlichen Strafbefehl ohne Hauptverhandlung festsetzen, wenn dem Erlaß des Strafbefehls keine Hindernisse oder Bedenken im Sinne des § 408 II S. 1, III S. 2 StPO entgegenstehen. Die Staatsanwaltschaft ist zur Stellung eines solchen Antrags verpflichtet, wenn die Voraussetzungen des § 407 I S. 2 StPO vorliegen[150]. Hat der Angeschuldigte einen Verteidiger, so kann im Strafbefehlsverfahren auch eine Freiheitsstrafe bis zu einem Jahr festgesetzt werden, falls deren Vollstreckung zur Bewährung ausgesetzt wird (§ 407 II S. 2 StPO). Einer Anhörung des Angeschuldigten vor Erlaß des Strafbefehls durch das Gericht bedarf es nicht (§§ 407 III, 33 III StPO). Der Anwendungsbereich des Strafbefehlsverfahrens ist durch § 408a StPO auf

---

146 BVerfGE 65, S. 377 ff. (S. 383); BGHSt 28, S. 69 ff. (S. 71); 29, S. 305 ff. (S. 307); *W. Beulke*, Strafprozeßrecht, Rdnr. 526; anderer Ansicht KMR-*Fezer*, Rdnr. 7 vor § 407 StPO, das Gericht habe sich wie im Normalverfahren an den Grundsätzen der Wahrheit und Gerechtigkeit zu orientieren; *ders.*, ZStW 106 (1994), S. 20 f.; zu Bestrebungen, den Anwendungsbereich der §§ 407 ff. StPO (noch weiter) auszudehnen: *G. Bertram*, ZRP 1996, S. 46 ff. (S. 47); *B. Asbrock*, NJ 1995, S. 341 ff. (S. 344).

147 BVerfGE 65, S. 377 ff. (S. 383); BGHSt 28, S. 69 ff. (S. 71).

148 HK-*Kurth*, Rdnr. 1 zu § 407 StPO; *G. Fezer*, ZStW 106 (1994), S. 40 ff.; BT-Drucksache 13/4541, S. 14, nach dem Entwurf eines Zweiten Gesetzes zur Entlastung der Rechtspflege, a.a.O., S. 27, soll der Anwendungsbereich des Strafbefehlsverfahrens auch auf Strafbefehlsanträge an das Landgericht und das Oberlandesgericht erweitert werden.

149 *Kleinknecht/Meyer-Goßner*, Rdnr. 1 vor § 407 StPO; anderer Ansicht KMR-*Fezer*, Rdnr. 9 ff. vor § 407 StPO, nach dem eine richterliche Überzeugungsbildung über die Schuld des Täters vorausgesetzt ist; *ders.*, ZStW 106 (1994), S. 20.

150 HK-*Kurth*, Rdnr. 10 zu § 407 StPO.

den Strafbefehlsantrag nach Eröffnung der Hauptverhandlung erweitert worden[151].

Der Strafbefehl ist eine vorläufige Entscheidung. Der Angeklagte kann durch rechtzeitige Einlegung eines Einspruchs die Hauptverhandlung herbeiführen und eine Überprüfung des Strafbefehls veranlassen (§ 411 I S. 2 StPO), wobei die Beweisaufnahme dann nach den Vorschriften über das Beschleunigte Verfahren durchzuführen ist (§§ 411 II S. 2, 420 StPO). Zusammen mit der Tatsache, daß der Erlaß eines Strafbefehls die völlige Übereinstimmung zweier Strafverfolgungsorgane (Staatsanwaltschaft und Gericht) erfordert, ist damit nach allgemeiner Auffassung den Anforderungen an ein rechtsstaatliches Verfahren im Sinne des Art. 6 I EMRK Genüge getan[152]. Zu einem Urteil kommt es nicht, wenn der Angeklagte seinen Einspruch vor der Urteilsverkündung im ersten Rechtszug zurücknimmt. Nach Beginn der Hauptverhandlung bedarf dies der Zustimmung der Staatsanwaltschaft (§§ 411 III S. 2, 303 StPO). Legt der Angeklagte innerhalb der Zwei-Wochen-Frist des § 410 I S. 1 StPO keinen Einspruch ein, so steht der Strafbefehl einem rechtskräftigen Urteil gleich (§ 410 III StPO). Eine Neubeurteilung der Tat ist dann nur noch im Rahmen einer Wiederaufnahme des Verfahrens möglich (§§ 373a, 359 bis 373 StPO).

Der Einspruchsverzicht bedeutet eine Einwilligung in die einseitige Straffestsetzung ohne Hauptverhandlung und Urteil auf schriftlicher Grundlage[153]. Das Schweigen des Angeklagten wird als Zustimmung zum Schuldspruch und zur Rechtsfolge des Strafbefehls gewertet, die mangels richterlicher Überzeugungsbildung im Sinne des § 261 StPO nicht anders als Verdachtsstrafe[154] bezeichnet werden kann. Die Selbstunterwerfung durch Verzicht auf den Einspruch legitimiert nachträglich das Verfahren: *Volenti non fit iniuria.* Das Schweigen auf einen "Antrag" hat im Rahmen des Strafbefehlsverfahrens Wirkungen, die es im Zivilrecht nur unter ganz engen Voraussetzungen entfaltet (§ 416 I S. 2 BGB [befreiende Schuldübernahme], § 516 II S. 2 BGB [Annahme einer Schenkung], § 346 HGB [Nichtbeantwortung eines kaufmännischen Bestätigungsschreibens

151 Zur hierdurch bewirkten Strukturveränderung des Strafverfahrens s. KMR-*Fezer*, Rdnr. 11 zu § 408a StPO; *ders.*, ZStW 106 (1994), S. 18 f.

152 *Kleinknecht/Meyer-Goßner*, Rdnr. 2 vor § 407 StPO.

153 *Th. Rönnau*, Die Absprache im Strafprozeß, S. 133 ff.; *H. Dahs*, Handbuch des Strafverteidigers, Rdnr. 959; *G. Fezer*, ZStW 106 (1994), S. 21, spricht von einem Einverständnis des Angeklagten; prozessual setzt sich dieses Denken in § 412 S. 1 StPO fort, nach dem der Einspruch gegen den Strafbefehl ohne Verhandlung zur Sache zu verwerfen ist, wenn der Angeklagte oder sein Verteidiger in dieser Verhandlung ohne ausreichende Entschuldigung ausbleiben: ein Versäumnisurteil im Strafprozeß; hierzu: *F.-C. Schroeder*, Strafprozeßrecht, Rdnr. 200.

154 *B. Schünemann*, Gutachten, S. B 69 f.; anderer Ansicht KMR-*Fezer*, Rdnr. 17 vor § 407 StPO.

als Zustimmung], § 362 I S. 1 2. HS, S. 2 HGB [Schweigen des Kaufmanns auf ein Angebot][155]). Die Einspruchsmöglichkeit führt häufig dazu, daß die Konditionen des Strafbefehls im Hinblick auf eine spätere Selbstunterwerfung des Angeklagten zwischen den Verfahrensbeteiligten abgesprochen werden[156]. Dies soll einen prozeßökonomisch unerwünschten Einspruch des Angeklagten vermeiden, was durch einen Einspruchsverzicht des Angeschuldigten innerhalb der Absprache erreicht werden kann[157]. Dem Angeschuldigten wird an einem möglichst vorteilhaften Inhalt des Strafbefehls im Hinblick auf die Rechtsfolge gelegen sein. Angesichts dieser Interessenkonstellation liegt es auf der Hand, daß das Strafbefehlsverfahren vielfältigen Anlaß zu Verfahrensabsprachen gibt[158].

So zeigt sich die Vertragsorientierung im Strafbefehlsverfahren auf zweierlei Weise: Zum einen willigt der Angeklagte durch den stillschweigenden Verzicht auf einen Einspruch in die gegen ihn verhängte Strafe ein. Sein persönliches Interesse und das prozeßökonomische Interesse der Justiz an der Vermeidung einer Hauptverhandlung werden zur Deckung gebracht. Der Angeklagte erhält so eine Dispositionsbefugnis über den Prozeßgegenstand, die dem reinen Parteiprozeß entlehnt ist[159]. Um die jeweiligen Interessen der Verfahrensbeteiligten zu verwirklichen, ist das Strafbefehlsverfahren zum anderen Keimzelle von Absprachen, in denen die Vertragsorientierung noch offener zutage tritt.

II. Vertragsorientierung im materiellen Strafrecht

Auch im materiellen Strafrecht lassen sich Normen finden, in denen für den jeweiligen Einzelfall eine Regelung hinsichtlich einer Rechtsfolge zwischen den Verfahrensbeteiligten getroffen wird. Am augenfälligsten tritt das Vertragsdenken bei dem nunmehr zu beschreibenden Täter-Opfer-Ausgleich und den Kronzeugenregelungen in Erscheinung.

---

155 Hierzu: *D. Medicus*, BGB-AT, Rdnr. 387 ff.

156 *H. Dahs*, Handbuch des Strafverteidigers, Rdnr. 960; *Th. Rönnau*, Die Absprache im Strafprozeß, S. 134; *W. Schmidt-Hieber*, Verständigung im Strafverfahren, Rdnr. 74 ff.; HK-*Kurth*, Rdnr. 4 zu § 407 StPO.

157 S. auch Nr. 175 III S. 2 RiStBV, wonach nicht bereits deswegen auf einen Strafbefehlsantrag zu verzichten ist, weil der Einspruch des Angeschuldigten zu erwarten ist, s. hierzu: *G. Fezer*, ZStW 106 (1994), S. 41; *W. Schmidt-Hieber*, Verständigung im Strafverfahren, Rdnr. 36.

158 Vgl. W. *Schmidt-Hieber*, Verständigung im Strafverfahren, Rdnr. 73 ff.; KMR-*Fezer*, Rdnr. 16 ff. vor § 407 StPO sowie u., B. II., S. 181 ff.

159 *B. Schünemann*, Gutachten, S. B 69 f.; *A. Janke*, Verständigung und Absprachen im Strafverfahren, S. 66 f.

1. Täter-Opfer-Ausgleich (§ 46a StGB)

Der Täter-Opfer-Ausgleich ist durch das Verbrechensbekämpfungsgesetz vom 28.10.1994[160] in das Strafbemessungsrecht des Strafgesetzbuchs eingeführt worden. Die Vorschrift soll der Verbesserung des Opferschutzes und der Zurückdrängung repressiver Bestrafung im Bereich unterer und mittlerer Kriminalität dienen. Sie soll auf diesem Wege die friedensstiftende Wirkung des Strafverfahrens ergänzen[161]. Dies soll dadurch geschehen, daß das Interesse des Verletzten an einer sinnvollen Schadenskompensation, etwa durch materielle Hilfe stärker zur Geltung gebracht wird[162]. Dem Täter sollen durch die Begegnung mit dem Opfer die Verwerflichkeit seines Handelns, dessen Folgen und seine Verantwortlichkeit dafür aufgrund der Ausgleichsmaßnahmen besser bewußt gemacht werden, als dies durch die an sich verwirkte Strafe möglich wäre[163]. Der Täter-Opfer-Ausgleich ist in einen größeren Zusammenhang des Verhandelns und der Mediation zu stellen, der von der Familienmediation bis zum Verhandeln und zur Mediation in der Wirtschaft, im gewerblichen Rechtsschutz, in Verwaltung und Politik, in der Rechtspflege sowie in der Aus- und Fortbildung reicht[164]. Es handelt sich dabei um eine internationale Entwicklung, die auch in strafrechtlicher Hinsicht immer weiter vordringt[165].

Gelungener Täter-Opfer-Ausgleich bedeutet idealtypisch Wiedergutmachung des durch die Tat entstandenen Schadens und Aussöhnung mit dem Verletzten[166]. In dogmatischer Hinsicht ist dabei zu bedenken, daß Wiedergutmachung stets nur den Erfolgsunwert ausgleichen, nicht aber auch den Handlungsunwert

---

160 BGBl I, S. 3186 ff. (S. 3186).

161 BT-Drucksache 12/6853, S. 21; kritisch zur Opferorientierung *W. Naucke*, KritV 1993, S. 140 f.; *W. Kargl*, Funktion des Strafrechts, S. 27 f.

162 *M. Walter u. a.*, Täter-Opfer-Ausgleich, S. 203.

163 BT-Drucksache 12/6853, S. 21; *M. Walter u. a.*, Täter-Opfer-Ausgleich, S. 202 f.

164 Allgemeiner Überblick bei *D. v. Hoyningen-Huene*, JuS 1997, S. 352 ff.; ausführlich: *St. Breidenbach*, Mediation, *passim*; *Th. Trenczek*, MschrKrim 1998, S. 52 ff.; für das Verwaltungsrecht s. *J. Caspar*, DVBl. 1995, S. 992 ff.

165 Ein Beispiel ist die österreichische Entsprechung zum Täter-Opfer-Ausgleich, der "außergerichtliche Tatausgleich" (ATA), der in § 42 Nr. 2 österreichisches StGB (Mangelnde Strafwürdigkeit der Tat) hineingelesen wird. Im italienischen Recht ist die Einführung eines Friedensrichters für die kleine Kriminalität geplant, s. *F. Antille*, Riv. pen. 1992, S. 3 f.; zum Täter-Opfer-Ausgleich in den USA s. *Th. Weigend*, MschrKrim 1992, S. 105 ff.; zur australischen *reintegration ceremony* s. *E. Matt*, MschrKrim 1997, S. 255 ff.

166 *B.-D. Meier*, JuS 1996, S. 437; *Lackner*, Rdnr. 2 zu § 46a StGB. Zum Täter-Opfer-Ausgleich als dritte Strafrechtsspur: *W. Naucke*, Strafrecht – Eine Einführung, § 3 Rdnr. 63; zur Nähe dieser dritten Spur zum Opportunitätsprinzip s. *Chr. Pott*, Außerkraftsetzung der Legalität, S. 93.

ungeschehen machen kann[167]. Das Bemühen um einen Ausgleich mit dem Verletzten sowie um Schadenswiedergutmachung war schon früher als für den Täter sprechender Umstand nach § 46 II StGB bei der Strafzumessung zu berücksichtigen[168]. § 46a StGB gibt nunmehr die Möglichkeit einer Strafrahmenmilderung bzw. des Absehens von Strafe[169]. Der Täter-Opfer-Ausgleich besteht in erster Linie in einem materiellen Schadensausgleich nach Eigentums- und Vermögensdelikten. Daneben können aber auch materiell nicht ausmünzbare Handlungen einen Ausgleich mit dem Tatopfer herbeiführen. Dies ist etwa beim Widerruf einer ehrverletzenden Behauptung der Fall. Ausgeschlossen ist die Anwendung des § 46a StGB bei der Strafzumessung für opferlose Delikte sowie für solche Straftatbestände, die ein überindividuelles Rechtsgut schützen[170]. Hier steht die Verfügung über das verletzte Rechtsgut allein dem Staat bzw. seinen Organen (Beispiel: Falschaussage) oder der Allgemeinheit (Beispiel: Gewässerverunreinigung) zu. Nach der Verwirklichung solcher Delikte unternommene Wiedergutmachungshandlungen können nur im Rahmen der Strafzumessung nach § 46 II StGB berücksichtigt werden.

Ausreichend, aber auch notwendig für die Anwendung des § 46a Nr. 1 StGB ist, daß der Täter die Wiedergutmachung bis zum Zeitpunkt der Entscheidung des Gerichts ernsthaft erstrebt oder den Schaden zum überwiegenden Teil wiedergutgemacht hat. Die Vorschrift setzt nicht voraus, daß der Täter den Schaden bis zu diesem Zeitpunkt *vollständig* wiedergutgemacht hat[171]. Wenn der Täter die Wiedergutmachung nur erstrebt, muß er – meist unter Anleitung sachkundiger Berater[172] – Handlungen vornehmen, aus denen sich über seinen ernsthaften Wiedergutmachungswillen hinaus auch objektiv Art, Umfang und Zeitpunkt der geplanten Wiedergutmachung ablesen lassen. Der Täter muß mit der Wieder-

---

167 SK-*Horn*, Rdnr. 10 zu § 46a StGB.

168 LK-*Gribbohm*, Rdnr. 209 ff. zu § 46 StGB; zum Begründungszusammenhang s. *M. Köhler*, Strafrecht – Allgemeiner Teil, S. 613 f.

169 SK-*Horn*, Rdnr. 1 zu § 46a StGB, sieht die praktische Bedeutung des § 46a StGB unter Hinweis auf OLG Frankfurt/Main, StV 1994, S. 131 f. (S. 132), nur in der Möglichkeit des Absehens von Strafe, da sich die Rechtsprechung schon vor Einführung der Norm *contra legem* eine Strafmilderung zumindest für die Delikte "genehmigt" hatte, für die das Gesetz auch einen minderschweren Fall vorsieht.

170 SK-*Horn*, Rdnr. 3 zu § 46a StGB.

171 SK-*Horn*, Rdnr. 4 zu § 46a StGB; BT-Drucksache 12/6853, S. 21.

172 *Lackner*, Rdnr. 3 zu § 46a StGB; aus praktischer Sicht: *J. Schreckling*, Täter-Opfer-Ausgleich nach Jugendstraftaten in Köln; *ders.*, Bestandsaufnahmen zur Praxis des Täter-Opfer-Ausgleichs in der Bundesrepublik Deutschland; Zusammenstellung der Ergebnisse der Begleitforschung des WAAGE-Projekts, Hannover, bei *Chr. Pfeiffer* (Hrsg.), Täter-Opfer-Ausgleich im Allgemeinen Strafrecht; sofern die Aussöhnung durch öffentliche Stellen organisiert wird, spricht *M. Köhler*, Strafrecht – Allgemeiner Teil, S. 53, 670, von einer Strafrecht und Moralität vermengenden Vorstellung.

gutmachung spätestens bis zum Entscheidungszeitpunkt begonnen haben[173]. Das Gericht kann aber auch im Rahmen der Strafaussetzung zur Bewährung, der Verwarnung mit Strafvorbehalt, im Rahmen der Verfahrenseinstellung bei Erfüllung von Auflagen und Weisungen sowie im Jugendgerichtsverfahren die Weisung erteilen, daß der Verurteilte sich zu bemühen habe, einen Ausgleich mit dem Verletzten zu erreichen bzw. sonst den durch die Tat verursachten Schaden wiedergutzumachen (§§ 56b II S. 1 Nr. 1, 57 III S. 1, 57a III S. 2, 59a II S. 1 Nr. 1 StGB; § 153a I S. 1 Nr. 1 StPO; § 10 I S. 3 Nr. 7 JGG)[174]. § 46a Nr. 1 StGB setzt ferner voraus, daß der Täter in dem Bemühen gehandelt hat, einen Ausgleich mit dem Verletzten zu erreichen. Nach dem Willen des Gesetzgebers[175] soll durch dieses Erfordernis klargestellt werden, daß nur eine solche Wiedergutmachung hinreicht, die in der Absicht einer Lösung des Gesamtkonflikts im Rahmen eines kommunikativen Prozesses geleistet wird[176].

Einen Spezialfall des Täter-Opfer-Ausgleichs normiert § 46a Nr. 2 StGB. Nach dieser Regelung[177] können die Rechtsfolgen der Vorschrift auch dann angewendet werden, wenn der Täter das Opfer ganz oder zum überwiegenden Teil entschädigt hat, ihm dies aber nur unter erheblicher persönlicher Leistung oder persönlichem Verzicht möglich war[178]. Die (freiwilligen) Eigenbelastungen des Täters sollen verdeutlichen, daß er bereit ist, einen über die bloß rechnerische Kompensation hinausgehenden Beitrag zu erbringen, der Ausdruck einer individuellen Übernahme von Verantwortung ist und somit friedensstiftende Wirkung hat[179].

Die sich aus dem Täter-Opfer-Ausgleich ergebenden Rechtsfolgen sind nach dem verschuldeten Unrechtsgewicht der konkret abzuurteilenden Straftat gestaffelt. Der Richter kann von einem gemilderten Strafrahmen nach § 49 I StGB

---

173 SK-*Horn*, Rdnr. 5 zu § 46a StGB.

174 Kritisch zu einer solchen auferlegten Wiedergutmachung: *M. Köhler*, Strafrecht – Allgemeiner Teil, S. 50. Hinsichtlich des Opfers spricht *W. Naucke*, KritV 1993, S. 141, von "einem Klima aufgedrängter Fürsorge und unechter Mitleidigkeit".

175 BT-Drucksache 12/6853, S. 21 f.

176 Kritisch zu dieser Formulierung SK-*Horn*, Rdnr. 6 zu § 46a StGB, der auf die Besonderheit des Schadensausgleichs bei Fahrlässigkeitsdelikten hinweist, denen meist gar kein "Gesamtkonflikt" zugrundeliegt; zum Erfordernis des kommunikativen Prozesses s. BGH NStZ 1995, S. 492 f. (S. 493).

177 Zum Verhältnis von Nr. 1 und Nr. 2 der Vorschrift s. BGH NStZ 1995, S. 492; KG StV 1997, S. 473 f. (S. 473).

178 Die Materialien nennen als Beispiele umfangreiche Arbeiten in der Freizeit oder erhebliche Einschränkungen im finanziellen Bereich; vgl. BT-Drucksache 12/6853, S. 22; zur praktischen Anwendung dieses Kriteriums: OLG Stuttgart NStZ 1996, S. 390 f. (S. 391); KG StV 1997, S. 473 f. (S. 473).

179 BT-Drucksache 12/6853, S. 22; KG StV 1997, S. 473 f. (S. 473); *B.-D. Meier*, JuS 1996, S. 437.

ausgehen oder von der Verhängung einer Strafe absehen. Da die Festsetzung des Strafrahmens der Festsetzung der Strafhöhe immer vorauszugehen hat[180], muß der Richter zunächst feststellen, ob die Voraussetzungen für die Anwendung des § 46a StGB überhaupt erfüllt sind. Ist dies nicht der Fall, so ist der Strafrahmen anzuwenden, der für die konkret verwirklichte Tat gilt. Ausgleichsbemühungen des Täters können dann nur nach § 46 II StGB berücksichtigt werden. Sind die Voraussetzungen für die Anwendung des § 46a StGB erfüllt, so hat der Richter zwischen einer Strafrahmenmilderung und dem Absehen von Strafe zu entscheiden. Maßgeblich hierfür ist, ob das verschuldete Unrechtsgewicht der konkreten Tat ein Jahr Freiheitsstrafe übersteigt. In diesem Fall kommt nur eine Strafrahmenmilderung, sonst auch ein Absehen von Strafe in Betracht. Der Umstand, daß der Täter Schadenswiedergutmachung geleistet hat, bleibt hierbei noch außer Ansatz. Es handelt sich bis zu diesem Punkt um eine vorläufige Strafrahmenbestimmung, die der Festlegung der Kriterien für die Wahl des richtigen Strafrahmens dient. Art und Umfang der Wiedergutmachungsleistung sind dann aber in die endgültige Strafhöhenbestimmung im abgesenkten Strafrahmen bzw. in die Entscheidung einzubeziehen, ob die Strafe bei Möglichkeit des Absehens von Strafe überhaupt und, wenn ja, in welcher Höhe sie verhängt wird. Zwischen den beschriebenen Möglichkeiten hat der Richter nach pflichtgemäßem Ermessen zu entscheiden[181]. Als Kriterium für diese Entscheidung wird genannt, daß der Täter im konkreten Fall durch den Täter-Opfer-Ausgleich anstelle von Bestrafung zur Unrechtseinsicht gelangen können muß[182]. Neben dieses spezialpräventive Argument tritt die generalpräventive Frage, ob in der Allgemeinheit der Eindruck vermieden werden kann, eine rechtswidrige Tat könne allein durch die Beseitigung der durch sie verursachten Folgen gleichsam ungeschehen gemacht und aus der Welt geschafft werden[183]. Auf die Freiwilligkeit der Wiedergutmachung kommt es nicht an[184]. Es darf also für die Ermessensentscheidung des Richters nicht negativ ins Gewicht fallen, wenn die Wiedergutmachung erst unter dem Druck des Strafverfahrens zustandegekommen ist. Auch wenn, wie bereits angedeutet, trotz der Kompensationsleistung der Handlungsunwert der Tat bestehen bleibt, kann die Wiedergutmachung diesen doch als so gering erscheinen lassen, daß eine Strafverhängung weder aus spezial- noch aus general-

---

180 SK-*Horn*, Rdnr. 50 zu § 46 StGB; zu der im folgenden beschriebenen Prüfungsreihenfolge s. *ders.*, a.a.O., Rdnr. 9 zu § 46a StGB.

181 SK-*Horn*, Rdnr. 10 zu § 46a StGB.

182 SK-*Horn*, Rdnr. 10 zu § 46a StGB.

183 BT-Drucksache, 12/6853, S. 21.

184 *B.-D. Meier*, JuS 1996, S. 440, gemeint sei nicht eine ethisch motivierte, autonome Entscheidung; kritisch hierzu *M. Köhler*, Strafrecht – Allgemeiner Teil, S. 670, der eine autonome Qualität der Wiedergutmachungsleistung verlangt.

präventiven Gründen erforderlich ist[185]. Daran soll etwa zu denken sein, wenn der Ausgleichsversuch schon vor der Entdeckung der Tat unternommen worden ist oder die Wiedergutmachung allein am Widerstand des Verletzten scheitert[186].

Aus der Beschreibung des Täter-Opfer-Ausgleichs erschließt sich, daß der Norm eine gleichsam dreistellige Vertragsorientierung zugrundeliegt:

Das vermeintliche oder tatsächliche Sich-wieder-Vertragen des Täters mit dem Opfer als herbeigeführte oder beabsichtigte Übereinkunft, die Zahlung von Geldbeträgen an das Opfer, zu der der Täter nach dem Recht der unerlaubten Handlungen ohnehin unter bestimmten Bedingungen verpflichtet ist[187], oder die persönliche Leistung bzw. der persönliche Verzicht des Angeklagten zugunsten des Opfers bilden seine Leistung. Diese wird von der Justiz mit einem Strafnachlaß oder Strafverzicht honoriert. Neben der Stärkung der Opfer-Orientierung und der Übertragung des Erziehungsgedankens aus dem Jugendstrafrecht in das Erwachsenenstrafrecht hat die Vorschrift eine massiv prozeßökonomische Funktion: Staatliches Strafen soll im Bereich der unteren und mittleren Kriminalität zurückgedrängt werden. Wo die zu einem Interessenkonflikt umdefinierte Freiheitsverletzung an die Parteien zurückgegeben werden kann[188], lohnt sich kein staatlicher Eingriff in Form von Strafe. Nur folgerichtig ist das Zusammenspiel von materiellem Recht und Strafverfahrensrecht. § 46a StGB begründet die Möglichkeit des Absehens von Strafverfolgung bzw. der Verfahrenseinstellung gemäß § 153b StPO[189]. Damit ist nicht nur die Anwendbarkeit des Täter-Opfer-

---

185 SK-*Horn*, Rdnr. 10 zu § 46a StGB.

186 BayObLG NJW 1995, S. 2120; SK-*Horn*, Rdnr. 10 zu § 46a StGB.

187 Zur Unterscheidung und zu Überschneidungen von Straf- und Zivilrecht s. *B.-D. Meier*, JuS 1996, S. 436 ff.; *M. Walter u. a.*, Täter-Opfer-Ausgleich, S. 204; zur Berücksichtigungsfähigkeit von Schadensersatzleistungen s. LK-*Gribbohm*, Rdnr. 212 zu § 46 StGB, mit dem Argument, daß das Gesetz auch verlange, strafbares Verhalten zu unterlassen, Vorstrafenfreiheit aber gleichwohl bei der Abwägung im Rahmen der Strafzumessung positiv zu berücksichtigen sei. Diese Argumentation läßt jedoch außer acht, daß die Berücksichtigung der Vorstrafenfreiheit strafrechtsimmanent bleibt, während die Zahlung von Schadensersatzbeträgen Übergänge zwischen Straf- und Zivilrecht schafft, die (bislang) systemfremd sind. Zum Verhältnis von Straf- und Zivilrecht s. *W. Naucke*, Gutachten, S. D 97, dort hinsichtlich § 153a StPO.

188 *B.-D. Meier*, JuS 1996, S. 439 ff.; kritisch hierzu *W. Naucke*, Strafrecht – Eine Einführung, § 1 Rdnr. 187; *ders.*, KritV 1986, S. 190 f.; *ders.*, NK 2/1990, S. 17; *ders.*, KritV 1993, S. 135 ff. (S. 139 ff. mit FN 19, 20).

189 Zu § 153b StPO s. o., I. 3., S. 150 ff.; *B.-D. Meier*, JuS 1996, S. 441, vermißt eine prozessuale Verankerung des Täter-Opfer-Ausgleichs; s. auch *G. Fezer*, ZStW 106 (1994), S. 46 ff. Nach dem Entwurf eines Zweiten Gesetzes zur Entlastung der Rechtspflege, BT-Drucksache 13/4541, S. 5, 12, 17, soll auch der Täter-Opfer-Ausgleich eine Einstellung nach § 153a StPO ermöglichen; die Nähe des Täter-

Ausgleichs in das Ermittlungsverfahren erweitert, sondern auch die Möglichkeit vorhanden, das Strafverfahren vor Eröffnung der Hauptverhandlung zu beenden, falls sich der "zugrundeliegende Gesamtkonflikt"[190] (re-)privatisieren läßt. Der strebend um Ausgleich und Wiedergutmachung sich bemühende Täter erhält hier keinen Strafnachlaß oder Strafverzicht, sondern die Verfahrenseinstellung als Gegenleistung.

2. *Kronzeugenregelungen*

Den zweiten großen Bereich der Vertragsorientierung im materiellen Recht bilden die Kronzeugenregelungen. Kronzeuge wird im englischen Strafverfahren ein Zeuge genannt, der für die Anklage, die im Prozeß die Krone repräsentiert, aussagt, obwohl er selbst der Beteiligung an der dem Angeklagten vorgeworfenen Tat verdächtig oder überführt ist[191]. Der Kronzeuge ist ein Mitbeschuldigter, dem Straffreiheit oder Strafmilderung zugesichert wird, um ihn als Hauptbelastungszeugen zu gewinnen. Hierdurch wird das Prinzip ausgehöhlt, daß Mitbeschuldigte, gegen die in einem Verfahren verhandelt wird (§§ 2, 3 StPO), einander nicht zu belasten brauchen[192]. Kronzeugenregelungen sind vor allem in Bereichen schwer aufklärbarer Kriminalität anzutreffen[193] und haben stets den Austausch von Wissen gegen einen Strafverzicht oder Strafnachlaß zum Gegenstand[194].

Opfer-Ausgleichs zu Absprachen im Strafverfahren heben *F. Dencker/R. Hamm*, Der Vergleich im Strafprozeß, S. 26 ff., hervor.

190 BT-Drucksache 12/6853, S. 22.

191 *W. Beulke*, Strafprozeßrecht, Rdnr. 342.

192 *M. Buttel*, Kritik der Figur des Aufklärungsgehilfen, S. 105 ff., S. 117 ff.

193 Zur Einführung einer Kronzeugenregelung im Umweltstrafrecht s. *H.-J. Behrendt*, GA 1991, S. 337 ff. Der Ruf nach Kronzeugenregelungen taucht tagespolitisch häufig auf. So schlug etwa der sächsische Umweltminister, Arnold Vaatz (CDU), nach Aufdeckung eines großen Giftmüllskandals die Einführung einer Kronzeugenregelung im Umweltstrafrecht auch als Abschreckungs- und Präventionsinstrument vor (FR vom 26.10.1996, S. 1; FR vom 28.10.1996, S. 5). Auch für Korruptionsstraftaten forderte der rechtspolitische Sprecher der CDU/CSU-Bundestagsfraktion, *N. Geis*, eine Kronzeugenregelung (FR vom 21.04.1997, S. 5); s. auch FR vom 08.01.1998, S. 1: "Geld für Tips an Steuerfahnder? – Ministerien wollen Hinweise auf Hinterziehung belohnen"; zu solchen Tendenzen s. *E. Schlüchter*, ZRP 1997, S. 65 ff., die in bedenklicher Weise mit dem Notstandsargument operiert (S. 69 ff.); *Th. Weigend*, ZStW 109 (1997), S. 116 ff.

194 Zum Zusammenhang zwischen Kronzeugenregelungen und Absprachen im Strafverfahren s. *F. Dencker/R. Hamm*, Der Vergleich im Strafprozeß, S. 28 f.

a) Kronzeugenregelungen im Zusammenhang der §§ 129, 129a StGB

§ 129 VI Nr. 2 StGB normiert eine "kleine" Kronzeugenregelung[195], die auf das Organisationsdelikt der Bildung einer kriminellen Vereinigung beschränkt ist. Danach muß der Täter freiwillig sein Wissen einer Dienststelle so rechtzeitig offenbaren, daß Straftaten, deren Planung er kennt, noch verhindert werden können. Für das Absehen von Strafe bzw. die Gewährung einer Strafmilderung kommt es auf die tatsächliche Verhinderung der nach dem Wissen des Täters geplanten Straftaten an. Er trägt also das volle Risiko des Mißlingens seiner Aufklärungshilfe[196].

Über §§ 129a V i.V.m. 129 VI Nr. 2 StGB erstreckt sich der Anwendungsbereich des § 129 VI Nr. 2 StGB auch auf das Delikt der Bildung terroristischer Vereinigungen. Da hierdurch lediglich der Anwendungsbereich der "kleinen" Kronzeugenregelung ausgeweitet wird, also das Absehen von Strafe bzw. eine Strafmilderung nur für das Delikt des § 129a StGB vorgesehen ist, wurde dieses Instrumentarium als unzureichend zur Terrorismusbekämpfung angesehen[197]. Daher wurde durch Art. 4 des Gesetzes zur Änderung des StGB, der StPO und des Versammlungsgesetzes und zur Einführung einer Kronzeugenregelung bei terroristischen Straftaten vom 09.06.1989[198] für Täter und Teilnehmer terroristischer Straftaten eine "große", d. h. nicht auf das Organisationsdelikt des § 129a StGB beschränkte Kronzeugenregelung eingeführt, die bei Überschneidungen

---

195 Schönke/Schröder-*Lenckner*, Rdnr. 20 zu § 129 StGB; SK-*Rudolphi*, Rdnr. 26 zu § 129 StGB. Bemerkenswert ist, daß diese Regelung ursprünglich als § 153f StPO eingeführt werden sollte, schließlich aber doch in das materielle Recht Einzug hielt, s. *M. Buttel*, Kritik der Figur des Aufklärungsgehilfen, S. 62 mit FN 19. Diese Tatsache ist ein weiterer Beleg für die Verflechtung des materiellen Rechts mit dem Prozeßrecht im hier untersuchten Zusammenhang.

196 Schönke/Schröder-*Lenckner*, Rdnr. 22 zu § 129 StGB.

197 Zur Kritik an der Regelung s. HK-*Krehl*, Einl. Rdnr. 24; *M. Köhler*, Strafrecht – Allgemeiner Teil, S. 52; *H. Turner/V. Gallandi*, ZRP 1988, S. 117 f.; *K. H. Kunert/K. Bernsmann*, NStZ 1989, S. 456 ff.; *W. Hassemer*, StV 1989, S. 79 f.; *F. Dencker*, StV 1988, S. 265; *W. Hassemer*, KritV 1990, S. 275 f.; *G. Widmaier*, ZRP 1991, S. 148 f.; *M. Hettinger*, Entwicklungen im Strafrecht, S. 49; *F. Dencker*, a.a.O., S. 266, weist darauf hin, daß eine auf den politischen Feind gemünzte Regelung sich zu einem allgemeinen Grundsatz entwickeln und so das freiheitsrechtliche Strafrecht weit über das politische Konfliktfeld hinaus bedrohen kann, auf dem sie entstanden ist.

198 BGBl I, S. 1059 ff. (S. 1061); durch das sogenannte Zweite Kronzeugen-Verlängerungs-Gesetz vom 19.01.1996 (BGBl I, S. 58) wurde die Geltungsdauer der Regelung – nicht der Kronzeuge – bis zum 31.12.1999 verlängert. *M. Hettinger*, Entwicklungen im Strafrecht, S. 49, spricht von einem "befristeten Gesetz auf Dauer".

mit § 129a StGB als *lex specialis* vorgeht[199]. Ursprünglich war eine materiellrechtliche Lösung erwogen worden, die jedoch zugunsten einer eigenständigen Regelung außerhalb von StGB und StPO aufgegeben wurde[200].

Nach Art. 4 § 1 dieses Gesetzes kann der Generalbundesanwalt mit Zustimmung eines Strafsenats des Bundesgerichtshofs bei Tätern oder Teilnehmern einer Straftat nach § 129a StGB oder einer damit zusammenhängenden Tat von der Verfolgung absehen, wenn der Kronzeuge selbst oder durch Vermittlung eines Dritten Wissen über Tatsachen offenbart, das geeignet ist, die Begehung einer solchen Tat zu verhindern bzw. aufzuklären oder das zur Ergreifung eines an der Tat beteiligten Täters oder Teilnehmers führen kann. Das offenbarte Wissen muß die Vergünstigungen im Verhältnis zur eigenen Tat des Kronzeugen rechtfertigen. Diese Ermessensentscheidung hat der Generalbundesanwalt zu treffen. Bei der Bewertung der Geeignetheit des offenbarten Wissens ist nach der Rechtsprechung[201] ein weiter Rahmen zugrunde zu legen: "Nach dem Wortlaut des Gesetzes ist eine 'Geeignetheit' in diesem Sinne bereits dann zu bejahen, wenn nicht ausgeschlossen werden kann, daß die vom Kronzeugen gegebenen Hinweise den Strafverfolgungsorganen die Möglichkeit zur Verhinderung oder Aufklärung [von] Straftaten [im Sinne des § 129a StGB oder damit zusammenhängender Straftaten] oder zur Ergreifung einschlägiger Täter verschaffen oder diese Möglichkeiten erweitern oder verbessern. Diese Möglichkeiten müssen nicht hinsichtlich bestimmter Straftaten bestehen. ... Auch Hinweise des Kronzeugen, welche bereits bekanntes, aber nicht ganz sicheres Wissen der Ermittlungsbehörden bestätigen und absichern, sind 'geeignet' im Sinne dieser Regelung"[202]. Auf den tatsächlichen Eintritt eines Ermittlungserfolges kommt es nicht an[203].

Die Bedeutung des Offenbarten muß aber im Verhältnis zu der Tat des Kronzeugen das Absehen von Strafverfolgung rechtfertigen. Für diese Abwägung ist insbesondere die Verhinderung künftiger Taten aufgrund des offenbarten Wissens maßgeblich zu berücksichtigen. Wenn der Kronzeuge an der aufzuklärenden Straftat beteiligt war ("interner" Kronzeuge), muß sein Aufklärungsbeitrag über das Zugestehen des eigenen Tatbeitrags hinausgehen, um zu einer Anwen-

---

199 Schönke/Schröder-*Lenckner*, Rdnr. 8 zu § 129a; *H. Tröndle*, Rdnr. 12a zu § 129a StGB.

200 *H. Tröndle*, Rdnr. 12a zu § 129a StGB.

201 Instruktiv zur Anwendung der Kronzeugenregelung des Art. 4 § 1 des Gesetzes vom 09.06.1989 im Fall *Lotze*: BayObLG NStZ 1991, S. 388 ff.; hinsichtlich der Anwendungskriterien für die Kronzeugenregelung bestätigt durch BGH NStZ 1992, S. 126 f.; dieser wiederum bestätigt durch BVerfG NStZ 1992, S. 379 f.

202 BayObLG NStZ 1991, S. 388 ff. (S. 390).

203 BayObLG NStZ 1991, S. 388 ff. (S. 390); Schönke/Schröder-*Lenckner*, Rdnr. 8 zu § 129a StGB.

dung der Kronzeugenregelung führen zu können[204]. Gemäß Art. 4 § 2 des Gesetzes kann das Gericht unter den Voraussetzungen des Art. 4 § 1 auch von Strafe absehen, nach § 153b StPO verfahren[205] oder die Strafe nach seinem Ermessen mildern. Art. 4 § 3 des Gesetzes regelt Einschränkungen des Anwendungsbereichs für Delikte nach §§ 220a, 211, 212 StGB. Nach der letzten Verlängerung der Geltungsdauer der Kronzeugenregelung muß das Wissen durch den Kronzeugen bis zum 31.12.1999 offenbart werden. Durch Art. 5, eingeführt durch das Verbrechensbekämpfungsgesetz vom 28.10.1994[206], ist die Anwendbarkeit der Kronzeugenregelung auf organisiert begangene Straftaten ausgedehnt worden. Darunter sind Straftaten nach § 129 StGB oder hiermit zusammenhängende Taten zu verstehen, die mit Freiheitsstrafe von mindestens einem Jahr bedroht sind. Der Zweck oder die Tätigkeit der Vereinigung im Sinne des § 129 StGB muß darauf gerichtet sein, Taten zu begehen, bei denen der Erweiterte Verfall (§ 73d StGB) angeordnet werden kann. Zuständig für die Anwendung der Regelung sind in diesem Fall die Staatsanwaltschaft und das Gericht, das für die Hauptverhandlung zuständig wäre.

b) Kronzeugenregelung des § 31 BtMG

§ 31 BtMG normiert eine Kronzeugenregelung[207] im Bereich des Betäubungsmittelstrafrechts, die eine Strafmilderung bzw. ein Absehen von Strafe wegen eines Betäubungsmitteldelikts zuläßt[208]. Es handelt sich also um eine "kleine" Kronzeugenregelung[209]. Das Absehen von Strafe ist dem Gericht bei besonders schweren Vergehen (§ 29 III BtMG) und Verbrechen (§§ 29a I, 30 I, 30a I, II BtMG) verwehrt. Voraussetzung für die Anwendung der Kronzeugenregelung

---

204 BayObLG, NStZ 1991, S. 388 ff. (S. 390).

205 Vgl. o., I. 3., S. 150 ff.

206 BGBl I, S. 3186 ff. (S. 3193); zur Begründung für diese Ausdehnung des Anwendungsbereichs vgl. BT-Drucksache 12/6853, S. 39 f. Die Zweifel an der Vereinbarkeit der Regelung mit Verfassungs- und Prozeßgrundsätzen werden hier zwar deutlich benannt, dann jedoch im Rahmen einer Abwägung über Bord geworfen.

207 Zur Terminologie vgl. *M. Buttel*, Kritik der Figur des Aufklärungsgehilfen, S. 6 ff. Entgegen der von *Buttel* geäußerten, in der Sache durchaus berechtigten Kritik wird an dem Begriff "Kronzeugenregelung" auch für das BtMG festgehalten, da auf diese Weise die durchgehende kriminalpolitische Linie des in dieser Arbeit zu untersuchenden Normenbereichs deutlicher nachgezeichnet werden kann.

208 Umfassend zu dieser Norm und den mit ihr verbundenen strafprozessualen und verfassungsrechtlichen Bedenken *M. Buttel*, Kritik der Figur des Aufklärungsgehilfen, insbesondere S. 59 ff. Diesen Bedenken will *Buttel* mit einer restriktiv-verfassungskonformen Auslegung des § 31 BtMG begegnen (S. 264).

209 *M. Buttel*, Kritik der Figur des Aufklärungsgehilfen, S. 271.

ist die freiwillige Offenbarung von Wissen, das die weitere Strafverfolgung bzw. die Verhinderung schwerer Straftaten nach dem BtMG ermöglicht. Die kriminaltaktische *ratio* des § 31 BtMG liegt in einem Tausch der Mithilfe des Beschuldigten bei der Verbrechensverfolgung bzw. Verbrechensverhinderung gegen eine Strafmilderung bzw. das Absehen von Strafe.

Nach § 31 Nr. 1 BtMG muß der Kronzeuge durch seine Wissensoffenbarung maßgeblich dazu beitragen, daß die Tat über seinen eigenen Tatbeitrag hinaus aufgedeckt werden kann. Es handelt sich also um eine Hilfe zur Aufklärung von Tatumständen bzw. Tatbeiträgen im repressiven Sinne[210]. Er muß auch seinen eigenen Tatbeitrag in den wesentlichen Grundzügen aufklären[211]. "Aufdecken" bedeutet, daß die Ermittlungsbehörden von der Tatbeteiligung der Mittäter oder Gehilfen des Kronzeugen nicht bereits anderweitig Kenntnis erlangt haben[212]. Die Aufklärungshilfe hinsichtlich anderer Straftaten, an deren Begehung der Kronzeuge nicht beteiligt war, fällt nicht unter die Vorschrift[213]. Beispiele für eine derartige Aufklärungshilfe sind etwa das Benennen von Hintermännern oder der Hinweis auf Herstellungsstätten oder Verstecke des Betäubungsmittels[214]. Die Wissensoffenbarung muß zu einem Aufklärungserfolg führen[215]. Falls dieser neben dem Wissen des Kronzeugen auch auf anderen Erkenntnissen beruht, so kommt es darauf an, ob die Aufklärungshilfe des Kronzeugen den Anstoß gegeben hat oder die Hauptursache war[216]. Freiwillig ist die Wissensoffenbarung auch dann, wenn sich der Täter erst aus Angst vor Verhaftung und Strafe zu ihr entschließt[217].

Nach § 31 Nr. 2 BtMG muß der Kronzeuge sein Wissen über Verbrechen oder Vergehen im Sinne der §§ 29 III, 29a I, 30 I, 30a I, II BtMG, von deren Planung er weiß, einer Dienststelle so rechtzeitig offenbaren, daß die Ausführung der Tat noch verhindert werden kann. Für die Vergünstigung hinsichtlich der Rechtsfolge kommt es nicht auf den Verhinderungserfolg, sondern auf die noch bestehende Verhinderungsmöglichkeit an[218]. Der Beschuldigte muß also eine präventive Schadensverhinderungshilfe leisten[219].

---

210 *M. Buttel*, Kritik der Figur des Aufklärungsgehilfen, S. 12.

211 BGH NStZ 1983, S. 416.

212 Erbs/Kohlhaas-*Pelchen*, Rdnr. 7 zu § 31 BtMG.

213 *M. Buttel*, Kritik der Figur des Aufklärungsgehilfen, S. 269 f.; Erbs/Kohlhaas-*Pelchen*, Rdnr. 6 zu § 31 BtMG.

214 Erbs/Kohlhaas-*Pelchen*, Rdnr. 2 zu § 31 BtMG.

215 *M. Buttel*, Kritik der Figur des Aufklärungsgehilfen, S. 11; BGH NStZ 1984, S. 319.

216 Erbs/Kohlhaas-*Pelchen*, Rdnr. 2 zu § 31 BtMG.

217 BGH NStZ 1983, S. 323.

218 Erbs/Kohlhaas-*Pelchen*, Rdnr. 8 zu § 31 BtMG; einschränkend *M. Buttel*, Kritik der Figur des Aufklärungsgehilfen, S.11.

219 *M. Buttel*, Kritik der Figur des Aufklärungsgehilfen, S. 12 f.

c) Kronzeugenregelung des § 261 X StGB

Eine Kronzeugenregelung im Sinne einer "kleinen" Kronzeugenregelung stellt § 261 X StGB für das Delikt der Geldwäsche dar. Die Regelung ist § 31 Nr. 1 BtMG nachgebildet[220]. Der Täter soll durch das Inaussichtstellen des Absehens von Strafe oder einer Strafmilderung gemäß § 49 II StGB dazu veranlaßt werden, nach Entdeckung der Tat eine Aufklärungshilfe zu leisten. Die Vergünstigungen werden gewährt, wenn der Täter sein Wissen freiwillig offenbart und dazu beiträgt, die Tat über seinen eigenen Tatbeitrag hinaus oder eine durch einen anderen begangene Vortat der Geldwäsche (§ 261 I StGB) aufzuklären.

d) Den Kronzeugenregelungen ähnliche Bestimmungen

In der Nähe der Kronzeugenregelungen stehen im Bereich der Staatsschutzdelikte die §§ 87 III, 98 II S. 1, 99 III StGB. So kann das Gericht nach § 87 III StGB von einer Bestrafung wegen Agententätigkeit zu Sabotagezwecken absehen, wenn der Täter freiwillig sein Verhalten aufgibt und ebenso freiwillig sein Wissen von seinem Auftrag, seiner Tätigkeit und den geplanten Sabotagehandlungen[221] so rechtzeitig einer Dienststelle offenbart, daß die geplanten Sabotagehandlungen, von denen er weiß, verhindert werden können. Vergleichbare Regelungen treffen §§ 98 II S. 1, 99 III StGB für den Fall der landesverräterischen bzw. geheimdienstlichen Agententätigkeit. Die Rechtzeitigkeit der Wissensoffenbarung zur Verhinderung des Schadenseintritts ist hier jedoch nicht vorausgesetzt[222]. Das Gericht kann von Strafe absehen oder die Strafe nach § 49 II StGB mildern. Alle drei Vorschriften erfordern, daß der Täter über das Aufgeben seines Verhaltens hinaus freiwillig[223] sein gesamtes[224] Wissen offenbart, also auch andere an den Delikten Beteiligte nennt und so eine Aufklärungshilfe leistet[225]. Offenbaren heißt, dem Empfänger der Erklärung ein Wissen zu vermitteln, das diesem – jedenfalls aus der Sicht des Offenbarenden – noch verborgen ist oder

---

220 *H. Tröndle*, Rdnr. 24 zu § 261 StGB; zu § 31 BtMG vgl. o., b).

221 *H. Tröndle*, Rdnr. 14 zu § 87 StGB.

222 *H. Tröndle*, Rdnr. 10 zu § 98 StGB.

223 BGHSt 27, S. 120 ff. (S. 122 f.).

224 So für §§ 98, 99 StGB: BGHSt 27, S. 120 ff. (S. 122), einschränkend für Wissen, das nur gelegentlich der Tätigkeit erlangt wurde: AK-StGB-*Sonnen*, Rdnr. 18 zu § 98 StGB; SK-*Rudolphi*, Rdnr. 20 zu § 98 StGB; Schönke/Schröder-*Stree*, Rdnr. 26 zu § 98 StGB.

225 Schönke/Schröder-*Stree*, Rdnr. 22 zu § 98 StGB, spricht davon, daß sich der Täter die Rücktrittsvergünstigungen durch zusätzliche Leistungen erkaufen müsse; BGHSt 27, S. 120 ff. (S. 122), betrachtet die Wissensoffenbarung als "eine Art Wiedergutmachung".

von dem der Empfänger noch keine sichere Kenntnis hat. Auch wenn diese Regelungen dem Formenkreis der tätigen Reue zuzuordnen sind, handelt es sich um einen Austausch von ermittlungsrelevantem Wissen gegen einen Strafnachlaß oder einen Strafverzicht. Dies berechtigt dazu, auch §§ 87 III, 98 II S. 1, 99 III StGB in die Kronzeugenregelungen einzureihen. § 153b StPO ermöglicht das Absehen von Strafverfolgung bzw. die Einstellung eines Strafverfahrens hinsichtlich der genannten Vorschriften[226].

e) Zusammenfassung

Die Gesamtbetrachtung der beschriebenen Kronzeugenregelungen zeigt, daß der Beschuldigte stets eine (Vor-)Leistung im Sinne einer Wissensvermittlung erbringen muß, die der strafverfolgende Staat mit einem Strafnachlaß oder einem Strafverzicht honorieren kann. Auf diese Weise wird der unmittelbare Zusammenhang zwischen Tat und Strafzumessung durchbrochen: Die Nützlichkeit der Informationen des Kronzeugen für einen künftigen Ermittlungserfolg ersetzt die Anknüpfung des Strafnachlasses oder des Strafverzichts an einen die Tat unmittelbar betreffenden Gegenakt, der im Bereich der tätigen Reue noch vorausgesetzt wird. Die Schwere der rechtswidrigen und schuldhaften Tat des Kronzeugen gerät schließlich in Art. 4 des Gesetzes zur Änderung des StGB, der StPO und des Versammlungsgesetzes und zur Einführung einer Kronzeugenregelung bei terroristischen Straftaten vom 09.06.1989 zu einem bloßen Abwägungsposten im Zusammenhang mit dem Wert der Informationen für die Ermittlungen[227].

§§ 153b, 153e StPO dehnen den Wirkungsbereich der Kronzeugenregelungen über die Strafzumessung bis zur Einstellung des Ermittlungsverfahrens aus, was einerseits der Prozeßökonomie, andererseits dem Schutz des Kronzeugen dient, der nicht in der öffentlichen Hauptverhandlung auftreten soll. Vor dem Hintergrund der Ermittlungsschwierigkeiten in den genannten Deliktsbereichen wird diese Vergünstigung auch im Bereich schwerer Kriminalität gewährt. Die Kooperation des Beschuldigten mit der Justiz rechtfertigt es, auch in diesem Bereich von einer Erscheinung des Vertragsgedankens im materiellen Recht zu sprechen. Vermittelt über die beschriebenen prozessualen Bestimmungen erstreckt sich deren Wirkung über das materielle (Strafbemessungs-)Recht hinaus auch in das Verfahrensrecht.

---

226 *R. Müller/V. Wache*, Straftaten gegen die äußere Sicherheit, S. 333 ff.
227 *Th. Weigend*, ZStW 109 (1997), S. 112 f.

III. Resümee: Vertragsorientierung auf positivrechtlicher Grundlage

Sowohl im Strafverfahrensrecht als auch im materiellen Strafrecht breiten sich Normen aus, denen das Vertragsdenken zugrunde liegt. Im Strafverfahrensrecht ist neben das von den Prozeßgrundsätzen bestimmte Verfahren ein neuer Typ des Verfahrens getreten, für den die Abwicklung von Austauschbeziehungen kennzeichnend ist. Im jeweiligen Einzelfall können die Verfahrensbeteiligten durch eine äußere Übereinkunft bestimmen, ob und mit welchem Ergebnis sie das Verfahren beenden wollen. Die äußerliche Übereinstimmung der jeweiligen Maximen ersetzt das rechtsförmige Vorgehen nach allgemeinen Prinzipien. Eine solche Orientierung auf eine Übereinkunft im Einzelfall ist auch im materiellen Strafrecht anzutreffen. Sie kann durch § 153b StPO in das Verfahren transportiert werden, so daß Strafverfahrensrecht und materielles Strafrecht nicht mehr in einem strengen Sinne unterscheidbar sind. Man trifft auf ein geschlossenes System vertragsorientierter Normgebung, das durch die nunmehr zu beschreibende Vertragsorientierung *praeter legem* ergänzt wird.

B. Vertragsorientierung *praeter legem* – Absprachen im Strafverfahren

Bereits die Darstellung der Vertragsorientierung auf positivrechtlicher Grundlage hat ergeben, daß neben den "alten" Strafprozeß ein Modell des Strafprozesses getreten ist, für das die Abwicklung von Austauschbeziehungen prägend ist, die aufgrund einer äußerlichen Übereinkunft der Beteiligten ein auf den jeweiligen Einzelfall bezogenes Ergebnis hervorbringen. Dieses Bild vervollständigt sich, wenn man den weiten Bereich der Absprachen *praeter legem* betrachtet. Zur Annäherung an dieses Phänomen soll zunächst eine Begriffsbestimmung erfolgen. Daran schließt sich die Darstellung von Absprachen im Ermittlungs- und im Hauptverfahren an.

I. Begriffsbestimmung

Unter "Absprache" wird in dieser Arbeit eine Einigung über Tatsachen und Rechtsfolgen im Strafprozeß verstanden, die sich außerhalb der Formen der Strafprozeßordnung bewegt. Die professionellen Verfahrensbeteiligten (Berufsrichter, Staatsanwalt, Strafverteidiger) einigen sich – meist unter Ausschluß des Beschuldigten – in einem informellen Verfahren darauf, wie vorgegangen und am Ende entschieden werden soll, um den konkreten Prozeß zu vereinfachen und zu beschleunigen[228]. Dabei ist zwischen Verfahrensabsprachen im Ermittlungsverfahren und Urteilsabsprachen in oder außerhalb der Hauptverhandlung zu unterscheiden.

Als Musterbeispiel kann das verfahrensverkürzende Geständnis des Beschuldigten im Tausch gegen einen im gesetzlichen Rahmen liegenden Strafnachlaß gelten. Das Geständnis, das das Gericht dem Urteil zugrundelegt, stellt die Einigung über Tatsachen dar. Der im Tausch gegen dieses Geständnis gewährte Strafnachlaß bedeutet eine Einigung über die Rechtsfolge der Tat. Daneben können auch ein verbindlicher Rechtsmittelverzicht, eine Rechtsmittelzurücknahme, eine Aufklärungshilfe, eine Schadenswiedergutmachung durch den Angeklagten, ein Verzicht auf bzw. die Zurücknahme von Beweisanträgen, ein Verzicht auf die Entschädigung für Strafverfolgungsmaßnahmen oder ein Verzicht auf die Rüge von Verfahrensfehlern die Leistung des Angeklagten bilden[229]. Seitens der Staatsanwaltschaft bzw. des Gerichts können die Zusicherung einer Teileinstellung (§ 154 StPO), einer Verfahrensbeschränkung (§ 154a StPO), einer Strafaussetzung zur Bewährung[230], eines bestimmten Prozeßverhaltens (U-Haft-Entlassung, Vollstreckungsaufschub), ein Verzicht auf die Verhängung einer bestimmten Rechtsfolge oder die Annahme eines minderschweren Falles Gegenstand einer Absprache sein[231].

Dieses Phänomen der Vertragsorientierung wird auch als Verständigung[232], Vereinbarung, Vergleich, Handel oder Deal bezeichnet[233]. Während die Rechtsprechung eher geneigt ist, die positiv besetzten Begriffe Verständigung oder

---

228 *W. Naucke*, Strafrecht – Eine Einführung, § 5 Rdnr. 89. Mittlerweile muß der Vorsitzende einer Landgerichtskammer vor Eröffnung eines Großverfahrens beteuern, daß das Anliegen, zügig zu verhandeln, nicht mit der Anbahnung einer Urteilsabsprache gleichzusetzen sei, FR vom 06.06.1997, S. 22; s. auch FAZ vom 24.06.1997, S. 39 f., sowie FAZ vom 24.12.1997, S. 1 f. (S. 2).

229 Übersicht zu den Leistungen und Gegenleistungen im Rahmen einer Absprache bei *A. Janke*, Verständigung und Absprachen im Strafverfahren, S. 49 ff.; HK-*Krehl*, Rdnr. 6 vor §§ 151 ff. StPO; *M. Niemöller*, StV 1990, S. 35; *F. Dencker/R. Hamm*, Der Vergleich im Strafprozeß, S. 45 f., 110 ff.

230 Beschluß des BGH vom 17.02.1995, BGHR StPO vor § 1/faires Verfahren/Vereinbarung 6; zum Problem der absprachewidrigen Bewährungsauflage s. OLG Köln StV 1998, S. 176 ff.

231 Zur Unzulässigkeit einer Strafvollstreckungszusage durch das Gericht im Tausch gegen ein Geständnis des Angeklagten s. BGHR StPO vor § 1/faires Verfahren/Vereinbarung 7.

232 So die Begriffsbestimmung von *W. Schmidt-Hieber*, Verständigung im Strafverfahren, Rdnr. 5.

233 Ausführlich zur Begriffsbildung *K.-D. Bussmann*, KritV 1989, S. 376 ff.; insbesondere S. 379 mit FN 18 und S. 388 zur Begriffsverwendung in der Rechtsprechung; vgl. auch *F. Dencker/R. Hamm*, Der Vergleich im Strafprozeß, S. 36 ff.

Vereinbarung zu gebrauchen, verwenden Kritiker oft die letztgenannten pejorativen Begriffe[234]. Die Darstellung hält an dem Begriff Absprache fest, da er das Faktische der Praxis betont. Begriffe wie Verständigung oder Vereinbarung hingegen implizieren eine rechtliche Verfestigung, die dem Institut nach der Rechtsprechung gerade nicht eigen ist. Über die Schaffung eines Rechtsbegriffs wird durch die Rechtsprechung ein rein tatsächliches, außerhalb der Strafprozeßordnung stehendes Vorgehen legitimiert[235]. Der Begriff Vergleich erinnert zu sehr an Vergleiche des Zivil- und Zivilprozeßrechts im Sinne der § 779 I BGB, § 794 I Nr. 1 ZPO. Er sollte mangels Vergleichbarkeit des Straf- und Zivilprozesses vermieden werden. Da im Strafverfahren nicht die Dispositionsmaxime herrscht, der Wahrheitsbegriff ein materieller und die Unschuldsvermutung nicht disponibel ist, würde eine Bezeichnung des Phänomens als Vergleich rechtliche Kategorien vertauschen[236]. Benennungen wie Handel oder Deal enthalten bereits eine Wertung, die erst nach eingehender Untersuchung des Phänomens getroffen werden sollte.

Absprachen im genannten Sinne sind in allen Verfahrensstadien anzutreffen. Die Darstellung konzentriert sich im folgenden auf Absprachen im Ermittlungs- und im Hauptverfahren (Verfahrens- bzw. Urteilsabsprachen)[237].

II. Absprachen im Ermittlungsverfahren

Die Diskussion um Absprachen im Strafverfahren bezieht sich in erster Linie auf Urteilsabsprachen. Allerdings eröffnen sich bereits im Ermittlungsverfahren vielfältige Möglichkeiten für Verfahrensabsprachen[238]. Hierbei ist zwischen verfahrensbeendenden und verfahrensfördernden Absprachen zu unterscheiden.

---

234 Vgl. etwa *K. F. Schumanns* Monographie über das amerikanische *plea bargaining*, "Der Handel mit Gerechtigkeit", sowie das Pseudonym *D. Deal* des Verfassers, der mit seinem Aufsatz in StV 1982, S. 545 ff., erstmals die Fachöffentlichkeit über die Absprachenpraxis unterrichtete.

235 *K.-D. Bussmann*, KritV 1989, S. 379.

236 Zu den Prinzipien des Strafprozesses s. o., Zweites Kapitel, B. II., S. 79 ff.; s. aber *Th. Weigend*, JZ 1990, S. 774, der von einer "Analogie" zu § 779 BGB spricht.

237 Zu Absprachen im Zwischenverfahren s. *W. Schmidt-Hieber*, Verständigung im Strafverfahren, Rdnr. 132 ff.

238 *W. Schmidt-Hieber*, Verständigung im Strafverfahren, Rdnr. 23 ff.; *H. Landau*, DRiZ 1995, S. 132 ff.; *Th. Weigend*, ZStW 109 (1997), S. 115; zu verzichtsanbahnenden Absprachen hinsichtlich des Verzichts auf Entschädigung für Strafverfolgungsmaßnahmen s. *S. Friehe*, Verzicht auf Entschädigung, S. 310 ff. (Einstellung nach § 170 II S. 1 StPO), S. 406 ff. (Einstellung nach § 153 I StPO), S. 485 ff. (Einstellungen nach §§ 153a I, 154 I StPO).

Verfahrensbeendende Absprachen sind auch in positivrechtlich geregelten Bereichen anzutreffen. Im Vordergrund stehen dabei § 153 StPO (Absehen von Strafverfolgung in Bagatellsachen), § 153a StPO (Absehen von Strafverfolgung bei Erfüllung von Auflagen und Weisungen), § 154 StPO (Absehen von Strafverfolgung bei Nebenstraftaten) und § 154a StPO (Verfahrensbeschränkung) sowie das Strafbefehlsverfahren (§§ 407 ff. StPO)[239]. Hier findet eine Absprache darüber statt, ob und unter welchen Bedingungen die jeweilige positivrechtliche Vorschrift anzuwenden ist[240]. Die Rechtsfolge ergibt sich hinsichtlich §§ 153 ff. StPO aus dem Gesetz: Die Staatsanwaltschaft kann von der Erhebung der öffentlichen Klage absehen. Gegenstand der Absprache im Rahmen des § 153a StPO sind etwa die Auflagen und Weisungen, die der Beschuldigte zum endgültigen Absehen von der Erhebung der öffentlichen Klage zu erfüllen hat. Entscheidungen gemäß §§ 154, 154a StPO ermöglichen ebenso einfache wie praktische und beschleunigende Teillösungen eines größeren, einer vollständigen Erledigung nach diesen Vorschriften nicht mehr zugänglichen Verfahrens gegenüber demselben Beschuldigten oder anderen Tatbeteiligten[241]. § 154 StPO hat sich so zu einer Verhandlungsposition erweitert, um ein ohne Beschränkung des Prozeßstoffs und ohne Teilverzicht auf Strafverfolgung nicht erreichbares Ergebnis sicherzustellen oder zu ermöglichen[242].

Im Ermittlungsverfahren ergeben sich auch häufig Absprachen zwischen dem Staatsanwalt und dem Beschuldigten bzw. seinem Verteidiger darüber, ob ein Strafbefehl beantragt werden soll[243]. Die Vermeidung einer öffentlichen Hauptverhandlung sowie der Konfrontation mit dem Opfer bilden die Motivlage des Täters. Prozeßökonomische Überlegungen lassen die Staatsanwaltschaft dieses summarische Verfahren wählen. Hinsichtlich des Inhalts des Strafbefehlsan-

239 Zu § 153 StPO s. o., A. I. 1., S. 140 ff., zu § 153a StPO s. o., A. I. 2., S. 144 ff., zum Strafbefehlsverfahren s. o., A. I. 7., S. 164 ff.

240 Zur Zulässigkeit fester Absprachen hinsichtlich § 153a StPO s. *S. Friehe*, Verzicht auf Entschädigung, S. 331 f., 625.

241 *W. Schmidt-Hieber*, Verständigung im Strafverfahren, Rdnr. 62 ff.

242 *H. Landau*, DRiZ 1995, S. 133 f.; instruktiv hierzu der in BGHSt 37, S. 10 ff. (S. 11), wiedergegebene Sachverhalt mit Anm. *N. Gatzweiler*, NStZ 1991, S. 46 f. Ausführlich zu §§ 154, 154a StPO: *Chr. Pott*, Außerkraftsetzung der Legalität, insbesondere S. 140; s. auch BGHSt 42, S. 191 ff., mit Anm. *W. Beulke/H.Satzger*, JuS 1997, S. 1072 ff. (S. 1072 zu §§ 154, 154a StPO als Verhandlungsmasse in Absprachen).

243 Ausführlich zu Absprachen im Strafbefehlsverfahren: *W. Schmidt-Hieber*, Verständigung im Strafverfahren, Rdnr. 74 ff.; KMR-*Fezer*, Rdnr. 16 ff. vor § 407 StPO; HK-*Kurth*, Rdnr. 4 zu § 407 StPO; s. schon *K. F. Schumann*, Der Handel mit Gerechtigkeit, S. 206 f.

trags, also bei der Frage der Geständnisbereitschaft, des Einspruchsverzichts[244] und der Strafzumessung bewegt sich das Verfahren dann wieder in den Bahnen der oben gegebenen Absprachendefinition: Staatsanwalt und Beschuldigter einigen sich über Tatsachen und Rechtsfolgen[245]. Das Ergebnis ihrer Einigung legt der Staatsanwalt gemäß § 407 I StPO dem Richter vor, der den Strafbefehl gemäß § 407 III S. 1 StPO erläßt, falls dem keine Bedenken entgegenstehen. Für kritische Fälle, gemeint ist wohl der Bereich des § 408 III S. 2 StPO, wird die Kontaktaufnahme mit dem Richter empfohlen[246], so daß es gleichsam zu einer antizipierten Urteilsabsprache im Ermittlungsverfahren kommt. Diese bindet aber weder den Beschuldigten noch den Richter, entsprechend der Absprache zu verfahren.

Neben den verfahrensbeendenden Absprachen stehen solche, die das Ermittlungsverfahren fördern, seine Durchführung erleichtern oder es abkürzen sollen[247]. Die Verhandlungsmasse bildet auf seiten der Justiz etwa die Zusage, in der künftigen Hauptverhandlung Strafanträge in bestimmter Höhe zu stellen, vom Widerrufsantrag einer Strafaussetzung zur Bewährung abzusehen oder Teile des Verfahrens abzutrennen und nach § 154 StPO von der Strafverfolgung abzusehen. Die Leistung des Beschuldigten kann in diesem Verfahrensstadium u. a. darin bestehen, frühzeitig zum Tatablauf Stellung zu nehmen, um eine Sicherstellung der Beute, zielstrebige Ermittlungen gegen andere Täter oder einen effektiven Schutz potentieller Opfer zu ermöglichen. Teilweise wird nach Zusicherung eines Geständnisses von der Staatsanwaltschaft auf die Beiziehung von Zeugen und Sachverständigen verzichtet. Schließlich werden nach Zusage eines Geständnisses auch Vergünstigungen für das Vollstreckungs-[248] oder gar für das Gnadenverfahren in Aussicht gestellt.

Absprachen im Ermittlungsverfahren haben keine rechtliche Bindungswirkung. Sie begründen keinen Anspruch auf die Realisierung der staatsanwaltschaftlichen Zusage[249]. Ihre faktische Verläßlichkeit kann zum einen durch ei-

---

244 HK-*Kurth*, Rdnr. 4 zu § 407 StPO.

245 *W. Schmidt-Hieber*, Verständigung im Strafverfahren, Rdnr. 76.

246 *W. Schmidt-Hieber*, Verständigung im Strafverfahren, Rdnr. 75.

247 Zu Absprachen über Zwangsmittel im Ermittlungsverfahren s. *W. Schmidt-Hieber*, Verständigung im Strafverfahren, Rdnr. 90 ff.

248 LG Kassel, StV 1987, S. 288 f., mit Anm. *V. Gallandi*, StV 1987, S. 290 f.; OLG Frankfurt/M, StV 1987, S. 289 f.

249 Daher führt die nicht eingehaltene Zusage der Staatsanwaltschaft, eine bestimmte Tat nicht zu verfolgen, wenn der Angeklagte unter Hinnahme einer empfindlichen Strafe in einer anderen Sache zugleich eine Rechtsmittelzurücknahme erklärt, nach Ansicht der Rechtsprechung auch nicht zu einem Verfahrenshindernis. Vielmehr sei sie infolge eines Verstoßes gegen den Grundsatz des fairen Verfahrens ein *wesentli-*

nen nicht zum Ausdruck gebrachten inneren Vorbehalt des an der Absprache beteiligten Staatsanwalts, zum anderen durch einen Dezernentenwechsel gefährdet werden[250]. Daher sollten Absprachen im Ermittlungsverfahren aktenkundig gemacht werden[251]. Angesichts der urwüchsig wuchernden Praxis wird ein Regelungsbedarf auch für Absprachen im Ermittlungsverfahren gesehen. Für eine mögliche Regelung werden die folgenden Maßstäbe genannt[252]: Die Ergebnisse von Absprachen müssen materiell und verfahrensrechtlich zulässig sowie vertretbar sein. Bei Absprachen im Strafbefehlsverfahren muß sich die Strafe in einem schuldangemessenen Rahmen halten. Der staatliche Strafanspruch darf auch durch Absprachen im Ermittlungsverfahren nicht zur Disposition gestellt werden. Der Gleichheitssatz muß in den einzelnen Ermittlungsverfahren sowie in deren Summe gewahrt bleiben. Geständnisse im Rahmen einer Absprache sind auf ihre Glaubhaftigkeit zu prüfen, sich aufdrängende Beweiserhebungen dürfen nicht unterbleiben. Das staatsanwaltschaftliche Handeln muß transparent bleiben. In besonderen Fällen besteht eine Berichtspflicht an den Abteilungsleiter. Zuständigkeitsregelungen innerhalb der Staatsanwaltschaft sind zu beachten. Zusicherungen, künftig das Ermittlungsverfahren in bestimmter Weise abzuschließen, in der Hauptverhandlung Anträge innerhalb eines bestimmten Strafrahmens zu stellen oder auf Rechtsmittel verzichten zu wollen, müssen mit dem Vorbehalt versehen werden, daß die letzte Entscheidung vom weiteren Verfahrensverlauf (insbesondere einer möglichen Beweisaufnahme) abhängt. Das Fehlschlagen angebahnter Absprachen darf für die Beteiligten keine unmittelbaren Nachteile haben. Vertrauensgrundsätze sind zu beachten. Von einer Verfahrensabsprache darf nicht ohne wichtigen Grund abgewichen werden. Im Falle einer Abweichung sind die Verfahrensbeteiligten darauf hinzuweisen und die Gründe für die Abweichung offenzulegen. Falls Absprachen unter Umgehung der Staatsanwaltschaft getroffen werden, etwa durch die Polizei oder durch die Verfahrensbeteiligten im Zwischenverfahren, hat der Staatsanwalt gegenüber den Polizeibeamten dienstaufsichtliche Maßnahmen anzuregen bzw. gegenüber dem Gericht zu prüfen, ob die Besorgnis der Befangenheit besteht. Verfahrensabsprachen müssen mit dem Prinzip der Unschuldsvermutung, dem Grundsatz der Amtsermittlung, dem Legalitätsprinzip und der Aussagefreiheit des Beschuldigten (§ 136a StPO) vereinbar sein. Die Staatsanwaltschaft hat ihre Rechte auch in Verfahrensabsprachen zur Verwirklichung dieser Prinzipien im Strafverfahren auszuüben.

---

cher Strafmilderungsgrund (BGHSt 37, S. 10 ff., [S. 13], Hervorhebung von mir, *St. S.*); zustimmend *E. Weiler*, GA 1994, S. 561 ff. (S. 573 f.).

250 *N. Gatzweiler*, NStZ 1991, S. 47.

251 SK-*Wolter*, Rdnr. 78 vor § 151 StPO; *H. Landau*, DRiZ 1995, S. 141.

252 *H. Landau*, DRiZ 1995, S. 140 f.

Schließlich sind die Auswirkungen solcher Absprachen in der Öffentlichkeit zu berücksichtigen.

Die genannten Maßstäbe sollen – ähnlich den Richtlinien für Absprachen in der Hauptverhandlung – in Richtlinien der Generalstaatsanwälte umgesetzt werden, die für den Bereich einzelner Staatsanwaltschaften durch Hausverfügungen der Behördenleiter noch weiter konkretisiert werden könnten[253]. Diese Maßstäbe, insbesondere der Hinweis auf die Verwirklichung der Verfahrensprinzipien, verdeutlichen den Widerspruch, in den sich die Praxis mit Verfahrensabsprachen begibt. Einerseits schafft sie sich ein flexibles prozeßökonomisches Verfahren, dessen Verlauf von der Erfüllung einer je individuellen Austauschbeziehung nach einer Übereinkunft der Verfahrensbeteiligten abhängt. Zugleich soll dieses Verfahren aber auch generell-abstrakten Prinzipien der Strafprozeßordnung gerecht werden. Als gleichsam neben die Strafprozeßordnung tretendes, die Praxis mit einer gewissen Regelhaftigkeit überziehendes Instrument sollen die Richtlinien die prozeßökonomischen Notwendigkeiten kanalisieren, die als Ursache der Verfahrensabsprachen angesehen werden[254]. Allein, es fragt sich, ob der Widerspruch zwischen dem faktischen Handeln der Verfahrensbeteiligten und dem normativen Anspruch der Strafprozeßordnung durch eine administrative Handlungsanweisung aufgelöst werden kann[255].

III. Absprachen im Hauptverfahren

Die weitaus größere Aufmerksamkeit als Absprachen im Ermittlungsverfahren ziehen sowohl in Literatur und Rechtsprechung als auch in der Öffentlichkeit[256]

---

253 *H. Landau*, DRiZ 1995, S. 140; vgl. hierzu die Richtlinien für Absprachen im Strafverfahren, wiedergegeben bei *W. Siolek*, DRiZ 1993, S. 427.

254 *H. Landau*, DRiZ 1995, S. 133.

255 *B. Schünemann*, StV 1993, S. 657 ff. (S. 663); *W. Siolek*, DRiZ 1993, S. 430, der freilich das Problem der Zulässigkeit von Absprachen nach einer positivrechtlichen Regelung als erledigt ansehen kann, da es sich nur um eine Regelungslücke handele.

256 Exemplarisch: FR vom 18.05.1995 (Betäubungsmittel-Verfahren vor dem LG Frankfurt/M); FR vom 10.06.1995 (Hensley-Pieroth-Prozeß); FR vom 04.06.1997, S. 36 (Absprache in einem Verfahren wegen Betrugs bei Sozialleistungen); FR vom 06.06.1997, S. 22 (Ankündigung, im Verfahren gegen den Immobilien-Händler *Dr. J. Schneider* werde es keine Absprache geben; vgl. auch FR vom 15.10.1997, S. 23; zum Urteil s. FAZ vom 24.12.1997, S. 1 f.); FR vom 13.08.1997, S. 4 (fehlgeschlagene Absprache im *Havemann*-Prozeß gegen Richter und Staatsanwälte in der ehemaligen DDR); FR vom 03.09.1997, S. 4 (Absprache in einem Verfahren gegen PKK-Funktionäre, um das Verfahren zu verkürzen und auf die Vernehmung weiterer 100 Zeugen zu verzichten); FR vom 05.12.1997, S. 1 (Absprache in einem Menschenhändler-Prozeß vor dem LG Darmstadt); FR vom 04.07.1998, S. 1, FR vom

Absprachen vor oder während der Hauptverhandlung auf sich. Der Standardfall der Urteilsabsprache besteht in dem Austausch eines Geständnisses, das die Dauer der Hauptverhandlung verkürzt, gegen einen Strafnachlaß bei gleichzeitig vereinbartem Rechtsmittelverzicht. Seit Bekanntwerden dieser Praxis[257] hat sich eine fast schon unüberschaubare Diskussion um Zulässigkeit und Grenzen der Urteilsabsprache entwickelt[258]. Allerdings scheint es, als habe sich mittlerweile der größte Teil der Literatur mit der Faktizität der Urteilsabsprache abgefunden. Die Bemühungen, die bestehende Praxis zu kanalisieren, theoretisch zu legitimieren, Auswüchsen vorzubeugen sowie die Folgen fehlgeschlagener Absprachen zu bestimmen[259], überwiegen bei weitem eine grundsätzliche Kritik des Phänomens "Absprache", das den Idealtyp der Vertragsorientierung im Straf(prozeß)recht bildet[260]. Dies gilt zum überwiegenden Teil auch für die höchst-

---

06.07.1998, S. 5 (Absprache im Dolgenbrodt-Prozeß); FR vom 17.07.1998, S. 5 (Bericht über eine Absprache im *La Belle*-Prozeß).

257 Zu verweisen ist wiederum auf *D. Deal*, StV 1982, S. 545 ff.

258 Den Diskussionsstand fassen zusammen: *R. Tscherwinka*, Absprachen im Strafverfahren, *passim*; *A. Janke*, Verständigung und Absprachen im Strafverfahren, *passim*, jeweils m.w.N.; als Befürworter der Absprachen-Praxis seien ohne jeden Anspruch auf Vollständigkeit genannt: *H.-J. Behrendt*, GA 1991, S. 337 ff. (S. 343 ff.); *R. Böttcher/H. Dahs/G. Widmaier*, NStZ 1993, S. 375 ff.; *V. Gallandi*, StV 1987, S. 290 f. (S. 290); *G. Haas*, NJW 1988, S. 1345 ff.; *W. Krekeler*, NStZ 1994, S. 196 ff.; *K. Lüderssen*, StV 1990, S. 415 ff.; *ders.*, Alternativen zum Strafen, S. 487 ff. (S. 495); *W. Schmidt-Hieber*, Verständigung im Strafverfahren; *ders.*, NJW 1982, S. 1017 ff.; ebenso zahlreich sind die Kritiker: *G. Fezer*, Strafprozeßrecht, 21/Rdnr. 1 ff. (Rdnr. 19); *S. Friehe*, Verzicht auf Entschädigung, S. 645, 673; *W. Hassemer*, KritV 1990, S. 262 ff. (S. 276); *ders.*, JuS 1989, S. 890 ff.; KK-*Pfeiffer*, Einleitung, Rdnr. 29a ff. (Rdnr. 29b): "Prozeßverträge im Strafverfahren stehen außerhalb der Dispositionsfreiheit der Prozeßbeteiligten; sie sind für die Justiz auch im Rahmen des Opportunitätsprinzips unzulässig."; *O. Ranft*, Strafprozeßrecht, Rdnr. 1222 ff. (Rdnr. 1245); *Th. Rönnau*, Die Absprache im Strafprozeß, *passim*; *H. Rüping*, Das Strafverfahren, Rdnr. 443 ff. (Rdnr. 445); *F. Schellenberg*, Die Hauptverhandlung im Strafverfahren, S. 220 ff.; *B. Schünemann*, NJW 1989, S. 1895 ff.; *ders.*, "Absprachen im Strafverfahren", Gutachten, *passim*; *ders.*, StV 1993, S. 657 ff. (S. 659: "Generalangriff auf die ... *Struktur des deutschen Strafverfahrens*", Hervorhebung im Original); anders noch: *ders.*, Summum ius = Summa iniuria in der Strafzumessung, S. 74; *W. Siolek*, Verständigung in der Hauptverhandlung, *passim*; *Th. Weigend*, JZ 1990, S. 774 ff.; *A. Zschokelt*, Der Richter ist kein Handelspartner, S. 435 ff.

259 Vgl. *W. Schmidt-Hieber*, NStZ 1988, S. 302 ff.; *G. Gerlach*, Absprachen im Strafverfahren, *passim*.

260 So etwa *W. Naucke*, KritV 1993, S. 135 ff. (S. 153): "Die Rechtsprechung versucht, Grenzen zu setzen; doch sind diese Grenzen so weit, daß eine Ermutigung der Praxis, von Absprachen zu lassen, nicht eintritt. Das pragmatische Abwägungsstrafrecht, das auch in den rechtsstaatlichen Prinzipien nur Material für die Abwägung

richterliche Rechtsprechung des vergangenen Jahrzehnts, die im folgenden referiert wird[261].

1. Die Rechtsprechung des Bundesverfassungsgerichts zu Absprachen im Strafverfahren

Die verfassungsrechtliche Rechtfertigung und die verfassungsrechtlichen Grenzen der Absprachenpraxis werden einem Beschluß des Bundesverfassungsgerichts vom 27.01.1987 entnommen[262]. Als Prüfungsmaßstab wählt das BVerfG in erster Linie das Recht des Angeklagten auf ein faires, rechtsstaatliches Verfahren (Art. 2 I, 20 III GG)[263], wobei es nur prüft, ob ein rechtsstaatlicher Mindeststandard gewährleistet ist. Verfassungsrechtlicher Prüfung unterzieht das Gericht Absprachen daher auch nur insoweit, als sich ihre Grenzen nicht bereits aus einfachgesetzlichen Bestimmungen ergeben[264].

Zunächst stellt das BVerfG fest, das Prinzip der Rechtsstaatlichkeit, die von ihm umfaßte Idee der Gerechtigkeit, die Pflicht des Staates, die Sicherheit der Bürger und ihr Vertrauen in die Funktionsfähigkeit der staatlichen Institutionen zu schützen, sowie der Anspruch aller in Strafverfahren Beschuldigter auf Gleichbehandlung erfordere, daß der Strafanspruch durchgesetzt wird und eingeleitete Verfahren auch durchgeführt werden. Hierauf könne der Staat weder generell noch im Einzelfall verzichten. Zentrales Anliegen des Strafprozesses sei die Ermittlung des wahren Sachverhalts, zu der Staatsanwaltschaft und Gericht gleichermaßen verpflichtet seien und ohne die das materielle Schuldprinzip nicht verwirklicht werden könne. Der Beschuldigte dürfe nie Objekt des Verfahrens

---

sieht, fühlt sich in seinem Element. Auch anspruchsvollere Rechtfertigungen der Absprachen sind zur Hand."; *ders.*, Rechtsphilosophische Grundbegriffe, Rdnr. 239.

261 Überblick bei *A. Zschokelt*, NStZ 1991, S. 305 ff.; zu neueren Entwicklungen s. sogleich im Text. Der erste Hinweis in der Rechtsprechung auf Absprachen ist wohl der Beschluß des 3. Strafsenats des BGH vom 04.05.1977 – 3 StR 93/77 –, zitiert bei BGH NStZ 1985, S. 36 f. (S. 37); hieran zweifelnd *B. Schünemann*, StV 1993, S. 657 ff. (S. 660), sowie *ders.*, Gutachten, S. B 117 f.

262 BVerfG wistra 1987, S. 134 f.

263 S. o., Zweites Kapitel, B. III. 2. c), S. 125 ff.; nach *Th. Weigend*, JZ 1990, S. 776, trifft die Rechtsprechung, wenn sie den konturlosen Grundsatz des fairen Verfahrens zum Maßstab für die rechtliche Würdigung von Urteilsabsprachen nimmt, wohl das Richtige. Ein Verfahren, bei dem das Urteil nicht aufgrund richterlicher Sachverhaltsermittlung gefunden, sondern im Wege vertraulicher Telefon- oder Korridordiplomatie ausgehandelt wird, habe so wenig mit dem Geist der Strafprozeßordnung zu tun, daß der Versuch, die Verletzung oder Einhaltung spezifischer Verfahrensprinzipien nachzuweisen, gewissermaßen das Thema verfehle.

264 BVerfG wistra 1987, S. 134 f. (S. 134).

sein und müsse daher zur Wahrung seiner Rechte auf den Gang und das Ergebnis des Verfahrens Einfluß nehmen können[265].

Diese Grundsätze verböten es nicht, außerhalb der Hauptverhandlung eine Verständigung zwischen dem Gericht und den Verfahrensbeteiligten herbeizuführen, der bereits das Strafrecht Grenzen setze. Es sei im Rahmen einer Absprache ausgeschlossen, die richterliche Aufklärungspflicht, die rechtliche Subsumtion und die Strafbemessung in das Belieben oder zur freien Disposition der Parteien zu stellen. Der Grundsatz schuldangemessenen Strafens müsse beachtet, die Willensentschließung und Willensbetätigung des Angeklagten dürfe nicht beeinträchtigt werden. § 136a StPO schließe jedoch eine Belehrung oder einen konkreten Hinweis auf die Beweislage oder die strafmildernde Wirkung eines Geständnisses nicht aus, falls dies im bisherigen Verlauf der Hauptverhandlung eine Grundlage finde[266]. Das BVerfG konnte im konkreten Fall keinen Verstoß gegen § 136a StPO erblicken, weil der Angeklagte das Tatgericht zu einem konkreten Milderungsversprechen bewegen wollte, nicht umgekehrt das Gericht ihn dadurch zu einem Geständnis. Das Gericht habe sich lediglich auf ein Nachsuchen des Verteidigers des Angeklagten eingelassen. Die für die Bewertung als Vertragsbeziehung wichtige Frage, ob die Zusage des Gerichts an den Verteidiger als rechtsverbindliches Versprechen anzusehen ist, beantwortet das BVerfG nicht[267].

Als weitere Maßstäbe für die Prüfung der Rechtmäßigkeit von Absprachen führt das BVerfG den Grundsatz der Öffentlichkeit der Hauptverhandlung (§ 169 GVG), der freien richterlichen Beweiswürdigung (§ 261 StPO) sowie der richterlichen Aufklärungspflicht (§ 244 II StPO) an. Zu einer Erörterung dieser Verfahrensgrundsätze gelangt es bei der Prüfung, ob die Fachgerichte die beanstandete Verständigung ohne Verstoß gegen das Willkürverbot als bedenkenfrei erachten konnten, was das BVerfG bejaht[268].

Durch die Begriffswahl "Verständigung" soll verdeutlicht werden, daß es sich um ein unbedenkliches Vorgehen handelt[269]. Die Entscheidung des BVerfG legitimiert die Absprachenpraxis, indem sie sie am Rechtsstaatsprinzip mißt und mangels eines Verstoßes gegen dessen Mindeststandards für zulässig erachtet. Dem Gericht gelingt es auf diese Weise, den Widerspruch zwischen den von ihm selbst hochgehaltenen Verfahrensprinzipien und den prozeßökonomischen Erfordernissen der Praxis begrifflich und damit – scheinbar – auch inhaltlich aufzu-

265 BVerfG wistra 1987, S. 134 f. (S. 134).
266 BVerfG wistra 1987, S. 134 f. (S. 134).
267 BVerfG wistra 1987, S. 134 f. (S. 135).
268 BVerfG wistra 1987, S. 134 f. (S. 135).
269 *K.-D. Bussmann*, KritV 1989, S. 376 ff. (S. 395).

lösen: Kein "Vergleich", kein "Handel mit der Gerechtigkeit"[270], aber "Verständigung im Strafverfahren".

2. *Die Rechtsprechung des Bundesgerichtshofs zu Absprachen im Strafverfahren*

Die (staatsanwaltschaftliche) Praxis orientiert sich weitgehend an den "Richtlinien für Absprachen im Strafverfahren"[271], die die Grundsätze der Verfassungsgerichtsentscheidung aufnehmen. In der ursprünglichen Fassung der Richtlinien des hessischen Generalstaatsanwalts waren Absprachen unter Bezugnahme auf die Entscheidung des BGH vom 30.10.1991[272] als grundsätzlich zulässig erachtet worden[273]. Dies gibt Anlaß, die Rechtsprechung des BGH zur Absprachenproblematik näher zu betrachten. Ausgangspunkt für die Stellungnahmen des BGH zu Absprachen waren häufig Rügen der Befangenheit gegenüber den an der Absprache beteiligten Richtern, Rügen der Verletzung des Öffentlichkeitsgrundsatzes oder des rechtlichen Gehörs sowie Fragen der Wirksamkeit eines im Zusammenhang mit einer Absprache erklärten Rechtsmittelverzichts. Das Recht auf ein faires Verfahren[274] ist häufig der Gesichtspunkt, unter dem der BGH die Zulässigkeit von Absprachen diskutiert. Die Rechtsprechung der einzelnen Strafsenate des BGH zu Absprachen im Strafverfahren wird hier in der Reihenfolge dargestellt, in der sich die Senate mit der Thematik befaßt haben.

a) *Die Rechtsprechung des Zweiten Strafsenats zu Absprachen im Strafverfahren*

In der bereits erwähnten Entscheidung vom 30.10.1991 hatte der 2. Strafsenat des BGH den Verfahrensfehler, auf dem das Urteil beruhte, nicht schon darin gesehen, daß das Gericht außerhalb der Hauptverhandlung mit der Verteidigung des Angeklagten eine Absprache dahingehend getroffen hatte, der Angeklagte habe bei einem Geständnis mit einer bestimmten Strafe zu rechnen. Rechtsfehlerhaft war das dem Urteil zugrundeliegende Verfahren vielmehr erst deshalb, weil der Staatsanwaltschaft mangels Anhörung bzw. Unterrichtung hinsichtlich der Absprache die Möglichkeit genommen wurde, das Urteil zuungunsten des Angeklagten zu beeinflussen[275]. Zugleich stellte der Senat fest, eine Absprache

---

270 Die Formulierung geht zurück auf *K. F. Schumann*, Der Handel mit Gerechtigkeit. Dies wird im Beschluß des BVerfG in wistra 1987, S. 134 f., nicht nachgewiesen.

271 Wiedergegeben bei *W. Siolek*, DRiZ 1993, S. 427.

272 BGHSt 38, S. 102 ff.

273 Abgedruckt in StV 1992, S. 347 f.; hierzu: HK-*Krehl*, Rdnr. 14 vor §§ 151 ff. StPO.

274 S. o., Zweites Kapitel, B. III. 2. c), S. 125 ff.

275 BGHSt 38, S. 102 ff. (S. 104 f.).

könne keine Bindung des Gerichts in dem Sinne bewirken, daß die endgültige Gerichtsentscheidung dem in Aussicht gestellten Ergebnis zu entsprechen habe. Damit werde nicht gegen das Gebot des fairen Verfahrens verstoßen. Das geltende Recht lasse einen Ausschluß dieses Risikos nicht zu – so wenig, wie es die an der Verständigung Beteiligten hindere, absprachewidrig Beweisanträge zu stellen oder Rechtsmittel einzulegen[276]. Diese Argumentation verdeutlicht das Schicksal der fehlgeschlagenen Absprache. Nur die erfüllte Absprache erzeugt eine faktische Wirkung in der Außenwelt, auch wenn das Innenverhältnis der Beteiligten *rechtlich* nicht näher bestimmt wird. Die ermäßigte Strafe wird verhängt, auf Rechtsmittel verzichtet etc. Die fehlgeschlagene Absprache ist aber noch weniger, sie ist ein Nichts. Die Begründung für die mangelnde rechtliche Bindungswirkung weist auf das bloß Faktische des Phänomens "Absprache".

Bereits am 05.09.1984 hatte der 2. Strafsenat festgestellt, es sei einem Richter zwar nicht verwehrt, zwecks Förderung des Verfahrens auch außerhalb der Hauptverhandlung Fühlung zu den Prozeßbeteiligten aufzunehmen und sie zu einer bestimmten Prozeßhandlung anzuregen[277], dies müsse aber sachlich gerechtfertigt sein und zurückhaltend erfolgen, um jeden Anschein der Parteilichkeit zu vermeiden[278]. Daher stelle es ein Fehlverhalten dar, das die Besorgnis der Befangenheit begründe, wenn der Richter trotz seiner Überzeugung, es liege kein Ablehnungsgrund für einen Beweisantrag des Staatsanwaltes vor, auf diesen einwirkt, den Antrag zurückzunehmen und sich dabei des unzulässigen Mittels der Zusage bezüglich der Strafzumessung bedient[279]. Das Fehlverhalten sei umso gravierender, wenn der Angeklagte bzw. sein Verteidiger nicht in die Verhandlungen einbezogen werden und der Angeklagte daher annehmen muß, der Richter sei ihm gegenüber nicht mehr unvoreingenommen[280].

Dem Urteil des 2. Strafsenats vom 07.06.1989[281] lag folgender Sachverhalt zugrunde[282]: Am zweiten von drei Hauptverhandlungstagen unterbrach der Vorsitzende die Verhandlung, um den Verteidigern Gelegenheit zur Prüfung zu geben, ob sie Beweisanträge stellen wollten. Die Verteidiger nahmen Rücksprache mit dem Sitzungsvertreter der Staatsanwaltschaft, von dem sie erfuhren, daß er beabsichtigte, gegen die Angeklagten S. und R. Freiheitsstrafen von je drei Jahren und sechs Monaten, gegen die Angeklagte M. von vier Jahren zu beantragen. Auf die Frage des Vorsitzenden "Na, woran hängt's denn noch, haben sie

---

276 BGHSt 38, S. 102 ff. (S. 105).
277 BGH StV 1984, S. 449 f. (S. 450).
278 BGH StV 1984, S. 449 f. (S. 450).
279 BGH StV 1984, S. 449 f. (S. 450).
280 BGH StV 1984, S. 449 f. (S. 450).
281 BGHSt 36, S. 210 ff.; mit Anmerkung *W. Hassemer*, JuS 1989, S. 890 ff.
282 BGHSt 36, S. 210 ff. (211 f.).

sich mit dem Staatsanwalt geeinigt?" fragte ein Verteidiger, ob die Verteidigung davon ausgehen könne, daß nach Übung der Kammer die Anträge der Staatsanwaltschaft nicht überschritten würden. Der Vorsitzende bejahte dies. Kurz nach Fortsetzung der Verhandlung bat ein Verteidiger um eine weitere Pause, um die Frage der Stellung von Beweisanträgen erneut zu überdenken. Der Vorsitzende trat in dieser Pause an den Verteidiger heran und fragte, ob es denn nötig sei, Anträge vorzubereiten. Schließlich habe man sich doch mit dem Staatsanwalt geeinigt. Als die Verteidiger sagten, der Staatsanwalt habe die beabsichtigten Anträge offengelegt, sagte der Vorsitzende sinngemäß: "Na also, dann können wir doch weitermachen." Die Verteidigung stellte keine Beweisanträge und gab keine Erklärungen mehr ab. Der Staatsanwalt plädierte wie angekündigt. Das Landgericht hat in seinem Urteil jedoch höhere Strafen verhängt. Gegen S. und R. hat es auf Freiheitsstrafen von je vier Jahren und sechs Monaten, gegen M. von fünf Jahren und sechs Monaten erkannt. Der 2. Strafsenat des BGH sieht in einem solchen Vorgehen eine Verletzung des Rechts der Angeklagten auf ein faires Verfahren. Das Landgericht habe höhere Strafen verhängt, obwohl der Vorsitzende bei den Angeklagten und der Verteidigung die Erwartung geweckt habe, das Urteil werde im Strafmaß nicht über den Antrag des Staatsanwalts hinausgehen. Die Strafkammer brauche zwar dieser Erwartung nicht zu entsprechen, doch hätte der Vorsitzende, als er erkannte, daß auf höhere Strafen erkannt werden würde, den Verteidigern und den Angeklagten einen Hinweis geben müssen, um ihrem Anspruch auf ein faires Verfahren zu genügen[283]. Der 2. Strafsenat stellt klar, daß er nicht die Frage der Zulässigkeit einer Absprache behandele, die er als Begrenzung der Strafhöhe gegen Unterlassung verfahrensverzögernder Beweisanträge definiert[284]. Entscheidend war allein, daß die Verteidigung im konkreten Falle auf die Zusicherung des Vorsitzenden vertrauen durfte. Der Angeklagte und sein Verteidiger dürften nicht in einer Erwartung enttäuscht werden, die das Gericht selbst geweckt hat[285].

Im Urteil vom 08.03.1990[286] hatte sich der 2. Strafsenat mit einer Revision des Angeklagten zu befassen, die einen Verstoß gegen § 136a StPO und das Gebot des fairen Verfahrens rügte. Die Revision trug vor, die Strafkammer habe im Angeklagten die Vorstellung erweckt, im Falle eines umfassenden Geständnisses lediglich eine Bewährungsstrafe verhängen zu wollen. Der Angeklagte sei dadurch zur Einräumung nicht zurechenbarer Tatteile veranlaßt worden. Gleichwohl sei der Angeklagte ohne vorherigen Hinweis zu einer Freiheitsstrafe von

283 BGHSt 36, S. 210 ff. (S. 212).
284 BGHSt 36, S. 210 ff. (S. 214).
285 BGHSt 36, S. 210 ff. (S. 216).
286 BGH NJW 1990, S. 1921 ff.

zwei Jahren und sechs Monaten verurteilt worden. Im Zentrum der Entscheidung steht die Frage, ob ein Angeklagter Verhaltensweisen und Äußerungen der Richter (etwa diejenige, die Frage der Aussetzung der Strafe zur Bewährung "hänge an einem seidenen Faden"[287]) als Zusage verstehen konnte, das Gericht werde bei einem Geständnis des Angeklagten seinen Strafmaßerwartungen entsprechen. Das Risiko eines Mißverständnisses wird in dieser Entscheidung auf den Angeklagten abgewälzt: Die Äußerungen und Verhaltensweisen des Gerichts werden nur als Kundgabe von Möglichkeiten aufgefaßt. Hinsichtlich eines durch zwei Verteidiger beratenen Angeklagten kommt der Senat zu dem Ergebnis, der Angeklagte habe seine Chancen nicht falsch eingeschätzt, er habe nichts gestanden, wofür ihm kein Schuldvorwurf gemacht werden konnte, und er habe die Hinweise des Vorsitzenden nicht als Pressionen oder Zusagen mißverstanden[288].

Als unzulässig wurde vom 2. Strafsenat des BGH in einem Urteil vom 21.10.1994 eine Absprache angesehen, in der die Leistung des Angeklagten im Verzicht auf einen Hilfsbeweisantrag, die Gegenleistung im Verzicht auf die Anordnung der mit der Antragsbedingung bezeichneten Rechtsfolge bestehen sollte[289]. Die Verteidigung des Angeklagten hatte mehrere Beweisanträge für den Fall gestellt, daß im Urteil als Rechtsfolge eine Freiheitsstrafe ohne Bewährung oder neben der Freiheitsstrafe eine zusätzliche Geldstrafe verhängt wird, Vermögenswerte für verfallen erklärt werden oder eine Geldauflage als Bewährungsauflage angeordnet wird[290]. Die Beweisbehauptungen betrafen Tatsachen, die unmittelbar ergeben oder mittelbar darauf hindeuten sollten, daß es an den Voraussetzungen für den Schuldspruch fehle[291]. Der Senat stellt zunächst fest, die Rüge einer Verletzung des Beweisantragsrechts nach § 244 III, VI StPO dringe nicht durch. Hilfsbeweisanträge, die sich nach der zu beweisenden Behauptung gegen den Schuldspruch richten, nach der vom Antragsteller gewählten Bedingung aber nur für den Fall einer bestimmten Rechtsfolgenentscheidung als gestellt gelten sollen, seien unzulässig[292]. Solche Beweisanträge haben nach Ansicht des Senats nur den Sinn, eine Absprache im eingangs genannten Sinne herbeizuführen. Ein solches auf eine sachwidrige Verknüpfung von Leistung

---

287 Zu den Verhaltensweisen und Äußerungen s. im einzelnen BGH NJW 1990, S. 1921 ff. (S. 1921).

288 BGH NJW 1990, S. 1921 ff. (S. 1922).

289 BGHSt 40, S. 287 ff. (S. 290), mit Anm. *H. Kudlich*, JuS 1997, S. 507 ff.; vgl. hierzu auch das Urteil des 3. Strafsenats vom 08.02.1995, NStZ 1995, S. 246.

290 BGHSt 40, S. 287 ff. (S. 287).

291 BGHSt 40, S. 287 ff. (S. 287 f.).

292 BGHSt 40, S. 287 ff. (S. 289).

und Gegenleistung gerichtetes Handeln sei unzulässig. In ihm liege ein Mißbrauch der prozessualen Mitwirkungs- und Gestaltungsbefugnisse[293].

Am 17.02.1995 stellte der 2. Strafsenat des BGH in einem Beschluß[294] fest, eine zwischen Verteidiger, Staatsanwältin und Gericht erzielte "Einigung", wonach die Angeklagte ein Geständnis ablegt und zu einer Freiheitsstrafe von zwei Jahren unter Strafaussetzung zur Bewährung verurteilt wird, begegne zwar rechtlichen Bedenken. Es sei für den konkreten Fall aber auszuschließen, daß der Schuldspruch oder Strafausspruch durch einen Rechtsfehler zum Nachteil der Angeklagten beeinflußt worden sein könnte. In keinem Fall habe die Angeklagte aufgrund der "Einigung" darauf vertrauen können, daß die Strafkammer davon absehen werde, ihr im Rahmen des Bewährungsbeschlusses die Zahlung eines Geldbetrags (§ 56b II Nr. 2 StGB) aufzuerlegen.

In einem Beschluß vom 25.10.1995[295] entschied der 2. Strafsenat des BGH, daß der Versuch, die Bemessung der Strafe in Vorgänge außerhalb der Hauptverhandlung zu verlagern und durch feste Vereinbarungen auch über das weitere Prozeßverhalten der Beteiligten abzusichern, mit wesentlichen Grundsätzen des Strafverfahrens unvereinbar sei.

In einem Beschluß vom 20.06.1997[296] hat der 2. Strafsenat festgestellt, daß die Unzulässigkeit einer Absprache über das Verfahrensergebnis nicht die Wirksamkeit eines absprachegemäß erklärten Rechtsmittelverzichts berührt. Ausweislich der Sitzungsniederschrift erklärte der Angeklagte nach Rücksprache mit seinem Verteidiger, daß er auf eine Rechtsmittelbelehrung und auf Rechtsmittel gegen das soeben verkündete Urteil einschließlich der Kosten- und Auslagenentscheidung verzichte. Die Erklärung wurde ihm vorgelesen, übersetzt und genehmigt[297]. Der Senat führt aus, der Rechtsmittelverzicht sei nicht durch unzulässige Willensbeeinflussung herbeigeführt worden[298]. Der Verzicht sei auch nicht deswegen unwirksam, weil er Gegenstand einer außerhalb der Hauptverhandlung getroffenen Absprache war. Diese hatte eine Abkürzung des Verfahrens durch eine "einverständliche Erledigung" in der Weise vorgesehen, daß eine Gesamtfreiheitsstrafe von nicht mehr als vier Jahren verhängt und unter dieser

---

293 BGHSt 40, S. 287 ff. (S. 290).

294 BGHR StPO vor § 1/faires Verfahren/Vereinbarung 6.

295 wistra 1996, S. 68; Kurzbegründung im Rahmen einer Verwerfung der Revision durch Beschluß gemäß § 349 II StPO.

296 BGH NJW 1997, S. 2691 f.; zur Frage der Wirksamkeit eines Rechtsmittelverzichts im Zusammenhang mit einer Absprache s. auch Beschluß des 1. Senats vom 04.06.1992, wistra 1992, S. 309 f.; Beschluß des 3. Senats vom 26.04.1995, NJW 1995, S. 2568 f.; Beschluß des 1. Senats vom 21.01.1997, NStZ-RR 1997, S. 173 f.

297 BGH NJW 1997, S. 2691 f. (S. 2691).

298 BGH NJW 1997, S. 2691 f. (S. 2691).

Voraussetzung auf Rechtsmittel verzichtet werde[299]. Die Unzulässigkeit einer solchen Absprache berühre die Wirksamkeit des Rechtsmittelverzichts nicht. Bezüglich des Grundes für die Unwirksamkeit der Absprache verweist der Senat auf seine soeben referierte Entscheidung vom 25.10.1995[300]. Unwirksam wäre der Rechtsmittelverzicht nur dann, wenn diejenigen Gründe, welche einer Absprache entgegenstehen, zugleich auch zur rechtlichen Mißbilligung des Rechtsmittelverzichts führten. Keines der gegen Absprachen im Strafverfahren geltend gemachten Bedenken stehe der rechtlichen Anerkennung des auf eine (unzulässige) Absprache folgenden und ihr entsprechenden Rechtsmittelverzichts entgegen. Der Senat begründet dies mit den unterschiedlichen Beurteilungsmaßstäben hinsichtlich der Absprache und hinsichtlich des Rechtsmittelverzichts. Die freie Entscheidung darüber, ob er das Urteil anfechten, unangefochten lassen oder durch einen Rechtsmittelverzicht annehmen will, müsse dem Angeklagten auch dann erhalten bleiben, wenn das Urteil auf einer unzulässigen Absprache beruht und sich der Verzicht als deren Einlösung darstellt. Auf die Art und Weise, wie dieser Verzicht zustandegekommen ist, komme es insoweit nicht an[301].

Der Senat koppelt also das rechtliche Schicksal der Absprache von dem des Rechtsmittelverzichts ab. Weil der Rechtsmittelverzicht zumindest aus Sicht der Strafverfolgungsorgane vor dem Hintergrund der Ersparnis von Aufwand und Kosten maßgeblicher Inhalt der Absprache ist, darf deren Unzulässigkeit seine Wirksamkeit nicht berühren. Die Konsequenz einer solchen Auffassung liegt auf der Hand: Auch Absprachen, die wegen ihres Zustandekommens und ihres Inhalts durch ein Rechtsmittel überprüft werden müßten, werden einer Überprüfung durch den Rechtsmittelverzicht, der in jedem Fall wirksam ist, entzogen[302]. Die Einwilligung in das Ergebnis der unzulässigen Absprache wird durch den Verzicht des Angeklagten gegen eine rechtliche Überprüfung immunisiert. Gewinner ist die Prozeßökonomie, Verlierer ist der Angeklagte, der sich infolge einer bloß faktischen, rechtlich unwirksamen Vereinbarung jeglicher Rechtsposition begeben hat: *Volenti non fit iniuria!* [303].

---

299 BGH NJW 1997, S. 2691 f.

300 BGH wistra 1996, S. 68.

301 BGH NJW 1997, S. 2691 f. (S. 2692).

302 Auf diese Gefahr hatte bereits *W. Hassemer*, JuS 1989, S. 894, unter dem Stichwort "konsentierte Heimlichkeit" hingewiesen.

303 Zur Unmöglichkeit einer Rechtfertigung der verzichtsanbahnenden Absprache hinsichtlich einer Strafverfolgungsentschädigung durch den Grundsatz *Volenti non fit iniuria* s. *S. Friehe*, Verzicht auf Entschädigung, S. 403 ff.

b) Die Rechtsprechung des Ersten Strafsenats zu Absprachen im Strafverfahren

Auch nach Auffassung des 1. Strafsenats in einem Beschluß vom 19.10.1993 präjudizieren Absprachen außerhalb der Hauptverhandlung über eine "Leistung" (z. B. ein Geständnis) und eine "Gegenleistung" (z. B. eine milde, womöglich in ihrer Höhe konkret schon festgelegte Strafe) das Urteil nicht[304]. Unter Hinweis auf den der Entscheidung zugrundeliegenden Fall der Nichterweislichkeit des Inhalts einer Absprache sieht der Senat schwerwiegende grundsätzliche und praktische Bedenken gegen eine rechtliche Bindungswirkung von Absprachen.

In seinem Beschluß vom 13.05.1997 hatte der 1. Strafsenat folgenden Sachverhalt zu beurteilen[305]: Vor der Hauptverhandlung kam es zu einem Gespräch zwischen dem Verteidiger und dem Vorsitzenden der Strafkammer. In diesem Gespräch erklärte der Vorsitzende, ein Geständnis, das den Opfern in der Hauptverhandlung Zeugenaussagen zu den an ihnen begangenen Taten gegen die sexuelle Selbstbestimmung erspart, werde bei der Strafzumessung sehr gewichtig bewertet. Dies habe zur Folge, daß bei einem Schuldspruch die zu verhängende Strafe in der Regel nur halb so hoch ausfällt. Der weitere Inhalt des Gesprächs ist unklar geblieben: Der Verteidiger erklärt, der Vorsitzende habe sinngemäß gesagt, er gehe von einer erforderlichen Strafe von acht Jahren aus, die sich im Fall eines Geständnisses demgemäß auf vier Jahre reduziere. Dies sei aus Sicht des Angeklagten so zu verstehen gewesen, daß damit eine Größenordnung beschrieben wurde, die allenfalls geringfügig überschritten werden könnte. Der Vorsitzende hingegen erklärt, seine Ausführungen hätten bedeutet, daß "statt acht Jahren nur vier Jahre herauskommen". Er habe zugleich betont, daß dies keine Angabe über den Ausgang des Verfahrens bedeute und lediglich eine beispielhafte Verdeutlichung der Kammerrechtsprechung sei. In der Hauptverhandlung erklärte der Vorsitzende nach Verlesung der Anklageschrift, es sei üblich, daß ein voll geständiger Angeklagter mit etwa der Hälfte der sonst zu verhängenden Strafe zu rechnen habe. Vor dem Hintergrund des vorher zwischen dem Verteidiger und dem Vorsitzenden geführten Gesprächs erläuterte der Verteidiger dem Angeklagten, daß er im Falle eines Geständnisses mit einer Verurteilung zu vier, sonst zu acht Jahren Freiheitsstrafe zu rechnen habe. Der Angeklagte, der die ihm zur Last gelegten Taten zuvor nicht eingeräumt hatte, legte ein Geständnis ab. Während der mehrtägigen Hauptverhandlung erklärte der Verteidiger in einem Rundfunkinterview, dem Angeklagten sei vom Gericht eine vierjährige Freiheitsstrafe angekündigt worden. Der Vorsitzende stellte daraufhin in der Hauptverhandlung fest, eine solche Erklärung sei nicht abgegeben worden.

304 BGH NStZ 1994, S. 196, mit Anm. *W. Krekeler*, NStZ 1994, S. 196 ff.
305 NStZ 1997, S. 561 f. (S. 561).

Hierzu äußerte sich die Verteidigung nicht. Das Landgericht verurteilte den Angeklagten zu einer Freiheitsstrafe von sechs Jahren.

In dieser Praxis vermag der Senat keinen den Angeklagten benachteiligenden Verstoß gegen den *Fair trial*-Grundsatz zu erblicken[306]. Hinsichtlich der Gespräche zwischen dem Gericht und dem Verteidiger unterscheidet der Senat zwischen der Verständigung vor und in der Hauptverhandlung. Bezüglich des ersten Gesprächs weist das Gericht auf die Bedenken des BGH gegen Absprachen außerhalb der Hauptverhandlung hin. Es stellt fest, daß eine feste Zusage der Strafhöhe durch das Gericht nicht bewiesen sei. Selbst wenn man aber davon ausginge, daß der Angeklagte aufgrund der Informationen seines Verteidigers darauf vertraut habe, der Vorsitzende könne in einem außerhalb der Hauptverhandlung geführten Gespräch die Strafhöhe verbindlich festlegen, so wäre dieser Vertrauenstatbestand jedenfalls nach dem entsprechenden Hinweis in der Hauptverhandlung wieder entfallen[307]. Die Revision des Angeklagten hatte die Verletzung eines solchen Vertrauenstatbestands gerügt. Die Höhe der verhängten Freiheitsstrafe von sechs Jahren belege, daß die unwiderrufene Zusage nicht eingehalten worden sei, wonach die Strafe bei einem Geständnis nur halb so hoch ausfallen würde. Hierzu führt der Senat aus, es könne dahinstehen, ob die "Zusage", die Strafe falle unter bestimmten Umständen nur halb so hoch wie sonst aus, ohne Hinweis auf die konkrete Höhe der zu verhängenden Strafe überhaupt einen Vertrauenstatbestand schaffen konnte. Jedenfalls wäre auch eine Freiheitsstrafe von zwölf Jahren nicht schlechterdings unvertretbar und daher revisionsrechtlich nicht zu beanstanden gewesen[308].

c) Die Rechtsprechung des Dritten Strafsenats zu Absprachen im Strafverfahren

Die Uneinheitlichkeit der Rechtsprechung selbst innerhalb des BGH[309] bei der Beurteilung der Zulässigkeit von Absprachen verdeutlicht ein Urteil des 3. Strafsenats vom 23.01.1991[310], der Absprachen wesentlich kritischer gegenübersteht als der 1. und der 2. Strafsenat. Ausgehend von der Frage nach der Befangenheit der Berufsrichter einer Strafkammer bei Absprachen mit dem Verteidiger ohne Anwesenheit anderer Beteiligter äußerte sich der Senat grundsätzlich zur Zuläs-

---

306 NStZ 1997, S. 561 f. (S. 561).
307 NStZ 1997, S. 561 f. (S. 562).
308 NStZ 1997, S. 561 f. (S. 562).
309 HK-*Krehl*, Rdnr. 12 vor §§ 151 ff. StPO, spricht davon, daß von einer einheitlichen, beständigen Rechtsprechung des BGH nicht die Rede sein könne.
310 BGHSt 37, S. 298 ff.

sigkeit von Absprachen[311]. Vertrauliche, also ohne Mitwirkung aller Prozeßbeteiligten, einschließlich des Angeklagten und der Schöffen, getroffene Absprachen über die Höhe der Strafe bei einem bestimmten Verhalten des Angeklagten widersprechen nach Ansicht des 3. Senats – ebenso wie alle Zusagen hinsichtlich der Strafbemessung – den geltenden Verfahrensvorschriften[312]. Die angemessene Strafe könne nur nach Durchführung der Hauptverhandlung gefunden werden, die ergeben müsse, was von dem Vorwurf gegen den Angeklagten in welchem Umfange festgestellt ist, welche Umstände das begangene Unrecht kennzeichnen und welches Maß der Schuld anzunehmen ist. Wenn einzelne oder alle Mitglieder des Gerichts – vor allem über den Kopf eines Verfahrensbeteiligten hinweg – vertrauliche Absprachen für ein abgekürztes Verfahren treffen oder konkret anbieten, erweckten sie den Eindruck, ihnen sei an einer gerechten Abklärung aller für die Schuld und Strafe bedeutsamen Umstände nichts gelegen[313]. Zulässig seien zurückhaltende, jeden Anschein der Parteilichkeit vermeidende Anregungen zu einer sachgerechten Antragstellung oder Fühlungnahmen[314]. Letztere dürften sich nur auf den Verfahrensablauf einschließlich Anregungen zu Einstellungen gemäß §§ 154, 154a StPO, nicht aber auf die Festlegung der zu verhängenden Strafe, deren Aussetzung zur Bewährung oder gar die Art und Weise des Strafvollzugs beziehen. Jenseits der Fühlungnahme gebe es kein rechtsstaatliches Verfahren bei Absprachen zum Prozeßergebnis, vielmehr sei es dem Gericht untersagt, sich auf einen Vergleich im Gewande des Urteils, auf einen "Handel mit der Gerechtigkeit" einzulassen[315].

Bereits vor dieser Entscheidung hatte sich der 3. Strafsenat in einem Beschluß vom 04.07.1990 mit der Frage der Zulässigkeit von Absprachen befaßt[316]. Anlaß war eine Ablehnung der Berufsrichter einer Strafkammer wegen Besorgnis der Befangenheit nach einer außerhalb der Hauptverhandlung erfolg-

---

311 Zur Frage der Besorgnis der Befangenheit bei Absprachen s. auch die Entscheidungen des 1. Strafsenats vom 23.11.1995, StV 1996, S. 355; des 2. Strafsenats vom 05.09.1984, NStZ 1985, S. 36 f.; des 3. Strafsenats vom 04.07.1990, BGHSt 37, S. 99 ff.; des 5. Strafsenats vom 17.07.1996, BGHSt 42, S. 191 ff. (S. 193 f., Befangenheit von Schöffen nach fehlgeschlagener Absprache), sowie des LG Kassel, Beschluß vom 09.06.1992, StV 1993, S. 68.

312 BGHSt 37, S. 298 ff. (S. 304).

313 BGHSt 37, S. 298 ff. (S. 304 f.).

314 Dies hat der Senat bereits mit Urteil vom 11.05.1988, StV 1988, S. 417 ff. (S. 418), festgestellt und zugleich angemerkt, der von der Revision geschilderte äußere Vorgang hätte besser vermieden werden sollen.

315 BGHSt 37, S. 298 ff. (S. 305), die Formulierung geht auf den Titel der Monographie *K. F. Schumanns*, Der Handel mit Gerechtigkeit, zurück und wurde von BVerfG wistra 1987, S. 134 f. (S. 134), ohne Nachweis übernommen.

316 BGHSt 37, S. 99 ff.

ten Verständigung zwischen Gericht und Mitangeklagten über den weiteren Verfahrensgang. Der Senat stellte fest, eine Verständigung über eine zügige Erledigung der gegen die Mitangeklagten geführten Verfahren und die darauf gestützte Verurteilung zu Bewährungsstrafen werde nicht dadurch ausgeschlossen, daß sich ein Mitangeklagter weigert, an ihr mit derselben Zielrichtung teilzunehmen[317]. Allerdings sei der nicht an der Absprache beteiligte Mitangeklagte vom Gericht über seinen Strafverteidiger unmittelbar und vollständig über den Gang und den Inhalt der informellen Gespräche zu unterrichten[318]. Andernfalls könne der Verdacht entstehen, die Richter ließen sich auf einen Vergleich im Gewande des Urteils, auf einen Handel mit der Gerechtigkeit ein[319]. Ein verständiger Angeklagter könne befürchten, er sei durch feste, die Beweiswürdigung berührende Absprachen mittelbar zu einem bloßen Objekt des Verfahrens geworden, da der Richter seine Sache nicht mehr in innerer Unabhängigkeit beurteilen könne[320]. Die Entscheidung läßt sich so zusammenfassen, daß das Gericht, wenn es schon die Verfahren hinsichtlich einzelner Mitangeklagter durch Absprachen außerhalb der Hauptverhandlung beenden will, im Hinblick auf den Interessenkonflikt der einzelnen Angeklagten den nicht an der Absprache beteiligten Mitangeklagten unterrichten muß[321].

Die Rechtsfolge einer nicht eingehaltenen staatsanwaltschaftlichen Zusage sieht der 3. Strafsenat nicht in einem Verfahrenshindernis[322], sondern in einem wesentlichen Strafmilderungsgrund[323]. Bemerkenswert ist die Begründung: Wegen der Weite und Unbestimmtheit des Rechtsstaatsprinzips sei es aus Gründen der Rechtssicherheit ausgeschlossen, ohne gesetzliche Regelung ein Verfahrenshindernis dann anzunehmen, wenn ein bestimmtes Vorkommnis als Verstoß gegen das Rechtsstaatsprinzip und den daraus herzuleitenden Anspruch auf ein faires Verfahren bewertet werden kann. Das Rechtsstaatsprinzip ist also kein Prinzip im strengen Sinne, sondern enthält mit dem Anspruch auf ein faires Ver-

---

317 BGHSt 37, S. 99 ff. (S. 103).

318 BGHSt 37, S. 99 ff. (S. 104).

319 BGHSt 37, S. 99 ff. (S. 105), wiederum eine Bezugnahme auf den Titel der Monographie *K. F. Schumanns*, Der Handel mit Gerechtigkeit, der von BVerfG wistra 1987, S. 134 f. (S. 134), ohne Nachweis übernommen wurde.

320 BGHSt 37, S. 99 ff. (S. 105).

321 BGHSt 37, S. 99 ff. (S. 104).

322 So auch der 5. Senat, BGHSt 42, S. 191 ff. (S. 193); gegen die Nichtigkeit eines auf einer Absprache beruhenden Urteils und für seine bloße Revisibilität unter gewissen Umständen plädiert der 1. Senat des BGH, Beschluß vom 04.06.1992, wistra 1992, S. 309 f. (S. 310); zur Wiederaufnahme des Verfahrens nach einer Absprache, der ein unrichtiges Geständnis des Angeklagten zugrundelag, s. OLG Köln, DRiZ 1989, S. 181.

323 BGHSt 37, S. 10 ff. (S. 13).

fahren und der Rechtssicherheit zwei Abwägungsposten, die je nach dem angestrebten Ergebnis stark gemacht werden können[324]. Sind dem Angeklagten keine Nachteile entstanden, weil ein im Rahmen der Absprache abgelegtes Geständnis im Urteil nicht strafschärfend berücksichtigt wurde, so kann allein aus dem Scheitern der Verständigung kein Strafmilderungsgrund hergeleitet werden[325]. In diesem Fall hatte der Angeklagte seine Vorleistung im Hinblick auf eine Absprache erbracht, die in Wirklichkeit gar nicht zustande gekommen war. Das nicht verwertbare Geständnis ist aber, wenn der Täter anhand anderer Beweismittel überführt wird, bei der Strafzumessung zu seinen Gunsten zu berücksichtigen[326].

In einem Beschluß vom 26.04.1995 hat der 3. Strafsenat festgestellt, daß ein Rechtsmittelverzicht des Angeklagten dann wegen einer unzulässigen Willensbeeinflussung unwirksam ist, wenn er im Hinblick auf eine vom Gerichtsvorsitzenden unzuständigerweise abgegebene und darüber hinaus nicht eingehaltene Strafvollstreckungszusage erklärt wurde[327]. Die Unwirksamkeit der Verzichtserklärung folge bereits aus der Koppelung des Rechtsmittelverzichts mit der unzulässigen Zusage zur Strafvollstreckung. Zudem liege ein Verstoß gegen den Öffentlichkeitsgrundsatz sowie gegen den Grundsatz vor, daß alle Verfahrensbeteiligten über eine Absprache zu informieren sind[328]. Die Folge der Unwirksamkeit des Rechtsmittelverzichts liegt in der Gewährung einer Wiedereinsetzung in den vorigen Stand zur Einlegung der Revision[329].

---

324 S. o., Zweites Kapitel, B. III. 2. b), c), S. 123 ff., 125 ff., die Abwägungsdogmatik wird dort hinsichtlich des *Fair trial*-Grundsatzes und der Funktionstüchtigkeit der Strafrechtspflege dargestellt.

325 Urteil des 5. Senats vom 17.07.1996, BGHSt 42, S. 191 ff. (S. 195), mit Anm. *W. Beulke/H. Satzger*, JuS 1997, S. 1072 ff., die die Rechtsfolge der gescheiterten Verständigung behandeln und entgegen der Auffassung des BGH zu einem Beweisverwertungsverbot gelangen (a.a.O., S. 1076).

326 BGHSt 42, S. 191 ff. (S. 194 f.), hierzu: *W. Beulke/H. Satzger*, JuS 1997, S. 1077 ff.

327 BGHR StPO vor § 1/faires Verfahren/Vereinbarung 7, S. 3. Zur Frage des Widerrufs eines Rechtsmittelverzichts bei Nichteinhaltung einer von der Staatsanwaltschaft gegebenen Zusage hinsichtlich der Strafzumessung s. den Beschluß des 2. Strafsenats des BGH vom 18.09.1988, StV 1988, S. 372, mit Anm. *H.-O. Sieg*, StV 1988, S. 372.

328 BGHR StPO vor § 1/faires Verfahren/Vereinbarung 7, S. 4, unter Bezugnahme auf BGHSt 37, S. 298 ff. (S. 304).

329 BGHR StPO vor § 1/faires Verfahren/Vereinbarung 7, S. 3.

d) Die Rechtsprechung des Fünften Strafsenats zu Absprachen im Strafverfahren

Anlaß für das Urteil des 5. Strafsenats des BGH vom 20.02.1996[330] war eine Absprache über das Strafmaß, die der Strafkammervorsitzende mit den Verteidigern der Angeklagten außerhalb der Hauptverhandlung ohne Wissen und Beteiligung der Staatsanwaltschaft getroffen hatte und der Staatsanwaltschaft auch später nicht mitteilte. Die Staatsanwaltschaft rügte einen Verstoß gegen §§ 33 I, 261 StPO, § 169 S. 1 GVG. Der Senat faßt die einschlägige Rechtsprechung zusammen und gelangt zu einer neuen Begriffsbildung hinsichtlich des Phänomens Absprache.

Der Senat hält das Vorgehen des Gerichts zwar "nicht in jeder Hinsicht für bedenkenfrei". Ein Verstoß gegen § 169 S. 1 GVG und damit ein absoluter Revisionsgrund (§ 338 Nr. 6 StPO) läge aber bereits deshalb nicht vor, weil keine Vorgänge in der Hauptverhandlung beanstandet würden[331]. Allein diese Passage des Urteils zeigt, daß sich die Revisionsrechtsprechung mittlerweile mit der Absprachenpraxis abgefunden hat: Selbstverständlich betrifft eine Absprache außerhalb der Hauptverhandlung keinen Vorgang der Hauptverhandlung; daß das Urteil "aus dem Inbegriff der Hauptverhandlung" und nicht aus der Absprache zwischen den Verfahrensbeteiligten geschöpft werde, soll § 169 S. 1 GVG aber gerade sicherstellen[332].

Im Hinblick auf einen relativen Revisionsgrund (§ 337 I StPO) stellt der Senat unter Bezugnahme auf die bisherige Rechtsprechung fest, es sei einem Richter nicht verwehrt, zwecks Förderung des Verfahrens mit den Verfahrensbeteiligten auch außerhalb der Hauptverhandlung Kontakt aufzunehmen. Der an dieser Stelle neu eingeführte Begriff ist der des Rechtsgesprächs[333]. Darunter versteht der Senat eine gegenüber dem Angeklagten abgegebene Prognose über die gemilderte Straferwartung bei einem Geständnis[334]. Eine solche Wissensäußerung sei unproblematisch, da ein daraus folgendes, die gebotene Form wahrendes Rechtsgespräch prozeßfördernd oder vereinfachend wirken könne und in vielen Fällen sogar wünschenswert sei[335]. Das hierin ausgedrückte Bemühen um Ver-

---

330 BGHSt 42, S. 46 ff.

331 BGHSt 42, S. 46 ff. (S. 47), mit Anm. *H. Kintzi*, JR 1997, S. 78 f.; *Chr. Fahl*, JA 1997, S. 272 ff.

332 S. auch *F.-C. Schroeder*, Strafprozeßrecht, Rdnr. 398, der völlig zu Recht von einer "fadenscheinigen, ja provozierenden Begründung" spricht; *A. Zschokelt*, NStZ 1996, S. 449; *Chr. Fahl*, JA 1997, S. 274; zur Funktion des Öffentlichkeitsgrundsatzes s. o., Zweites Kapitel, B. II. 4. a), S. 102 ff.

333 BGHSt 42, S. 46 ff. (S. 47).

334 BGHSt 42, S. 46 ff. (S. 48 f.).

335 BGHSt 42, S. 46 ff. (S. 48).

fahrensförderung sei sachgerecht und Aufgabe des Gerichts[336]. Das Gericht dürfe jedoch nicht das Fairneßgebot verletzen oder den Anschein der Parteilichkeit erwecken. War dies in früheren Entscheidungen eine klare Grenze der Absprachenpraxis, so läßt der 5. Senat nun eine Rückausnahme zu: Der Bereich zulässiger Erörterungen dürfe nicht über das vom Gesetz gebotene unabdingbare Maß hinaus eingeschränkt werden. Regelmäßig empfehle es sich zwar, "den bösen Schein der Voreingenommenheit" zu vermeiden, indem nicht an der Absprache Beteiligte über sie betreffende Gespräche "nicht im unklaren gelassen" werden. Eine Anhörung im Sinne des § 33 I StPO sei jedoch lediglich bei Absprachen erforderlich, die einer Entscheidung des Gerichts gleichzustellen sind, was bei Wissenserklärungen über die gängige Strafpraxis im Rahmen eines Rechtsgesprächs nicht der Fall sei. *Selbst* Absprachen, die einen Vertrauenstatbestand schafften, seien nicht ohne weiteres prozeßordnungswidrig oder ein Verstoß gegen das Prinzip des fairen Verfahrens[337]. Wenn ein *hervorgehobener besonderer* Vertrauenstatbestand geschaffen werde, etwa durch Mitteilung einer Zwischenberatung des Gerichts, sei eine Anhörung im oben genannten Sinne erforderlich[338]. Terminologisch unterscheidet der Senat also zwischen dem neuen Oberbegriff Rechtsgespräch und dem Begriff Absprache, der nur solche auf Verständigung angelegte Kontaktaufnahmen (Rechtsgespräche) umfaßt, die einen Vertrauenstatbestand schaffen und unmittelbare Rechtswirkungen zeitigen[339]. Bei aller Affinität zu Absprachen scheint aber auch der 5. Senat bei der Billigung dieser Praxis ein schlechtes Gewissen zu haben: "Solche Gespräche [scil. Rechtsgespräche im oben beschriebenen Sinne, *St. S.*] sind für sich genommen nicht zu beanstanden, wenngleich eine – durch nichts gehinderte – offene Erörterung derartiger Vorgespräche in der Hauptverhandlung den *Idealen fairer Verfahrensgestaltung* eher entspricht und – schon zur Gewährleistung möglichst umfassender Information aller Prozeßbeteiligter – stets vorzugswürdig sein wird"[340]. Bemerkenswert ist dabei, daß der BGH den Prüfungsmaßstab für die Absprachenpraxis nicht den Prinzipien und den Einzelregelungen der StPO und des GVG entnimmt, sondern sie allein an der Elle des fairen Verfahrens[341] mißt.

336 BGHSt 42, S. 46 ff. (S. 49).
337 BGHSt 42, S. 46 ff. (S. 47 f., Hervorhebung von mir, *St. S.*).
338 BGHSt 42, S. 46 ff. (S. 49, Hervorhebungen von mir, *St. S.*).
339 BGHSt 42, S. 46 ff. (S. 49 f.).
340 BGHSt 42, S. 46 ff. (S. 50, Hervorhebung von mir, *St. S.*).
341 Zu Begründung, Inhalt und Kritik des *Fair trial*-Grundsatzes s. o., Zweites Kapitel, B. III. 2. c), 125 ff.

e) Die Rechtsprechung des Vierten Strafsenats zu Absprachen im Strafverfahren

Am 28.08.1997 äußerte sich schließlich auch der 4. Strafsenat in einem Urteil zur Zulässigkeit von Absprachen[342]. Der der Entscheidung zugrundeliegende Sachverhalt war folgender[343]: Die Strafkammer hat gegen den Angeklagten wegen schwerer räuberischer Erpressung Einzelfreiheitsstrafen von acht und neun Jahren verhängt und daraus eine Gesamtfreiheitsstrafe in Höhe von zwölf Jahren gebildet. Bei der Strafzumessung hat sie neben anderen Umständen das Geständnis des Angeklagten strafmildernd berücksichtigt und dazu ausgeführt: "Sowohl die Einzelstrafen als auch die Gesamtstrafe sind dabei in dieser Höhe mit den Angeklagten, den Verteidigern und der Staatsanwaltschaft bei gleichzeitiger vorläufiger Einstellung weiterer Anklagepunkte im Sinne einer verfahrensbeendigenden Absprache abgestimmt worden"[344]. Die Revision beanstandet, entgegen § 46 I S. 1 StGB sei nicht die Schuld des Täters, sondern die Absprache Grundlage für die Strafzumessung gewesen. Dies habe sich zum Nachteil des Angeklagten ausgewirkt.

Bemerkenswert ist der Aufbau des Urteils: Der Senat repetiert gleichsam monographisch die befürwortenden und die ablehnenden Stellungnahmen der Literatur und gibt einen umfassenden Überblick über die Rechtsprechung des BVerfG und der einzelnen Senate des BGH zu Absprachen im Strafverfahren[345].

Er gelangt zum Ergebnis, daß die Strafprozeßordnung Verständigungen zwischen Gericht und Verfahrensbeteiligten, die sich mit der Frage der Strafzumessung bei Ablegung eines Geständnisses befassen, nicht generell untersagt[346]. Zwar sei das deutsche Verfahrenrecht grundsätzlich vergleichsfeindlich ausgestaltet. Die Vorschrift des § 153a StPO zeige aber, daß eine Verständigung zwischen den Verfahrensbeteiligten über das Ergebnis und die Erledigung eines Strafverfahrens dem deutschen Strafrecht nicht völlig fremd sei[347]. Als Prüfungsmaßstab für die Zulässigkeit von Absprachen legt der Senat das aus dem Rechtsstaatsprinzip (Art. 20 III GG) in Verbindung mit Art. 2 I GG abgeleitete allgemeine Recht des Angeklagten auf ein faires, rechtsstaatliches Verfahren an,

---

342 BGHSt 43, S. 195 ff., mit Anm. *Th. Rönnau*, wistra 1998, S. 49 ff.; *M. Lemke*, NJ 1998, S. 42; *S. P. Martin*, JuS 1998, S. 373 ff.; *B. Müller-Christmann*, JuS 1998, S. 640 ff. (S. 642 ff.); *H. Artkämper*, NJ 1998, S. 409; *C. Roxin*, Strafverfahrensrecht, § 15 Rdnr. 7 ff.

343 BGHSt 43, S. 195 ff. (S. 196 f.).

344 BGHSt 43, S. 195 ff. (S. 196).

345 BGHSt 43, S. 195 ff. (S. 196 – 202), also knapp ein Drittel der 17seitigen Entscheidungsgründe.

346 BGHSt 43, S. 195 ff. (S. 202).

347 BGHSt 43, S. 195 ff. (S. 203).

mit den Ausprägungen, die dieses Prinzip in den Verfahrensgrundsätzen des Strafprozeßrechts gefunden hat[348]. Danach bleibe das Gericht dem Gebot der Wahrheitsfindung verpflichtet. Eine Absprache über den Schuldspruch sei also von vornherein ausgeschlossen[349]. § 136a StPO sei bei Verständigungsgesprächen genauso zu beachten wie der Grundsatz, daß sich niemand selbst zu belasten braucht[350]. Die Vereinbarung eines Rechtsmittelverzichts mit dem Angeklagten vor Urteilsverkündung sei unzulässig[351]. Eine Verständigung muß in öffentlicher Hauptverhandlung nach Beratung des gesamten Spruchkörpers erfolgen. Dies schließe zwar Vorgespräche der Beteiligten nicht aus, das Gericht müsse aber den wesentlichen Inhalt und das Ergebnis der Gespräche in der Hauptverhandlung offenlegen[352]. In die Verständigung müssen alle Verfahrensbeteiligten einbezogen werden, also auch der Angeklagte und die Schöffen[353]. Der Inhalt der Absprache ist zu protokollieren, um eine Überprüfbarkeit für die Beteiligten und das Rechtsmittelgericht zu ermöglichen[354]. Das Gericht dürfe nicht gegen §§ 260 I, 261 StPO verstoßen, indem es eine verbindliche Zusage zur Strafhöhe macht. Eine Bindung des Gerichts an ein bestimmtes Verfahrensergebnis vor Abschluß der Hauptverhandlung sei ausgeschlossen. Eine solche Bindung enthalte zugleich eine Verletzung des § 46 I S. 1, II S. 1 StGB, weil das Gericht nicht mehr frei sei, die Strafhöhe anhand der Strafzumessungskriterien nach der Schuld des Täters zuzumessen. Unbedenklich sei dagegen die Angabe einer Strafobergrenze, die für den Fall der Ablegung eines glaubhaften Geständnisses nicht überschritten werden soll. Dies sei nicht mehr als billig, denn der Angeklagte, der ein Geständnis ablegt, schränke seine Verteidigungsmöglichkeiten auf einen schmalen Bereich ein. Auf diese Weise werde – gleichsam im Gegenzug – der meist sehr weite Strafrahmen eingeschränkt, die Entscheidung des Gerichts aber noch nicht vorweggenommen. Die Angabe einer Strafobergrenze mache die Verständigung nicht unzulässig, denn dem Gericht bleibe die Befugnis erhalten, nach dem Beratungsergebnis auch unterhalb dieser Grenze zu bleiben. Halte die Staatsanwaltschaft dies für unangemessen, so könne sie gegen die Entscheidung ein Rechtsmittel einlegen[355]. Bei alledem müsse der Strafausspruch schuldangemessen bleiben, wobei ein aus verfahrenstaktischen Gründen abgege-

348 BGHSt 43, S. 195 ff. (S. 203 f.); zum *Fair trial*-Grundsatz s. o., Zweites Kapitel, B. III. 2. c) , S. 125 ff.
349 BGHSt 43, S. 195 ff. (S. 204).
350 BGHSt 43, S. 195 ff. (S. 204).
351 BGHSt 43, S. 195 ff. (S. 204 f.).
352 BGHSt 43, S. 195 ff. (S. 205 f.).
353 BGHSt 43, S. 195 ff. (S. 206).
354 BGHSt 43, S. 195 ff. (S. 206).
355 BGHSt 43, S. 195 ff. (S. 207 f.).

benes Geständnis ebenfalls strafmildernd zu berücksichtigen sei. Auch hier fördere der Angeklagte das Prozeßziel des Rechtsfriedens. Zudem könne dem Angeklagten der Beitrag zur Verfahrensverkürzung zugute gehalten werden[356]. Das Gericht ist wegen der von ihm geschaffenen Vertrauenslage an die Verständigung gebunden[357]. Ein Abweichen von der Absprache sei nur bei Bekanntwerden schwerwiegender neuer Umstände möglich. In einem solchen Fall müsse das Gericht aber unter Darlegung der Umstände auf die Möglichkeit der Abweichung in öffentlicher Hauptverhandlung hinweisen[358].

Bemerkenswert an dieser Entscheidung ist dreierlei: Zunächst legt der Senat von allen bisher ergangenen Entscheidungen die strengsten Maßstäbe für die Zulässigkeit von Absprachen an. Zweitens nimmt er den nur für Vergehen vorgesehenen § 153a StPO[359] als Vorbild für Absprachen, die ein Verbrechen zum Gegenstand haben und zur Verhängung von zwölf Jahren (!) Freiheitsstrafe führen. Die ursprünglich als Ausnahmeregelung für den Bereich der kleinen Kriminalität eingeführte Vorschrift des § 153a StPO dient als Modell für alle Strafverfahren. Schließlich operiert auch der 4. Strafsenat ausschließlich mit dem Vertrauensargument. Die Absprache schafft allein einen Vertrauenstatbestand als moralische Bindung, die allenfalls über den Gesichtspunkt des fairen Verfahrens eine gewisse rechtliche Verfestigung erfährt[360]. Sie erzeugt aber keineswegs für sich genommen eine rechtliche Bindung der Beteiligten im Sinne eines Vertrags, verbleibt also im Bereich des rein Faktischen.

3. Zusammenfassung: Handel mit Gerechtigkeit, Absprache oder Rechtsgespräch?

Die Rechtsprechung hat die Reichweite und die Grenzen der Absprache im Hauptverfahren für die Bedürfnisse der Praxis weitgehend konturiert. Zwar klingt immer wieder an, daß Absprachen nicht unbedenklich seien, wobei die

---

356 BGHSt 43, S. 195 ff. (S. 209); insoweit erfüllt der BGH die Forderung von *F. Dencker/R. Hamm*, Der Vergleich im Strafprozeß, S. 100: "Wer sich schon auf ein plea-bargaining einläßt, sollte auch ein guilty-plea ausreichen lassen."

357 BGHSt 43, S. 195 ff. (S. 210), unter Bezug auf BGHSt 36, S. 210 ff.; *Th. Rönnau*, wistra 1998, S. 52 mit FN 35, merkt an, daß der vom 4. Strafsenat "angenommene erheblich gesteigerte (fast rechtliche? [!, *St. S.*]) Verbindlichkeitsgrad der Strafmaßzusage bisher nicht einmal von Absprachebefürwortern angenommen [wurde]." Zur Qualität dieser Verbindlichkeit und zu Konsequenzen einer Nichtbeachtung finde man im Urteil aber leider keine Ausführungen.

358 BGHSt 43, S. 195 ff. (S. 210).

359 Zu § 153a StPO s. o., A. I. 2., S. 144 ff.

360 Zu der mit dem *Fair-trial*-Grundsatz verbundenen Abwägungsdogmatik s. o., Zweites Kapitel, B. III. 2. c) ee), S. 132 f.

Bedenken je nach erkennendem Strafsenat stärker (3. Strafsenat, 4. Strafsenat) oder schwächer (5. Strafsenat) sind. Absprachen haben sich aber mittlerweile zu einem strafprozessualen Institut verfestigt und werden jedenfalls bei Einhaltung folgender Grenzen gebilligt[361]: Urteilsabsprachen dürfen keinen Austausch festgelegter Leistungen zum Gegenstand haben[362]. Auch feste Zusagen bezüglich der Strafbemessung sind unzulässig. Außerhalb der Hauptverhandlung sind vorsichtige Fühlungnahmen in jeder Beteiligungsgestaltung nur über Fragen des Verfahrensablaufs möglich. In der Hauptverhandlung kann das vollständige Gericht unter Berücksichtigung des § 136a StPO seine sorgfältig überlegte, den gesamten Verfahrensablauf berücksichtigende, auf den gegenwärtigen Zeitpunkt bezogene Auffassung über den möglichen Verfahrensausgang bei bestimmtem künftigen Verhalten des Angeklagten offenlegen. Angesichts dieser von der Rechtsprechung postulierten Beschränkungen der Absprachenpraxis im Hinblick auf den Öffentlichkeitsgrundsatz, Kompetenzerfordernisse, den Vertrauensgrundsatz, das Gebot der Amtsaufklärung und den Grundsatz schuldangemessenen Strafens ist die Attraktivität der Vertragsorientierung stark eingeschränkt: Soweit sie wirklich reizvoll ist, ist sie unzulässig, soweit sie zulässig ist, ist sie nicht übermäßig reizvoll[363].

Auch im Bereich der Absprachen im Hauptverfahren löst die Rechtsprechung den Widerspruch zwischen dem praktischen Handeln der Verfahrensbeteiligten und dem Anspruch der Strafprozeßordnung argumentativ auf. Den neuesten "Fortschritt" stellt in dieser Hinsicht die Bezeichnung des Phänomens als "Rechtsgespräch" dar[364].

Bei Absprachen im Hauptverfahren handelt es sich um den Kernbereich der Vertragsorientierung im Strafprozeßrecht: Leistung und Gegenleistung des Angeklagten bzw. der Justiz werden verkoppelt und eine informelle Einigung über Verfahrensfragen und Rechtsfolgen hergestellt. Obwohl dem Phänomen Abspra-

---

361 *A. Zschokelt*, NStZ 1991, S. 310.

362 Wobei zu fragen ist, ob dies nicht gerade das Maßgebliche einer Absprache ist, woraus ihr vertragsähnliches Gepräge folgt.

363 *F. Schellenberg*, Die Hauptverhandlung im Strafverfahren, S. 227; s. auch *Th. Weigend*, JZ 1990, S. 776.

364 Angemessener und ehrlicher wäre dabei wohl der Begriff Rechts*folgen*gespräch. Zum Rechtsgespräch im eigentlichen, sich aus Art. 103 I GG ergebenden Sinne vgl. *M. Wolf*, Gerichtsverfassungsrecht aller Verfahrenszweige, S. 272; s. auch *A. Zschokelt*, NStZ 1996, S. 449; *ders.*, Der Richter ist kein Handelspartner, S. 441; *F. Dencker/R. Hamm*, Der Vergleich im Strafprozeß, S. 22 ff. (S. 25); zu Rechtsgespräch und Diskurstheorie s. *U. Neumann*, RTh 27 (1996), S. 426. In eine ähnliche Richtung wie die Begriffsbildung "Rechtsgespräch" zielt die Bezeichnung des großen Lausch*an*griffs als Lausch*ein*griff in BGH NStZ 1995, S. 601 f. (S. 601); vgl. hierzu *G. Staechelin*, ZRP 1996, S. 430 ff. (S. 430).

che eine eindeutige Vertragsorientierung zugrunde liegt, schreckt die Rechtsprechung aber vor einer klaren Rekonstruktion der Austauschbeziehung als Vertrag, der alle Verfahrensbeteiligten binden würde, zurück. In der Entscheidung des 5. Strafsenats vom 17.07.1996[365] ist von einem *Dissens* der Verfahrensbeteiligten die Rede, der zum Scheitern der *Verständigung* führte. Obwohl mit dem Terminus *Dissens* bereits ein Begriff aus der Sprache des Vertragsrechts verwendet wird, vollzieht der Senat den letzten Schritt nicht: Es scheitert nicht der Vertragsschluß zwischen den Beteiligten, sondern die Verständigung. So bestätigt sich die Definition, daß es sich bei Absprachen um eine "Einigung auf ein beiderseits zu befolgendes Verhaltensprogramm [handelt], nach der das Verhalten des einen Partners von dem des anderen abhängig sein soll, der 'Vorleistende' also seinen Verhaltensbeitrag im Blick auf die erwartete Gegenleistung, der 'Nachleistende' den seinigen um der erbrachten Vorleistung willen erbringt. Eine vertragsähnliche [!] Vereinbarung mithin, die freilich – und das ist außer Streit [sic!] – keinen der Partner *rechtlich* zum verabredeten Verhalten verpflichtet. Aber doch eine Bindung erzeugt"[366].

IV. Resümee: Vertragsorientierung praeter legem

Was bereits für die Vertragsorientierung auf positivrechtlicher Grundlage festgestellt wurde, gilt erst recht für die Vertragsorientierung *praeter legem*. Das Strafverfahren verwandelt sich von einem Verfahren zur Erforschung der Wahrheit und der korrekten Anwendung des materiellen und prozessualen Strafrechts zur Absprache über Tatsachen und Recht[367]. Nicht länger bildet die Bewertung des Einzelfalls anhand von Prinzipien den Inhalt des Strafprozesses, sondern die

---

365 BGHSt 42, S. 191 ff. (S. 192), mit Anm. *W. Beulke/H. Satzger*, JuS 1997, S. 1072 ff.; diese Argumentation entspricht genau dem von *A. Janke*, Verständigung und Absprachen im Strafverfahren, S. 57, gegebenen Schema.

366 *M. Niemöller*, StV 1990, S. 35 (Hervorhebung im Original). Interessant ist der Hinweis auf § 25 I GWB: "Ein aufeinander abgestimmtes Verhalten von Unternehmen oder Vereinigungen von Unternehmen, das nach diesem Gesetz nicht zum Gegenstand einer vertraglichen Bindung gemacht werden darf, ist verboten." *Niemöller* sieht hier ebenso eine vertragsähnliche Vereinbarung, die wie Absprachen im Strafverfahren keine Rechte und Pflichten begründet, aber Rechtswirkungen zeitigt. Eine andere Sichtweise klingt an bei KK-*Pfeiffer*, Einleitung, Rdnr. 29b: "Prozeßverträge im Strafverfahren stehen außerhalb der Dispositionsfreiheit der Prozeßbeteiligten; sie sind für die Justiz auch im Rahmen des Opportunitätsprinzips unzulässig." Eingehend zur Bindungswirkung von Absprachen: *A. Janke*, Verständigung und Absprachen im Strafverfahren, S. 61 ff.

367 *W. Naucke*, KritV 1993, S. 135 ff. (S. 152).

einzelfallbezogene Herstellung von Übereinstimmung der jeweiligen Maximen der Beteiligten.

Nach der Rechtsprechung handelt es sich zwar nur um eine bloß faktische Übereinkunft der Beteiligten, die keine rechtliche Bindungswirkung im Sinne des vertragsrechtlichen *Pacta sunt servanda* entfaltet. Dennoch liegt Absprachen im Strafverfahren die Denkweise zugrunde, das gefundene Ergebnis sei deshalb ein *richtiges* Ergebnis, weil es auf einem Vertrag der Beteiligten beruht oder doch beruhen könnte[368]. Mit anderen Worten: Die im Strafprozeß anzustrebende Ermittlung des wahren Sachverhalts wird durch die Akzeptanz des Ergebnisses abgelöst – sie wird durch Plausibilität ersetzt.

C. Zusammenfassung des Dritten Kapitels – Phänomenologie des Vertragsgedankens im Strafprozeßrecht

Die Phänomenologie des Vertragsgedankens im Strafprozeßrecht hat verdeutlicht, daß neben das in der "alten" Strafprozeßordnung vorgesehene Verfahren ein immer größer werdender Bereich getreten ist, in dem das Strafverfahren nach dem übereinstimmenden Willen der Parteien geführt und auch beendet werden kann. Der Vertragsgedanke im Strafverfahren ist im Sinne des in der Grundlegung herausgearbeiteten Zusammenhangs mit dem "neuen" Strafprozeß nicht nur entdeckt, sondern er breitet sich rasant aus. Allerdings sind große Teile der Literatur und die Rechtsprechung nicht bereit, die beschriebenen Phänomene überhaupt nur unter Vertragsgesichtspunkten zu betrachten oder gar unter das Regime des Vertragsrechts zu stellen. Das deutlichste Beispiel für diese Entwicklung sind Absprachen in der Hauptverhandlung als Kernbereich der Vertragsorientierung *praeter legem.* Positivrechtlich ungeregelt breiten sie sich von der Rechtsprechung verfestigt aus und finden in allen Deliktsbereichen hinsichtlich jeglicher Strafhöhe Anwendung. Leistung und Gegenleistung werden nicht durch einen Vertrag zwischen den Beteiligten, sondern lediglich durch einen Vertrauenstatbestand verknüpft. Aber auch in positivrechtlichen Regelungen findet sich eine Vielzahl von Vorschriften, die es ermöglichen, das Verfahren nach den Normen des allgemeinen Gesetzes durch die Übereinkunft der Beteiligten zu ersetzen. Exponiertestes Beispiel ist hier wohl § 153a StPO, der als Modell für Absprachen auch jenseits seines Anwendungsbereichs gehandelt wird[369]. Der Bereich der Vertragsorientierung ist also wesentlich größer, als es

368 Diesen Zusammenhang zur Vertragstheorie stellt *W. Naucke*, Rechtsphilosophische Grundbegriffe, Rdnr. 236 ff. (239), klar heraus.
369 BGHSt 43, S. 195 ff. (S. 203).

der bloße Blick auf Absprachen im Strafverfahren vorgibt. Die Diskussion über die Zulässigkeit der Vertragsorientierung nur auf die Vertragsorientierung *praeter legem* und hier nur auf Absprachen im Hauptverfahren zu beschränken, bedeutete eine durch nichts gerechtfertigte Beruhigung gegenüber den anderen Bereichen der Vertragsorientierung. Die Vertragsorientierung ist im folgenden – nach einem Blick auf Vertragselemente in der US-amerikanischen und der italienischen Strafverfahrensordnung – kritisch zu würdigen.

Viertes Kapitel – Rechtsvergleichende Betrachtung des Vertragsgedankens im Strafprozeßrecht

Nunmehr soll ein Überblick über die Vertragsorientierung in ausländischen Verfahrensordnungen gegeben werden. Die Darstellung kann nur eine exemplarische sein: Nach einer Wiederholung der in der Grundlegung herausgearbeiteten Prinzipien des reformierten deutschen Strafprozesses wird der US-amerikanische Prozeß und die in ihm anzutreffende Vertragsorientierung beschrieben. Dem reformierten deutschen Strafprozeß mit seiner Orientierung am allgemeinen Gesetz und dem daraus folgenden Offizial-, Legalitäts- und Akkusationsprinzip wird so der US-amerikanische Parteiprozeß gegenübergestellt, der von einer umfangreichen Dispositionsmöglichkeit der Parteien über das materielle Recht und das Verfahrensrecht geprägt ist. In der Mitte zwischen diesen beiden Extrempositionen steht der italienische Strafprozeß, der trotz des Festhaltens an den allgemeinen Verfahrensprinzipien einige Grundelemente des Parteiprozesses und den damit verbundenen Vertragsgedanken aufnimmt.

A. Erstes Modell – Der reformierte deutsche Strafprozeß

Die Darstellung des prinzipienorientierten Strafprozesses ist nochmals zusammenfassend zu referieren[1]:

Der reformierte deutsche Strafprozeß zeichnet sich durch seine Formenstrenge aus, die im Sinne einer Machtbeschränkung des Staates vor der Freiheit, der Gleichheit und der Selbständigkeit des einzelnen, also auch des Beschuldigten als Bürger, halt macht. Im Hinblick auf die Einleitung des Verfahrens steht der Charakter des Strafverfahrens als öffentliches Verfahren im Vordergrund. Die Strafverfolgungsorgane leiten das Verfahren von Amts wegen ein. Die vom Gericht unabhängige Staatsanwaltschaft entscheidet allein anhand des allgemeinen Strafgesetzes, ob Anklage zu erheben oder ob das Verfahren einzustellen ist (§ 170 StPO). Das im voraus genau bestimmte und von der politischen Exekutive unabhängige Gericht entscheidet ebenso gesetzesgebunden über die Schuld- und Straffrage. Entscheidungen über Freiheitsentziehungen trifft allein der unabhängige Richter. Hinsichtlich der Durchführung des Verfahrens ermittelt das Gericht selbständig und in möglichst kurzer Frist die dem Urteil zugrundeliegenden Tatsachen. Dabei gewährt es allen Verfahrensbeteiligten – insbesondere dem Beschuldigten – in jeder Lage des Verfahrens rechtliches Gehör. Die Be-

1 S. im einzelnen o., Zweites Kapitel, B. II., S. 79 ff.

weisgrundsätze sind der Ermittlung der materiellen Wahrheit verpflichtet. Das Gericht würdigt frei die unmittelbar erhobenen Beweise. Ist die Beweislage zweifelhaft, so streitet die Unschuldsvermutung für die Freiheit des Beschuldigten. Für den Fall der Kollision des Freiheitsrechts des Beschuldigten mit dem Ermittlungsauftrag des Staates darf der Beschuldigte unter keinen Umständen zum bloßen Objekt des Verfahrens werden. Er ist frei von Selbstbezichtigungszwang und darf nie durch verbotene Vernehmungsmethoden zur Aussage gezwungen werden. Selbst im Falle seiner Einwilligung sind weder diese Vernehmungsmethoden noch die Verwertung derart gewonnener Ergebnisse statthaft. Das Hauptverfahren ist öffentlich und wird, um die Öffentlichkeit zu gewährleisten, mündlich geführt. Strafprozessuale Normen, die in Freiheit und Eigentum eingreifen, unterliegen ebenso wie Straftatbestände dem Bestimmtheitsgrundsatz.

Die "schützenden Formen"[2] des Strafprozeßrechts lösen die im Strafverfahren stets aktuelle Antinomie zwischen der Freiheit des einzelnen und der Sicherheit im staatlichen Zustand im Konfliktfall zugunsten des einzelnen auf. Grenze jeder rechtlichen Ausgestaltung des Strafverfahrens und ihrer praktischen Handhabung ist die Prozeßsubjektivität des einzelnen, die sich gründet auf seine Freiheit, seine Gleichheit und seine Selbständigkeit.

B. Zweites Modell – Der US-amerikanische Strafprozeß

I. Überblick über die Grundprinzipien und den Ablauf des US-amerikanischen Strafverfahrens

An dieser Stelle kann nur ein kursorischer Abriß des Strafverfahrens in den Vereinigten Staaten gegeben werden, um die Gründe für die Vertragsorientierung in dieser Verfahrensordnung aufzuspüren. Eine Darstellung von Einzelheiten – insbesondere hinsichtlich der einzelstaatlichen Gesetzgebung – ist in diesem Zusammenhang allein deshalb nicht zu leisten, weil es sich um 51 verschiedene Verfahrensordnungen handelt.

2 *H. A. Zachariae*, Handbuch des Strafprocesses, S. 145 ff. (S. 146); *ders.*, Gebrechen und Reform, S. 124 f.; vgl. hierzu *W. Hassemer*, KritV 1988, S. 337 f., 340; *ders.*, KritV 1990, S. 271.

1. Grundprinzipien des US-amerikanischen Strafverfahrens

Der US-amerikanische Strafprozeß ist als reiner Parteiprozeß ausgestaltet, der in seiner Struktur eher dem deutschen Zivilprozeß als dem Strafprozeß ähnelt[3]. Der Ankläger (*prosecutor*) und der Angeklagte (bzw. sein Verteidiger) treten sich als gleichberechtigte Gegenspieler entgegen und präsentieren dem Gericht ihre jeweiligen Beweise. Prozeßfunktion des Anklägers ist es, die Schuld des Angeklagten durch Beweise oder die Veranlassung eines Schuldeingeständnisses nachzuweisen[4]. Er trägt die Beweislast für den Schuldnachweis. Das Gericht urteilt aus der Sicht eines unabhängigen Dritten, gleichsam als neutraler Schiedsrichter über die Schuld- und Straffrage[5]. Nach dem akkusatorischen Prinzip sind auch hier Anklage- und Entscheidungsfunktion streng getrennt. Das Verfahrensrecht wird stark von der Verfassung der Vereinigten Staaten und der Einzelstaaten geprägt. Als "große Themen" des Strafprozeßrechts sind im Zusammenhang mit dem Verfassungsrecht zu nennen[6]: Das Recht der Verhaftung und der Anspruch auf Haftentlassung gegen Kaution, das Recht der Durchsuchung und Beschlagnahme, das Recht auf einen Verteidiger, das Recht, sich nicht selbst beschuldigen zu müssen, das Recht auf einen ordnungs- und rechtmäßigen Prozeß (*due process*) und somit auch auf ein faires Verfahren (*fair trial*), das Verbot doppelter Bestrafung bzw. Verfolgung sowie das Verbot ungewöhnlicher und grausamer Strafen.

2. Verfahrensablauf des US-amerikanischen Strafverfahrens

Der Verfahrensablauf ist dadurch gekennzeichnet, daß in jedem Abschnitt eine Konzentration auf die wesentlichen Verfahren erfolgt, die schließlich in einer Hauptverhandlung vor der *jury* enden: "Ziel [des Strafverfahrens] ist also, daß ein möglichst hoher Anteil von mutmaßlichen Normbrechern ergriffen, abgeurteilt und bestraft wird. Die beste Organisationsform dafür ist ein Siebungsprozeß, der möglichst früh die Schuldigen herausfiltert und möglichst vollständig die Verurteilungswürdigen erfaßt"[7]. Die Funktionsteilung unter den Strafverfol-

---

3 *Th. Weigend*, ZStW 94 (1982), S. 201; *ders.*, Absprachen in ausländischen Strafverfahren, S. 34; *J. Herrmann*, Der amerikanische Strafprozeß, S. 134.

4 *K. F. Schumann*, Der Handel mit Gerechtigkeit, S. 85.

5 Zur Rolle des Richters s. *J. Herrmann*, Der amerikanische Strafprozeß, S. 154 f., der die Aufklärungspflicht des Richters in den USA als moralische Pflicht bezeichnet, der er die Rechtspflicht zur Sachverhaltsaufklärung nach § 244 II StPO gegenüberstellt.

6 Zu Einzelheiten s. *N. Schmid*, Strafverfahren in den Vereinigten Staaten, S. 97 ff.

7 *K. F. Schumann*, Der Handel mit Gerechtigkeit, S. 106.

gungsorganen (Polizei, Staatsanwaltschaft und Gericht) ist im US-amerikanischen Strafverfahren für die einzelnen Verfahrensabschnitte nicht so klar ausgeprägt wie im deutschen Strafverfahren. Der nachfolgend dargestellte Verfahrensablauf muß daher keineswegs in jedem Verfahren zwingend eingehalten werden[8].

a) Verfahren der Polizeibehörden

Nachdem den Polizeibehörden durch eine Anzeige oder eigene Wahrnehmung eine Straftat bekanntgeworden ist, können sie entscheiden, ob sie das Verfahren an die Staatsanwaltschaft abgeben bzw. in einfach gelagerten Fällen sofort an den *magistrate* (Richter des Vorverfahrens) weiterleiten[9]. Sie können die Straftat aber auch selbständig und informell sanktionieren[10] und das Verfahren im Anschluß gleichsam einstellen, was insbesondere bei geringfügigen Rechtsverletzungen häufig der Fall sein wird. Die Polizeibehörde trifft diese Entscheidung nach freiem, weit gestecktem Ermessen[11].

b) Verfahren der Anklagebehörden

Die Anklagebehörden haben die Aufgabe, aus dem von der Polizei gelieferten Rohmaterial die verfolgungswürdigen Fälle auszufiltern, die eine Verurteilung zu einer empfindlichen Sanktion erwarten lassen[12]. Hierfür hat der Staatsanwalt die Möglichkeit eines *screening*, für das er einen weiten Ermessensspielraum besitzt[13]. Die Weite des staatsanwaltschaftlichen Ermessens ergibt sich aus dem Grundsatz der Gewaltenteilung. Der Staatsanwalt kann als Teil der Exekutive nicht durch den Richter überwacht und zu einem bestimmten Verhalten gezwungen werden[14]. Die Einstellungsentscheidung kann in unterschiedlichen Stadien des Prozesses erfolgen. Der Staatsanwalt hat auch die Möglichkeit, das Verfah-

---

8 Vgl. auch die Übersicht bei *C. H. Whitebread/C. Slobogin*, Criminal procedure, S. 12 ff.; zur Dezentralisierung und zum Fehlen einer hierarchischen Organisation in der US-amerikanischen Strafjustiz s. *J. Herrmann*, Der amerikanische Strafprozeß, S. 135 ff.

9 *N. Schmid*, Strafverfahren in den Vereinigten Staaten, S. 38.

10 *Th. Weigend*, Staatsanwaltschaft in den USA, S. 607 ff. (S. 609), nennt als Beispiel die kurzzeitige Inhaftierung ohne nachfolgendes Verfahren.

11 *N. Schmid*, Strafverfahren in den Vereinigten Staaten, S. 38.

12 *Th. Weigend*, Staatsanwaltschaft in den USA, S. 610.

13 *Th. Weigend*, Staatsanwaltschaft in den USA, S. 610 ff. (S. 612); *N. Schmid*, Strafverfahren in den Vereinigten Staaten, S. 40 f.; vgl. auch den von *T. M. Massaro*, StV 1989, S. 456, wiedergegebenen Fall.

14 *Th. Weigend*, Staatsanwaltschaft in den USA, S. 611.

ren unter Bedingungen einzustellen (*diversion*)[15]. Zu den Bedingungen zählen die Wiedergutmachung des Schadens, die Versöhnung der Beteiligten durch eine Schiedsstelle[16] oder die – umstrittene – Teilnahme an einem therapeutischen Behandlungsprogramm[17]. Der Vertreter der Strafverfolgungsbehörde kann die Tat auch vom Verbrechen (*felony*) zum leichteren Vergehen (*misdemeanor*) herabstufen[18]. Das Gericht ist nach US-amerikanischem Recht an die rechtliche Würdigung des Sachverhalts durch die Staatsanwaltschaft gebunden[19]. Da die Staatsanwaltschaft sowohl den Sachverhalt als auch den Straftatbestand festlegt, aus dem der Angeklagte verurteilt werden soll, kann die Sache nach dem Willen der Anklagebehörde vor ein unteres Gericht – einen *misdemeanor court* – gebracht werden. Das Strafverfahren wird auf diese Weise vereinfacht, die Strafdrohung wesentlich gemildert. Als Gegenleistung hierfür werden freilich vom Angeklagten ein Schuldeingeständnis oder weitere Leistungen – etwa eine Aussage gegen Mittäter – verlangt. Diese Austauschprozesse im Rahmen eines Schuldhandels (*plea bargaining*) werden unten[20] ausführlich behandelt.

c) Vorverfahren vor dem magistrate oder der grand jury

Dem eigentlichen Gerichtsverfahren, dem *jury-trial*, ist ein Vorverfahren vorgeschaltet, das haltlose Vorwürfe gegen den Angeklagten verhindern und durch eine Scheidung der wichtigen von den unwichtigen Fällen einer Überlastung der Gerichte vorbeugen soll. Zugleich wird in diesem Verfahrensabschnitt über die Verhängung von Untersuchungshaft, die Bestellung eines amtlichen Verteidigers und die Entlassung des Angeklagten gegen Kaution entschieden. Die in diesem Verfahrensabschnitt tätigen Justizorgane sind der Einzelrichter (*magistrate*) und das Kollegialgericht (*grand jury*), eine Mischung aus Untersuchungs-, Anklage- und Gerichtsbehörde[21].

Der *magistrate* hat bei geringfügigeren Delikten eine summarische Vorprüfung vorzunehmen (*preliminary appearance*, *initial appearance*, *preliminary hearing*). Die Initiative hierfür geht von einer Strafanzeige oder der Vorführung eines Festgenommenen durch die Polizei aus. Falls kein dringender Tatverdacht

---

15 *Th. Weigend*, Staatsanwaltschaft in den USA, S. 639 ff.

16 *Th. Weigend*, Staatsanwaltschaft in den USA, S. 641; zum Täter-Opfer-Ausgleich in den USA s. *ders.*, MschrKrim 1992, S. 105 ff.

17 *Th. Weigend*, Staatsanwaltschaft in den USA, S. 642 f.

18 *Th. Weigend*, Staatsanwaltschaft in den USA, S. 644 ff.

19 *Th. Weigend*, Staatsanwaltschaft in den USA, S. 644; *ders.*, ZStW 94 (1982), S. 201, sieht eine Entsprechung zu der zivilprozessualen *ne ultra petita*-Regel.

20 II. 1., S. 217 ff.

21 S. im einzelnen *N. Schmid*, Strafverfahren in den Vereinigten Staaten, S. 43 f.

(*probable cause*) besteht, weist der *magistrate* die Klage ab. Nach dem Vorverfahren durch den *magistrate* oder als Alternative hierzu findet eine Vorprüfung durch die *grand jury* statt. Dies ist Folge des Art. III Abs. 3, Amendment V der Verfassung der USA, wonach der Angeklagte das Recht auf eine Prüfung des Tatvorwurfs durch eine unparteiische Geschworenenbank hat. Diese Garantie ist im Laufe der Zeit allerdings immer weiter eingeschränkt worden und besteht etwa im Bundesstrafverfahren nur noch hinsichtlich solcher Delikte, die mit Todesstrafe bedroht sind[22]. Das *jury*-Verfahren ist grundsätzlich nicht öffentlich und dient der Vernehmung der Zeugen, die auch zu einer Aussage gezwungen werden können. Die Anwesenheit des Beschuldigten ist dann zwingend vorgeschrieben, wenn er selbst zu befragen ist.

d) Anklageeröffnungsverfahren (arraignment), plea-Möglichkeiten

Reicht die *grand jury* eine Überweisungsverfügung oder der Ankläger eine Anklageschrift bei Gericht ein, so ist der Streitgegenstand definiert[23]. Es schließt sich ein gerichtliches Vorverfahren (*arraignment*) an, das die Aufgabe hat, dem Angeklagten Kenntnis von der gegen ihn geführten Anklage zu verschaffen. Der Angeklagte soll über seine Rechte und Möglichkeiten aufgeklärt und veranlaßt werden, eine schuldklärende Stellungnahme bezüglich der gegen ihn erhobenen Anschuldigungen (*plea*) abzugeben. Das *arraignment* findet vor dem Einzelrichter (*bench trial, trial without a jury*) statt. Der Angeklagte kann nach allgemeiner Auffassung auf dieses Verfahren verzichten, da es seinem Schutz dient[24].

Das Einwilligungsargument – *Volenti non fit iniuria* – taucht auch nach der Entscheidung für ein *arraignment* auf. In diesem Verfahrensabschnitt kann der Angeklagte nämlich durch ein *plea* den weiteren Gang des Prozesses massiv beeinflussen. Er hat hierzu drei Möglichkeiten[25]: Er kann sich für nicht schuldig erklären (*not guilty*), was die Überweisung des Falles an den *trial court*, das in öffentlicher Hauptverhandlung tagende Gericht bewirkt[26]. Der Angeklagte kann sich für schuldig (*guilty*) erklären, wobei eine solche Erklärung sowohl den Sachverhalt als auch die rechtliche Würdigung des Sachverhalts durch die Anklagebehörde betrifft[27]. Ein solches *guilty plea* wird in den meisten Fällen auf

---

22 *N. Schmid*, Strafverfahren in den Vereinigten Staaten, S. 54 f.

23 *Th. Weigend*, ZStW 94 (1982), S. 201.

24 Vgl. *N. Schmid*, Strafverfahren in den Vereinigten Staaten, S. 42 f., 65; zum Verzicht auf Verfahrensrechte im Zusammenhang mit der Eigenverantwortlichkeit des Angeklagten s. *J. Herrmann*, Der amerikanische Strafprozeß, S. 146 ff.

25 *C. H. Whitebread/C. Slobogin*, Criminal procedure, S. 13.

26 *N. Schmid*, Strafverfahren in den Vereinigten Staaten, S. 58.

27 *N. Schmid*, Strafverfahren in den Vereinigten Staaten, S. 58.

eine Absprache (*plea bargaining*) zwischen dem Angeklagten bzw. seinem Verteidiger und dem Staatsanwalt zurückzuführen sein[28]. Da das *guilty plea* kein Beweismittel ist, sondern eher den Charakter des unterlassenen Bestreitens eines Anspruchs im Zivilprozeß hat, erübrigt es die Durchführung desjenigen Verfahrensabschnitts, welcher die Schuldfeststellung zum Gegenstand hat[29]. Im Rahmen eines *plea hearing*, das die Hauptverhandlung ersetzt, fällt der Richter sofort den Schuldspruch und geht zur Strafzumessung über. Durch die Abgabe eines *guilty plea* spricht der Angeklagte also gleichsam sein eigenes Schuldurteil[30]. Zwischen diesen beiden Extremen steht die Erklärung, daß der Angeklagte den Vorwurf nicht bestreitet (*nolo contendere, no contest*)[31]. Damit erkennt er die tatsächliche Seite des Anklagevorwurfs als richtig an und erklärt sich grundsätzlich schuldig. Er will aber verhindern, daß diese Erklärung in einem späteren Verfahrensstadium oder in einem etwaigen zivil- oder verwaltungsrechtlichen Folgeprozeß gegen ihn verwendet wird[32]. Ein *plea of nolo contendere* setzt die Zustimmung des Gerichts voraus. Eine ähnliche Wirkung entfaltet die bedingte Erklärung (*conditional plea*), die zum Teil im Prozeßrecht geregelt ist[33]. Auch solche Erklärungen bewirken, daß der Angeklagte sofort vor das Gericht (*court*) gestellt wird. Üblicherweise ergeht also sofort ein Schuldspruch mit anschließender Strafzumessung.

e) Hauptverfahren (trial)

Im Rahmen des Hauptverfahrens entscheidet die *jury* über die Schuldfrage, der Richter trifft die Strafzumessungsentscheidung. Nach Art. III Abs. 3 Amendment VI der Verfassung der USA hat der Angeklagte das Recht auf ein Hauptverfahren vor einer und eine Aburteilung durch eine unparteiische Geschworenenbank. Die *jury*-Garantie gilt in der Regel nur für solche Delikte, für die eine Verurteilung zu einer höheren Freiheitsstrafe als sechs Monate zu erwarten ist[34]. Der Angeklagte kann auf die *jury* verzichten[35], was zu einem Verfahren vor dem

28 S. u., II. 1., S. 217 ff.

29 *M. Damaska*, StV 1988, S. 398; *Th. Rönnau*, wistra 1998, S. 49 ff. (S. 53 mit FN 48).

30 *Th. Weigend*, Staatsanwaltschaft in den USA, S. 649; *ders.*, ZStW 94 (1982), S. 201: "Eine Art Anerkenntnisurteil ohne vorheriges Beweisverfahren"; s. auch *J. Herrmann*, Der amerikanische Strafprozeß, S. 149.

31 *C. H. Whitebread/C. Slobogin*, Criminal Procedure, S. 627; *N. Schmid*, Strafverfahren in den Vereinigten Staaten, S. 58.

32 *Th. Weigend*, ZStW 94 (1982), S. 201 mit FN 2.

33 *C. H. Whitebread/C. Slobogin*, Criminal procedure, S. 649.

34 *N. Schmid*, Strafverfahren in den Vereinigten Staaten, S. 51 f.

35 *N. Schmid*, Strafverfahren in den Vereinigten Staaten, S. 65.

Einzelrichter (*court, bench trial, trial without a jury*) führt. Verzichtet er nicht, so wird zunächst die *jury* aus der Liste der Geschworenen durch das Los bestimmt und aufgeboten[36]. Die Geschworenen werden vereidigt und damit in die Pflicht genommen. Daran schließt sich eine Belehrung über die Tätigkeit und die Pflichten einer *jury* an. Das Hauptverfahren im engeren Sinne[37] beginnt mit den Eröffnungserklärungen des Anklägers und des Verteidigers. Sodann erfolgt die Beweispräsentation des Anklägers, der die Beweislast für den Nachweis der Begehung der angeklagten Straftat trägt[38]. An die Präsentation der Beweise durch den Ankläger kann sich ein Zwischenantrag der Verteidigung auf Abweisung der Anklage anschließen. Gibt das Gericht diesem Antrag nicht statt, so präsentiert die Verteidigung ihre Beweise. Nach der Schlußerklärung der Parteien unterbreitet der Richter der *jury* die Frage nach Schuld oder Unschuld des Angeklagten, wozu er die *jury* über die für die Entscheidung wesentlichen Rechtsfragen instruiert, was in der Öffentlichkeit des Gerichtssaals zu geschehen hat und die Geschworenen in ihrer Entscheidung nicht bindet. Die *jury* fällt sodann in geheimer Beratung ihren Spruch (*verdict*), der auf schuldig oder Freispruch lautet. Die *jury* entscheidet nur über die Schuldfrage, die Strafzumessungsentscheidung trifft außer in den Fällen der Todesstrafe allein der Richter[39].

f) Zusammenfassung

Das US-amerikanische Strafverfahren ist gekennzeichnet durch eine Vielzahl von "Siebungsprozessen"[40], die Verfahren wegen geringfügiger Delikte möglichst rasch beenden bzw. außergerichtlich sanktionieren sollen. Charakteristisch für das amerikanische Strafverfahren ist die frühzeitige Formulierung eines vorläufigen Anklagevorwurfs, der während der einzelnen Phasen des Verfahrens ständig geprüft und abgeändert wird[41]. Die aufwendige Hauptverhandlung wird nur in denjenigen Fällen durchgeführt, in welchen ein Schuldspruch nicht durch die Parteiinitiative im Rahmen eines *plea bargaining* erreicht werden kann. Auch hier besteht ein Zusammenhang mit der Verfahrensbeendung im Ermittlungsverfahren: "Je korrekter die früheren Stadien arbeiten, desto informeller können die späteren konstruiert sein. Als informelle Prozedur ist plea bargaining

---

36 S. im einzelnen *N. Schmid*, Strafverfahren in den Vereinigten Staaten, S. 66 ff.; zur *Jury* s. *J. Herrmann*, Der amerikanische Strafprozeß, S. 137 f.

37 S. die Darstellung bei *N. Schmid*, Strafverfahren in den Vereinigten Staaten, S. 69 ff.

38 Zur Sachverhaltsaufklärung in der Hauptverhandlung mittels Gegenüberstellung von Sachverhaltsalternativen s. *J. Herrmann*, Der amerikanische Strafprozeß, S. 152 ff.

39 *Th. Weigend*, ZStW 94 (1982), S. 201.

40 *K. F. Schumann*, Der Handel mit Gerechtigkeit, S. 45.

41 *Th. Weigend*, Absprachen in ausländischen Strafverfahren, S. 37.

etwa ein zweckmäßiges, ökonomisches Mittel zur Verurteilung jener, die – weil 'vermutlich schuldig' – nicht in früheren Verfahrensphasen herausgesiebt wurden"[42].

II. Vertragselemente im US-amerikanischen Strafprozeß

1. Plea bargaining; guilty plea

Bei der Betrachtung der Vertragselemente des US-amerikanischen Strafprozesses spielt das nach einem *plea bargaining* abgegebene *guilty plea* eine besonders hervorgehobene Rolle. Es wird nicht umsonst als bestimmendes Charakteristikum der amerikanischen Strafrechtspflege bezeichnet[43]. Wie allgemein für den Ablauf des Verfahrens bemerkt, kann auch hinsichtlich des *plea bargaining* nur das Grundprinzip der Vertragsorientierung dargestellt werden. Die Beschreibung von Details sowie einzelstaatlicher Praktiken und Regelungen würde den Rahmen der Untersuchung sprengen.

a) Begriff und Ablauf des plea bargaining

Plea bargaining bedeutet idealtypisch, daß unmittelbar vor oder im Anklageeröffnungsverfahren (*arraignment*[44]) zwischen dem Staatsanwalt und dem Angeklagten bzw. seinem Verteidiger[45] formlos ein Schuldeingeständnis des Angeklagten gegen eine von der Strafverfolgungsbehörde gewährte Reduktion der Anklagepunkte ausgehandelt wird[46]. Ein prozeßökonomisch wertvolles *guilty*

---

42 *K. F. Schumann*, Der Handel mit Gerechtigkeit, S. 106.

43 *Th. Weigend*, Staatsanwaltschaft in den USA, S. 654; *K. F. Schumann*, Der Handel mit Gerechtigkeit, S. 80; *R. E. Scott/W. J. Stuntz*, Yale Law Journal Vol. 101 (1992), S. 1912: "To a large extend, this kind of horse trading determines who goes to jail and for how long. That is what plea bargaining is. It is not some adjunct to the criminal justice system; it *is* the criminal justice system." (Hervorhebung im Original).

44 S. o., I. 2. d), S. 214 f.; selbst im Gerichtsverfahren ist ein *plea bargaining* noch durchführbar, s. *N. Schmid*, Strafverfahren in den Vereinigten Staaten, S. 59.

45 Die Verhandlungen werden in den meisten Fällen vom Verteidiger geführt; vgl. die Beschreibung der ersten beiden Ebenen (Staatsanwalt – Strafverteidiger; Strafverteidiger – Angeklagter) der drei Ebenen des Aushandelns bei *K. F. Schumann*, Der Handel mit Gerechtigkeit, S. 119 ff., 137 ff.

46 *C. H. Whitebread/C. Slobogin*, Criminal Procedure, S. 625; zur Beteiligung des Richters, die im Bundes- und den meisten *states*-Verfahren ausgeschlossen ist, s. *T. M. Massaro*, StV 1989, S. 455; *M. Damaska*, StV 1988, S. 398 f.; *K. F. Schumann*, Der Handel mit Gerechtigkeit, S. 110, 150 ff.; *Th. Weigend*, Absprachen in auslän-

plea wird mit einem Strafnachlaß vergolten, Reue gegen Milde getauscht[47]. *Plea bargaining* ist in der Prozeßstruktur des US-amerikanischen Parteiprozesses das Äquivalent zum Aushandeln eines Vergleichs im bürgerlichen Rechtsstreit[48].

Der Kreis der Leistungen der Anklage und der Verteidigung ist dabei nicht geschlossen. Auf seiten des Angeklagten können neben dem *guilty plea* etwa auch der Verzicht auf bestimmte Rechte oder eine Aussage gegen Mitbeschuldigte die Leistung darstellen[49]. Die Leistung der Staatsanwaltschaft kann neben der bereits erwähnten Verringerung der Anklagepunkte nach Anzahl und Schwere (Herabstufung vom Verbrechen zum Vergehen[50]) auch darin bestehen, daß der Staatsanwalt andere Klagen fallenläßt und darüber Stillschweigen bewahrt[51]. Des weiteren kann er dem Richter des *arraignment* ein bestimmtes Urteil empfehlen[52]. Die Gegenleistung des Staatsanwalts besteht also regelmäßig darin, daß er für eine mildere als die vom Angeklagten an sich verwirkte Strafe sorgt[53]. Im Rahmen eines Anklagehandels (*charge bargaining*) beeinflußt der Staatsanwalt den Strafrahmen durch eine entsprechende Auswahl der Delikte. Der die Strafzumessungsentscheidung treffende Richter ist an die rechtliche Bewertung des Falles in der Anklage gebunden, so daß der Staatsanwalt auf diese Weise den Ausgang des Verfahrens beeinflussen kann[54]. In einem Urteilshandel (*sentence*

---

dischen Strafverfahren, S. 46 ff.; zur Beteiligung weiterer Personen s. *K. F. Schumann*, a.a.O., S. 77, 119 ff.; *Th. Weigend*, a.a.O., S. 48.

47 *C. H. Whitebread/C. Slobogin*, Criminal Procedure, S. 626; *K. F. Schumann*, Der Handel mit Gerechtigkeit, S. 77.

48 *T. M. Massaro*, StV 1989, S. 454; *Th. Weigend*, Absprachen in ausländischen Strafverfahren, S. 34 f.: "Wenn der Ankläger vom Verfahren Abstand nimmt, wenn der Streit über das Bestehen eines 'Strafanspruchs' durch Vergleich beigelegt wird oder wenn der Beschuldigte diesen Anspruch 'anerkennt', bedarf es der Tätigkeit des Richters nur noch insoweit, als er das erzielte Ergebnis festzustellen und zu ratifizieren hat."; zur Kritik an dieser Vorstellung s. *Th. Weigend*, a.a.O., S. 50.

49 *C. H. Whitebread/C. Slobogin*, Criminal Procedure, S. 627 f.; zu Kronzeugenregelungen s. u., 2., S. 227 ff.

50 *Th. Weigend*, Staatsanwaltschaft in den USA, S. 644 ff. (S. 646).

51 *K. F. Schumann*, Der Handel mit Gerechtigkeit, S. 77 f.

52 *C. H. Whitebread/C. Slobogin*, Criminal Procedure, S. 627.

53 Dafür ist ein weites staatsanwaltschaftliches Ermessen vorausgesesetzt, s. *T. M. Massaro*, StV 1989, S. 454 ff.; *K. F. Schumann*, Der Handel mit Gerechtigkeit, S. 197; *Th. Weigend*, Absprachen in ausländischen Strafverfahren, S. 36; *J. Herrmann*, Der amerikanische Strafprozeß, S. 138 ff.; zum Machtgefälle zwischen dem Ankläger und dem Angeklagten aufgrund des weiten staatsanwaltschaftlichen Ermessens s. *Th. Weigend*, a.a.O., S. 41 ff.

54 *Th. Weigend*, ZStW 94 (1982), S. 207; *K. F. Schumann*, Der Handel mit Gerechtigkeit, S. 78; *J. Herrmann*, Der amerikanische Strafprozeß, S. 138 f., sieht hierin einen weiteren Hinweis auf den Charakter des US-amerikanischen Verfahrens als

bargaining) übernimmt der Richter die zwischen Staatsanwalt und Verteidiger getroffene Absprache bezüglich des Strafmaßes[55], wobei er zwar ein Vetorecht hat, sich aber in den Fällen, in denen ihm die Strafzumessung angemessen erscheint, auf seine Rolle als "Sprachrohr des Parteiwillens"[56] beschränken kann. Die originär richterliche Funktion der Strafzumessung verlagert sich auf den Staatsanwalt, der auf diese Weise nach dem Muster des in den USA verpönten Inquisitionsprozesses Ankläger und Urteilender in einer Person wird[57]. *Slow plea of guilty*[58] bedeutet, daß unter Beteiligung des Angeklagten und des Richters an der *plea discussion* eine Hauptverhandlung von 10 bis 30 Minuten Dauer mit dem Ziel der Abgabe eines *guilty plea* durch den Angeklagten geführt wird. Teilweise wird das Urteil auch auf der Grundlage einer zwischen dem Verteidiger und dem Staatsanwalt ausgearbeiteten schriftlichen Erklärung gefällt. Hierin wird vielfach eine unbedenklichere Alternative zu *plea discussions* unter ausschließlicher Beteiligung von Staatsanwalt und Verteidiger gesehen[59]. Es finden auch sogenannte *package deals* statt, in denen der Verteidiger für mehrere Angeklagte, deren Verfahren nicht notwendig miteinander verbunden sein müssen, eine Absprache mit dem Staatsanwalt trifft[60]. *Plea bargaining* bedeutet also kein Aushandeln der Realität[61], des wirklichen Geschehens in der Vergangenheit, sondern sehr pragmatisches Aushandeln der Sanktion[62]: Strafzumessung durch die Parteien[63].

Parteiverfahren; *Th. Weigend*, Absprachen in ausländischen Strafverfahren, S. 38, weist auf die Parallele zur *ne ultra petita*-Regel im Zivilprozeß hin.

55 *Th. Weigend*, ZStW 94 (1982), S. 209; *ders.*, Absprachen in ausländischen Strafverfahren, S. 39 f.

56 *Th. Weigend*, ZStW 94 (1982), S. 210.

57 *Th. Weigend*, Absprachen in ausländischen Strafverfahren, S. 57.

58 Vgl. *K. F. Schumann*, Der Handel mit Gerechtigkeit, S. 196.

59 *Th. Weigend*, Staatsanwaltschaft in den USA, S. 653 f.; *ders.*, ZStW 94 (1982), S. 211 ff., 214, zur Gefahr eines *plea bargaining* vor dem *plea bargaining*; *ders.*, Absprachen in ausländischen Strafverfahren, S. 76 f. mit FN 292.

60 Auch *mass bargaining* genannt: *K. F. Schumann*, Der Handel mit Gerechtigkeit, S. 128.

61 *K. F. Schumann*, Der Handel mit Gerechtigkeit, S. 55 ff., 121. Etwas anderes gilt im Verhältnis von Angeklagtem und Verteidiger, in dem Realität, nämlich eine verbindliche Darstellung des Tatablaufs und eine vorläufige Klärung der Schuldfrage, ausgehandelt wird, *K. F. Schumann*, a.a.O., S. 141.

62 *Th. Weigend*, Staatsanwaltschaft in den USA, S. 651; *ders.*, ZStW 94 (1982), S. 207: "... die Beteiligten [streiten] nicht um Schuld oder Unschuld des Angeklagten, sondern [sind] als Quasi-Richter gemeinsam um die Ermittlung der passenden Sanktion bemüht."; *ders.*, Absprachen in ausländischen Strafverfahren, S. 70; *K. F. Schumann*, Der Handel mit Gerechtigkeit, S. 121 f. (S. 122): "Anklagehandel ist im Grunde Strafmaßhandel".

63 So der Titel des Aufsatzes von *Th. Weigend*, ZStW 94 (1982), S. 200 ff. Der italie-

Man schätzt, daß im Rahmen solcher Aushandlungsprozesse je nach Gericht 66 % bis 98 % aller Verfahren vor Beginn der Hauptverhandlung im engeren Sinne, also des *jury trial*, beendet werden[64]. Diese Zahlen betreffen nicht nur Verfahren wegen Vergehen, sondern auch wegen Verbrechen. Es scheint, als ob das US-amerikanische Strafjustizsystem ohne solche Aushandlungsprozesse nicht mehr bestehen könnte. Diese These wird durch die Beobachtung gestützt, daß die US-amerikanische Hauptverhandlung zeit-, personal- und kostenintensiv ist[65]. In Bundesstaaten, die den Versuch unternommen haben, *plea bargaining* aus ihren Verfahrensordnungen zu eliminieren, zeigt sich, daß sich die Aushandlungsprozesse in andere Verfahrensstadien oder ins Geheime verlagern[66]. Die Diskussionen finden dementsprechend nicht in erster Linie über das "Ob" des *plea bargaining* statt, das als notwendiger und etablierter Teil des Kriminaljustizsystems angesehen wird[67], sondern über das "Wie" seiner Handhabung und Abwicklung[68]. Eine gesetzliche Regelung, die feste Strafrabatte im Tausch gegen ein *guilty plea* vorsähe, wird als "eindeutig verfassungswidrig" abgelehnt[69]. Die Durchführung der *plea*-Verhandlungen und die Aushandlung eines dem Einzelfall angemessenen Ergebnisses wird in den USA als originäre Aufgabe der weisungs- und gerichtsunabhängigen Anklagebehörde verstanden. Im Hinblick auf das einzuhaltende Verfahren (*plea agreement procedure*) enthalten jedoch die *Federal Rules of Criminal Procedure* (FRCP) für das Bundes-Strafverfahren eingehende Regelungen[70]: Die Abmachungen sind dem Gericht bekanntzugeben, das sie annehmen oder zurückweisen kann. Das Gericht soll an den Ver-

---

nische Gesetzgeber hat, dem US-amerikanischen Beispiel folgend, ein Abspracheverfahren "Strafzumessung auf Antrag der Parteien" (*applicazione della pena su richiesta delle parti*, Art. 444 ff. c.p.p.) genannt, s. u., C. III. 1. b), S. 244 ff.

64 S. das Zahlenmaterial bei *Th. Weigend*, ZStW 94 (1982), S. 202; *C. H. Whitebread/C. Slobogin*, Criminal Procedure, S. 13, 625; *C. Nestler*, JA 1996, S. 156 f.; *R. E. Scott/W. J. Stuntz*, Yale Law Journal Vol. 101 (1992), S. 1909 mit FN 1, 2; *D. Oehler*, ZRP 1987, S. 43; zum *plea bargaining* im englischen Strafverfahren s. *Th. Weigend*, Absprachen in ausländischen Strafverfahren, S. 84 ff.; *K. F. Schumann*, Der Handel mit Gerechtigkeit, S. 197 ff.

65 *Th. Weigend*, Absprachen in ausländischen Strafverfahren, S. 53.

66 *C. H. Whitebread/C. Slobogin*, Criminal Procedure, S. 626; *Th. Weigend*, Staatsanwaltschaft in den USA, S. 654 f.; *ders.*, Absprachen in ausländischen Strafverfahren, S. 77 f.; *M. Damaska*, StV 1988, S. 401 mit FN 16.

67 *C. H. Whitebread/C. Slobogin*, Criminal Procedure, S. 626.

68 *R. E. Scott/W. J. Stuntz*, Yale Law Journal Vol. 101 (1992), S. 1931.

69 *C. H. Whitebread/C. Slobogin*, Criminal procedure, S. 633; anders *M. D. Dubber*, Stanford Law Review Vol. 49 (1997), S. 600 f.

70 Teilweise abgedruckt bei *K. F. Schumann*, Der Handel mit Gerechtigkeit, S. 159 f.; *Th. Weigend*, Absprachen in ausländischen Strafverfahren, S. 72, bezeichnet sie als "kleine Verfahrensordnung des guilty plea".

handlungen nicht teilnehmen (FRCP Rule 11e [1 a. E.]), muß sich jedoch von ihrer Freiwilligkeit überzeugen (FRCP Rule 11d). Erklärungen, die der Angeklagte im Zusammenhang mit dem *plea bargaining* abgibt, dürfen in einem späteren zivil- oder verwaltungsrechtlichen Verfahren nicht als Beweise gegen ihn verwendet werden (FRCP Rule 11e [6]). Das Gericht darf das *guilty plea* nur annehmen, wenn bestimmte Tatsachen für die Schuld des Täters sprechen (*factual basis*, FRCP Rule 11f). Nach FRCP Rule 11g ist ein Protokoll der Verhandlung anzufertigen, in der der Angeklagte das Schuldbekenntnis abgibt.

b) Gründe für das plea bargaining

Ein Grund für das *plea bargaining* wird vor allem in der Notwendigkeit einer Entlastung des Kriminaljustizsystems gesehen[71]. Je mehr Hauptverhandlungen sich durch ein *plea bargaining* mit anschließendem *guilty plea* erledigen lassen, desto größer sind die personellen und zeitlichen Ressourcen für die noch verbleibenden Hauptverhandlungen. Neben diesem prozeßökonomisch-systemischen Begründungsansatz verlaufen zwei individuelle Begründungsstränge.

Zunächst liegt es in der Struktur des US-amerikanischen Parteiprozesses, daß sich bei einer Interessenkonvergenz der Antagonisten ein Verfahren im kontradiktorischen Sinne erübrigt[72]. Soll jedes Verfahren nur mit dem jeweils vertretbaren Minimum an Aufwand betrieben werden, so bietet das *plea bargaining* eine problemlose Lösungsmöglichkeit für unproblematische Einzelfälle[73]. Festzuhalten ist allerdings, daß es sich bei diesen Interessen vorrangig um finanzielle, professionelle und arbeitsökonomische Interessen handelt[74]. Die Rechte des Angeklagten sind in diesen Überlegungen eher ein Rechnungsposten als ein Ausdruck seiner Prozeßsubjektivität. Nur wenn die Vorstellungen der Parteien über die angemessene Entscheidung zu weit auseinandergehen oder ein Scheitern der

---

71 Vgl. *M. Damaska*, StV 1988, S. 401; *T. M. Massaro*, StV 1989, S. 454 f.; *N. Schmid*, Strafverfahren in den Vereinigten Staaten, S. 59; relativierend *Th. Weigend*, ZStW 94 (1982), S. 203 f.; *ders.*, Staatsanwaltschaft in den USA, S. 655 f.; *ders.*, Absprachen in ausländischen Strafverfahren, S. 51.

72 *Th. Weigend*, Staatsanwaltschaft in den USA, S. 656; *ders.*, ZStW 94 (1982), S. 204 f.; *ders.*, Absprachen in ausländischen Strafverfahren, S. 54, 41: "Konsens als Selbstzweck"; zu den im einzelnen involvierten Interessen s. *K. F. Schumann*, Der Handel mit Gerechtigkeit, S. 85 ff.; zu den Interessen des (Pflicht-)Verteidigers s. *T. M. Massaro*, StV 1989, S. 457 mit FN 22; *Th. Weigend*, Absprachen in ausländischen Strafverfahren, S. 43 ff.

73 *Th. Weigend*, ZStW 94 (1982), S. 204 f.

74 *K. F. Schumann*, Der Handel mit Gerechtigkeit, S. 85 ff.; *Th. Weigend*, Absprachen in ausländischen Strafverfahren, S. 55.

Verhandlungen von vornherein absehbar ist, findet eine Hauptverhandlung als "öffentliche Demonstration staatlicher Gerechtigkeit" statt, die auch *morality plea* genannt wird[75]. Dies führt zum zweiten individuellen Argument für das *plea bargaining*: Erstrebt die öffentliche Hauptverhandlung staatliche Gerechtigkeit in einem größeren Zusammenhang, so zielt das *plea bargaining* auf die Erzielung von Einzelfallgerechtigkeit. Für den konkreten Fall soll eine angemessene Lösung gefunden werden[76]. Daraus ergibt sich freilich ein Gleichheitsproblem[77]: Ein Angeklagter, der ein *guilty plea* abgibt, wird bei identischem Tatvorwurf gegenüber einem auf der Hauptverhandlung bestehenden Angeklagten milder bestraft. Diese Klippe umschiffen Praxis und Wissenschaft mit der Feststellung, der ein *guilty plea* abgebende Angeklagte verdiene diese Milde, weil er das aufwendige Hauptverfahren vermeide[78], Reue zeige, für Besserung ansprechbar und gegebenenfalls auch durch Überführung seiner Mittäter zur Kooperation bereit sei[79].

c) Überprüfung des guilty plea durch den Richter

Der Richter des Anklageeröffnungsverfahrens prüft die Übereinkunft der Verteidigung und der Staatsanwaltschaft im Rahmen eines *plea hearing* auf ihre Gesetz- und Verfassungsmäßigkeit. Die Prüfung durch den Richter soll den Angeklagten in erster Linie davor schützen, getäuscht und übervorteilt zu werden[80].

---

75 *Th. Weigend*, Staatsanwaltschaft in den USA, S. 656.

76 *Th. Weigend*, ZStW 94 (1982), S. 216; *J. Herrmann*, Der amerikanische Strafprozeß, S. 139, weist auf den Zusammenhang mit dem materiellen Strafrecht hin, das weniger sorgfältig als das kontinentaleuropäische geformt ist und oft ungerechtfertigt drakonische Strafen androht, s. auch *J. Herrmann*, a.a.O., S. 151, zum Zusammenhang des *plea bargaining* mit der Eigenverantwortlichkeit des Angeklagten.

77 *T. M. Massaro*, StV 1989, S. 455; *Th. Weigend*, Absprachen in ausländischen Strafverfahren, S. 58 f., 67 f.

78 Zur umgekehrten Frage, ob eine Strafschärfung gerechtfertigt ist, wenn der Angeklagte den Staat zum Nachweis seiner Schuld eine Hauptverhandlung durchführen läßt s. *Th. Weigend*, ZStW 94 (1982), S. 220 ff, sowie die bei *A. W. Alschuler*, Columbia Law Review Vol. 76 (1976), S. 1089, zitierte Begründung eines Richters für die Strafschärfung: "He takes some of my time – I take some of his. That's the way it works." Nach den o., Zweites Kapitel, B. II., S. 79 ff., dargestellten Prinzipien des reformierten deutschen Strafverfahrens heißt diese Frage zu stellen, sie zu verneinen. Das Maß der Strafschärfung beträgt bei Wiederholungstätern im Durchschnitt ca. 16 Monate zusätzliche Freiheitsstrafe, *Th. Weigend*, Absprachen in ausländischen Strafverfahren, S. 63 mit FN 224.

79 *C. H. Whitebread/C. Slobogin*, Criminal Procedure, S. 626.

80 *Th. Weigend*, ZStW 94 (1982), S. 200.

Das *guilty plea* muß *intelligent*, *voluntary* und *accurate* sein[81]. Da ein Rechtsverzicht nach dem Grundsatz der Parteiautonomie grundsätzlich möglich ist, konzentriert sich die richterliche Kontrolle auf die Frage der Freiwilligkeit[82].

Intelligent (FRCP Rule 11d) bezieht sich auf das Wissenselement hinsichtlich der Abgabe des *guilty plea*[83]. Der Angeklagte muß verhandlungsfähig sein[84]. Er muß die Anklagepunkte, den Handel im Rahmen des *plea bargaining*, das mögliche Urteil aufgrund seines Schuldeingeständnisses und seinen Rechtsverzicht erfassen und verstehen. Hinsichtlich des Rechtsverzichts muß sich der Angeklagte darüber im klaren sein, daß er unter anderem auf die wesentlichen Garantien der Hauptverhandlung, also auf das Verfahren vor einer *jury*, auf den Rechtsbeistand vor Gericht, auf eine Gegenüberstellung von und ein Kreuzverhör mit Zeugen sowie auf die Freiheit von Selbstbezichtigungszwang verzichtet. Der Richter muß den Angeklagten von Verfassungs wegen nicht über jegliche Konsequenzen seines Schuldeingeständnisses aufklären[85]. *Voluntary* bezieht sich auf das Wollenselement bei der Abgabe des *guilty plea* (FRCP Rule 11d). Der Angeklagte muß hierzu aus freien Stücken entschlossen und darf nicht durch Zwang, Drohung, Täuschung oder falsche Versprechungen dazu bestimmt worden sein[86]. Dazu reicht es aus, wenn der Angeklagte die Vor- und Nachteile eines *guilty plea* im Vergleich zu einer Hauptverhandlung mit Hilfe seines Anwalts rational abwägen kann[87]. *Accurate* meint schließlich die Überprüfung des *plea* in der Hinsicht, ob die Absprache auf einer hinreichenden Tatsachengrundlage (*factual basis*) steht (FRCP Rule 11 f)[88]. *Factual basis* und Anklagevorwurf müssen nach Überzeugung des Gerichts in Übereinstimmung gebracht werden können[89]. Dieses Kriterium stellt geringere Anforderungen an die Überzeugungsbildung des Richters, als es bei dem Erfordernis des Fehlens vernünftiger

---

81 *K. F. Schumann*, Der Handel mit Gerechtigkeit, S. 87: "Freiwilligkeit, Informiertheit und substantielle Basis"; *J. Herrmann*, Der amerikanische Strafprozeß, S. 149.

82 *Th. Weigend*, Absprachen in ausländischen Strafverfahren, S. 60.

83 Im einzelnen: *C. H. Whitebread/C. Slobogin*, Criminal Procedure, S. 640 ff.; *K. F. Schumann*, Der Handel mit Gerechtigkeit, S. 166 ff.; *Th. Weigend*, Absprachen in ausländischen Strafverfahren, S. 60 ff.

84 *C. H. Whitebread/C. Slobogin*, Criminal Procedure, S. 645 f.

85 *C. H. Whitebread/C. Slobogin*, Criminal Procedure, S. 643; *K. F. Schumann*, Der Handel mit Gerechtigkeit, S. 168.

86 *C. H. Whitebread/C. Slobogin*, Criminal Procedure, S. 646; *K. F. Schumann*, Der Handel mit Gerechtigkeit, S. 161 ff.; kritisch hierzu angesichts der Rechtsprechung des Supreme Court: *Th. Weigend*, ZStW 94 (1982), S. 222 f.; *ders.*, Absprachen in ausländischen Strafverfahren, S. 63 ff.; *K. F. Schumann*, a.a.O., S. 163; s. auch *M. Damaska*, StV 1988, S. 399.

87 *Th. Weigend*, Absprachen in ausländischen Strafverfahren, S. 65.

88 *K. F. Schumann*, Der Handel mit Gerechtigkeit, S. 168 ff.

89 *C. H. Whitebread/C. Slobogin*, Criminal Procedure, S. 646 f.

Zweifel (*beyond reasonable doubt*) als Voraussetzung für die Verurteilung nach einer Hauptverhandlung der Fall ist[90]. Das *guilty plea* muß öffentlich bekanntgegeben (FRCP Rule 11e [1]) und protokolliert werden (FRCP Rule 11g), um sicherzustellen, daß sich alle Beteiligten über die Bedingungen der Absprache im klaren sind und diese später überprüft werden können[91]. Die Überprüfung des *guilty plea* durch den Richter des Anklageeröffnungsverfahrens wird häufig nur eine formale sein, da die Parteien im Rahmen des *bargaining*-Verfahrens bereits eine Einigung über die wesentlichen Punkte erzielt und die Reichweite der Absprache verstanden haben werden[92]. Die richterliche Prüfung dient damit als prozedurale Vorkehrung in erster Linie der Absicherung des Handels vor späterer obergerichtlicher Nachprüfung[93].

d) Rechtswirkungen des plea bargaining

Die Rechtswirkungen des *plea bargaining* stellen sich für die einzelnen Verfahrensbeteiligten unterschiedlich dar.

Eine Bindung des Gerichts besteht nicht, wenn das *plea bargaining* nur zwischen der Staatsanwaltschaft und dem Angeklagten stattgefunden hat. War das Gericht aber selbst an dem Handel beteiligt oder hat es seine Erfüllung zugesagt, so ist es auch an die Absprache gebunden[94].

Eine Bindung der Staatsanwaltschaft besteht grundsätzlich erst nach der gerichtlichen Entscheidung[95]. Nach dem Anklageeröffnungsverfahren (*arraignment*) ist ein Widerruf der Vereinbarung also ausgeschlossen. Zuvor besteht ein größerer Spielraum für einen Widerruf. Falls die Staatsanwaltschaft die Absprache gegenüber dem Gericht nicht aufrechterhalten kann, steht es dem Angeklagten offen, zwischen der spezifischen Durchführung und der Rücknahme des *plea* zu wählen. Dabei stellt die spezifische Durchführung (*specific performance of the agreement*) eine nachträgliche "Vertragserfüllung" durch die Staatsanwalt-

---

90 *K. F. Schumann*, Der Handel mit Gerechtigkeit, S. 171.

91 *C. H. Whitebread/C. Slobogin*, Criminal Procedure, S. 644.

92 *C. H. Whitebread/C. Slobogin*, Criminal procedure, S. 640; *T. M. Massaro*, StV 1989, S. 456.

93 *K. F. Schumann*, Der Handel mit Gerechtigkeit, S. 171; *Th. Weigend*, Absprachen in ausländischen Strafverfahren, S. 47.

94 *C. H. Whitebread/C. Slobogin*, Criminal procedure, S. 635; dies in deutlichem Unterschied zur deutschen Verfahrenswirklichkeit, vgl. *B. Schünemann*, StV 1993, S. 657 ff. (S. 662); wenn BGHSt 43, S. 195 ff. (S. 210), eine Bindungswirkung annimmt, so handelt es sich hierbei nicht um eine rechtliche Bindung im engeren Sinne, sondern vielmehr um eine auf dem Vertrauensgrundsatz basierende, über den *Fair trial*-Grundsatz vermittelte Bindungswirkung.

95 *C. H. Whitebread/C. Slobogin*, Criminal procedure, S. 635 ff.

schaft dar, etwa durch Einreichung des Vorschlags bei einem anderen Gericht. Teilweise wird verlangt, dem Gericht die Entscheidung zu überlassen[96].

Der Angeklagte kann die Absprache bis zum *arraignment* frei widerrufen. Nach dem *plea* ist er an das Vereinbarte gebunden[97], kann aber bis zur Verurteilung den Rückzug von seinem Schuldeingeständnis (*motion for withdrawel of plea of guilty or nolo contendere*) erklären[98]. Der Richter kann den Rückzug der Schuldigerklärung bewilligen, falls der Angeklagte dafür gute Gründe anführen kann, die in erster Linie darin liegen werden, daß er zu seiner Schuldigerklärung genötigt worden ist. Die Erklärungen des Angeklagten dürfen im Folgeverfahren nicht verwertet werden. Nach der Verurteilung bestehen nur die nachfolgend zu beschreibenden Anfechtungsmöglichkeiten. Festzuhalten bleibt, daß eine Abmachung, die vom Richter angenommen und überprüft worden ist, eine vertragliche Bindung zwischen den Beteiligten erzeugt, so daß für das Recht des *plea bargaining* bereits von einem "speziellen Zweig des Vertragsrechts"[99] die Rede ist.

e) Anfechtung eines guilty plea

Die Anfechtungsmöglichkeiten gegen ein *guilty plea* sind, der prozeßökonomischen Intention des Instituts folgend, weitgehend eingeschränkt. Zudem umfaßt ein Schuldeingeständnis zugleich die Erklärung eines Rechtsmittelverzichts[100]. Im Bundesstrafverfahren finden sich im 28. Titel des United States Code (28 U.S.C. §§ 2254, 2255) Regelungen für unrechtmäßig herbeigeführte *guilty pleas*[101]. Eine Anfechtung kommt generell nur wegen Fehlerhaftigkeit des *plea*, nicht auch wegen seiner Begleitumstände in Betracht. So bleibt eine Überprüfung der Abmachung wegen der Behauptung des Angeklagten, sein Schuldeingeständnis sei auf inkompetente Beratung zurückzuführen, praktisch immer ohne Erfolg[102]. Eine unmittelbare Anfechtung, ein *direct challenge of the plea* ist dagegen möglich, wenn das Schuldeingeständnis nicht *intelligent* und *voluntary*,

---

96 *C. H. Whitebread/C. Slobogin*, Criminal procedure, S. 637; *Th. Weigend*, Absprachen in ausländischen Strafverfahren, S. 73 f.

97 *C. H. Whitebread/C. Slobogin*, Criminal Procedure, S. 638 ff.

98 *N. Schmid*, Strafverfahren in den Vereinigten Staaten, S. 78 f.

99 *M. Damaska*, StV 1988, S. 398; s. auch *R. E. Scott/W. J. Stuntz*, Yale Law Journal Vol. 101 (1992), S. 1909 ff.; *Th. Weigend,* ZStW 94 (1982), S. 205, schreibt Vertrag vorsichtig in Anführungszeichen.

100 *M. Damaska*, StV 1988, S. 398.

101 Zu den Einzelheiten s. *N. Schmid*, Strafverfahren in den Vereinigten Staaten, S. 91 ff. (S. 93).

102 *C. H. Whitebread/C. Slobogin*, Criminal Procedure, S. 874 f., 891 f.; *N. Schmid*, Strafverfahren in den Vereinigten Staaten, S. 127; *K. F. Schumann*, Der Handel mit Gerechtigkeit, S. 149, 166 ff.

d. h. nicht bewußt und gewollt war. Ein *breach of the bargain-challenge* ist gegen einen Bruch oder mangelnde Unterstützung der Abmachung durch die Staatsanwaltschaft sowie gegen eine unvollständige Ausführung des *bargain* durch das Gericht statthaft. Schließlich besteht unabhängig von Ablauf und Inhalt der *plea*-Verhandlungen dann die Möglichkeit eines *independent challenge*, wenn sich ein Fehler im vorgerichtlichen Verfahren ereignet hat, der zuvor von der Verteidigung nicht geltend gemacht wurde (etwa Beweisverwertungsverbote im Zusammenhang mit einer Durchsuchung oder Beschlagnahme[103]).

Prozedural kann die Anfechtung einer Abmachung in Form des Antrags, sich von dem Schuldeingeständnis zurückzuziehen, der direkten Berufung oder der *writ of habeas corpus* (Klage auf Überprüfung des Freiheitsentzugs) sowie anderen Nebenrechtsbehelfen[104] erklärt werden. Im Bundesverfahren kann der erstgenannte Antrag nur bis zur Verhängung der Strafe gestellt werden. Danach verbleiben die übrigen Anfechtungsmöglichkeiten.

f) Zusammenfassung

Im *plea bargaining* mit abschließendem *guilty plea* zeigt sich deutlich eine Vertragsorientierung, die den Abschluß eines Prozeßvertrags zur Verfahrensbeendigung bezweckt. Ein solches Vorgehen erscheint angesichts der Struktur des US-amerikanischen Parteiprozesses zumindest als möglich. Angesichts der Praxis ergeben sich jedoch eine Reihe von Problemen, so daß sich jenseits der bloßen Möglichkeit des "Handels mit Gerechtigkeit" die Legitimitätsfrage stellt:

Das Ergebnis der Verhandlungen als pragmatischer Konsens, der den Schuldspruch herbeiführt, braucht nicht der Wirklichkeit zu entsprechen. Eine mögliche Bestrafung Unschuldiger liegt dabei umso eher auf der Hand, als im Rahmen des Aushandlungsprozesses von allen Beteiligten die Unschuldsvermutung in eine Schuldvermutung umgekehrt wird und nach der inneren Logik des Verfahrens auch umgekehrt werden muß. Andernfalls gäbe es für den Angeklagten nämlich nichts zu Markte zu tragen. Der staatliche Strafanspruch wird verhandelbar, die Strafe zur Ware, so daß Kritiker von einem "Einzug der Ethik des Marktes in den Tempel der Justiz"[105] sprechen. Auf Seiten des Staatsanwalts führt die Marktethik zur Praxis des *overcharging*, also der Erweiterung der Anklage auf so viele Anklagepunkte, daß auch nach einem *plea bargaining* noch diejenige Verurteilung erreicht wird, welche auch ohne die Absprache erfolgt

103 *N. Schmid*, Strafverfahren in den Vereinigten Staaten, S. 118 ff.
104 Hierzu: *N. Schmid*, Strafverfahren in den Vereinigten Staaten, S. 88 ff.
105 *M. Damaska*, StV 1988, S. 398.

wäre[106]. Dem hat der Angeklagte nichts entgegenzusetzen, denn wählt er die Hauptverhandlung, so wird die Strafe wegen des Aufwands, den er verursacht hat, noch härter ausfallen. Das Recht weicht dem Nutzen der Justizentlastung[107], nach der nur für gravierende oder öffentlich bedeutende Verfahren eine Hauptverhandlung für nötig befunden und die mit ihr verbundenen Garantien als unabdingbar erachtet werden. *Plea bargaining* entpuppt sich damit als Produkt einer ökonomisch ausgerichteten instrumentellen Vernunft, die neben den Verfahrensgarantien auch das materielle Recht zu bloßen *bargaining chips*[108] verkommen läßt.

2. *Kronzeugenregelungen*

Kronzeugenaussagen finden im US-amerikanischen Recht in zweierlei Hinsicht strafmildernde oder strafausschließende Berücksichtigung. Zum einen werden Kronzeugenaussagen gegen *immunity* gehandelt. Zum anderen vergilt der strafverfolgende Staat Kronzeugeninformationen im Rahmen eines *plea bargaining* mit einem Strafnachlaß.

a) Immunity

Immunity bedeutet, daß ein vom Staatsanwalt beantragter und vom Richter bewilligter Verfolgungsverzicht gegen die Informationsvermittlung eines Kronzeugen gehandelt wird. Der Verfahrensablauf ist folgender[109]:

Der Staatsanwalt stellt bei der *grand jury* den Antrag auf Anklageerhebung gegen eine bestimmte, der Tat verdächtige Person. Er legt der *jury* Beweise vor und präsentiert ihr die Zeugen, damit sie auf einer hinreichenden Grundlage über die Anklageerhebung entscheiden kann. Nun darf nach der Tradition des angloamerikanischen Strafprozesses ein Teilnehmer der Tat, der freilich eines der sichersten Beweismittel abgibt, nicht in demselben Prozeß vom Ankläger als Zeuge benannt werden, wenn er angeklagt werden soll oder angeklagt ist. Daher muß der Staatsanwalt strategisch vorgehen und den Kronzeugen, auf dessen

---

106 *T. M. Massaro*, StV 1989, S. 457; *K. F. Schumann*, Der Handel mit Gerechtigkeit, S. 134 ff.; *N. Schmid*, Strafverfahren in den Vereinigten Staaten, S. 60; *Th. Weigend*, Absprachen in ausländischen Strafverfahren, S. 66 f.

107 *M. Damaska*, StV 1988, S. 400.

108 *Th. Weigend*, Absprachen in ausländischen Strafverfahren, S. 56; zur gleichen Entwicklung im deutschen Strafverfahren s. *F. Dencker/R. Hamm*, Der Vergleich im Strafprozeß, S. 49.

109 *D. Oehler*, ZRP 1987, S. 41 f.; s. auch *N. Schmid*, Strafverfahren in den Vereinigten Staaten, S. 72.

Aussage er die Klage stützen will, außerhalb des Prozesses lassen[110]. Nur auf diese Weise kann er ihn der *grand jury* als Zeugen vorführen. Der Kronzeuge wird sich im Zweifel auf sein Recht der Freiheit von Selbstbezichtigungszwang berufen. Der Staatsanwalt stellt dann beim Gericht (*court*) den Antrag auf *immunity*, also auf Schutz vor Verfolgung wegen der mit der Aussage in Zusammenhang stehenden Straftaten[111]. Diese Entscheidung ist in ein weites Ermessen des Staatsanwalts gestellt[112]. Gibt der Richter dem Antrag statt, so ist der Kronzeuge zur Aussage verpflichtet[113] und kann bei Verweigerung der Aussage in Beugehaft genommen oder wegen *contempt of court* bestraft werden.

Immunity wird als Vorleistung des Staates gewährt und kann nicht mehr zurückgenommen werden. Wegen des beim Staatsanwalt verbleibenden Interpretationsrisikos hinsichtlich des Aufklärungsbeitrags des Kronzeugen ist das Verfahren innerhalb der Staatsanwaltschaft entsprechend unbeliebt.

b) Kronzeugen und plea bargaining

Den zweiten, für die Anklagebehörde weitaus günstigeren Weg, einen Kronzeugen zur Aussage gegen seine Mittäter zu bewegen, bietet das bereits beschriebene *plea bargaining*[114]. Aus der Möglichkeit eines *guilty plea* im US-amerikanischen Parteiprozeß ergibt sich fast denknotwendig, daß auch Kronzeugen-Aussagen eine Ware im Aushandlungsprozeß sein können[115].

Plea bargaining besteht in einem Tauschgeschäft des Angeklagten und des Staatsanwalts, in dem die Leistung des Angeklagten – sein Schuldeingeständnis – mit dem Bemühen der Anklagebehörde um die Verhängung einer milderen als der an sich verwirkten Strafe durch den Richter vergolten wird. Ist der Angeklagte im Rahmen eines *guilty plea* gleichsam Kronzeuge gegen sich selbst, so gibt er als Kronzeuge im engeren Sinne ein Schuldeingeständnis hinsichtlich seiner eigenen Tatbeteiligung ab und sagt zugleich gegen seine Mittäter aus. Er erhält hierfür einen zusätzlichen, erheblichen Strafrabatt. Nach dem Grundprinzip des *plea bargaining* kann die Leistung des Angeklagten auch in der Vermittlung von Wissen bestehen, das im Strafverfahren gegen einen Mittäter verwertet

---

110 Zu weiteren Erwägungen des Staatsanwalts s. *D. Oehler*, ZRP 1987, S. 42.

111 Einige einzelstaatliche Gesetze dehnen die *immunity* auf alle Straftaten aus, die im Zusammenhang mit der Kronzeugenaussage stehen, s. *D. Oehler*, ZRP 1987, S. 42 f.

112 *D. Oehler*, ZRP 1987, S. 42.

113 *D. Oehler*, ZRP 1987, S. 42.

114 S. o., 1., S. 217 ff.

115 *C. H. Whitebread/C. Slobogin*, Criminal procedure, S. 626, 627 f.; *Th. Weigend*, Absprachen in ausländischen Strafverfahren, S. 51; zu Regelungsansätzen im US-Recht s. *D. Oehler*, ZRP 1987, S. 43 f.

werden kann. Die Information des Angeklagten wird hier gegen einen möglichen Strafrabatt der Justiz gehandelt.

Für die Staatsanwaltschaft besteht der Vorteil einer Kronzeugenaussage im Rahmen eines *plea bargaining* gegenüber dem Antrag auf Gewährung von *immunity* darin, daß der Vertreter der Anklagebehörde seine Gegenleistung je nach dem Ertrag der Leistung des Angeklagten abstufen kann[116]: Je nützlicher die Informationen des Angeklagten im Verfahren gegen den von ihm Belasteten sind, desto größer wird das Bemühen des Staatsanwalts um eine weitere Strafmaßreduktion für den Kronzeugen sein. Zudem braucht der Kronzeuge, der im Rahmen eines *plea bargaining* sein Wissen offenbart, im Gegensatz zum *immunity*-Verfahren nicht aus dem Prozeß gegen seinen Mittäter herausgehalten zu werden, was das Verfahren erheblich vereinfacht. Schließlich findet das *plea bargaining* zumeist allein zwischen dem Angeklagten und dem Staatsanwalt statt. Eine Zustimmung des Richters wie im *immunity*-Verfahren ist entbehrlich, wodurch ein weiterer Unsicherheitsfaktor entfällt.

Unabhängig von dem gewählten Verfahren hat der *Comprehensive Crime Control Act* von 1984 dem Generalstaatsanwalt die Möglichkeit eingeräumt, Regelungen darüber zu treffen, daß dem (Kron-)Zeugen eine neue Identität verschafft, er an einem neuen Ort untergebracht, ihm dort eine Wohngelegenheit gegeben und sein Lebensunterhalt gedeckt wird.

3. Zusammenfassung

Plea bargaining, *guilty plea*, *immunity* und Kronzeugenaussagen anläßlich eines *plea bargaining* im US-amerikanischen Recht können als Musterbeispiel einer Vertragsorientierung im Strafprozeßrecht angesehen werden. Der Vertragscharakter der Aushandlungsprozesse und die damit einhergehende Verhandelbarkeit des öffentlichen Strafanspruchs liegen offen zu Tage: *plea bargaining as contract*[117]. Anbahnung und Abwicklung der genannten Austauchbeziehungen sind konsequent unter das Regime des Vertragsrechts gestellt, wobei der Richter die Übereinkunft der Prozeßparteien zu prüfen und in Geltung zu setzen hat.

---

116 *D. Oehler*, ZRP 1987, S. 43.

117 So der Titel der Arbeit von *R. E. Scott/W. J. Stuntz*, Yale Law Journal Vol. 101 (1992), S. 1909 ff.

III. Einschätzung der Vertragselemente im US-amerikanischen Strafprozeß

Die Einschätzung der Vertragselemente im US-amerikanischen Strafprozeß kann in den Zusammenhang der in der US-amerikanischen Prozeßpraxis und Prozeßrechtswissenschaft anzutreffenden Prozeßmodelle gestellt werden. Hier stehen sich idealtypisch die Positionen des *crime control*-Modells und des *due process*-Modells gegenüber[118].

Das erstgenannte Modell der Verbrechenskontrolle legt Wert auf einen schnellen und effizienten Prozeß, der zu einer zügigen Verurteilung führt. Verfahrensziel ist es, den Schuldigen so schnell wie möglich zu überführen. Ausgangspunkt des Verfahrens ist eine widerlegliche *Schuld*vermutung, die alle Verfahrensbeteiligten hinsichtlich des Angeklagten haben[119]. Diesem System wäre der Gedanke unerträglich, einen Schuldigen freizulassen. Beschränkungen der Strafverfolgung dienen hier lediglich dazu, die Verläßlichkeit des Ergebnisses sicherzustellen.

Das *due process*-Modell, das die Forderung nach einem rechtsstaatlichen Strafprozeß erhebt, stellt hingegen die Freiheitseinbuße des Beschuldigten nach einer Verurteilung in den Vordergrund und verlangt eine größere Sicherheit hinsichtlich der Beweise und Erklärungen, die zu einer Verurteilung des Beschuldigten führen können. Die angestrebte Effektivität der Ermittlungsmaßnahmen muß an der Freiheit des Beschuldigten ihre Grenze finden. Nach dem *crime control*-Modell kann es leichter hingenommen werden, einen Unschuldigen zu verurteilen[120] als einen Schuldigen laufen zu lassen, wenn sich seine Schuld nicht in einem gerichtsförmigen Verfahren feststellen läßt. Zieht man die Parallelen zu den in der Grundlegung entwickelten Strafprozeßmodellen[121], so läßt sich das *due process*-Modell dem "alten Strafprozeß" zuordnen, das *crime control*-Modell hingegen dem "neuen Strafprozeß". Ebenso wie die Entdeckung des Vertrags dem "neuen Strafprozeß" inhärent ist, läßt sich die Vertragsorientierung im US-amerikanischen Strafverfahren dem *crime control*-Modell zurechnen[122].

---

118 *C. H. Whitebread/C. Slobogin*, Criminal proecdure, S. 9 ff.

119 *K. F. Schumann*, Der Handel mit Gerechtigkeit, S. 97 (Ankläger), S. 139 (Verteidiger), S. 186 (sämtliche Verfahrensbeteiligte); *Th. Weigend*, Absprachen in ausländischen Strafverfahren, S. 68.

120 Hinsichtlich Tendenzen zum Fehlurteil vgl. *K. F. Schumann*, Der Handel mit Gerechtigkeit, S. 178 ff.; zur Verurteilung Unschuldiger nach *plea bargaining* s. *Th. Weigend*, Absprachen in ausländischen Strafverfahren, S. 68 ff.; s. nochmals zum Verbot der Bestrafung Unschuldiger aus rechtsphilosophischer Sicht: *O. Höffe*, Kategorische Rechtsprinzipien, S. 229 ff.

121 S. o., Zweites Kapitel, B., S. 77 ff.

122 *K. F. Schumann*, Der Handel mit Gerechtigkeit, S. 106, mit dem Hinweis, daß auch eine große Zahl der Anwälte diesem Modell verpflichtet ist.

Nach dem Konzept des *guilty plea* und der Kronzeugenpraxis geht es nicht darum, das Machbare klar an der Prozeßsubjektivität des Beschuldigten seine Grenze finden zu lassen. Das *privilege against self-incrimination* verböte nämlich die Absprachenpraxis. Vielmehr wird der Angeklagte dazu gebracht, seine Verteidigungsstellung aufzugeben und mit dem Staat zu kooperieren. Er wird als Teil des affirmativ verstandenen *crime control*-Modells des Strafprozesses zum Zeugen gegen sich selbst und im Tausch gegen Vorteile zum Kronzeugen gegen seine Mittäter. Er leistet so als Teil des Gesamtsystems einen Beitrag zur Effizienzsteigerung einer an Flexibilität und Ermessen im Einzelfall interessierten Kriminaljustiz. Einer solchen Praxis ist eine Orientierung an allgemeinen Prinzipien wie Gerechtigkeit, Gleichheit, Rechtsförmigkeit und Sachlichkeit sowie Subjektivität, Autonomie und Würde in ihrer Ausstrahlung auf das Strafprozeßrecht weitgehend fremd[123].

Im anglo-amerikanischen Parteiprozeß läßt sich der Abschluß von Prozeßverträgen angesichts der Dispositivität der Rechtspositionen leichter denken als in einem am allgemeinen Gesetz orientierten Strafverfahren. Allerdings ist im Modell des Akkusationsprozesses auch angelegt, daß der Streit und der semantische Kampf um die Wahrheit zu einem gerechten Ergebnis führen. Insofern verkehrt die Vertragsorientierung das *adversary*-System in sein Gegenteil[124]. Die Konsensorientierung, der nicht-öffentliche Vertragsschluß über Verfahren und Strafe können nicht darüber hinwegtäuschen, daß sich auch im Akkusationsprozeß US-amerikanischer Prägung keine gleich starken Verhandlungspartner gegenüberstehen: Der Angeklagte verfügt gegenüber dem Gerichtssystem nur über stumpfe Waffen, denn die ihm verbleibende Freiheit, das Angebot des Staatsanwalts abzulehnen, kann er oft nur mit einer gravierenderen Freiheitseinbuße, nämlich einem verlängerten Aufenthalt im Gefängnis erkaufen[125]. Auch mit dem Hinweis auf die aus der Parteiautonomie folgende Vertragsfreiheit des Angeklagten läßt sich für die Vertragsorientierung im US-amerikanischen Strafverfahren festhalten, daß die Verurteilung nicht Folge der Tat, sondern Konsequenz der Verhandlungsposition des Angeklagten ist[126]. Im Dienste der Funktionstüchtigkeit der Strafrechtspflege halten die Beteiligten die Fiktion aufrecht, Staat und Angeklagter stünden sich beim *plea bargaining* als gleichberechtigte Kaufleute gegenüber. Nur so kann auch die Freiheit des Angeklagten im Rahmen des Aushand-

---

123 Vgl. *K. F. Schumann*, Der Handel mit Gerechtigkeit, S. 176.

124 *Th. Weigend*, Absprachen in ausländischen Strafverfahren, S. 49, 56 f.; *K. F. Schumann*, Der Handel mit Gerechtigkeit, S. 126, 171, spricht von einer Änderung der Natur des US-amerikanischen Strafverfahrens weg vom "adversary system" hin zum "administrative system".

125 *Th. Weigend*, ZStW 94 (1982), S. 225.

126 *K. F. Schumann*, Der Handel mit Gerechtigkeit, S. 187 f.

lungsprozesses am zivilrechtlichen Vertragsrecht gemessen und für gegeben erachtet werden[127].

C. Ein Zwischenschritt? – Der italienische Strafprozeß

Der italienische Strafprozeß nimmt auf der Linie zwischen dem am Offizial-, Akkusations- und Legalitätsprinzip orientierten reformierten deutschen Strafprozeß und dem Parteiprozeß des anglo-amerikanischen Rechtskreises eine Mittelstellung ein.

Zunächst ist knapp die Entstehungsgeschichte des Strafverfahrensgesetzbuchs (*Codice di procedura penale*, c.p.p.) nachzuzeichnen, bei dem es sich um ein jüngeres Reformwerk handelt. Sodann ist der Verfahrensablauf darzustellen. Schließlich ist die Vertragsorientierung im italienischen Strafprozeß sowie in den italienischen Kronzeugenregelungen zu beschreiben und zu bewerten.

I. Vom Codice Rocco zum Codice di procedura penale von 1988

Die neue italienische Strafprozeßordnung ist am 24.10.1989 in Kraft getreten[128]. Welchen Einschnitt diese Strafprozeßordnung für das italienische Strafprozeßrecht bedeutet, zeigt der Vergleich mit dem vorausgegangenen Verfahrensgesetzbuch, dem *Codice Rocco* aus dem Jahre 1930 (c.p.p. 1930). Dieses war ein Werk der positivistischen Schule und des Faschismus. Das Vorverfahren (Ermittlungsverfahren) war ein geheimes, schriftliches, inquisitorisches Verfahren[129], das die als einzig und präexistent gedachte Wahrheit ausfindig machen sollte. Es lieferte den bereits erhobenen Beweis, die ermittelte Wahrheit. Die Hauptverhandlung beschränkte sich dagegen auf die Wiederholung des im geheimen zusammengetragenen Beweisstoffs. Die Anklage trug also das Urteil, nicht der Inbegriff der Hauptverhandlung. Der Nachweis dieser Struktur gelingt bis in sprachliche Feinheiten: Aufgabe der Kriminalpolizei war es, den Schuldigen (*colpevole*) einer Straftat zu ermitteln (Art. 219 c.p.p. 1930). Der Beschul-

---

127 *R. E. Scott/W. J. Stuntz*, Yale Law Journal Vol. 101 (1992), S. 1909 ff., die unter keinem vertragsrechtlichen Gesichtspunkt Einwände gegen das *plea bargaining* haben; *Th. Weigend*, Absprachen in ausländischen Strafverfahren, S. 66.

128 Der c.p.p. 1988 wurde auch in der deutschen Literatur beachtet und vorgestellt: *M. Maiwald/A. Ippoliti*, JZ 1989, S. 874 ff.; *E. Amodio*, ZStW 102 (1990), S. 171 ff.; *R. Budde*, ZStW 102 (1990), S. 196 ff.; *C. Marx/A. Grilli*, JZ 1990, S. 495 ff.; *H.-H. Jescheck*, Grundgedanken der neuen italienischen Strafprozeßordnung, S. 659 ff.

129 *A. Honert*, ZStW 106 (1994), S. 427 f.

digte wurde bereits im Ermittlungsverfahren als Angeklagter (*imputato*) bezeichnet (Art. 365 ff. c.p.p. 1930). Vor dem c.p.p. 1988 gab es auf unterster instanzieller Ebene keine Trennung von Staatsanwalt und Richter. Anklage-, Ermittlungs- und Urteilsfunktion lagen beim Einzelrichter (*pretore*) in einer Hand[130]. Der Reformbedarf vor dem Hintergrund der italienischen Nachkriegsverfassung, der EMRK[131] und des IPBPR war evident. So wurden zahlreiche Einzelbestimmungen des *Codice Rocco* geändert, um ihn an die italienische Verfassung anzupassen. Verschiedene Reformprojekte, die den *Codice Rocco* in seiner autoritären Grundstruktur und wissenschaftlichen Überholtheit ablösen sollten, kamen mit dem Inkrafttreten des c.p.p. am 24.10.1989 zu einem Abschluß[132]. Der Gesetzgeber war sich der grundlegenden Neuerungen bewußt und fügte in das Gesetzgebungswerk eine "Experimentierklausel" für den Zeitraum von drei Jahren ein. Zugleich und auch in der Folgezeit kam es zu weitreichenden Korrekturen des c.p.p. durch den Verfassungsgerichtshof (*Corte costituzionale*), der sich im Wege der Richtervorlage[133] mit verfassungsrechtlichen Problemen des c.p.p. zu befassen hatte[134].

II. Der Verfahrensablauf nach dem c.p.p. 1988

1. Das Reformanliegen

Der c.p.p. ersetzt den inquisitorischen Strafprozeß des *Codice Rocco* durch einen Anklageprozeß. Reformziel war die Schaffung eines konsequent akkusatorischen Verfahrens, das sich als Parteiprozeß entwickelt und aufgrund seiner Öffentlichkeit (Art. 471 c.p.p.) für alle Prozeßbeteiligten und die interessierte Allgemeinheit transparent ist[135]. Der Prozeß zeichnet sich durch eine triadische Struktur

---

130 *H.-H. Jescheck*, Grundgedanken der neuen italienischen Strafprozeßordnung, S. 661.

131 *R. Riz*, ZStW 100 (1988), S. 645 ff.

132 Zur Reformgeschichte s. *A. M. Stile*, ZStW 104 (1992), S. 429 ff.

133 Die einschlägige Norm ist Art. 134 it. Verf., der Art. 100 I GG entspricht. Hinsichtlich Einzelheiten dieses Verfahrens s. *P. Kindler*, Einführung in das italienische Recht, § 4 Rdnr. 71 ff., Rdnr. 76 ff. zu den Entscheidungsmöglichkeiten der Corte costituzionale. Umfassend zur Rechtsprechungstätigkeit der Corte costituzionale im Hinblick auf den c.p.p.: *G. di Chiara*, Foro it. 1992 I, Sp. 1639 ff.; *ders.*, Foro it. 1995 I, Sp. 2655 ff.

134 *A. Honert*, ZStW 106 (1994), S. 427, spricht von einer Gegenreform durch die Corte Costituzionale; s. auch *R. Roth*, SchwZStr 114 (1996), S. 148 ff.

135 *H.-H. Jescheck*, Grundgedanken der neuen italienischen Strafprozeßordnung, S. 660, 663.

aus, in der sich der Staatsanwalt und der Angeklagte bzw. sein Verteidiger als Prozeßparteien gegenüberstehen. Der Richter entscheidet als unabhängiger Dritter allein auf der Grundlage der in der Hauptverhandlung erhobenen Beweise. Die Unabhängigkeit des Richters hat Verfassungsrang (Art. 101 II it.Verf.). Daneben prägen folgende Bestimmungen der Verfassung (*Costituzione*) den Strafprozeß: Die Freiheit der Person (Art. 13 I it. Verf.), das Gebot der Verteidigung in jeder Lage des Verfahrens (Art. 24 II it. Verf.), die Unschuldsvermutung (Art. 27 II it. Verf., Art. 6 II EMRK), das Prinzip des gesetzlichen Richters (Art. 102 I it. Verf.), die Begründungspflicht für gerichtliche Entscheidungen (Art. 111 I it. Verf.) und schließlich das Legalitätsprinzip (Art. 112 it. Verf.), das somit in Italien Verfassungsrang besitzt. Einfachgesetzlich ist es in Art. 50 I c.p.p. ausgeprägt, wo es im Zusammenhang mit dem Offizialprinzip (Art. 50 II c.p.p.) geregelt ist.

Bereits der Aufbau des Zweiten Teils des c.p.p. verdeutlicht die Grundstruktur des Verfahrens[136]. Nach den Vorschriften, die die Vorerhebung und das Vorverfahren betreffen (Fünftes Buch), finden sich die Regelungen hinsichtlich der Besonderen Verfahren (Sechstes Buch). Im Anschluß daran stehen die Bestimmungen über die Hauptverhandlung und das Urteil (Siebentes Buch). Die Besonderen Verfahren sind zum Teil Instituten des anglo-amerikanischen Strafprozesses[137] nachgebildet und sollen die Hauptverhandlung vermeiden oder möglichst schnell herbeiführen[138]. Ihnen steht das Normalverfahren gegenüber, das nach dem Vorverfahren in die Hauptverhandlung mündet. Dies bringt das weitere Reformziel der Abkehr vom kontinentaleuropäischen Verfahren und der Schaffung eines dem System des *common law* angenäherten Verfahrensaufbaus bei gleichzeitiger Bewahrung freiheitssichernder Institute des kontinentaleuropäischen Rechts zum Ausdruck.

2. *Ablauf des Normalverfahrens*

Das Normalverfahren zeichnet sich durch eine klare Trennung der Vorerhebung und der Vorverhandlung (*procedimenti*) von der Hauptverhandlung (*processo*) aus. Das Normalverfahren ist für den Prozeß vor dem Landgericht (*tribunale*) geregelt, für den Prozeß vor dem Amtsrichter (*pretore*) enthält das Achte Buch besondere Vorschriften[139].

---

136 *M. Pisani*, Ind. pen. 1995, S. 270.
137 Vgl. o., B., S. 210 ff.
138 S. im einzelnen u., III. 1., S. 240 ff.
139 Zusammenfassend *M. Pisani*, Ind. pen. 1995, S. 278 ff.

a) Vorerhebung (Ermittlungsverfahren, Art. 326 ff. c.p.p.)

Nach der *notitia criminis* sammelt die Staatsanwaltschaft Beweis*quellen*. Die Beweis*erhebung* hingegen erfolgt erst in der Hauptverhandlung. Die Polizei steht der Staatsanwaltschaft zur Verfügung, um die Beweisquellen zu sichern. Die Ermittlungen sind binnen sechs (Art. 405 II S. 1 c.p.p.) bzw. bei schwierigen Fällen binnen maximal 24 Monaten (Art. 407 II c.p.p.) durchzuführen. Nach Abschaffung des Untersuchungsrichters ist der Ermittlungsrichter für die Anordnung freiheitsbeschränkender Maßnahmen zuständig. Am Ende des Ermittlungsverfahrens stellt die Staatsanwaltschaft entweder bei dem zuständigen Richter für die Vorerhebung (*giudice per le indagini preliminari, g.i.p.*) den Antrag, das Verfahren wegen mangelnder Verurteilungswahrscheinlichkeit einzustellen (Art. 408 c.p.p.), oder sie erhebt Anklage durch Übersendung der Akten an den Richter für die Vorerhebung (Art. 416 c.p.p.).

b) Vorverhandlung (Zwischenverfahren, Art. 416 ff. c.p.p.)

Die Vorverhandlung, die dem Zwischenverfahren der StPO vergleichbar ist, verfolgt das doppelte Ziel, eine Stellungnahme des Angeschuldigten zur Klage zu erhalten und aussichtslose Klagen auszufiltern. Als Kriterium hierfür dient die Erwartung einer Verurteilung in der Hauptverhandlung (Art. 409 c.p.p.). Der Richter bestimmt innerhalb von zwei Tagen nach Vorlage der Akten durch den Staatsanwalt einen Termin für die mündliche Vorverhandlung (Art. 416, 418 c.p.p.). Sie findet nach den Grundsätzen des kontradiktorischen Verfahrens unter notwendiger Beteiligung des Staatsanwalts und des Verteidigers statt. Die Prozeßparteien können verhandeln, plädieren und höchstens einmal replizieren (Art. 421 c.p.p.). Die Staatsanwaltschaft bleibt maßgebliche Behörde der Vorverhandlung, da der Richter für die Vorerhebung den Anklagevorwurf nicht abändern kann. In der Vorverhandlung besteht insbesondere die Möglichkeit der Anwendung der Besonderen Verfahren[140]. Der *giudice per le inidagini preliminari* hat zum Abschluß der Vorverhandlung zwei Entscheidungsmöglichkeiten (Art. 424 c.p.p.). Entweder er ordnet die Einstellung des Verfahrens an (Art. 425 c.p.p.) oder er erläßt einen Eröffnungsbeschluß (Art. 429 c.p.p.) und übersendet die Akten an das zuständige Gericht für die Hauptverhandlung.

140 S. u., III. 1., S. 240 ff.

c) Hauptverhandlung (Art. 465 ff. c.p.p.)

Die Hauptverhandlung ist nach dem Konzept des c.p.p. der entscheidende Verfahrensabschnitt, der von den Grundsätzen der Unmittelbarkeit und Mündlichkeit geprägt ist. Hier treffen die Parteien gleichberechtigt aufeinander, hier werden die Beweise erhoben (Art. 526 c.p.p.), auf deren Grundlage der Richter als unparteiischer Dritter entscheidet. Im Idealfall liegt dem Richter zu Beginn des Prozesses nur der Eröffnungsbeschluß des *giudice per le indagini preliminari* in der Gerichtsakte vor. Seine Überzeugung von der Schuld oder Unschuld des Täters schöpft er vollständig aus der kontradiktorischen Hauptverhandlung[141]. Der Richter beschränkt sich weitgehend darauf, die Einhaltung der Formalien zu überwachen, hat jedoch ein eigenes Fragerecht.

Dem akkusatorischen Prinzip entsprechend, liegt die Beweisinitiative bei den Parteien (Art. 190, 493 c.p.p.). Eine Ausnahme bildet das Beweissicherungsverfahren vor der Hauptverhandlung hinsichtlich solcher Beweise, deren Verlust droht (Art. 392, 403 c.p.p.). Nur in Ausnahmefällen findet eine Beweiserhebung durch den Richter statt (Art. 190 II c.p.p.), nämlich falls ihm eine Ergänzung der Parteibeweise unumgänglich notwendig erscheint (Art. 507 c.p.p.). Die Zeugenvernehmung kann im Wege des Kreuzverhörs stattfinden. Anklage und Verteidigung benennen "ihre" Zeugen und befragen sie abwechselnd. Auch hier diente der anglo-amerikanische Prozeß als Vorbild. Für gesetzwidrig erhobene Beweise besteht ein Beweisverwertungsverbot (Art. 191, 64 II c.p.p.). Der Anspruch der Ermittlung materieller Wahrheit wird durch eine Prozeßwahrheit ersetzt, die sich dem formellen Wahrheitsbegriff des Zivilrechts annähert: Wahr ist, was nach der kontradiktorischen Verhandlung ein vernünftiger, aufrichtiger und sachverständiger Dritter für wahr hält. Eine solche rhetorisch-argumentative Wahrheit wird am günstigsten über einen Konsens der Verfahrensbeteiligten hergestellt.

Die akkusatorische Leitidee der italienischen Strafprozeßreform unterliegt jedoch mittlerweile einer Reihe von Einschränkungen. Ursprünglich durften Erklärungen aus dem Ermittlungsverfahren nur zur Beurteilung der Glaubwürdigkeit der vernommenen Person verwendet werden (Art. 500 III c.p.p.). Sie können nunmehr aber auch unmittelbar als Beweis in der Hauptverhandlung Verwendung finden, wenn ein Widerspruch zu den Aussagen im Ermittlungsverfahren besteht und ihre Glaubwürdigkeit durch andere Beweiselemente gestützt wird (Art. 500 IV c.p.p.) oder wenn der Zeuge beeinflußt worden ist, nicht oder falsch auszusagen (Art. 500 V c.p.p.)[142]. Aus dem Verbot des Zeugnisses vom

---

141 *A. Honert*, ZStW 106 (1994), S. 429.

142 Vgl. zunächst die Entscheidung der Corte costituzionale, Nr. 255/92, in: Giurisprudenza cost. 1992, S. 1961 ff. Art. 500 IV, V wurde durch Gesetz vom 07.08.1992,

Hörensagen (Art. 195 c.p.p.) vermag das Verfassungsgericht kein Verbot der Einführung von Zeugenvernehmungen durch Verhörspersonen, also etwa der Polizei, abzuleiten[143]. Beide Modifikationen des c.p.p. bedeuten eine Einführung von Ermittlungsergebnissen in die Hauptverhandlung, die nach dem Reformanliegen, nämlich der Trennung der Verfahrensphasen sowie der Verfahrensfunktionen nicht statthaft sein sollte. Diese Einschätzung wird durch die Einführung der Protokollverlesung aus anderen Prozessen bestätigt[144]. Die genannten Beispiele verdeutlichen, daß sich das italienische Strafverfahren wieder vom Parteiprozeß abzuwenden und dem Inquisitionsprozeß anzunähern scheint[145].

Zum Abschluß des Hauptverfahrens hat der Richter die Möglichkeit, den Angeklagten zu verurteilen oder freizusprechen, wobei der Freispruch nicht mehr mit einem Mangel an Beweisen begründet werden darf (Art. 529 ff., 533 ff. c.p.p.). Das Urteil ist sofort mündlich zu begründen. Der Richter hat die Beweise zu bezeichnen, auf die er seine Entscheidung stützt (Art. 192 c.p.p.).

Die Aufwertung der Hauptverhandlung und die umfangreichen Rechtsgarantien der Verfahrensbeteiligten führen zu einem zeit-, personal- und kostenintensiven Prozeß. Zudem vereitelt bereits die Masse des materiellen Strafrechts die Möglichkeit, jedes Verfahren in eine Hauptverhandlung münden zu lassen[146]. Der italienische Gesetzgeber hat den Konflikt zwischen Freiheitssicherung und Effizienz des Strafverfahrens durch eine "Deflation"[147] der Hauptverhandlung (nach der Terminologie des c.p.p.: des Prozesses) aufzulösen versucht. Um zu verhindern, daß die Prozeßdauer nach dem c.p.p. genauso lang ist wie nach dem

---

Nr. 356, eingeführt; hierzu *D. Siracusano*, Cass. pen. 1994, S. 475, 477, der auf die Rückwirkung dieser Entscheidung auf das Abgekürzte Verfahren (*giudizio abbreviato*, Art. 438 ff. c.p.p.) hinweist.

143 Entscheidung Nr. 24/92, in: Giurisprudenza cost. 1992, S. 115 ff.

144 Zunächst Corte costituzionale, Entscheidung Nr. 254/92, in: Giurisprudenza cost. 1992, S. 1932 ff., nun Art. 238 I c.p.p. in der Fassung des Gesetzes vom 07.08.1992, Nr. 356.

145 *H.-H. Jescheck*, Grundgedanken der neuen italienischen Strafprozeßordnung, S. 679; *A. Honert*, ZStW 106 (1994), S. 433.

146 Zum Problem *tangentopoli*, d. h. den massenhaften Korruptionsfällen, und dem dadurch verursachten "prozessualen Notstand", der durch die Besonderen Verfahren behoben werden soll, s. *T. Padovani*, Riv. it. dir. proc. pen. 1996, S. 448 ff. (S. 453).

147 *G. Lozzi*, Commento al nuovo codice di procedura penale, S. 757 ff. (770); *A. Marini*, Giust. pen. 1993 III, Sp. 362 ff.; S. *Ramajoli*, I procedimenti speciali, S. 7, S. 54, hinsichtlich *Gudizio abbreviato* und *Applicazione della pena su richiesta delle parti*; *A. Palumbo*, Giust. pen. 1992 III, Sp. 141; *A. Granata*, Arch. n. proc. pen. 1996, S. 276; *R. li Vecchi*, Riv. pen. 1992, S. 897.

auch für diese Tatsache häufig angegriffenen Strafprozeß des *Codice Rocco*[148], sieht der c.p.p. sogenannte Besondere Verfahren (*procedimenti speciali*) vor. Die Vorschriften über diese Verfahren stehen zwischen den Regelungen über das Ermittlungsverfahren und denen über das Hauptverfahren. Nach der Intention des Gesetzgebers sollen sie die Regel, die aufwendige Hauptverhandlung die Ausnahme sein[149]. Im Normalfall soll versucht werden, Verfahren, die keine Schwerkriminalität zum Gegenstand haben, einfach gelagerte oder nach Aktenlage entscheidbare Verfahren bereits im Vorfeld der Hauptverhandlung gleichsam auszufiltern[150]. Das Prozeßökonomie-Prinzip soll konsequent durchgeführt werden[151].

3. Besondere Verfahren

Die Besonderen Verfahren[152] lassen sich in Verfahren zur Vermeidung der Hauptverhandlung und Verfahren zur schnellen Herbeiführung und Beendigung der Hauptverhandlung unterscheiden.

Zur ersten Gruppe, also zur Reihe der Vorschriften, in denen das Urteil vor Eröffnung der Hauptverhandlung gesprochen wird, zählen das abgekürzte Verfahren (*giudizio abbreviato*, Art. 438 ff. c.p.p.), die Strafzumessung auf Antrag der Parteien (*applicazione della pena su richiesta delle parti*, sogenanntes *patteggiamento*, Art. 444 ff. c.p.p.) und das Strafbefehlsverfahren (*procedimento per decreto*, Art. 459 ff. c.p.p.). Zur zweiten Regelungsmenge, die möglichst schnell das Ergebnis der Hauptverhandlung herbeiführen soll, gehören das be-

---

148 Vgl. *R. Riz*, ZStW 100 (1988), S. 649 ff.

149 *G. Riccio*, Procedimenti speciali, S. 348, weist zutreffend darauf hin, daß das Wort "speciale" ungeeignet ist, die politische Wertigkeit dieser Verfahren zu beschreiben; ebenso kritisch zum Sprachgebrauch des c.p.p.: *R. li Vecchi*, Riv. pen. 1992, S. 897, S. 902. *Th. Weigend*, Absprachen in ausländischen Strafverfahren, S. 104, spricht daher von "der attraktiven Fassade der kontradiktorischen Hauptverhandlung und ... dem grauen Hinterhof des plea bargaining, für den man mit dem 'patteggiamento' einen rechtlich akzeptablen Grundriß geschaffen zu haben glaubt."

150 Corte costituzionale, Entscheidung Nr. 92/92, in: Foro it. 1992 I, Sp. 1635 ff. (Sp. 1637); Corte di Cassazione, Sez. II, in: Cass. pen. 1995, S. 102; S. *Ramajoli*, I procedimenti speciali, S. 1 ff.; *G. Lozzi*, Commento al nuovo codice di procedura penale, S. 758 f.

151 *T. Padovani*, Riv. it. dir. proc. pen. 1989, S. 932 f.; *F. Cordero*, Procedura penale, S. 881 ff. (S. 882 f.).

152 Überblick bei S. *Ramajoli*, I procedimenti speciali; *F. Cordero*, Procedura penale, S. 881 ff.; *E. di Rella*, Procedimenti speciali, S. 52 ff.; auch im Hinblick auf die Besonderen Verfahren sind vielfältige Interventionen der Corte costituzionale erfolgt; vgl. den Überblick bei *G. di Chiara*, Foro it. 1992 I, Sp. 1639 – 1670, sowie *G. Veneziano*, Foro it. 1992 I, Sp. 2055 ff.

schleunigte Verfahren (*giudizio direttissimo*, Art. 449 ff. c.p.p.)[153] sowie das unmittelbare Verfahren (*giudizio immediato*, Art. 453 ff. c.p.p.)[154]. Die erste Gruppe setzt einen Antrag bzw. eine Zustimmung des Angeklagten[155] voraus. Diese Erklärungen werden ihm durch eine Anzahl von Prämien nahegelegt[156], die allein darum gewährt werden, weil der Angeklagte den kurzen Prozeß gewählt hat. Die Anwendung der zweiten Vorschriftengruppe ist dagegen an objektive Bedingungen geknüpft (Festnahme *in flagranti*, klare Beweislage, Geständnis). Einer Zustimmung des Angeklagten bedarf es hier nicht[157]. Allerdings kann der Angeklagte innerhalb dieser Verfahren das *giudizio abbreviato* (Art. 452, 458 c.p.p.[158]) oder das *patteggiamento* wählen (Art. 451 V, 456 II c.p.p.)[159], was die Geschlossenheit des Systems der Besonderen Verfahren, aber auch dessen Flexibilität verdeutlicht. Diese konsensualen – oder nach dem Sprachgebrauch dieser Arbeit: vertragsorientierten – Verfahren[160] sind im folgenden darzustellen. In diese Darstellung sind auch die italienischen Kronzeugenregelungen einzubeziehen.

---

153 Vgl. im einzelnen S. *Ramajoli*, I procedimenti speciali, S. 103 ff.

154 Das Verfahren entspricht *praeter propter* dem beschleunigten Verfahren nach §§ 417 ff. StPO und wird von S. *Ramajoli*, I procedimenti speciali, S. 139 ff., detailliert beschrieben. Nach Art. 419 V c.p.p. kann der Angeklagte im Rahmen eines sog. atypischen *giudizio immediato* auf die Durchführung der Vorerhebung verzichten.

155 Nach Art. 60 c.p.p. ist derjenige Beschuldigte, welcher eine Wahl zugunsten eines Besonderen Verfahrens getroffen hat, als Angeklagter zu bezeichnen.

156 Kritisch hierzu *R. li Vecchi*, Riv. pen. 1992, S. 902; *G. Lozzi*, Commento al nuovo codice di procedura penale, S. 759; *A. Scandellari*, Giust. pen. 1993 III, Sp. 218, stellt deutlich die Entwicklungslinie von den italienischen Kronzeugenregelungen zu den Besonderen Verfahren des c.p.p. heraus.

157 Allerdings können der Staatsanwalt und der Angeklagte auch dann, wenn die Festnahme auf frischer Tat nicht bestätigt wird, dem Schnellverfahren zustimmen (Art. 449 II c.p.p.): Der Willensentschluß der Parteien dominiert über das objektive Geschehen.

158 Zu Details vgl. *A. Palumbo*, Giust. pen. 1992 III, Sp. 132 ff.

159 Bei genauerer Betrachtung handelt es sich um ein geschlossenes System des Wechsels zwischen den Besonderen Verfahren mit dem Ziel, in allen einschlägigen Fällen die Hauptverhandlung zu vermeiden (Art. 451, 452, 456, 458, 461 c.p.p.); *G. Lozzi*, Commento al nuovo codice di procedura penale, S. 761; *F. Cordero*, Procedura penale, S. 884; *M. Pisani*, Ind. pen. 1995, S. 276 f.

160 *H.-H. Jescheck*, Grundgedanken der neuen italienischen Strafprozeßordnung, S. 673, spricht von einem "Konsensualprozeß". Im Sinne der o., Zweites Kapitel, A. III. 2., S. 75 f., getroffenen Unterscheidung zwischen Konsens und Vertrag gehen die italienische Rechtsprechung und die Lehre wesentlich weiter, wenn sie die hier zu untersuchenden Verfahren explizit unter Verwaltungsvertragsaspekten bewerten, s. sogleich, III. 1. a), b), S. 240 ff., 244 ff.

III. Vertragsorientierung im italienischen Strafprozeß

1. Besondere Verfahren (procedimenti speciali, Art. 438 ff. c.p.p.)

Die Vertragsorientierung im italienischen Strafprozeß schlägt sich im Bereich der Besonderen Verfahren des c.p.p. in dreifacher Weise nieder: Sie ist anzutreffen im abgekürzten Verfahren (Art. 438 ff. c.p.p.) für alle Straftaten außer solchen, die die Verhängung lebenslanger Freiheitsstrafe nach sich ziehen, in der Strafzumessung auf Antrag der Parteien (Art. 444 ff. c.p.p.) für diejenigen Taten, welche mit Freiheitsstrafe bis zu drei Jahren bestraft werden, sowie im Strafbefehlsverfahren (Art. 459 ff. c.p.p.) für solche Taten, die nur mit Geldstrafe geahndet werden.

a) Abgekürztes Verfahren (giudizio abbreviato, Art. 438 – 443 c.p.p.)

Das abgekürzte Verfahren[161] ermöglicht eine Absprache der Parteien über das Verfahren[162], nämlich über die Frage des Eintritts in die Hauptverhandlung und setzt einen Antrag des Beschuldigten, die Zustimmung der Staatsanwaltschaft und einen Beschluß des Richters voraus.

Der Angeklagte kann dieses summarische Verfahren[163] in der Vorverhandlung selbst oder durch einen besonders Bevollmächtigten beantragen (Art. 438, 122 I c.p.p.)[164]. Der Angeklagte muß seinen Antrag auf den gesamten Prozeßgegenstand[165] beziehen. Er kann ihn bis zur Einwilligung der Staatsanwaltschaft widerrufen[166]. Antrag und Einwilligung können im Laufe der Vorverhandlung bis zum Zeitpunkt der Schlußanträge gestellt bzw. erklärt werden (Art. 439

---

161 S. die Darstellungen bei *E. di Rella*, Procedimenti speciali, S. 54 ff.; S. *Ramajoli*, I procedimenti speciali, S. 5 ff.; *F. Cordero*, Procedura penale, S. 896 ff., jeweils m.w.N.; kritisch zu diesem Verfahren *D. Siracusano*, Cass. pen. 1994, S. 474 ff. (S. 474): "un giudizio impossibile e per tanti aspetti inutile".

162 *A. Granata*, Arch. n. proc. pen. 1996, S. 276.

163 *S. Ramajoli*, I procedimenti speciali, S. 7.

164 Cassazione penale, Sez. VI, in: Riv. it. dir proc. pen. 1994, S. 1578, mit Anmerkung *F. Viggiano*, a.a.O., S. 1578 ff.; *E. di Rella*, Procedimenti speciali, S. 54 f.

165 Anders *E. di Rella*, Procedimenti speciali, S. 55.

166 Vgl. im einzelnen, S. *Ramajoli*, I procedimenti speciali, S. 8 ff. Mit der Frage der Begründung der verweigerten Einwilligung seitens des Staatsanwalts hat sich die Corte costituzionale mehrfach auseinandergesetzt und eine solche unter dem Gesichtspunkt des Gleichheitssatzes (Art. 3 it. Verf.) verlangt: Entscheidung Nr. 81/91, in: Foro it. 1991 I, Sp. 2322 ff. (Sp. 2326 f.); Entscheidung Nr. 23/92, in: Foro it. 1992 I, Sp. 1057 ff. (Sp. 1059 ff.) mit Anm. *G. di Chiara*, a.a.O., Sp. 1058 ff.; s. auch Entscheidung Nr. 92/92, in: Foro it. 1992 I, Sp. 1635 ff. (Sp. 1636 f.).

c.p.p.)[167]. Die Erklärungen können in der Verhandlung mündlich, sonst nur schriftlich abgegeben werden. Da die Einwilligung der Staatsanwaltschaft auf einen Antrag des Angeklagten folgt, wird nach Ansicht des Kassationsgerichtshofs ein Rechtsgeschäft zwischen einer Privatpartei (Angeklagter) und einer öffentlichen Partei (Staatsanwalt) auf dem Gebiete des öffentlichen Rechts geschlossen[168]. Der Richter für die Vorerhebungen prüft, ob das abgekürzte Verfahren zulässig ist und ob die durchgeführten Ermittlungen eine hinreichende Grundlage für eine Entscheidung nach Aktenlage bilden (Art. 440 c.p.p.)[169]. Der Richter entscheidet im *giudizio abbreviato* in nichtöffentlicher Verhandlung durch Beschluß (Art. 442 c.p.p.) über die Verhängung und Milderung der Strafe. Seine Entscheidungsgrundlage bilden die staatsanwaltschaftlichen Ermittlungsakten, die sonst dem Richter zur Entscheidung über die Eröffnung der Hauptverhandlung vorzulegen wären[170]. Im Falle einer Ablehnung des Antrags durch den *giudice per le indagini preliminari* findet eine öffentliche Hauptverhandlung statt[171].

Ein *giudizio abbreviato* vermeidet die förmliche Hauptverhandlung nicht im eigentlichen Sinne, sondern verlagert sie vor und ersetzt sie durch eine formlose Erörterung der Sache zwischen dem Staatsanwalt und dem Angeklagten bzw. seinem Verteidiger vor dem *giudice per le indagini preliminari*[172]. Als Prämie für den Verzicht auf die Förmlichkeiten der Hauptverhandlung – vor allem im Hinblick auf die Einschränkung der Verteidigungsmöglichkeiten[173] – erhält der

---

167 Zum Widerruf der Einwilligung s. Corte di cassazione, Sez. III, in: Cass. pen. 1995, S. 98 ff., mit Anm. *G. di Paolo*, a.a.O., S. 102 ff., sowie Tribunale di Modena, in: Arch. n. proc. pen. 1996, S. 275 f., mit Anm. *A. Granata*, a.a.O., S. 276 f.

168 Corte di cassazione, Sez. III, in: Cass. penale 1995, S. 98 ff. (S. 100): "negozio bilaterale di diritto pubblico" (zweiseitiges Rechtsgeschäft des öffentlichen Rechts); s. auch Tribunale di Modena, in: Arch. n. proc. pen. 1996, S. 276: "negozio processuale, intervenuto tra le parti" (prozessuales Rechtsgeschäft zwischen den Parteien).

169 Zur Prüfung, ob die Strafe auch nach Art. 133 c.p. (Strafzumessungsregeln) schuldangemessen sein muß, s. *F. Cordero*, Procedura penale, S. 903.

170 *F. Cordero*, Procedura penale, S. 903, spricht von einem "giudizio cartolare"; *B. Lavarini*, Riv. it. dir. proc. pen. 1994, S. 564 ff.; zur Frage, welche Akten im *giudizio abbreviato* Verwendung finden dürfen, s. *S. Ramajoli*, S. 21 f.; *F. Cordero*, a.a.O., S. 901.

171 Zu den sich daraus ergebenden Befangenheitsproblemen s. *S. Ramajoli*, I procedimenti speciali, S. 30 ff.

172 *S. Ramajoli*, I procedimenti speciali, S. 6; anders *R. li Vecchi*, Riv. pen. 1992, S. 897.

173 Corte costituzionale, Entscheidung Nr. 92/92, in: Foro it. 1992 I, Sp. 1635 ff. (Sp. 1637), hier ist von einem verhandelten, ausgehandelten Beweis (*prova contrattata*) die Rede; vgl. hierzu *G. di Paolo*, Cass. pen. 1995, S. 108; *E. di Rella*, Procedimenti speciali, S. 54.

Angeklagte einen obligatorischen[174] Strafnachlaß um ein Drittel der unrechts- und schuldangemessenen Strafe über die gesetzlich vorgesehenen Milderungsgründe hinaus (Art. 442 II c.p.p.)[175]. Der Strafnachlaß betrifft nur die Hauptstrafe, nicht aber eventuelle Nebenstrafen. Ausgangspunkt des *giudizio abbreviato* ist ein prozessuales Anliegen (Vermeidung der Hauptverhandlung), das sich aber in materieller Hinsicht (Strafmilderung um ein Drittel) auswirkt[176].

Neben dem Strafnachlaß soll der Angeklagte auch durch die Vermeidung einer öffentlichen Hauptverhandlung mit ihrer belastenden und stigmatisierenden Wirkung und durch die Möglichkeit einer schnellen Verfahrenserledigung zur Wahl des *giudizio abbreviato* motiviert werden[177]. Dieses Bündel von Gegenleistungen entlohnt die Kooperationsbereitschaft des Angeklagten, die der Justiz Zeit und Kosten einer aufwendigen Hauptverhandlung spart. Der Staatsanwalt wird in erster Linie durch die Prozeßökonomie zu seiner Zustimmung motiviert[178]. Die Prozeßökonomie soll auch durch eine weitgehende Beschränkung der Berufung verwirklicht werden (Art. 443 c.p.p.)[179]. Allerdings steht stets die Rechtsbeschwerde zum Kassationsgerichtshof offen, die in Art. 111 II S. 1 it. Verf. verbrieft und in Art. 568 c.p.p. näher geregelt ist.

Das *giudizio abbreviato* kann auch in Verfahren hinsichtlich schwerster Straftaten zur Anwendung kommen, nicht jedoch hinsichtlich solcher Delikte, die *in abstracto* mit lebenslanger Freiheitsstrafe bedroht sind[180]. Neben dieser

---

174 Kritisch zur obligatorischen Strafmilderung um ein Drittel: *D. Siracusano*, Cass. pen. 1994, S. 474, 476.

175 *S. Ramajoli*, I procedimenti speciali, S. 32 ff.; *A. Granata*, Arch. n. proc. pen. 1996, S. 276; *M. Pisani*, Ind. pen. 1995, S. 270. Zur Begründung des Strafnachlasses s. Corte di Cassazione, Sez. un., zit. bei S. *Ramajoli*, a.a.O., S. 33: Der Strafnachlaß "risponde a una esigenza utilitaristica di sollecita definizione dei giudizi, proponendo all'imputato uno sconto secco della pena, già determinata, come premio della scelta del rito abbreviato contro la rinunzia alle maggiori garanzie del dibattimento."

176 *G. di Chiara*, Foro it. 1992 I, Sp. 1061; *F. Cordero*, Procedura penale, S. 899; *E. Venafro*, Riv. it. dir. proc. pen. 1993, S. 1107. Zur bereits durch die Kronzeugenregelungen der 80er Jahre aufgehobenen Trennung zwischen materiellem Recht und Verfahrensrecht s. *T. Padovani*, Riv. it. dir. proc. pen. 1981, S. 542; *A. Scandellari*, Giust. pen. 1993 III, Sp. 220.

177 *F. Cordero*, Procedura penale, S. 898: "Costano meno le condanne al chiuso, sine strepitu."

178 *G. Lozzi*, Commento al nuovo codice di procedura penale, S. 762.

179 *S. Ramajoli*, I procedimenti speciali, S. 39 ff.; *M. Pisani*, Ind. pen. 1995, S. 271. Zu den Revisionen der Norm durch die Corte Costituzionale s. *F. Cordero*, Procedura penale, S. 903; *E. di Rella*, Procedimenti speciali, S. 56.

180 Corte costituzionale, Entscheidung Nr. 176/91, in: Riv. it. dir. proc. pen. 1991, S. 1201 ff.; daran anschließend Cassazione penale, Sez. un., in: Rivista penale 1992, S. 557, mit Anm. *R. Volta*, a.a.O., S. 561; *G. Lozzi*, Riv. it. dir. proc. pen. 1993,

vom Verfassungsgericht vorgenommenen Einschränkung des Anwendungsbereichs der Vorschriften ist die von der *Corte costituzionale* forcierte Veränderung des abgekürzten Verfahrens von einem Verfahren, das der Partei-Initiative unterliegt, zu einem vom Richter dominierten Verfahren hervorzuheben. Der Richter kann dem Angeklagten noch in der Hauptverhandlung den Strafrabatt in Höhe von einem Drittel der schuldangemessenen Strafe gewähren, wenn der Staatsanwalt zuvor seine Einwilligung nicht erteilt hat und der Richter diese Ablehnung für ungerechtfertigt hält[181]. Der Staatsanwalt wird auf diese Weise dazu motiviert, seine Einwilligung in der Regel zu erteilen. Der Angeklagte verliert nicht die Gegenleistung für die von ihm gezeigte Kooperationsbereitschaft. Darüber geht eine Entscheidung der *Corte costituzionale* noch hinaus, die dem Richter der Hauptverhandlung das Recht gibt, den Strafnachlaß auch dann zu gewähren, wenn ihn der *giudice per le indagini preliminari* in ungerechtfertigter Weise abgelehnt hat[182].

Das *giudizio abbreviato* gerät in Kollision mit einer Reihe verfassungs- und prozeßrechtlicher Prinzipien. So wird das Recht des Angeklagten auf Verteidigung eingeschränkt (Art. 24 II it. Verf.). Dem wird entgegengehalten, daß der Angeklagte auf dieses Recht verzichten könne und ihm der Verzicht zudem durch den obligatorischen Strafnachlaß annehmbar gemacht werde. Mit dem Einwilligungsargument wird auch dem Einwand begegnet, daß die Entscheidung im abgekürzten Verfahren aufgrund der Ermittlungsakten ergeht[183]. Das *giudizio abbreviato* schließt die Öffentlichkeit der Verhandlung (Art. 471 I c.p.p.) aus[184]. Dem wird das Erfordernis eines schnellen und informellen Prozesses zur raschen Entscheidungsfindung sowie der Vorteil des Angeklagten entgegengesetzt, nicht ans Licht der Öffentlichkeit gezogen zu werden[185]. Zu nennen sind weiterhin Bedenken vor dem Hintergrund des Verfassungsgebots der Spezialprävention als Zweck der Strafe (Art. 27 III it. Verf.). Auch eine Kollision mit dem Grundsatz der richterlichen Unabhängigkeit, mit der Unabdingbarkeit des

---

S. 376 ff.; S. *Ramajoli*, I procedimenti speciali, S. 34 ff.; *R. li Vecchi*, Riv. pen. 1992, S. 898, 902. Angesichts der Entscheidungstätigkeit der Corte costituzionale und der Corte di cassazione spricht *R. li Vecchi*, Riv. pen. 1992, S. 897, von einer "revolutionären Metamorphose" des *giudizio abbreviato* durch die Rechtsprechung.

181 Corte costituzionale, Entscheidung Nr. 81/91, in: Foro it. 1991 I, Sp. 2322 ff. mit Anm. *C. de Chiara*, a.a.O.

182 Corte costituzionale, Entscheidung Nr. 23/92, in: Foro it. 1992 I, Sp. 1057 ff. (Sp. 1062 f.), mit Anm. *G. di Chiara*, a.a.O., Sp. 1058 ff.

183 Nach *G. Lozzi*, Commento al nuovo codice di procedura penale, S. 769, hat der Angeklagte in eine Verwertung der Ermittlungsakten als Beweismittel eingewilligt; *E. di Rella*, Procedimenti speciali, S. 57.

184 *S. Ramajoli*, I procedimenti speciali, S. 38 f.

185 *S. Ramajoli*, I procedimenti speciali, S. 38 f.

richterlichen Urteils und nicht zuletzt mit dem Gleichheitssatz (Art. 3 it. Verf.) hinsichtlich der Angeklagten verschiedener Verfahren und der Mitangeklagten eines Verfahrens liegt auf der Hand.

Das *giudizio abbreviato* bildet innerhalb der Besonderen Verfahren des c.p.p. ein exponiertes Beispiel für eine vertragsorientierte Verfahrensgestaltung. Über die Charakterisierung als bloß "vertragsorientiert" gehen die italienische Rechtsprechung und mit ihr ein großer Teil der Lehre noch hinaus, wenn sie das genannte Verfahren als einen Verwaltungsvertrag begreifen, zu dessen Abschluß der Angeklagte ein Angebot abgibt, das der Staatsanwalt annimmt. Diese Willenseinigung wird vom Richter bestätigt und durch einen Beschluß in Geltung gesetzt, der das Strafverfahren beendet und dem Angeklagten einen Strafrabatt um ein Drittel gewährt[186].

b) Strafzumessung auf Antrag der Parteien (applicazione della pena su richiesta delle parti, patteggiamento; Art. 444 – 448 c.p.p.)

Die Strafzumessung auf Antrag der Parteien[187] ist die italienische Entsprechung zum Kernbereich der Absprachenpraxis im bundesdeutschen Strafverfahren[188]. Allerdings hat sich der italienische Gesetzgeber zu einer gesetzlichen Regelung entschlossen, die – wenn auch mittlerweile nur noch im Zusammenhang mit der einschlägigen Verfassungsrechtsprechung – die Voraussetzungen und den Umfang der Absprachenpraxis klar bestimmt. Damit ist zwar noch nichts über die Legitimität eines solchen Verfahrens gesagt. Der Untersuchungsgegenstand liegt aber jedenfalls klarer zutage als bei einem gleichsam gewohnheitsrechtlichen Institut, das je nach Fallkonstellation als "Rechtsgespräch"[189], "Absprache"[190] oder "Verständigung"[191] bezeichnet wird.

Das *patteggiamento* erlaubt den Parteien eine Disposition über die Tatfrage und über die Strafhöhe. Art. 444 ff. c.p.p. ermöglichen folglich eine Absprache über die Rechtsfolgen der Tat. Insofern ist der Vergleich mit dem anglo-

---

186 *F. Cordero*, Procedura penale, S. 902 f.

187 S. die Darstellungen bei *A. Macchia*, Il Patteggiamento; *E. di Rella*, Procedimenti speciali, S. 60 ff.; S. *Ramajoli*, I procedimenti speciali, S. 53 ff.; *F. Cordero*, Procedura penale, S. 884 ff., jeweils m.w.N. Eine Vorgängerregelung mit weniger umfassendem Anwendungsbereich bestand in Art. 77 ff. des Gesetzes Nr. 689 vom 24.11.1981; zu Einzelheiten vgl. *St. Sinner*, ZRP 1994, S. 479 f.

188 S. o., Drittes Kapitel, B., S. 179 ff.; rechtsvergleichende Hinweise bei *B. Schünemann*, Gutachten, S. B 155 f.; *Th. Weigend*, Absprachen in ausländischen Strafverfahren, S. 101 ff.

189 BGHSt 42, S. 46 ff. (S. 47).

190 BGHSt 42, S. 46 ff. (S. 47); 40, S. 287 ff. (S. 290).

191 BGHSt 38, S. 102 ff. (S. 104); 43, S. 195 ff. (S. 196).

amerikanischen *plea bargaining* zutreffend. Dem Prinzip nach handelt es sich um einen Akt der freien Verfügung des Angeklagten, indem er unter Verzicht auf eine Verteidigung gegen den Tatvorwurf in der Hauptverhandlung freiwillig eine Bestrafung auf sich nimmt. Die Strafe ist im Gegenzug milder als diejenige, welche der Richter (möglicherweise) von Amts wegen verhängen müßte.

Nach Art. 444 I c.p.p. können sowohl der Angeklagte als auch der Vertreter der Staatsanwaltschaft dem Richter in der Vorverhandlung die Verhängung einer Freiheits-, Geld- oder Ersatzstrafe vorschlagen. Das *patteggiamento* kann von den Prozeßparteien bereits während der Vorerhebung übereinstimmend beantragt werden (Art. 447 I c.p.p.). Im Gegensatz zum *giudizio abbreviato* liegt die Initiative für das Verfahren also nicht ausschließlich beim Angeklagten. Der Antragsteller kann die Wirksamkeit seines Antrags von der Zuerkennung einer Strafaussetzung zur Bewährung abhängig machen (Art. 444 III c.p.p.). Der Antrag muß vor dem Eröffnungsbeschluß zur erstinstanzlichen Hauptverhandlung gestellt werden (Art. 446 I c.p.p.). Dies kann während der Vorverhandlung in mündlicher, sonst nur in schriftlicher Form geschehen. Nach Annahme durch den jeweils anderen Teil ist der Antrag nicht mehr widerruflich[192]. Eine Fristbestimmung hinsichtlich der Annahme oder Ablehnung des Vorschlags trifft Art. 447 III c.p.p.: Die Annahme kann bis zum Erlaß des Eröffnungsbeschlusses erklärt werden, auch wenn sie zuvor verweigert wurde (Art. 446 IV c.p.p.). Der Richter kann die Freiwilligkeit der Erklärung des Angeklagten überprüfen (Art. 446 V c.p.p.). Der Staatsanwalt muß eine eventuelle Verweigerung seiner Einwilligung aus Art. 133 c.p. (Strafzumessungserwägungen) begründen (Art. 446 VI c.p.p.)[193].

Die um ein Drittel gemilderte Strafe darf zwei Jahre nicht überschreiten (Art. 444 I c.p.p.)[194]. Auch Geld- und Ersatzstrafen werden in demselben Verhältnis herabgesetzt. Der Richter ist an die Vorgabe der Parteien weitgehend gebunden, kann ihren Vorschlag aber bei offensichtlicher Unverhältnismäßigkeit von strafrechtlicher Verantwortung und beantragter Strafe zurückweisen, was zur Eröffnung der Hauptverhandlung führt (Art. 444 II c.p.p., modifiziert durch die Entscheidung Nr. 313/90 der *Corte costituzionale*[195]). Die in der Richtervorlage zur

---

192 *F. Cordero*, Procedura penale, S. 888, unter Rückgriff auf Art. 1328 I c.c. (codice civile [Zivilgesetzbuch]), der den Widerruf des Antrags regelt; *E. di Rella*, Procedimenti speciali, S. 60.

193 *E. di Rella*, Procedimenti speciali, S. 60.

194 Zur Verwirrung um den Sprachgebrauch des Gesetzes s. *F. Cordero*, Procedura penale, S. 886 f., mit einigen Rechenbeispielen. Zu einer Ausweitung des *patteggiamento* angesichts der Ermittlungen zu *tangentopoli* s. La Repubblica, 26.09.1996, S. 9.

195 Gazzetta ufficiale, 1ª serie speciale, 04.07.1990, Nr. 27, S. 9 ff.

genannten Entscheidung vorgebrachten verfassungsrechtlichen Einwände gegen die *applicazione della pena su richiesta delle parti* wurden vom Verfassungsgerichtshof als unbegründet zurückgewiesen[196]. Das Gericht entschied jedoch unter dem Gesichtspunkt der Resozialisierung als Zweck der Strafe (Art. 27 III it. Verf.) und räumte dem Richter ein Prüfungsrecht am Maßstab des Art. 133 c.p. (Strafzumessungsregeln) ein. Der Richter, der den Vorschlag der Parteien abgelehnt hat, ist wegen Unvereinbarkeit des Richteramts mit der zu entscheidenden Sache auszuschließen (Befangenheit, Art. 34 II c.p.p.)[197]. Hat der Staatsanwalt durch seine Ablehnung die Eröffnung der Hauptverhandlung herbeigeführt, so kann der Richter nach Abschluß der erstinstanzlichen Hauptverhandlung oder der Berufungsverhandlung dennoch den Vorschlag des Angeklagten annehmen, wenn er von dessen Angemessenheit überzeugt ist und die Ablehnung des Staatsanwalts für ungerechtfertigt erachtet. Das *patteggiamento* schließt mit einem Schuldurteil ab (Art. 445 I S. 2 c.p.p.), das vom Staatsanwalt nur dann mit der Berufung angegriffen werden kann, wenn die Absprache wegen seiner Ablehnung gescheitert ist und der Richter sich über diese Ablehnung hinweggesetzt hat (Art. 448 II 1. HS c.p.p.). Abgesehen davon ist die Berufung gegen das Urteil nach einem *patteggiamento* ausgeschlossen (Art. 448 II 2. HS c.p.p.). Davon bleibt die Rechtsbeschwerde zum Kassationsgerichtshof (Art. 111 II S. 1 it. Verf., Art. 568 c.p.p.) unberührt. Der Angeklagte hat die Kosten der Zivilpartei zu tragen, die dem Verletzten im Verfahren nach §§ 403 ff. StPO vergleichbar ist[198].

Für das Verfahren vor dem Amtsrichter gilt die Sondervorschrift des Art. 563 c.p.p., die auf den Grundsätzen des Art. 444 c.p.p. aufbaut. Auch noch in der Berufung (Art. 593 ff. c.p.p.) kann ein *patteggiamento* durchgeführt werden. Nach Art. 599 I, 127 c.p.p. können die Parteien und der Richter in einem nicht öffentlichen Verfahren Absprachen hinsichtlich der Strafart und der Strafhöhe treffen. Art. 599 IV c.p.p., der bestimmte, daß die Parteien dem Berufungsgericht einen Vorschlag hinsichtlich der in der Berufung zu verhängenden Geldstrafe unterbreiten können, und Art. 599 V c.p.p., der eine Absprache nach Ablehnung des Vergleichsvorschlags im nicht öffentlichen Verfahren auch für die Berufungs-

---

196 Vgl. bereits *G. Lozzi*, Commento al nuovo codice di procedura penale, S. 763 ff.; auch nach der Entscheidung der Corte costituzionale sind diese Bedenken nicht ausgeräumt, s. im einzelnen *St. Sinner*, ZRP 1994, S. 481 ff.

197 Corte costituzionale, Entscheidung Nr. 124/92, in: Gazzetta ufficiale, 1ª serie speciale, 01.04.1992, Nr. 14, S. 30 ff.; Corte costituzionale, Entscheidung Nr. 399/92, in: Gazzetta ufficiale, 1ª serie speciale, 04.11.1992, Nr. 46, S. 13 f.; zu den Einzelheiten s. *St. Sinner*, ZRP 1994, S. 480.

198 Corte costituzionale, Entscheidung Nr. 443/92, in: Gazzetta ufficiale, 1ª serie speciale, 17.10.1990, Nr. 41, S. 29 ff.

verhandlung (Art. 602 II c.p.p.) vorsah, sind vom Verfassungsgericht für verfassungswidrig erklärt worden, soweit sie über das Verfahren nach Art. 599 I c.p.p. hinausgehen[199]. Das *patteggiamento* in der Berufungsinstanz beschränkt sich nunmehr auf die Absprache vor der öffentlichen Verhandlung. Scheitert diese, so kommt es zu einer Berufungsverhandlung ohne Absprachemöglichkeit.

Die Vertragsstruktur, die den Besonderen Verfahren zur Vermeidung der Hauptverhandlung eigen ist, tritt im *patteggiamento* deutlich zutage. Auch im Hinblick hierauf gehen die Rechtsprechung und mit ihr ein großer Teil der Lehre davon aus, daß zwischen dem Angeklagten und dem Vertreter der Staatsanwaltschaft ein Verwaltungsvertrag geschlossen wird[200]. Die Willenseinigung wird vom Richter geprüft, bestätigt und durch einen Beschluß in Geltung gesetzt, der das Strafverfahren beendet und dem Angeklagten einen Strafrabatt um ein Drittel gewährt. Die Leistung des Angeklagten, also der Verzicht auf die Hauptverhandlung und die mit ihr verbundenen Verteidigungsmöglichkeiten, wird dem Angeklagten neben dem Strafnachlaß durch eine Reihe weiterer Gegenleistungen nahegelegt (Art. 445 c.p.p.)[201]: Nebenstrafen und Maßregeln dürfen mit Ausnahme der obligatorischen Einziehung (Art. 240 II c.p.) nicht verhängt werden. Der Angeklagte wird nicht zur Kostentragung verurteilt. Die Entscheidung infolge eines *patteggiamento* entfaltet keine außerprozessuale Bindungswirkung. Sie darf entgegen Art. 651, 654 c.p.p. weder im zivil- noch im verwaltungsrechtlichen Verfahren geltend gemacht werden. Die Verurteilung wird nicht in den Strafregisterauszug für Privatpersonen aufgenommen. Die strafbare Handlung "erlischt", d. h. sie zeitigt keine strafrechtlichen Wirkungen mehr, wenn der Angeklagte innerhalb von zwei Jahren bei Übertretungen[202] und innerhalb von fünf Jahren bei Vergehen und Verbrechen keine gleichartige Straftat begeht (Art. 445 II S. 1 c.p.p.).

Auch wenn das *patteggiamento* wesentliche Vertragselemente in den Strafprozeß einführt, wird der Prozeß des c.p.p. im Bereich der Absprache über die Rechtsfolgen der Tat nicht gänzlich dem Dispositionsgrundsatz unterstellt. Die bloße Parteivereinbarung reicht für eine Verurteilung des Angeklagten nicht aus[203]. Der Richter, der nach der Intention des Gesetzgebers nur eine gleichsam

---

199 Entscheidung Nr. 435/90, in: Gazzetta ufficiale, 1ª serie speciale, 17.10.1990, Nr. 41, S. 12 ff.

200 Corte di cassazione, Sez. III, in: Cass. pen. 1995, S. 98 ff., mit Anm. *G. di Paolo*, a.a.O., S. 102 ff., sowie Tribunale di Modena, in: Arch. n. proc. pen. 1996, S. 275 f., mit Anm. *A. Granata*, a.a.O., S. 276 f.

201 Hierzu *M. Pisani*, Ind. pen. 1995, S. 272 f.

202 Das Recht der Übertretungen ist nach wie vor Bestandteil des c.p. (Art. 39, 17 c.p.).

203 *F. Cordero*, Procedura penale, S. 892 f.; *E. di Rella*, Procedimenti speciali, S. 61.

notarielle Funktion haben sollte, gewinnt nach der Entscheidung Nr. 313/90 der *Corte costituzionale* ein inhaltliches Prüfungsrecht zurück, das ihn zumindest vor der Zumutung einer unkritischen Verhängung der vereinbarten Strafe bewahrt. Dennoch verbleibt die Aporie, daß der Richter zunächst anhand der Strafzumessungskriterien des Art. 133 c.p. die schuldangemessene Strafe zu ermitteln hat, um sie daraufhin anhand eines Kriteriums um ein Drittel zu mildern, das gerade nicht mit dem objektiven und subjektiven Unrechtsgehalt der Tat zusammenhängt. Die infolge eines *patteggiamento* verhängte und nach dem Willen des Verfassungsgerichts nochmals an Art. 27 III it. Verf.[204] und Art. 133 c.p.[205] zu prüfende Strafe kann niemals die im Sinne der Strafzumessungsvorschriften schuldangemessene Sanktion sein[206].

Art. 444 ff. c.p.p. ergänzen den Vertragsschluß über die *Form* des Verfahrens (Art. 438 ff. c.p.p.) um die vertraglich vereinbarte *Rechtsfolge* der Tat. Hatte das *giudizio abbreviato* bei prozessualem Anliegen (Entscheidung auf Grundlage der Akten zur Vermeidung der Hauptverhandlung) eine Auswirkung im materiellen Bereich, so greift die Vereinbarung der Prozeßparteien unmittelbar in den materiellen Bereich der Strafzumessung ein, um im Tausch von Leistung und Gegenleistung das prozessuale Ziel einer Deflation der Hauptverhandlung zu verwirklichen[207].

---

204 Zu rechts- und straftheoretischen Überlegungen in diesem Zusammenhang s. *St. Sinner*, ZRP 1994, S. 480 f.

205 Zum Problem der schuldangemessenen Strafe (*pena congrua*) im Zusammenhang mit Art. 444 c.p.p. s. *F. Cordero*, Procedura penale, S. 893; *E. Venafro*, Riv. it. dir. proc. pen. 1993, S. 1112 ff., 1120.

206 Sehr klar: *E. Venafro*, Riv. it. dir. proc. pen. 1993, S. 1121: "La pena diminuita in forza dell'art. 444 c.p.p. sarà, infatti, *per definizione* incongrua rispetto ai parametri dell'art. 133 c.p. È una pena, infatti, stabilita per accordare un premio all'imputato che ha previlegiato il rito speciale. Il giudice, quindi, non potrà *mai*, *in alcun caso*, ritenere che quella sanzione realizzi la finalità rieducativa prevista dall'art. 27 comma 3 cost.: sarà, infatti, una pena diminuita in forza di una logica 'premiale' che *niente* ha a che fare con la gravità del fatto e la personalità del reo." (Hervorhebungen von mir, *St. S.*).

207 *A. Scandalleri*, Giust. pen. 1993 III, Sp. 220 ff.; *E. Venafro*, Riv. it. dir. proc. pen. 1993, S. 1121. *B. Schünemann*, Gutachten, S. B 155, spricht angesichts der nach dem *patteggiamento* verhängten Verdachtsstrafe von einer nur scheinbaren Lösung des gordischen Knotens.

c) Strafbefehlsverfahren (procedimento per decreto, Art. 459 – 464 c.p.p.)

Das Strafbefehlsverfahren[208], strukturell den §§ 407 ff. StPO vergleichbar, findet bei klarer Beweislage hinsichtlich derjenigen Offizialdelikte Anwendung, für welche die Verhängung einer Geldbuße (hinsichtlich Übertretungen) oder Geldstrafe – auch als Ersatzstrafe für eine Freiheitsstrafe – in Betracht kommt. Freiheitsstrafen und Maßregeln der Sicherung dürfen mittels eines Strafbefehls nicht verhängt werden[209]. Die Delikte können in die Zuständigkeit des Amts- oder Landgerichts fallen. Das Verfahren überspringt als rein schriftliches Verfahren sowohl die Vor- als auch die Hauptverhandlung. Es findet keinerlei mündliche Verhandlung statt. Der Strafbefehl wird durch die Staatsanwaltschaft auf der Grundlage des Ermittlungsergebnisses beantragt und von dem Richter für die Vorerhebung in der Form des Art. 460 c.p.p. erlassen, ohne daß der Angeklagte zuvor davon Kenntnis erhalten hätte[210]. Der Angeklagte ist im Strafbefehl insbesondere darauf hinzuweisen, daß er bei einem Widerspruch gegen den Strafbefehl den Übergang zum *giudizio immediato*, d. h. einem sofortigen Hauptverfahren bei klarer Beweislage[211], zum *giudizio abbreviato* oder zum *patteggiamento* wählen kann (Art. 460 I e) c.p.p.). Im Gegensatz zum *Codice Rocco*, bei dem die Initiative für den Erlaß eines Strafbefehls allein beim Richter lag, bleiben die Funktionen der Anklage und der Entscheidung nach dem c.p.p. 1988 getrennt: Der Staatsanwalt stellt einen begründeten Antrag, der *giudice per le indagini preliminari* entscheidet über den Erlaß des Strafbefehls, wobei er aber hinsichtlich der Strafhöhe an den Antrag des Staatsanwalts gebunden ist[212].

Hinsichtlich der Strafhöhe tritt die Belohnungslogik, die *logica di premialità*, die allgemein die Besonderen Verfahren zur Vermeidung der Hauptverhandlung auszeichnet, in besonderer Deutlichkeit zutage: Die Staatsanwaltschaft kann nämlich die Verhängung einer Strafe beantragen, die bis zur Hälfte des gesetzlich vorgesehenen Mindestmaßes der unrechts- und schuldangemessenen Strafe herabgesetzt ist (Art. 459 II c.p.p.). Diese Halbierung der Strafe soll dem Angeklagten einen Anreiz bieten, den Strafbefehl rechtskräftig werden zu lassen, also

---

208 S. die Darstellungen bei *E. di Rella*, Procedimenti speciali, S. 67 ff.; S. *Ramajoli*, I procedimenti speciali, S. 163 ff.; *F. Cordero*, Procedura penale, S. 920 ff., jeweils m.w.N.

209 Zu den in einem Strafbefehl zu verhängenden Strafen s. S. *Ramajoli*, I procedimenti speciali, S. 164.

210 Kritisch zur daraus resultierenden Einschränkung der Verteidigungsmöglichkeiten *E. di Rella*, Procedimenti speciali, S. 69.

211 Vgl. im einzelnen S. *Ramajoli*, I procedimenti speciali, S. 139 ff.

212 *S. Ramajoli*, I procedimenti speciali, S. 169.

keinen Widerspruch (Art. 461 c.p.p.) einzulegen und die kosten-, zeit- und personalintensive Hauptverhandlung zu vermeiden[213]. Die Milderungsmöglichkeit eröffnet Absprachemöglichkeiten zwischen dem Angeklagten bzw. seinem Verteidiger und dem Staatsanwalt über die Höhe der zu verhängenden Strafe[214]. Der Staatsanwalt wird bemüht sein, das Verfahren nicht in eine Hauptverhandlung gelangen zu lassen.

Der gegenüber dem abgekürzten Verfahren und dem *patteggiamento* erhöhte Strafnachlaß wird damit gerechtfertigt, daß das *procedimeto per decreto* den größeren Einsparungseffekt erbringe[215]. Wenn der Angeklagte nämlich keinen Widerspruch einlegt, wird der Strafbefehl rechtskräftig und hat die Wirkungen eines nach der Hauptverhandlung erlassenen Strafurteils. Die "Deflation der Hauptverhandlung" ist in einem ausschließlich schriftlichen Verfahren gelungen. Motivierend für die stillschweigende Zustimmung zu diesem Verfahren soll auch wirken, daß der Strafbefehl keine Rechtskraft im Folgeprozeß entfaltet (Art. 460 V c.p.p.), der Angeklagte nicht die Kosten des Verfahrens trägt und der Strafbefehl nicht im Strafregisterauszug für Privatpersonen erwähnt wird (Art. 460 II c.p.p.). Ferner ist in diesem Zusammenhang auf die Möglichkeit der Strafaussetzung zur Bewährung hinzuweisen.

Legt der Angeklagte dennoch binnen 15 Tagen nach Bekanntwerden des *decreto* einen Widerspruch ein, so folgt eine Hauptverhandlung. Hinsichtlich mehrerer Angeklagter, von denen nur ein Teil das Besondere Verfahren akzeptiert hat, trifft Art. 463 c.p.p. eine Sonderregelung[216]. Der Angeklagte kann zwar nach dem Widerspruch zwischen einem Übergang zum *giudizio immediato*, zum *giudizio abbreviato* oder zum *patteggiamento* wählen[217], was wiederum das geschlossene System der Besonderen Verfahren verdeutlicht. Trifft der Angeklagte keine Wahl, so findet stets ein *giudizio immediato* statt[218]. In jedem Fall ist jedoch der Weg zum Normalverfahren versperrt. Der Angeklagte kann mit seinem Widerspruch auch einen Antrag auf eine Strafabwendung durch Geldzahlung

---

213 *G. Lozzi*, Commento al nuovo codice di procedura penale, S. 760.

214 Nach *H.-H. Jescheck*, Grundgedanken der neuen italienischen Strafprozeßordnung, S. 669, handelt es sich dabei um einen Hinweis auf den Charakter des Strafbefehlsverfahrens als Konsensualverfahren.

215 So die gesetzgeberische Begründung, zitiert bei S. *Ramajoli*, I procedimenti speciali, S. 166.

216 Zu Einzelheiten s. S. *Ramajoli*, I procedimenti speciali, S. 184 f.

217 *S. Ramajoli*, I procedimenti speciali, S. 179 ff.

218 *E. di Rella*, Procedimenti speciali, S. 68 f., der die Notwendigkeit einer effektiven Verteidigung angesichts der Unausweichlichkeit eines Wechsels in die anderen Besonderen Verfahren herausstellt.

verbinden (*oblazione*, Art. 141 Att. c.p.p. [Durchführungsbestimmungen zum c.p.p.][219]).

Im "Hauptverfahren", das – wie soeben ausgeführt – stets ein Besonderes Verfahren ist, gilt das Verbot der *reformatio in peius* nicht, da die Voraussetzungen für die im Strafbefehl gewährten Vergünstigungen mit dem Widerspruch des Angeklagten weggefallen sind. Durch seinen Widerspruch wirkt er nicht länger an der Erreichung des prozeßökonomischen Ziels des *procedimeto per decreto* mit und verliert folglich die mit diesem Verfahren verbundenen Vergünstigungen.

Das Strafbefehlsverfahren ist unter den Besonderen Verfahren hervorragend dazu geeignet, den Prozeß vorzeitig zu beenden und den Anliegen der Beschleunigung und der Prozeßökonomie gerecht zu werden. Die Vertragsorientierung tritt zwar nicht so offensichtlich wie in Art. 438 ff., 444 ff. c.p.p. zutage, zeigt sich aber ebenso wie im Strafbefehlsverfahren nach der StPO (§§ 407 ff. [§ 410 I] StPO) im Schweigen des Angeklagten als Zustimmung zum Inhalt des Strafbefehls und in seiner Unterwerfung unter die ihm zuerkannte Strafe. Das Zustimmungsargument vermag aber den Zweifeln an der Verfassungsmäßigkeit der Vorschriften unter dem Gesichtspunkt des Gleichheitssatzes (Art. 3 it. Verf.), der materiellen Verteidigung (Art. 24 I it. Verf.) und an der Vereinbarkeit mit dem Grundsatz der Waffengleichheit im akkusatorischen Prozeß nicht die Spitze zu nehmen[220].

d) Zusammenfassung: Logica di premialità und Prozeßprinzipien

Die Besonderen Verfahren des c.p.p. sind von einem Handel geprägt. Als Leistung trägt der Angeklagte einen Verzicht auf die Verteidigungsmöglichkeiten und die Rechtsgarantien der Hauptverhandlung, also einen abgekürzten Prozeß zu Markte. Als Gegenleistung gewährt der strafverfolgende Staat mindestens einen Strafnachlaß (Art. 438 ff. c.p.p.) oder sonstige Vergünstigungen (Art. 444 ff. c.p.p., 459 ff. c.p.p.). Den Angeklagten wird nicht zuletzt auch die Vermeidung der nachteiligen Wirkungen einer öffentlichen Hauptverhandlung zur Wahl dieser Verfahren bewegen. Auf der Phänomenebene spielen sich also merkantile Austauschvorgänge ab, die denen des bundesdeutschen Strafprozesses in großem Umfange ähneln[221].

---

219 Zur *oblazione* s. *M. Vannucci*, Oblazione, S. 393 ff.; *T. Padovani*, Riv. it. dir. proc. pen. 1986, S. 412; das Verfahren erinnert an § 153a StPO.

220 Klar ausgeführt bei *E. di Rella*, Procedimenti speciali, S. 68 f.

221 S. o., Drittes Kapitel, S. 139 ff.

Bemerkenswert im Vergleich zum deutschen Strafverfahren ist aber, daß sich der italienische Gesetzgeber zu einer klaren gesetzlichen Regelung der Absprachen-Praxis verstanden hat, die sich in den Art. 438 ff. c.p.p. (Absprache über die Form des Verfahrens) und Art. 444 ff. c.p.p. (Absprache über die Rechtsfolgen der Tat) niederschlägt[222]. Rechtsprechung und Lehre bemühen sich darüber hinaus, mit einer am Verwaltungsvertragsrecht und am Zivilrecht orientierten Ausbuchstabierung der Einzelheiten klare Bindungen zwischen den Verfahrensbeteiligten zu schaffen. Ein gestuftes System vom Strafbefehlsverfahren über die Absprache über die Rechtsfolge bis zur Absprache über die Form des Verfahrens erlaubt die Vermeidung der Hauptverhandlung, wenn die jeweiligen Voraussetzungen vorliegen. Diese Verfahrensalternativen stehen nicht neben dem Normalverfahren wie im oben[223] beschriebenen "neuen" Strafprozeß nach bundesdeutschem Recht, sondern sind diesem idealtypisch vorgeschaltet, um für den Bereich gravierender Kriminalität die erforderlichen Ressourcen zu bewahren.

Die offensichtlichen Widersprüche mit den Verfassungs- und Strafverfahrensprinzipien, vor allem mit dem Legalitäts- und dem Offizialprinzip (Art. 112 it. Verf., Art. 50 I, II c.p.p.), lassen sich in diesem Zusammenhang nicht argumentativ beseitigen. Die Einführung dispositiver Verfahrensgestaltung findet ihre Rechtfertigung allein in prozeßökonomischen Überlegungen, die nicht aus den auch den italienischen Strafprozeß immer noch bestimmenden Verfahrensprinzipien selbst ableitbar, sondern nur mit einer aus instrumenteller Vernunft gespeisten rechtspolitischen Setzung zu erklären sind. Betrachtet man die Besonderen Verfahren, so läßt sich zusammenfassend feststellen, daß diese der Ausdruck des gesetzgeberischen Interesses an einem schnellen, die Garantien der Hauptverhandlung dagegen Ausdruck des Interesses an einem rechtsstaatlichen Verfahren sind.

2. *Kronzeugenregelungen (pentitismo)*

Ebenso wie im deutschen Strafrecht finden sich auch im italienischen Recht eine Reihe von Kronzeugenregelungen, die den Ermittlungsnotstand vor allem in Bereichen terroristischer und mafioser Kriminalität verhindern oder beheben sollen. Allgemein ausgedrückt haben sie stets das Verhalten einer Person zum Gegenstand, die sich von einer Gruppe von Straftätern lossagt oder voll geständig ist und der Polizei oder den Justizbehörden tatkräftig bei der Sammlung entschei-

---

222 Zustimmend aus US-amerikanischer Perspektive vor dem Hintergrund des *plea bargaining M. D. Dubber*, Stanford Law Review Vol. 49 (1997), S. 600 f.

223 Zweites Kapitel, B. III., S. 113 ff.

dender Beweise zur Identifizierung oder Festnahme der übrigen Gruppenmitglieder hilft. Derlei Leistungen prämiert die Justiz mit einem erheblichen Strafnachlaß bzw. mit Straffreiheit[224].

a) Regelungen im Codice penale

Im italienischen Strafgesetzbuch fanden sich bis in die 70er Jahre nur solche Regelungen, die dem Rechtskreis der tätigen Reue angehören: Art. 308 c.p. (Politische Konspiration); Art. 309 c.p. (Bildung bewaffneter Banden); Art. 371 II, 376 c.p. (Widerruf des Meineids, der Falschaussage oder des falschen Gutachtens); Art. 385 IV, 386 IV Nr. 2, 387 II c.p. (Gefangenenbefreiung); Art. 390 II, 391 II (Strafvereitelung); Art. 398 II c.p. (Duell); Art. 463 c.p. (Geldfälschung); Art. 525 c.p. (Entführung) und Art. 655 III c.p. (Aufrührerische Bekanntmachung und Kundgebung). Vorausetzung für die Strafmilderung bzw. für den Straferlaß ist hier stets ein Gegenakt, eine Handlung, die in einem engen – auch zeitlichen – Zusammenhang mit dem begangenen Unrecht steht[225]. Die Motive des Handelnden spielen keine Rolle[226].

Dieser Zusammenhang bleibt auch noch bei Art. 289-bis IV c.p. (Entführung zu terroristischen Zwecken) und Art. 630 III c.p. (Räuberische Erpressung) bestehen[227]. Im Rahmen des Art. 630 IV c.p. kann hingegen derjenige Täter von einer Strafmilderung um bis zu zwei Drittel profitieren, welcher sich von der Gruppe löst und den Behörden zur Verhinderung letzter Konsequenzen der Tat Hinweise gibt, die zur Individualisierung und Festnahme der anderen Täter führen. Mit der letztgenannten Vorschrift ist der Zusammenhang zwischen dem verwirklichten Unrecht und der Strafmilderung aufgehoben, da die prämierte Leistung in einer Ermittlungshilfe besteht und keinerlei Konnex mit der zuvor begangenen Rechtsverletzung aufweist[228]. Art. 630 IV c.p. stellt also bereits eine Kronzeugenregelung im Bereich des Kernstrafrechts dar.

---

224 So die Definition S. *Ramajolis*, Giust. pen. III, 1994, Sp. 509.

225 *T. Padovani*, Riv. it. dir. proc. pen. 1981, S. 532 ff. (S. 534 f.); *ders.*, Riv. it. dir. proc. pen. 1986, S. 406, 417.

226 *T. Padovani*, Riv. it. dir. proc. pen. 1981, S. 535.

227 *T. Padovani*, Riv. it. dir. proc. pen. 1981, S. 536.

228 *T. Padovani*, Riv. it. dir. proc. pen. 1981, S. 537.

b) Regelungen in Nebengesetzen

Die meisten italienischen Kronzeugenregelungen finden sich verstreut in Nebengesetzen[229]. Sie werden hier in der Reihenfolge dargestellt, in der sie erlassen wurden[230].

Eine erste Kronzeugenregelung findet sich im *decreto legge* (Verordnung mit Gesetzeskraft[231]) vom 15.12.1979, Nr. 625, umgewandelt in Gesetz vom 06.02.1980, Nr. 15, sog. *legge Cossiga*, bezüglich terroristischer Straftaten. Die unrechts- und schuldangemessene Strafe wird nach Art. 4 des Gesetzes bis zur Hälfte gemildert, wenn der Täter sich von seinen Mittätern trennt, dazu beiträgt, die äußersten Folgen der Straftat zu verhindern und entscheidende Hinweise zur Identifizierung und Festnahme seiner Mittäter gibt. Vorausgesetzt sind also eine Aufklärungshilfe und ein Aufklärungserfolg. Nach Art. 5 des Gesetzes wird dem Versuchstäter Straffreiheit zugebilligt, wenn er freiwillig die Tat verhindert und Beweise für die genaue Rekonstruktion der geplanten Tat und die Individualisierung eventueller Mittäter liefert. Diese Regelung wurde durch das in seiner Geltungsdauer begrenzte und mittlerweile nicht mehr geltende Gesetz Nr. 304 vom 29.05.1982 erweitert und ergänzt. Dieses Gesetz enthielt in seinen Art. 1, 2, 3, 5 differenzierte Bestimmungen über Geständnisse und konkrete Aufklärungshilfen. Diese Handlungen waren als Leistung des Mitglieds einer kriminellen, terroristischen oder umstürzlerischen Vereinigung, das sich von einer solchen Vereinigung lossagt, zu erbringen, damit der Staat im Gegenzug einen Strafnachlaß oder Straffreiheit gewährte[232]. Das Gesetz (*legge*) vom 18.02.1987, Nr. 34, sah einen generellen Strafnachlaß für die Lossagung vom Terrorismus vor, die innerhalb einer bestimmten Zeitspanne erklärt werden mußte.

Die Verordnung des Präsidenten der Republik (*Decreto del Presidente della Repubblica*, d.p.r.) vom 09.10.1990, Nr. 309, gleichsam das italienische Betäubungsmittelgesetz, enthält in den Art. 73 VII und 74 VII eine Kronzeugenregelung hinsichtlich der Produktion und des Handels mit Betäubungsmitteln bzw. hinsichtlich des damit verbundenen Organisationsdelikts. In Art. 73 VII der Verordnung ist die Verhinderung der äußersten Folgen der Straftat, insbesondere auch durch Unterstützung der Polizeibehörden bei der Entziehung der zur De-

229 Zur Forderung einer einheitlichen Kronzeugenregelung s. S. *Ramajoli*, Giust. pen. 1994 III, Sp. 509.

230 Einen Überblick über die Regelungen und die zu ihnen ergangenen Entscheidungen der Corte di Cassazione gibt *L. Gullo*, Il pentitismo, S. 7 ff.

231 Zu den verschiedenen Gesetzestypen s. *P. Kindler*, Einführung in das italienische Recht, § 5 Rdnr. 9 ff.

232 Zu weiteren Einzelheiten s. *D. Oehler*, ZRP 1987, S. 44 f.; *R. Riz*, ZStW 100 (1988), S. 658.

liktsbegehung notwendigen Mittel für die Strafmilderung um die Hälfte bis zu zwei Drittel der schuldangemessenen Strafe vorausgesetzt. In Art. 74 VII der Verordnung bilden die wirkungsvolle Beweissicherung hinsichtlich des Delikts sowie das Entziehen entscheidender Mittel zur Begehung der Straftat die Handlungen, die zur Strafmilderung führen.

Zu nennen ist weiterhin Art. 6 der Verordnung mit Gesetzeskraft (*decreto legge*), Nr. 8, vom 15.01.1991, die sich auf Straftaten nach Art. 289-bis IV, 630 IV, V c.p. (Entführung zu terroristischen Zwecken, erpresserischer Menschenraub) bezieht. Die Strafmilderung um ein Drittel wird hier demjenigen Täter gewährt, welcher sich von seinen Mittätern lossagt und einen besonderen Aufklärungsbeitrag leistet. Sein Beitrag muß sich vor allem auf die Verkürzung der Freiheitsberaubung und die Unversehrtheit des Opfers auswirken. Die Verordnung mit Gesetzeskraft vom 13.05.1991, Nr. 152, enthält in Art. 8 eine Kronzeugenregelung hinsichtlich der Straftaten aus dem Bereich der Organisierten Kriminalität, die in Art. 416-bis c.p. (Mafiose Vereinigung) genannt sind. Die Lossagung von der Vereinigung und die Verhinderung äußerster Konsequenzen der Tat, die auch und gerade in der konkreten Aufklärungshilfe durch den Angeklagten bestehen kann, wird mit einem Strafnachlaß von einem Drittel bis zur Hälfte der schuldangemessenen Strafe belohnt.

c) Zusammenfassung

Die letztgenannten Regelungen heben den Zusammenhang zwischen dem Delikt und dem nach der Figur der tätigen Reue geforderten Gegenakt auf. Auch wenn ihre Folge im Hinblick auf die Strafzumessung eine materiell-rechtliche ist, bezweckt die Anwendung der Regelungen ein prozessuales Ziel, nämlich die Überwindung eines Beweisnotstands. Der Strafnachlaß oder die Straflosigkeit, ursprünglich gewährt wegen des durch den Gegenakt gleichsam nachträglich begrenzten Unrechts, gerät zur Handelsware für die von dem Angeklagten über seine Komplizen gegebenen Informationen[233]. Eingeführt im Rahmen der Notstandsgesetzgebung gegen den Terrorismus, haben sich Kronzeugenregelungen auch im italienischen Recht rasch in andere Deliktsbereiche ausgebreitet[234]. Die Gesetzesverordnung (*decreto legislativo*), Nr. 119, vom 29.03.1993 und die Ministerialverordnung (*decreto ministeriale*), Nr. 687, vom 24.11.1994 sollen

233 *T. Padovani*, Riv. it. dir. proc. pen. 1986, S. 411; für das deutsche Recht: *Th. Weigend*, ZStW 109 (1997), S. 112 f., S. 115; *W. Hassemer*, KritV 1990, S. 275 f.

234 In diesen Zusammenhang gehört auch ein Dekret über Einwanderer aus Nicht-EU-Staaten, das demjenigen eine Aufenthaltserlaubnis gewährt, welcher sich an der Aufklärung von Straftaten aus dem Bereich der Organisierten Kriminalität beteiligt, s. Corriere della Sera, 26.09.1996, S. 48.

den Schutz der *collaboratori con la giusitizia* (Mitarbeiter der Justiz) sicherstellen. Den Kronzeugenregelungen ist vor allem im Hinblick auf die Verfolgung der Mafia-Kriminalität eine erhebliche Effizienz nicht abzusprechen – eine Effizienz, die freilich mit den Strafzumessungsregeln aus Art. 133 c.p., 27 III it. Verf. nicht übereinstimmt und mit verheerenden Folgen für das Legalitätprinzip aus Art. 112 it. Verf. verbunden ist.

IV. Einschätzung der Vertragselemente im italienischen Strafprozeß

Das Vertragselement ist im italienischen Strafprozeß in zweierlei Funktion anzutreffen. Beide Male ist es implizit mit einem Notstandsargument verknüpft.

Einmal taucht es als Pakt des Beschuldigten mit der Justiz auf, der ihr einen kurzen Prozeß beschert, den er mit einer Reihe von Prämien, vorrangig einem Strafnachlaß, vergolten bekommt. Die Besonderen Verfahren sollen verhindern, daß sich das akkusatorische Prinzip selbst *ad absurdum* führt und die Strafrechtspflege in die Funktionsuntüchtigkeit stürzt. *Giudizio abbreviato* und *patteggiamento* sind nicht nur Vertrags*orientierungen*, sondern nach der italienischen Rechtsprechung und Lehre manifeste Verwaltungsverträge. Die beschränkten Verteidigungsmöglichkeiten des Angeklagten werden mit dem Einwilligungsargument gerechtfertigt: *Volenti non fit iniuria*. Nach demselben Prinzip willigt der Angeklagte durch den unterlassenen Widerspruch in die durch den Strafbefehl nach einem *procedimeto per decreto* verhängte Strafe ein. Bei allen Fragen, die die Besonderen Verfahren im Hinblick auf Verfassungsnormen, Prozeßprinzipien und Strafzumessungsregeln offen lassen, ist den Regelungen des c.p.p. in der Gestalt, die sie auch durch die Interventionen der *Corte costituzionale* angenommen haben, eine gewisse Stringenz nicht abzusprechen. Der "Handel mit Gerechtigkeit"[235] ist formalisiert und stellt eine allgemeine Möglichkeit für jedes Verfahren dar, das nach den objektiven Voraussetzungen für den Handel geeignet ist. Der Abschluß und die Abwicklung des Rechtsgeschäfts haben sich an die Bindungen zu halten, die im Zivilrecht für Verträge entwickelt worden sind. Dennoch hat sich der italienische Gesetzgeber gescheut, den Strafanspruch gänzlich zur Disposition der Parteien zu stellen. Hinsichtlich der Verfahren, die in dem gestuften System der Vermeidung der Hauptverhandlung – vom Strafbefehlsverfahren bei Geldstrafe bis zum abgekürzten Verfahren auch bei langjährigen Haftstrafen – nicht zu einem Abschluß gebracht werden können, gilt das uneingeschränkte Legalitätsprinzip.

---

235 So lautet der Titel einer Monographie *K. F. Schumanns* über das amerikanische *plea bargaining*.

Den zweiten Bereich des Paktierens bilden die Kronzeugenregelungen. Hier stand der italienische Gesetzgeber vor derselben Alternative, die *Cesare Beccaria* bereits 1766 für den Richter dargestellt hat: "Einige Gerichte versprechen dem Mittäter bei einem schweren Verbrechen, der seine Genossen angibt, Straflosigkeit. Ein solches Auskunftsmittel hat seine Nachteile wie Vorteile. Die Nachteile bestehen darin, daß die Nation den Verrat gutheißt, der verabscheuenswert noch unter den Verbrechern ist; ... Darüber hinaus verrät das Gericht die eigene Unsicherheit und die Schwäche des Gesetzes, das die Hilfe dessen sucht, der es verletzt. Die Vorteile bestehen darin, bedeutende Verbrechen zu verhindern, die, wenn die Wirkungen offenkundig und die Urheber verborgen sind, das Volk in Furcht versetzen"[236]. Der italienische Gesetzgeber hat sich dazu entschlossen, die Vorteile der Kronzeugenregelungen zu nutzen und Beweisnotstände zu beheben. Geständnis und Denunziation werden gegen Milde getauscht[237]. In Italien läßt sich ebenfalls die Tendenz beobachten, daß der Gesetzgeber eine für einen bestimmten Deliktsbereich eingeführte Kronzeugenregelung rasch zum Modell auch für andere Kriminalitätsbereiche nimmt[238].

Die Vertragsorientierung wird für das italienische Verfahrensrecht als ein Sieg der instrumentellen Vernunft über das Erbe der Aufklärung begriffen[239]. Die "liebliche Inquisition"[240] bricht sich unter der Maske des Parteiprozesses in den Besonderen Verfahren ebenso Bahn wie in den Strafrabatten und Strafbefreiungen des Kronzeugenregimes. Das Vorzeigen der Instrumente und das Anlegen der Daumenschrauben wird von dem viel subtileren Mechanismus von Leistungen und Gegenleistungen abgelöst, in dem selbst die Strafe eine Ware sein kann. Man mag die positiven Stimmen der Praxis als Bestätigung der Nützlichkeit solcher Verfahrensweisen werten[241] – die Kritik hat ihr auch im Hinblick auf das italienische Recht stets den Spiegel der Prozeßsubjektivität des einzelnen vorzuhalten.

---

236 *C. Beccaria*, Über Verbrechen und Strafen, S. 158 f.

237 *T. Padovani*, Riv. it. dir. proc. pen. 1981, S. 544.

238 So bereits die Vorhersage *T. Padovanis*, Riv. it. dir. proc. pen. 1981, S. 544 f., die sich bewahrheitet hat. *L. Gullo*, Il pentitismo, S. 49, spricht von einer epidemischen Ausbreitung.

239 *T. Padovani*, Riv. it. dir. proc. pen. 1981, S. 545; s. auch *ders.*, Riv. it. dir. proc. pen. 1986, S. 436.

240 "La soave inquisizione" ist der Titel der Arbeit *T. Padovanis*, Riv. it. dir. proc. pen. 1981, S. 529.

241 *D. Oehler*, ZRP 1987, S. 45.

D. Zusammenfassung des Vierten Kapitels – Rechtsvergleichende Betrachtung des Vertragsgedankens im Strafprozeßrecht

Die exemplarischen Untersuchungen der US-amerikanischen und der italienischen Rechtsordnung haben deutlich gemacht, daß das Vertragsdenken im Strafprozeßrecht sowohl im kontinentaleuropäischen als auch im anglo-amerikanischen Rechtskreis im Vordringen begriffen ist[242]. Hier wie dort werden der Verzicht auf Verfahrensrechte, insbesondere der Verzicht auf eine aufwendige Hauptverhandlung, oder die Vermittlung von ermittlungsrelevanten Informationen gegen Mittäter im Tausch gegen einen Strafnachlaß, einen Strafverzicht oder sonstige Vergünstigungen gehandelt. Es scheint, als ob mit einer Orientierung der Verfahrensordnung auf das akkusatorische Prinzip der Grundstein für verfahrensvereinfachende und verfahrensverkürzende Absprachen gelegt wäre. Diese sollen verhindern, daß sich das akkusatorische Verfahren durch die Aufwertung der Hauptverhandlung selbst *ad absurdum* führt. Für die Vertragsorientierung werden demnach prozeßökonomische Gründe (Deflation der Hauptverhandlung), die Entbehrlichkeit eines aufwendigen Verfahrens bei Interessenkonvergenz der Beteiligten sowie die Erzielung von Einzelfallgerechtigkeit angeführt. Angereichert werden diese Begründungen mit dem Argument der Funktionsuntüchtigkeit der Strafrechtspflege bei Verzicht auf ein Paktieren mit dem Beschuldigten und dem Hinweis auf den Ermittlungsnotstand in bestimmten Deliktsbereichen.

Bei aller Kritik an den einzelnen Regelungen bleibt festzuhalten, daß die untersuchten Rechtsordnungen die Aushandlungsprozesse nicht nur als bloß faktische Vertragsorientierung ansehen, sondern sie unter das Regime des Vertragsrechts stellen. Die Aushandlungsprozesse bleiben nicht auf der Stufe des Konsenses stehen, sondern werden in bindende Vereinbarungen umgesetzt. So behandelt die italienische Rechtsprechung Absprachen über Verfahren und Rechtsfolgen der Tat (*giudizio abbreviato*; *applicazione della pena su richiesta delle parti*, *patteggiamento*) als Verträge des öffentlichen Rechts. Das infolge eines *plea bargaining* abgegebene *guilty plea* untersteht dem Vertragsrecht: *plea bargaining as contract.* Die Bewertung als Vertrag führt zu einer Selbstbindung der Strafverfolgungsorgane im Pakt mit dem Beschuldigten. Ob umgekehrt der Vertragsschluß "Ausdruck der Eigenverantwortlichkeit des Beschuldigten"[243] ist, darf mit guten Gründen bezweifelt werden. Die Voraussetzungen für einen Ver-

242 Siehe im einzelnen die Länderdarstellungen bei *Th. Weigend*, Absprachen in ausländischen Strafverfahren, S. 31 ff.

243 *J. Herrmann*, Der amerikanische Strafprozeß, S. 148; s. auch *A. Eser*, ZStW 104 (1992), S. 382 ff.

tragsschluß unter den Bedingungen der Freiheit, Gleichheit und Selbständigkeit sind weder im italienischen noch im US-amerikanischen Verfahren in der Weise erfüllt, daß man von einem die Subjektivität und Personalität des Beschuldigten verwirklichenden Rechtsgeschäft sprechen könnte. Vielmehr bedeutet die Vertragsorientierung einen Triumph der instrumentellen Vernunft über die Prozeßsubjektivität des Beschuldigten. Er wird nur in dem Maße als Vertragspartner ernst genommen, in dem sich sein Angebot als nützlich für das Funktionieren des Gesamtsystems erweist. Will er sich dem staatlichen Kontrahierungszwang nicht beugen, so wird er mit empfindlichen Sanktionen belegt. Der Beschuldigte, der auf dem Markt, auf dem auch die staatliche Strafe eine Ware sein kann, keine Vorleistung erbringen kann, ist vom Handel ausgeschlossen.

Diese Zusammenhänge sind beim positiv anerkennenden Blick auf ausländische Verfahrensordnungen stets präsent zu halten und im folgenden bei der Bewertung des Vertragsgedankens im Strafprozeßrecht zu berücksichtigen.

Fünftes Kapitel – Bewertung des Vertragsgedankens im Strafprozeßrecht

Im fünften Kapitel ist der Vertragsgedanke im Strafprozeßrecht zu bewerten. Hierbei soll ausdrücklich benannt werden, was zwischen den Zeilen der Grundlegung, der Phänomenologie und der rechtsvergleichenden Betrachtung des Vertragsgedankens im Strafprozeßrecht bereits anklang.

Zunächst werden die Ergebnisse der bisherigen Untersuchung nochmals referiert. Im Anschluß erfolgt eine Kritik des Vertragsgedankens im Strafprozeßrecht vor dem Hintergrund des in der Grundlegung entwickelten Vertragsbegriffs und anhand des prinzipienorientierten "alten" Strafprozesses. Angesichts der Prognose, daß die Strafrechtspraxis trotz dieser Kritik nicht von der Vertragsorientierung abgehen wird, ist die Folgefrage zu stellen, weshalb die Praxis sich nicht auf eine Rekonstruktion der Vertragsorientierung als Vertrag im eigentlichen Sinne einläßt.

Schließlich ist dafür zu plädieren, daß der Vertrag im Strafverfahren die vorherrschende bloße Vertrags- bzw. Konsensorientierung ablöst. Die Strafrechtspraxis, aber auch Teile der Strafrechtswissenschaft sind immer weniger bereit, ein prinzipienorientiertes Strafverfahren nicht nur hochzuhalten, sondern auch durchzuführen. Regel und Ausnahme werden stets zusammen betrachtet, wie sich insbesondere am Verhältnis von Legalität und Opportunität zeigen läßt. Entdeckt sich die Vertragsorientierung – wie im Resümee zur Darstellung des "neuen" Strafprozesses angedeutet – als das zur Vollendung gelangte Opportunitätsdenken, so muß unter dem Regime des Vertragsrechts im Strafprozeß zumindest ein solches Maß an Bindung der Beteiligten erzeugt werden, daß der Beschuldigte nicht rechtlos gestellt ist. Damit könnte die Hoffnung verbunden sein, auf dem Umweg über den Vertrag im Strafprozeßrecht der Praxis diejenigen Zügel anzulegen, welche sie mit der Abkehr vom "alten" prinzipienorientierten Strafprozeß abgeworfen hat. Mit dieser Aussicht ist zugleich eine klare Entscheidung zwischen den beiden in der Grundlegung beschriebenen Prozeßmodellen anzumahnen und zu verdeutlichen, daß der Vertrag im Strafprozeß nicht ohne Aufgabe eines prinzipienorientierten Strafprozeßmodells zu haben sein wird.

A. Zusammenfassung der bisher gewonnenen Ergebnisse

I. Grundlegung

In der Grundlegung wurde zunächst herausgearbeitet, daß das Vertragsargument für die Begründung von Staat und Recht keine Rolle spielt[1]. Die Staats- und Rechtsbegründung ist eine Leistung der Menschen im Naturzustand, die sich nach einem Gebot der praktischen Vernunft – dem kategorischen Imperativ der Staatsgründung – im Staat zusammenschließen. Der Staat kann also nicht auf einen reellen oder fiktiven Gesellschaftsvertrag zurückgeführt werden. Das Staatshandeln ist folglich nicht am Inhalt des Gesellschaftsvertrags zu messen, sondern an den Bedingungen der Staatsbegründung: Freiheit, Gleichheit und Selbständigkeit des einzelnen. Die Ausübungsbedingungen der Staatsgewalt, die auch die Streitigkeiten über den Freiheitsgebrauch regelt, sind im allgemeinen Gesetz festgelegt. Material und Form der Staatsbegründung – also Freiheit, Gleichheit und Selbständigkeit als Prinzipien *a priori* des staatlichen Zustands und der kategorische Imperativ der Staatsgründung – bewahren vor einer Verselbständigung des Staates gegenüber dem einzelnen Bürger. Diesem staatstheoretischen Ausgangspunkt entspricht das Modell des "alten" Strafprozesses[2], der sich an den in allgemeinen Gesetzen niedergelegten Prinzipien und nicht am Willen der konkreten Verfahrensbeteiligten orientiert: Einleitung und Durchführung des Verfahrens sind prinzipien- und gesetzesorientiert. Sie folgen nicht den Maximen des jeweiligen Normanwenders. Das Recht der Beweiserhebung macht vor der Subjektivität und Personalität des Beschuldigten halt, die vor allem in seiner Freiheit von Selbstbezichtigungszwang zum Ausdruck kommen. Öffentlichkeit und Mündlichkeit sind nicht leere Form, sondern tragen dazu bei, daß die Rechtsprechung als öffentliche Aufgabe wahrgenommen und von der Öffentlichkeit kontrolliert werden kann. Die Vorschriften des Strafverfahrensrechts sind genauso klar bestimmt wie die Normen des materiellen Rechts, um einerseits die größtmögliche individuelle Freiheitsausübung, andererseits die Gleichheit aller vor dem Gesetz zu gewährleisten.

Diesem subjektorientierten Modell des Strafprozesses wurde der "neue" Strafprozeß gegenübergestellt[3], der sich vorwiegend an überindividuellen Interessen orientiert. Gesetzgebung und Rechtsanwendung lassen sich nach diesem Modell von der Opportunität, der Ökonomie und der Effizienz der Strafverfolgungsmaßnahmen leiten. Nur innerhalb dieser übergeordneten Interessen kann

1 S. o., Zweites Kapitel, A. I., S. 35 ff.
2 S. o., Zweites Kapitel, B. II., S. 79 ff.
3 S. o., Zweites Kapitel, B. III., S. 113 ff.

das Freiheitsrecht des einzelnen, reformuliert als *Fair trial*-Grundsatz, zum Ausdruck kommen. War der "alte" Strafprozeß der Prozeß der praktischen Vernunft, so ist der "neue" Strafprozeß der Prozeß einer instrumentellen Vernunft, die den Nutzen des einzelnen Verfahrens für das Gesamtsystem "Strafjustiz" im Blick hat.

Hat das Vertragsargument im staatsrechtlichen Bereich keinerlei Begründungskraft, so entfaltet es in der Sphäre des Privatrechts seine Wirksamkeit[4]. Hier treten sich – idealtypisch ausgedrückt – freie und gleiche Rechtspersonen gegenüber, um vor allem im gegenseitig verpflichtenden Vertrag ihrer Selbständigkeit Ausdruck zu verleihen. Privatautonomie und Vertragsfreiheit entdecken sich im privatrechtlichen Bereich als Ausprägungen der Freiheit des Menschen *a priori*. Geltungsgrund für das Vereinbarte ist der Vertrag selbst als schöpferischer Ursprung normativer Beziehungen, sofern bestimmte äußerste Grenzen beim Abschluß und bei der Gestaltung des Vertrags eingehalten werden (§§ 134, 138 I BGB). Prozeßrechtliche Folge der Privatautonomie ist der Dispositionsgrundsatz, nach dem allein die Parteien eines konkreten Zivilrechtsstreits über den Beginn, den Gegenstand und die Beendigung des Verfahrens bestimmen. Hierin liegen zugleich die Voraussetzungen eines Prozeßvergleichs, also eines verfahrensbeendenden Vertrags, aus dem sich auch ein materiellrechtlicher Anspruch ergibt. Der Prozeßvergleich unterstreicht sowohl in materieller als auch in verfahrensrechtlicher Hinsicht die Privatautonomie und die Vertragsfreiheit der Parteien des Zivilprozesses. Schließlich wurde im Zusammenhang mit dem zivilrechtlichen Vertrag herausgearbeitet, daß Vertrag und Konsens nicht gleichbedeutend sind. Erst der Rechtsbindungswille der am Vertragsschluß Beteiligten führt von der bloßen Willensübereinstimmung, vom *meeting of the minds*, vom *con-sensus* zum rechtsverbindlichen, auf Geltung auch für die Zukunft gerichteten Vertrag.

II. Phänomenologie des Vertragsgedankens im Strafprozeßrecht

Die Phänomenologie des Vertragsgedankens hat verdeutlicht, daß sich die Vertragsorientierung in weite Bereiche des Strafverfahrensrechts ausgebreitet hat[5]. Die am heftigsten diskutierte Erscheinung bilden Absprachen über das Verfahren und die Rechtsfolgen der Tat, die in allen Verfahrensabschnitten anzutreffen sind[6]. Es handelt sich hierbei um eine Vertragsorientierung *praeter legem*. Im

4 S. o., Zweites Kapitel, A. II., S. 53 ff.
5 S. o., Drittes Kapitel, S. 139 ff.
6 S. o., Drittes Kapitel, B., S. 179 ff.

positiven Recht findet sich die Vertragsorientierung im Bereich der Opportunitätsvorschriften (§§ 153 II, 153a, 153b II, 153e StPO), im Jugendstrafrecht (§§ 45, 47 JGG), im Vergleich im Privatklageverfahren (§ 380 I StPO) sowie im Strafbefehlsverfahren (§ 407 ff., 410 StPO)[7]. Die durch den Täter-Opfer-Ausgleich (§ 46a StGB) sowie zahlreiche Kronzeugenregelungen ermöglichte Vertragsorientierung im materiellen Strafrecht übersetzt § 153b StPO in die Sprache des Verfahrensrechts[8]. Angesichts der Menge der vertragsorientierten Normen des positiven Rechts nur die gesetzlich nicht geregelten Absprachen im Strafverfahren als den Kernbereich der Vertragsorientierung zu diskutieren, bedeutete, den Umfang der Vertragsorientierung zu verkleinern und die Frage ihrer Zulässigkeit unvollständig zu stellen. Ist von Vertragsorientierung die Rede, so muß sich der Blick auf alle diejenigen Institute richten, in welchen durch eine Übereinkunft der Beteiligten, durch einen Austausch von Leistungen und Gegenleistungen auf den Einzelfall bezogene Verfahrens- und Rechtsfolgenentscheidungen getroffen werden.

III. Rechtsvergleichende Betrachtung des Vertragsgedankens im Strafprozeßrecht

Im Rahmen der rechtsvergleichenden Betrachtung des Vertragsgedankens im Strafprozeßrecht hat sich herausgestellt, daß die exemplarisch untersuchten Rechtsordnungen der Vereinigten Staaten und Italiens in ihrem jeweiligen Strafverfahrensrecht ebenfalls große Bereiche der Vertragsorientierung aufweisen.

In den USA[9] handelt es sich um den Schuldhandel (*plea bargaining*) und um die Kronzeugenregelungen (*immunity*). In Italien[10] stehen die Besonderen Verfahrensarten (*procedimenti speciali*) und auch hier die Kronzeugenregelungen im Vordergrund. Von besonderem Interesse ist in diesem Zusammenhang die Feststellung, daß die genannten Rechtsordnungen die Aushandlungsprozesse unter das Regime des Vertragsrechts stellen: In Italien faßt der Kassationsgerichtshof Absprachen über das Verfahren und die Rechtsfolge der Straftat als Verwaltungsverträge auf, in den Vereinigten Staaten ist von *plea bargaining as contract* die Rede.

Einer distanzlos-unkritischen Aufforderung, die genannten Rechtsordnungen als Vorbild für eine Umstrukturierung des Strafverfahrens in der Bundesrepublik

7 S. o., Drittes Kapitel, A. I., S. 140 ff.
8 S. o., Drittes Kapitel, A. II., S. 166 ff.
9 S. o., Viertes Kapitel, B., S. 210 ff.
10 S. o., Viertes Kapitel, C., S. 232 ff.

zu nehmen, ist entgegenzuhalten, daß es sich zumindest bei dem US-amerikanischen Verfahren um ein an der Dispositionsmaxime bzw. dem Opportunitätsprinzip und nicht um ein am Legalitätsprinzip orientiertes Verfahren handelt. Eine unmittelbare Vergleichbarkeit der Prozeßmodelle besteht daher nicht. Mit der Übernahme der Vertragselemente aus dem Strafprozeßrecht der Vereinigten Staaten müßte konsequenterweise zugleich auch die Ablösung des Legalitätsprinzips durch die Opportunität und die mit ihr verbundene Dispositionsmaxime einhergehen. Daraus folgte dann aber auch die Disponibilität des öffentlichen Strafanspruchs und der Beschuldigtenrechte.

Hinsichtlich der Vertragsorientierung im italienischen Strafverfahrensrecht ist auf die Kritik hinzuweisen, die die Literatur an den Besonderen Verfahren und den Kronzeugenregelungen vor dem Hintergrund der Verfassung, der Grundsätze des Strafverfahrensrechts und des Strafzumessungsrechts übt. Am italienischen Beispiel zeigt sich deutlich, daß sich das prinzipien- und das vertragsorientierte Modell des Strafprozesses nicht bruchlos ineinanderfügen lassen.

B. Kritik der Vertragsorientierung im Strafprozeß

Im folgenden sind zunächst die vertragstheoretischen Einwände gegen die Vertragsorientierung zu formulieren, die sich aus den Überlegungen der Grundlegung zum Vertrag im Staatsrecht und im Privatrecht ergeben. Sodann sind die Einwände gegen die Vertragsorientierung darzustellen, die aus dem staatstheoretisch abgeleiteten "alten" Strafprozeß folgen. Subsumiert man die im Dritten Kapitel beschriebenen Phänomene der Vertragsorientierung unter die in der Grundlegung herausgearbeiteten Begriffe des Vertrags und des "alten" Strafprozesses, so ergibt sich, daß jede Art der Vertragsorientierung im Strafverfahren unzulässig ist. Diese Kritik trifft sowohl die positivrechtlich geregelte Vertragsorientierung als auch die Vertragsorientierung *praeter legem* im Bereich der Absprachen. Um nicht allein bei einer Negativ-Kritik stehenzubleiben, soll abschließend versucht werden, auf der Basis der in der Grundlegung herausgearbeiteten freiheitsgesetzlichen Theorie der Strafe einen Weg aus der Vertragsorientierung zu weisen.

I. Vertragstheoretische Einwände gegen die Vertragsorientierung im Strafprozeß

1. Staatstheoretische Einwände

Die Grundlegung hat ergeben, daß es im Rahmen der Staats- und Rechtsbegründung eines Rückgriffs auf den Vertrag nicht bedarf[11]. Das Handeln des aufgrund des kategorischen Imperativs der Staatsgründung gebildeten Staates orientiert sich allein an den Bedingungen der Staatsbegründung – also Freiheit, Gleichheit und Selbständigkeit des einzelnen – und nicht am Inhalt eines Gesellschaftsvertragskonstrukts. Die Ausübungsbedingungen der Staatsgewalt sind in den allgemeinen Gesetzen festgelegt. Das allgemeine Gesetz ist das Ergebnis einer Vernunftoperation zur Beantwortung der Frage, welche Freiheitsbeschränkungen zur Sicherung der Freiheit als wechselseitig und verallgemeinerungsfähig gedacht werden können. Das Strafrecht hat nach der freiheitsgesetzlichen Theorie der Strafe allein die Aufgabe, schwere Freiheitsverletzungen vergeltend zurückzuweisen. Das Strafverfahrensrecht schafft die Bedingungen für die Umsetzung des materiellen Strafrechts in die Praxis. Es ist hierfür kein bloß pragmatisch-formelles Mittel, sondern wie alles Recht an den Bedingungen der Staatsbegründung orientiert.

Mit der im Dritten Kapitel beschriebenen Ausbreitung des Vertragsdenkens im Strafverfahrensrecht löst sich das Staatshandeln von der staatstheoretisch geforderten Ausrichtung an allgemeinen Gesetzen. Der lange Weg der Begründung des staatlichen Freiheitseingriffs in Form der Strafe von der Staatstheorie über die Straftheorie hin zur Strafrechts- und Strafverfahrenstheorie wird abgekürzt: Die Anwendung des materiellen Rechts und die Frage der Durchführung des Verfahrens bleiben im Rahmen der strafprozessualen Vertragsorientierung einer Übereinkunft der Verfahrensbeteiligten für den konkreten Fall überlassen – positivistisch angeleitet im Bereich der Opportunitätsvorschriften, der Diversion im Jugendstrafrecht, des Sühneversuchs im Privatklageverfahren, des Strafbefehlsverfahrens, des Täter-Opfer-Ausgleichs und der Kronzeugenregelungen, ungeregelt im Bereich der Absprachen. Nicht das im Gesetz niedergelegte Prinzip, daß ein Strafverfahren durchgeführt werden und das Strafrecht zur Anwendung kommen soll, bestimmt vorrangig Einleitung, Durchführung und Ergebnis des Verfahrens. Maßgeblich sind vielmehr die Maximen der Beteiligten, die im Einzelfall das Verfahren leiten und die Entscheidung herbeiführen. Dem liegt die Überzeugung zugrunde, daß ein Ergebnis, sofern es nur auf einer Übereinkunft der Beteiligten beruht, auch ein richtiges Ergebnis sei. Durch diese Maximen-Orientierung wird der Vertrag, der in staatstheoretischer Hinsicht als bloße Or-

11 S. o., Zweites Kapitel, A. I., S. 35 ff.

ganisationsnorm aufgefaßt und durch den kategorischen Imperativ der Staatsgründung ersetzt wurde, gleichsam durch die Hintertür wieder als inhaltliches Kriterium für die Bewertung des Staatshandelns eingeführt. Was bereits in der dem Straf- und Strafverfahrensrecht vorgelagerten Staatstheorie verabschiedet wurde, nämlich ein voluntaristisch-legitimationstheoretischer Gebrauch des Vertragsarguments, kehrt nun im einzelnen Strafverfahren als staatlichem Verfahren wieder. Die jeweiligen Verfahrensbeteiligten treffen eine inhaltliche Entscheidung über Verfahrens- und Rechtsfragen, die mit einer strengen Gesetzesbindung zur Sicherung der Freiheit und Gleichheit aller Bürger nichts zu tun hat. Die vertraglich vereinbarte Geltung des materiellen Strafrechts für den konkreten Fall löst seine Geltung als vernunftrechtlich erkannten kategorischen Imperativ ab. Ebenso verhält es sich im Bereich des Strafverfahrensrechts: Seine durch einen Vertrag im jeweiligen Einzelfall festgelegte Geltung und Reichweite löst seine allgemeine Geltung als Regelwerk für eine gleichmäßige, das Strafverfolgungsrecht des Staates und die Freiheit des Beschuldigten gleichermaßen gewährleistende Durchsetzung des materiellen Rechts ab. Das materielle Recht und das Verfahrensrecht gelten nur noch in dem Umfang, in dem sie nach dem Willen der Beteiligten gelten sollen. Der strafende staatliche Eingriff in Freiheit und Eigentum des Beschuldigten muß sich nicht länger daran messen lassen, ob er nach den Prinzipien der Staatsbegründung gerechtfertigt ist, sondern nur noch daran, ob er einverständlich von den Beteiligten gewollt war und für sie nützlich ist. Dem Staatshandeln wird so die Last einer Rechtfertigung für die Freiheitsbeeinträchtigung in Form der Strafe genommen. In jedem Einzelfall können die Strafverfolgungsorgane auf das Argument verweisen, dessen Gebrauch ihnen nach einer freiheitsrechtlichen Staats- und Rechtsbegründung verwehrt ist: *Volenti non fit iniuria.*

Aus der staatstheoretischen Betrachtung ergibt sich, daß für das einzelne Strafverfahren nicht zu begründen ist, was als Entstehungsgrund des Staates abgelehnt wurde: So wenig, wie sich die Naturzustandsbewohner in einem Vertrag zusammenschließen, um dem Staat eine Legitimation für sein Handeln verschaffen, genau so wenig können der Ablauf und das Ergebnis eines konkreten Strafverfahrens mittels eines Vertrags zwischen den Verfahrensbeteiligten begründet werden. Das Handeln der Strafverfolgungsorgane hat sich, nicht zuletzt auch um dem Grundsatz der Gewaltenteilung gerecht zu werden, ausschließlich nach Prinzipien und allgemeinen Gesetzen und nicht nach einer teilweise durch positive Normen ermöglichten Willensbetätigung der Verfahrensbeteiligten im Hinblick auf einen Vertragsschluß zu richten.

Ausgehend von den staatstheoretischen Überlegungen zum Vertragsgedanken sind also die Bedingungen der Möglichkeit eines Vertrags im Strafverfahrensrecht nicht erfüllt.

2. *Privatrechtliche Einwände*

Auch vor dem Hintergrund des in der Grundlegung gewonnenen Begriffs des Vertrags zwischen Privatpersonen und unter Einbeziehung der Überlegungen zum Verwaltungsvertrag[12] kann die Vertragsorientierung im Strafprozeß keinen Bestand haben. Für eine Übernahme des Vertragsgedankens aus dem Zivilrecht in das Strafprozeßrecht fehlt es bereits an den Verwirklichungsbedingungen für die sich im Vertrag selbst bindende individuelle Freiheit. Ist das allgemeine Gesetz die Richtschnur, an der sich das Staatshandeln orientiert, so kann es für die Vertreter der staatlichen Strafverfolgungsorgane – Staatsanwalt und Richter – keine Privatautonomie geben, aus der die Vertragsfreiheit hergeleitet werden könnte. Wenn schon im Bereich subordinationsrechtlicher Verwaltungsverträge feststeht, daß die Verwaltung sich nicht der Handlungsform des Verwaltungsvertrags bedienen darf, um ihren Handlungsspielraum über die vom allgemeinen Gesetz gezogenen Grenzen hinaus auszudehnen[13], so ist der Verwaltungsvertrag erst recht keine Figur, mit der die Vertragsorientierung im Strafverfahren rekonstruiert und gerechtfertigt werden kann.

Neben den Mangel an Privatautonomie und Vertragsfreiheit auf Seiten des Staates als Voraussetzungen des privatrechtlichen Vertragsschlusses treten weitere privatrechtliche Einwände gegen das Vertragsdenken im Strafverfahrensrecht:

Die Bedingungen für den privatrechlichen Vertragsschluß, unter denen sich die Selbständigkeit des einzelnen verwirklichen kann, sind die Freiheit und die Gleichheit der Vertragsparteien. Werden im Verwaltungsvertragsrecht das Beamtenrecht, das Abgabenrecht, das Prüfungsrecht und das Staatsangehörigkeitsrecht als Bereiche genannt, in denen eine gleichberechtigte Mitwirkung von Privatpersonen an der Setzung von Rechtsfolgen ausgeschlossen ist[14], so gilt dies umso mehr für den gravierendsten staatlichen Freiheitseingriff in Form der Kriminalstrafe. Für den Verwaltungsvertrag wurde zudem herausgearbeitet, daß von einer wirklichen Gleichordnung der Parteien nicht die Rede sein kann, da die Verwaltung immer gleichsam das "letzte Wort" hat. Sie kann im Falle des Fehlschlagens des Vertragsschlusses mit dem Bürger einen Verwaltungsakt erlassen, um auf diesem Wege das angestrebte Ergebnis zu erreichen. Ebenso steht es im Strafverfahren. Die Möglichkeit der Strafverfolgungsorgane, das von ihnen gewünschte Ergebnis im Falle einer Ablehnung durch den Beschuldigten auch einseitig durchzusetzen, läßt die Bedingungen der Freiheit und Gleichheit

12 S. o., Zweites Kapitel, A. II., S. 53 ff.
13 S. o., Zweites Kapitel, A. II. 2. d), S. 71 ff.
14 S. o., Zweites Kapitel, A. II. 2. b), S. 69 f.

der Beteiligten als Voraussetzungen eines Vertragsschlusses entfallen und entwertet damit zugleich das Selbständigkeitskriterium. Die vorgestellte Gleichordnung der an der Aushandlung Beteiligten entpuppt sich als Schimäre, bleibt doch der Beschuldigte gegenüber der Justiz stets der Beteiligte mit der schwächsten Verhandlungsposition. Im Konfliktfall findet die Verhandlung *über* ihn und nicht *mit* ihm statt. Vor der stets aktuellen Gefahr der Objektivierung des Beschuldigten bewahren ihn die schützenden Formen des an den Bedingungen der Staatsbegründung orientierten allgemeinen Gesetzes, nicht aber das im Vertrag aufgehobene *Volenti non fit iniuria*.

Sind also bereits die Bedingungen der Möglichkeit eines Vertragsschlusses im Strafverfahren aus privatrechtlicher Sicht nicht erfüllt, so stößt ein dennoch zwischen den Verfahrensbeteiligten als geschlossen gedachter Vertrag sogleich an die von den §§ 134, 138 I BGB gezogenen Grenzen.

Sofern eine Regelung Vertragsinhalt sein sollte, die von dem allgemeinen Straf- oder Strafverfahrensgesetz nicht vorgesehen ist, begründet dies einen Gesetzesverstoß im Sinne des § 134 BGB mit der Folge, daß eine solche Vereinbarung nichtig ist. Das vertraglich Vereinbarte erweist sich dann als nicht verallgemeinerungsfähig. Liegt ein Verstoß gegen das Verbot mangelnder Verallgemeinerungsfähigkeit im Sinne des § 134 BGB hingegen nicht vor, weil sich das Ergebnis des Vertrags in den von den allgemeinen materiellen Strafgesetzen und den Strafverfahrensgesetzen vorgezeichneten Bahnen hält, so ist der Vertrag überflüssig. Er kann den Verfahrensbeteiligten nicht mehr gewähren, als das materielle Strafrecht und das Strafverfahrensrecht ohnehin gewährleisten[15]. Hiermit ist die Parallele zum Vertrag im Staatsrecht angesprochen: Hat sich das Handeln des Staates an den Bedingungen der Staatsbegründung auszurichten, so erübrigt dies nach den obigen staatstheoretischen Ausführungen das Zurückgehen auf einen Vertrag. Nur ein solches Staatshandeln ist rechtmäßig, das den Freiheitsgebrauch im Sinne strenger Wechselseitigkeit und Verallgemeinerungsfähigkeit einschränkt. Was eine verallgemeinerungsfähige Freiheitsbeschränkung ist, bestimmt das allgemeine Gesetz. Es bedarf also keines Rückgriffs auf einen verallgemeinerungsfähigen Vertragsinhalt.

Gibt der Beschuldigte seine Willenserklärung unter Zwang oder unter Androhung von Nachteilen ab, so greift zum einen das Anfechtungsrecht des § 123 BGB. Zum anderen kann ein derart zustandegekommener Vertrag bereits wegen Verstoßes gegen § 138 I BGB nichtig sein. Letzteres ist der Fall, wenn der Vertrag die Subjektivität und die Autonomie des Beschuldigten in Frage stellt oder beseitigt. Geht der Beschuldigte den Vertrag, der die Strafe über ihn verhängt,

15 Zum Verhältnis von Gewähren und Gewährleisten im Zusammenhang mit der Staatstheorie s. o., Zweites Kapitel, A. I. 2., S. 46 ff.

etwa deswegen ein, weil ihm andernfalls eine noch schwerere Freiheitsbeeinträchtigung droht, so verwirklicht sich die Selbständigkeit des Beschuldigten nicht mehr unter den Bedingungen von Freiheit und Gleichheit. Die Alternativlosigkeit einer solchen Entscheidung offenbart den Mangel an Autonomie, die Grundlage jeder vertraglichen Bindung ist. Ein derart gesetzter bloßer Schein eines Vertrags drückt nicht länger den Willen des Beschuldigten aus. In einem größeren Zusammenhang stellt sich schließlich die Frage, ob nicht jede vertragsorientierte Verfahrensgestaltung und Verfahrensbeendigung dem Verdikt des § 138 I BGB verfällt, wenn sie die Zustimmung des Beschuldigten in die Verfahrensweise und das Ergebnis in den Dienst der Justizentlastung stellt und ihn so von einem Verfahrenssubjekt in ein Objekt des Verfahrens verwandelt.

Auch unter dem Blickwinkel des privatrechtlichen Vertrags kann das Vertragsdenken im Strafprozeßrecht also keinen Bestand haben.

II. Einwände gegen die Vertragsorientierung im Strafprozeß aufgrund der Verfahrensprinzipien des "alten" Strafprozesses

Im folgenden soll auf die Einwände gegen die Vertragsorientierung im Strafprozeß eingegangen werden, die sich aus den Verfahrensprinzipien des "alten" Strafprozesses ergeben. Es ist an dieser Stelle nicht möglich, jede der im Dritten Kapitel beschriebenen positivrechtlichen Regelungen und alle Verfahrensinstitute *praeter legem* mit jedem der im Zweiten Kapitel abgeleiteten Verfahrensprinzipien zu konfrontieren. Vielmehr sollen in einem möglichst knappen Durchgang durch die Verfahrensprinzipien exemplarische Einwände gegen die Vertragsorientierung vorgetragen werden.

1. Grundsätze der Einleitung des Verfahrens

Gemessen an den Prinzipien der Einleitung des Verfahrens bedeutet die Vertragsorientierung einen Bruch mit dem Legalitäts-, dem Akkusations- und dem Offizialprinzip.

a) Legalitätsprinzip

Hinsichtlich des Legalitätsprinzips wurde in der Grundlegung folgendes herausgearbeitet[16]: Das Legalitätsprinzip, das in den §§ 152 II, 170 I StPO seinen gesetzlichen Ausdruck gefunden hat, stellt sicher, daß die Strafverfolgungsorgane

16 S. o., Zweites Kapitel, B. II. 1 c), S. 85 ff.

den materiellen Strafanspruch des Staates als kategorischen Imperativ in allen Fällen unter denselben Voraussetzungen verwirklichen. Es ist gleichsam die Schnittstelle zwischen dem materiellen Recht und dem Verfahrensrecht. Der strafverfolgende Staat muß gegen jeden einer Straftat Verdächtigen in gleicher Weise vorgehen. Das im Legalitätsprinzip niedergelegte Strafverfolgungsrecht und die ihm korrespondierende Strafverfolgungspflicht sind Folge der kategorischen (Straf-)Rechtsbegründung. Wie in der Phänomenologie des Vertragsgedankens gezeigt wurde, kann ein Strafverfahren nach §§ 153 II, 153a, 153b II, 153e StPO und §§ 45, 47 JGG durch eine Übereinkunft der Beteiligten, nach einem Austausch von Leistung und Gegenleistung vor dem Urteil durch Einstellung beendet werden. Das Strafverfahren wird ebenfalls nach einem gelungenen Täter-Opfer-Ausgleich nach § 46a StGB, § 153b StPO eingestellt. Die Informationsvermittlung des Kronzeugen führt zur Verfahrenseinstellung, die gegebenenfalls über § 153b StPO ermöglicht wird. Absprachen *praeter legem* über Verfahren und Rechtsfolgen haben neben einer verfahrensfördernden häufig auch eine verfahrensbeendende Funktion.

Der Verstoß der Vertragsorientierung im Strafverfahren gegen das Legalitätsprinzip liegt auf der Hand: Hängen die Einleitung, die Durchführung und das Ergebnis eines Strafverfahrens nicht länger vom materiellen Recht und vom Verfahrensrecht ab, sondern von der Übereinkunft der Beteiligten im konkreten Verfahren, so herrschen im Strafverfahren in Umkehrung des Legalitätsprinzips nicht länger Gesetze, sondern Personen[17]. Können Strafverfahren gemäß der jeweiligen Lage des Einzelfalls nach dem Willen der Beteiligten beendet werden (oder auch nicht), so gehen die Strafverfolgungsorgane nicht mehr gegen jeden einer Straftat Verdächtigen in gleicher Weise vor. Daß ein Strafverfahren in einem Fall eingestellt wird, bedeutet nicht zwingend, daß es in einem gleichgelagerten Fall ebenfalls eingestellt wird. Das Verfolgungsrecht als ein Bestandteil des Legalitätsprinzips bleibt zwar generell bestehen. Die Verfolgungspflicht, die als Ausfluß der kategorischen Strafrechtsbegründung die notwendige Kehrseite des Verfolgungsrechts zur Gewährleistung der Gleichheit aller vor dem Gesetz bildet, wird hingegen von Zweckmäßigkeitserwägungen im Einzelfall abgelöst.

Dem Einwand, daß die Vertragsorientierung gegen das Legalitätsprinzip verstößt, ist nicht dadurch zu begegnen, daß man das Prinzip relativiert und ihm in den genannten Vorschriften eine Reihe von Ausnahmen, Durchbrechungen, Begrenzungen oder Beschränkungen beigesellt. Angesichts der in dieser Arbeit vertretenen Exklusivität von Legalität und Opportunität[18] lassen sich die Ver-

---

17 *W. Naucke*, Zustand des Legalitätsprinzips, S. 149.

18 S. o., Zweites Kapitel, B. II. 1. c), S. 85 ff., einerseits, Zweites Kapitel, B. III. 1., S. 114 ff., andererseits.

tragsorientierung und das Legalitätsprinzip nicht zur Deckung bringen. Die vertragsorientierte Beendigung von Strafverfahren mag mit einem Streben nach Einzelfallgerechtigkeit zu rechtfertigen sein. Wie im rechtsvergleichenden Teil gezeigt wurde, ist dies auch ein Argument für die Praxis des *plea bargaining* im US-amerikanischen Strafverfahren[19]. Eine gleichmäßige Rechtsanwendung im Sinne der im verfassungsrechtlichen Gleichheitssatz konkretisierten Gleichheit *a priori* der Bürger kann die Vertragsorientierung jedoch nicht mehr gewährleisten, da sie die Strafverfolgung nicht länger am allgemeinen Gesetz ausrichtet. Die Einführung des Vertragsgedankens in das Strafprozeßrecht verstößt nicht nur gegen einen der wesentlichen Grundsätze des prinzipienorientierten Strafverfahrens, sondern sie zerstört das Legalitätsprinzip.

b) Akkusationsprinzip

Auch im Hinblick auf das in §§ 151, 152 I StPO niedergelegte Akkusationsprinzip begegnet die Vertragsorientierung Einwänden. Das Akkusationsprinzip schreibt die Trennung der Anklagefunktion von der Richterfunktion vor, um im Sinne der Gewaltenteilung eine Machtbegrenzung und ein unabhängiges richterliches Urteil zu gewährleisten[20]. Diese Sicherungsfunktion kann das Akkusationsprinzip aber dann nicht mehr erfüllen, wenn sich die Straf- bzw. Sanktionsentscheidung im Rahmen der Vertragsorientierung immer mehr vom Richter auf den Staatsanwalt verlagert. Dies ist insbesondere an den Einstellungsmöglichkeiten nach §§ 153, 153a StPO, im Jugendstrafverfahren (§ 45 I, II JGG) und auch im Strafbefehlsverfahren (§§ 407 ff. StPO) zu beobachten. Hinsichtlich Vergehen mit geringer Tatfolge ist die Zustimmung des Richters für die Einstellung und für die Sanktionsverhängung gemäß §§ 153 I S. 2, 153a I S. 6 StPO entbehrlich. Hier und in § 45 I, II JGG ist die richterliche Kontrolle der Einstellungsentscheidung bzw. der Sanktionsverhängung gar nicht vorgeschrieben. Hinsichtlich des Strafbefehlsverfahrens unterbleibt eine unabhängige, inhaltlich-materielle Kontrolle durch den Richter zumindest dann, wenn der Staatsanwalt den Inhalt des Strafbefehls sowohl mit dem Beschuldigten als auch mit dem Richter im Rahmen einer verfahrensfördernden Absprache im Ermittlungsverfahren abklärt[21]. Legt der Angeklagte gegen eine auf diese Art und Weise verhängte Strafe keinen Einspruch ein, so erwächst eine vom Staatsanwalt festgelegte Strafe in Rechtskraft (§ 410 III StPO), über die der Richter faktisch nur noch eine formale Kontrolle besitzt. Die richterliche Funktion verschiebt sich

19 S. o., Viertes Kapitel, B. II. 1. b), S. 221 f.
20 S. o., Zweites Kapitel, B. II. 1. b), S. 82 ff.
21 *W. Schmidt-Hieber*, Absprachen im Strafverfahren, Rdnr. 75.

vom unabhängigen Richter auf den weisungsgebundenen Staatsanwalt. Kommt dem Staatsanwalt im Rahmen der Vertragsorientierung eine weitgehende Entscheidung über das Ob und das Wie der strafrechtlichen Sanktion zu, so verwandelt er sich in einen "Richter vor dem Richter"[22]. Die Trennung der Anklage- von der Urteilsfunktion, einst erkämpft gegen die Allmacht des zugleich ermittelnden und urteilenden Richters im inquisitorischen Prozeß, ist im "exekutivischen Recht"[23] nicht mehr zu erkennen. Beide Funktionen fallen nunmehr in der Person des Staatsanwalts in eins. Im Bereich der Vertragsorientierung *praeter legem* verschwimmen die Rolle des Anklägers und des Richters vollständig. Setzt nämlich die verfahrensbeendende Absprache die Übereinkunft aller Prozeßbeteiligten voraus, so kann von einer Trennung der Verfahrensfunktionen und einer wechselseitigen Kontrolle von Richter und Staatsanwalt nach dem Akkusationsprinzip keine Rede mehr sein. Gleichgelagerten Bedenken begegnet die Vertragsorientierung im Hinblick auf die richterliche Unabhängigkeit[24] sowie – im Falle der Verhängung einer Freiheitsstrafe – hinsichtlich des Richtervorbehalts[25].

c) Offizialprinzip

Nach dem in § 152 I StPO gesetzlich niedergelegten Offizialprinzip[26] sind die Einleitung und die Durchführung eines Strafverfahrens Aufgabe des Staates und nicht Sache des einzelnen Bürgers. Hinsichtlich dieses Verfahrensprinzips ist vor allem auf den Konflikt mit dem Privatklageverfahren hinzuweisen, das dem Bürger hinsichtlich der Privatklagedelikte die Einleitung und die Durchführung des Verfahrens überläßt, sofern kein öffentliches Interesse an der Strafverfolgung besteht. Dieser Konflikt verschärft sich, wenn nach der Verweisung auf den Privatklageweg ein Vergleich zwischen dem Täter und dem Opfer den Strafprozeß beendet. Das materielle Strafrecht postuliert zwar den Strafanspruch, seine Verfolgung bleibt aber der Privatperson überlassen, die nach einer Übereinkunft mit dem Täter als einer anderen Privatperson das Verfahren beenden kann. Obwohl der strafverfolgende Staat im materiellen Strafrecht Strafbarkeit postuliert, erkennt er die Übereinkunft der Verfahrensbeteiligten grundsätzlich an. Das Verfahren endet ebenso wie im Zivilrechtsstreit nach einem gemäß der Dispositionsfreiheit der Parteien geschlossenen Prozeßvergleich. Die Reprivatisierung des Strafverfahrens durch das Privatklageverfahren und die mit ihm verbundene

22 So der Titel der Arbeit von *E. Kausch*.
23 *P.-A. Albrecht*, Exekutivisches Recht, S. 7 ff.
24 S. o., Zweites Kapitel, B. II. 1. d) bb), S. 89 f.
25 S. o., Zweites Kapitel, B. II. 1. d) cc), S. 90.
26 S. o., Zweites Kapitel, B. II. 1. a), S. 81 f.

Vergleichsmöglichkeit birgt die Gefahr der Spirale von Gewalt und Gegengewalt in sich, die durch das Strafverfahren als staatliches Verfahren zur Entscheidung über Freiheitsverletzungen unterbunden werden sollte. Insbesondere im Hinblick auf die Privatklagedelikte der Beleidigung, der Bedrohung und vor allem der Körperverletzung vermittelt der institutionalisierte Sühneversuch den Eindruck, als ob es dem Staat gleichgültig sei, daß der Täter das Opfer in seiner Freiheit verletzt hat. Zumal im Bereich der Körperverletzung, deren Strafrahmen von drei Monaten bis zu fünf Jahren reicht, stellt es eine Zumutung für das Opfer dar, vor der Privatklage die Sühne mit dem Täter versuchen zu sollen. Der damit verbundenen Gefahr der Selbsthilfe des Opfers läßt sich nur mit dem Hinweis begegnen, daß die Staatsanwaltschaft bei Bestehen eines öffentlichen Interesses zur Strafverfolgung verpflichtet (§ 376 StPO) und an einen Vergleich im Privatklageverfahren nicht gebunden ist. Allerdings ist dieser Hinweis vor dem Hintergrund einer wuchernd vordringenden Opportunität als wenig gewichtig und somit als hilflos anzusehen.

Auch außerhalb der Privatklagedelikte gerät das Offizialprinzip gegenüber der Vertragsorientierung ins Hintertreffen, wenn das Verfahren und das Ergebnis des Strafprozesses einer Übereinkunft der Verfahrensbeteiligten im Einzelfall überlassen bleiben. Das Offizialprinzip kanalisiert dann nicht länger das Mißtrauen gegen die Macht des Opfers, das gegen die Gewalt des Täters wiederum Gewalt zu setzen bereit ist. Das Opfer kann schwerlich nachvollziehen, ob der Staat in dem Strafverfahren die durch den Täter begangene Freiheitsverletzung ernst nimmt, wenn schließlich eine vertragsorientierte Einstellung oder eine vertragsorientierte Sanktion das Verfahren beenden. Das Mißtrauen des Opfers wird sich weiter verstärken, wenn es erkennen muß, daß es vertragsorientierte Einstellungsentscheidungen nicht mit dem Klageerzwingungsverfahren (§§ 172 ff. StPO) angreifen kann.

Auch die im Offizialprinzip enthaltene Begrenzung der Macht des Staates, der zur Strafverfolgung nicht mehr unternehmen darf, als zur Wiederherstellung des durch die Straftat gestörten rechtlichen Zustands nach allgemeinen, an den Bedingungen der Staatsbegründung orientierten Gesetzen erforderlich ist, löst sich auf, wenn sich der Staat bei der Verhängung der Strafe nicht länger am allgemeinen Gesetz orientiert, sondern dem Grundsatz *Volenti non fit iniuria* folgt.

2. *Grundsätze der Durchführung des Verfahrens*

Hinsichtlich der Grundsätze der Durchführung des Verfahrens[27] ist im Zusammenhang mit der Vertragsorientierung folgendes festzuhalten:

---

27 S. o., Zweites Kapitel, B. II. 2., S. 91 ff.

Soweit Absprachen *praeter legem* den Tausch eines Geständnisses gegen bestimmte Leistungen der Strafverfolgungsorgane zum Gegenstand haben, verstößt die Vertragsorientierung gegen den Ermittlungsgrundsatz (§§ 244 II, 155 II StPO)[28]: Das Gericht klärt den Sachverhalt nicht mehr von Amts wegen auf, sondern verläßt sich auf den Sachverhalt, der als Teil der Übereinkunft im Geständnis des Angeklagten festgelegt wurde. Das Prinzip der Erforschung der materiellen Wahrheit wird durch das Prinzip der Festlegung einer formellen, zwischen den Verfahrensbeteiligten ausgehandelten Wahrheit ersetzt. Die zivilprozessuale Disposition rückt an die Stelle der strafprozessualen Instruktion, wenn dem allgemeinen Gesetz im Rahmen der Vertragsorientierung keine Vorgaben für die Aufklärung des Sachverhalts als Entscheidungsgrundlage für den einzelnen Fall entnommen werden und es nur noch als Einsatz im "Spiel" des jeweiligen Aushandlungsprozesses angesehen wird. Dies gilt zum einen für die Relativierung des staatlichen Strafanspruchs, der im Rahmen der Vertragsorientierung nicht mehr im Sinne der Grundlegung als kategorischer Imperativ aufgefaßt wird und im Falle eines Strafrabatts als Gegenleistung für eine verfahrensvereinfachende oder verfahrensbeschleunigende Vorleistung des Beschuldigten auch gar nicht mehr als solcher aufgefaßt werden kann[29]. Es gilt zum anderen für die Verhandelbarkeit der schützenden Formen des Strafprozesses für den Beschuldigten, die die Grenze des staatlichen Zugriffs auf den einzelnen im Rahmen eines Strafverfahrens abstecken sollen. Auf diesen Zusammenhang wurde auch im Rahmen der Betrachtung des US-amerikanischen Strafprozesses hingewiesen[30]. In dem diesem Prozeß zugrundeliegenden Parteiverfahren ist zwar eine Einigung über Tatsachen und Rechtsfragen leichter denkbar, jedoch ist auch hier zu beobachten, daß die Rechtspositionen des Beschuldigten und das materielle Recht zu bloßen *bargaining chips* im Rahmen von Aushandlungsprozessen verkommen.

Hinsichtlich des in Art. 103 I GG verfassungsrechtlich verbürgten rechtlichen Gehörs[31] erweist sich insbesondere das Strafbefehlsverfahren als problematisch. Beantragt die Staatsanwaltschaft einen Strafbefehl, den das Gericht antragsgemäß erläßt, und legt der Angeklagte hiergegen keinen Widerspruch ein, so verhängt das Gericht eine Strafe, ohne daß der Angeklagte vor Erlaß des Strafbefehls Gelegenheit gehabt hätte, sich mündlich zum Sachverhalt und zur Rechtslage zu äußern und damit gehört zu werden. Der Hinweis auf die Einspruchs-

---

28 Zum Ermittlungsgrundsatz s. o., Zweites Kapitel, B. II. 2. a), S. 91 f.

29 Auf die Abkoppelung der Bestrafung bzw. der Strafhöhe vom Schuldgehalt der Tat wurde insbesondere hinsichtlich der italienischen Kronzeugenregelungen hingewiesen, s. o., Viertes Kapitel, C. III. 2., S. 252 ff.

30 S. o., Viertes Kapitel, B. II. 1. f), S. 226 f.

31 S. o., Zweites Kapitel, B. II. 2. b), S. 93 f.

möglichkeit ist dann nur ein schwacher Trost, insbesondere wenn der Inhalt des Strafbefehls im Rahmen einer verfahrensfördernden Absprache zwischen dem Staatsanwalt und dem Beschuldigten unter der Bedingung ausgehandelt wurde, daß der Angeklagte nach Erlaß des Strafbefehls durch den Richter keinen Einspruch einlegt. Will der Angeklagte den Inhalt des Strafbefehls zu seinen Gunsten beeinflussen, so bleibt ihm nichts anderes übrig, als auf die Einspruchsmöglichkeit zu verzichten. Aus Gründen der Verfahrensverkürzung und Verfahrensvereinfachung vermag das Einwilligungsargument über den Einspruchsverzicht selbst das "prozessuale Urrecht"[32] des rechtlichen Gehörs zur Disposition zu stellen.

In Bezug auf die Grundsätze der Beschleunigung und Konzentration des Verfahrens[33] erfüllt die Vertragsorientierung scheinbar alle Erwartungen: Das Verfahren kann bereits im Ermittlungsverfahren eingestellt oder schriftlich geführt werden. Es kann auch in der Hauptverhandlung eingestellt bzw. durch Absprachen *praeter legem* beschleunigt oder mit einem vorzeitigen Schuldspruch beendet werden. Gelingt es, die in einen Interessenkonflikt umdefinierte Freiheitsverletzung des Täters gegenüber dem Opfer mittels einer Privatklage oder über den Täter-Opfer-Ausgleich an die Beteiligten zurückzugeben, so erübrigt sich ein staatliches Strafverfahren.

Dem ist jedoch entgegenzuhalten, daß Beschleunigung und Konzentration des Verfahrens keine bloßen Mittel zum Zwecke einer raschen Verfahrensdurchführung oder eines raschen Verfahrensabschlusses sind. Sie sind vielmehr zum einen untrennbar mit dem Grundsatz der materiellen Wahrheit verbunden und dienen zum anderen dem Schutz des Unschuldigen, der nicht länger als unbedingt erforderlich mit einem Freiheitseingriff in Form des Strafverfahrens belastet werden soll. Daß die Suche nach der materiellen Wahrheit sich in der Vertragsorientierung zugunsten der Aushandlung einer formellen Wahrheit auflöst, wurde bereits festgestellt. Beschleunigung durch Vertragsorientierung kann also zur Erforschung der materiellen Wahrheit nichts beitragen. Auch der individuelle Schutzzweck des Beschleunigungsgrundsatzes wird *ad absurdum* geführt, wenn die Verfahrensbeteiligten im Rahmen einer Absprache die Verurteilung des Täters aufgrund seines Geständnisses antizipieren und nur noch über die Rechtsfolge verhandeln. Rechtsvergleichend wurde darauf hingewiesen, daß das US-amerikanische *plea bargaining* die Unschuldsvermutung in eine Schuldvermutung umkehrt[34]. Noch nicht einmal das Aushandeln der Realität, also des tatsächlichen Geschehens in der Vergangenheit, sondern das sehr pragmatische

---

32 BVerfGE 55, S. 1 ff. (S. 6).
33 S. o., Zweites Kapitel, B. II. 2. c), S. 95.
34 S. o., Viertes Kapitel, B. II. 1. f), S. 226 f.

Aushandeln der Sanktion stehen im Vordergrund, um den Umfang und die Dauer des Verfahrens zu verkürzen.

§§ 153 II, 153a, 153b II, 153e StPO sowie §§ 45, 47 JGG streben gerade nicht an, das Verfahren möglichst schnell durch eine Einstellung im Sinne des § 170 II StPO oder durch einen Freispruch zu beenden und den Unschuldigen aus dem Verfahren zu entlassen oder zu einer Verurteilung des Schuldigen zu gelangen. Vielmehr ermöglichen sie es, das Verfahren gegen einen (mutmaßlich) Schuldigen möglichst rasch, ohne endgültiges Schuldurteil, teilweise unter Verhängung von Sanktionen, in jedem Fall aber nach einem Tausch von Leistung und Gegenleistung zu beenden. Bei diesen Verfahren steht nicht der Schutz des Unschuldigen im Vordergrund, sondern die Aufrechterhaltung der Funktionsfähigkeit des Gesamtsystems Strafrechtspflege.

3. Beweisgrundsätze

Im Verhältnis zu den Beweisgrundsätzen gerät die Vertragsorientierung *praeter legem* in einen Widerspruch zum Grundsatz der freien richterlichen Beweiswürdigung (§ 261 StPO)[35]. Der Richter schöpft im Falle der Absprache über die Rechtsfolge der Tat seine Überzeugung als notwendige Grundlage der Entscheidung nicht länger aus dem Inbegriff der Hauptverhandlung, sondern aus dem Inhalt der Absprache. Unter diesen Voraussetzungen kann auch der Grundsatz *In dubio pro reo*[36] keine Wirksamkeit mehr entfalten: Die Übereinkunft der Beteiligten erstickt jeden Zweifel. Besonders deutlich tritt dies in den §§ 45 III S. 1, 47 I S. 1 Nr. 3 JGG zutage, die von dem jugendlichen Beschuldigten oder Angeklagten ein Geständnis als Vorleistung für die Verfahrenseinstellung verlangen. Dasselbe gilt aber auch für eine Sanktionsentscheidung in der Hauptverhandlung nach § 153a II StPO, denn die Übereinkunft der Beteiligten darüber, daß eine der in § 153a I S. 1 Nr. 1 bis 4 StPO genannten Sanktionen zur Beseitigung des öffentlichen Interesses mit dem Ziel der Verfahrensbeendigung verhängt wird, ersetzt die Notwendigkeit richterlicher Beweiswürdigung als Grundlage einer freisprechenden oder verurteilenden Entscheidung. Die freie richterliche Beweiswürdigung verwandelt sich in eine gebundene, wenn der Verfahrensausgang nicht mehr im richterlichen Urteil, sondern einverständlich durch die Beteiligten festgelegt wird. Der Verstoß der Vertragsorientierung gegen den Grundsatz der freien Beweiswürdigung korrespondiert mit der oben dargestellten Ablösung der Suche nach der materiellen Wahrheit durch die Herstellung einer formellen Wahrheit. Die sich in der Vertragsorientierung selbst

---

35 S. o., Zweites Kapitel, B. II. 3. b), S. 97 f.
36 S. o., Zweites Kapitel, B. II. 3. c), S. 98 f.

bindende Freiheit des Beschuldigten erübrigt zugleich den Grundsatz, daß bei Zweifeln stets für die Freiheit des Beschuldigten – *In dubio pro libertate* – zu entscheiden ist.

Das Strafbefehlsverfahren setzt den Grundsatz der Unmittelbarkeit[37], nach dem der Richter sein Urteil allein aufgrund seines persönlichen Eindrucks von dem Angeklagten und den Beweismitteln in der Hauptverhandlung bilden soll, vollständig außer Kraft. Legt der Angeklagte, gegen den ein Strafbefehl erlassen wurde, hiergegen keinen Widerspruch ein, erklärt er also durch sein Schweigen seine Zustimmung zum Verfahren und zum Verfahrensergebnis, so wird über ihn in einem ausschließlich schriftlichen Verfahren ein Urteil verhängt. Der Richter kann sich weder über den Angeklagten noch über die seiner Überführung dienenden Beweismittel einen eigenen Eindruck verschaffen. Das gegen das geheime, schriftliche Verfahren des Inquisitionsprozesses erstrittene Unmittelbarkeitsprinzip wird mit den Argumenten beiseitegeschoben, der Angeklagte habe mangels Einspruchs seine Einwilligung in diese Verfahrensart gegeben bzw. er könne durch seinen Einspruch eine dem Unmittelbarkeitsprinzip entsprechende Hauptverhandlung herbeiführen. Angesichts des in verfahrensfördernden Absprachen *praeter legem* häufig ausgehandelten Einspruchsverzichts verweist das letzte Argument in den Bereich des Hypothetischen.

Ein weiterer gravierender Einwand gegen die Vertragsorientierung ergibt sich im Zusammenhang mit den Beweisgrundsätzen hinsichtlich der Freiheit des Beschuldigten von Selbstbezichtigungszwang, der unter anderem in den §§ 136 I S. 2, 136a StPO seinen gesetzlichen Ausdruck findet[38]. Legt der Beschuldigte im Rahmen der Absprache *praeter legem* oder im Verfahren nach §§ 45 III S. 1, 47 I S. 1 Nr. 3 JGG ein Geständnis ab, das ihm die Justiz mit einer Gegenleistung vergilt, so wirkt er an seiner eigenen Überführung mit. Er wird im Handel um Leistung und Gegenleistung in den objektiven Erkenntnisprozeß eingespannt und als Mittel zum Zweck der Justizentlastung durch Verfahrenseinstellung und Verfahrensverkürzung gebraucht, was der Anerkennung seiner Autonomie im Rechtssinne widerstreitet. Auch ein Verfahren, das wie § 153a StPO eine sogenannte Selbstunterwerfung des Beschuldigten verlangt, unterliegt derselben Einschätzung: Stets muß der Beschuldigte sein Beharren auf der Unschuldsvermutung aufgeben. Stattdessen willigt er in ein Verfahren und ein Ergebnis ein, das zwar keiner Verurteilung gleichsteht, jedoch auch keiner Einstellung im Sinne der Entscheidung nach § 170 II StPO entspricht. Die Vertragsorientierung, die bereits begrifflich die Übereinkunft und das Zusammenwirken der Prozeßbeteiligten voraussetzt, durchbricht den Grundsatz, daß der Angeklagte gar nichts zu

---

37 S. o., Zweites Kapitel, B. II. 3. a), S. 96 f.
38 S. o., Zweites Kapitel, B. II. 3. d), S. 100 ff.

seiner Beschuldigung vorbringen muß. An die Stelle dieses Grundsatzes tritt eine Mitwirkungspflicht des Beschuldigten, die im Rahmen derjenigen vertragsorientierten Verfahren, welche ein Geständnis voraussetzen, am deutlichsten zutage tritt: Unter der schönen Larve der Vertragsorientierung lugt die häßliche Fratze des Inquisitionsprozesses hervor, der den Beschuldigten als das "sicherste" Beweismittel gegen sich selbst einsetzt.

4. Grundsätze der Form

Als Grundsätze der Form wurden im Zweiten Kapitel der Öffentlichkeits- und der Mündlichkeitsgrundsatz beschrieben.

Der in § 169 S. 1 GVG kodifizierte Öffentlichkeitsgrundsatz[39] soll zunächst die Rechte des Täters schützen. Die Möglichkeit öffentlicher Kontrolle der Hauptverhandlung durch die Allgemeinheit stellt sicher, daß das Verfahren justizförmig geführt wird. Der Grundsatz kann diese Funktion nicht mehr erfüllen, wenn die Staatsanwaltschaft bereits im nichtöffentlichen Ermittlungsverfahren nach § 153a StPO im Tausch gegen die Einstellung des Verfahrens eine Sanktion verhängen kann, die in ihrer Höhe in vielen Fällen einer Geldstrafe durchaus gleichzustellen ist. Das Problem verschärft sich, wenn die Staatsanwaltschaft nicht bereit ist, der Öffentlichkeit die Höhe des zur Beseitigung des öffentlichen Interesses gezahlten Betrags mitzuteilen[40]. Dem gleichen Einwand setzt sich die Vertragsorientierung *praeter legem* aus, wenn die Aushandlungsprozesse nicht in der Öffentlichkeit der Hauptverhandlung, sondern bereits im Vor- und Zwischenverfahren oder während des Hauptverfahrens außerhalb der Hauptverhandlung stattfinden. Die Kontrolle der Öffentlichkeit, ob die Strafverfolgungsorgane das Verfahren nach den Prinzipien des Strafprozesses, anhand der allgemeinen Gesetze und gemäß der Freiheit des Verdächtigen vor dem Hintergrund der Unschuldsvermutung führen, wird durch eine Vertragsorientierung, die wie § 153a I StPO die Sanktionsentscheidung weit in das von der Staatsanwaltschaft bestimmte Ermittlungsverfahren vorverlagert, zumindest erschwert oder gar vereitelt. Dasselbe gilt für Aushandlungen auf der Grundlage von Kronzeugenregelungen und für den Täter-Opfer-Ausgleich, wenn die Anwendung dieser Normen nach § 153b II StPO zu einer Verfahrenseinstellung "bis zum Beginn der Hauptverhandlung" führt.

---

39 S. o., Zweites Kapitel, B. II. 4. a), S. 102 ff.

40 Hinzuweisen ist erneut auf das o., Drittes Kapitel, A. I. 2., S. 147 mit FN 50, mitgeteilte Steuer-Strafverfahren gegen Steffi Graf, das – wie sich erst *nach* der vorläufigen Einstellung im Sinne des § 153a I StPO herausstellte – gegen Zahlung von 1,3 Mio. DM eingestellt wurde.

Neben der Schutzfunktion für den Täter steht die Funktion des Öffentlichkeitsgrundsatzes, dem Opfer öffentliches Gehör und öffentliche Genugtuung zu verschaffen. Es soll erkennen, daß die Strafverfolgungsorgane die ihm durch den Täter angetane Freiheitsverletzung ernst nehmen. Das Opfer kann auf diese Weise beobachten, ob der Staat, dem es in Abkehr von privater Selbsthilfe und maßloser Rache die Strafverfolgung überlassen hat, diese nach dem Offizialprinzip ernsthaft betreibt. Werden Verfahrensweisen und Sanktionen bereits in nichtöffentlichen Verfahrensabschnitten ausgehandelt, so desavouiert die Vertragsorientierung auch diese Schutzrichtung des Öffentlichkeitsgrundsatzes.

Dasselbe gilt für die dritte Funktion des Öffentlichkeitsgrundsatzes, denn die Gesellschaft kann bei Verfahren, die vertragsorientiert außerhalb der Öffentlichkeit der Hauptverhandlung stattfinden, nicht beobachten, ob die Prinzipien und die allgemeinen Gesetze des Straf- und des Strafverfahrensrechts beachtet werden. Vor allem wird zweifelhaft, ob der Staat die ihm nach dem Offizialprinzip obliegende Verfolgung von Freiheitsverletzungen mit dem gebotenen Nachdruck betreibt.

Das Mündlichkeitsprinzip[41] hängt eng mit den Grundsätzen der Öffentlichkeit und der Unmittelbarkeit zusammen. Bezüglich des Strafbefehlsverfahrens ist deshalb auf die zur Unmittelbarkeit formulierten Einwände zu verweisen[42].

Hinsichtlich der Grundsätze der Form bleibt festzuhalten, daß sich das vertragsorientierte Verfahren von einer Information der Allgemeinheit über den Verfahrensinhalt abwendet und sich so auch in Widerspruch zu diesen Verfahrensprinzipien begibt.

5. Bestimmtheitsgrundsatz

Der in Art. 103 II GG und § 1 StGB niedergelegte Bestimmtheitsgrundsatz[43] soll die Freiheit des einzelnen schützen und den Gewaltenteilungsgrundsatz sicherstellen. Gegen die Vertragsorientierung auf positivrechtlicher Grundlage wurden bereits Einwände aus dem Bestimmtheitsgrundsatz formuliert, als im Rahmen der Grundlegung die Frage seiner Anwendbarkeit auf prozessuale Normen behandelt wurde[44].

In diesem Zusammenhang hat sich herausgestellt, daß die §§ 153, 153a StPO mit Generalklauseln wie "öffentliches Interesse", "geringe Schuld", "Eignung zur Beseitigung des öffentlichen Interesses" und "nicht entgegenstehende Schuld"

---

41 S. o., Zweites Kapitel, B. II. 4 b), S. 104 f.

42 S. o., 3., S. 278.

43 S. o., Zweites Kapitel, B. II. 5., S. 105 ff.

44 S. o., Zweites Kapitel, B. II. 5. b), S. 109 ff.

nicht erkennen lassen, ob es zur Bestrafung aus der Norm des materiellen Rechts kommt oder nicht. Auch die Rahmenbedingungen der Vertragsorientierung werden durch die genannten Generalklauseln nicht mehr klar abgesteckt. Ob und unter welchen Bedingungen die Normen zur Anwendung kommen, entscheiden die Rechtsanwender durch Ausfüllung der Generalklauseln von Fall zu Fall. Können die Strafverfolgungsorgane durch die flexible Anwendung des § 153a StPO nicht nur über das Ob der Strafbarkeit im engeren Sinne bestimmen, sondern zugleich mit den Auflagen und Weisungen – insbesondere § 153a I S. 1 Nr. 1, 2 StPO – eine strafrechtliche Sanktion verhängen, die in ihrer Höhe nur durch die Formel "Eignung zur Beseitigung des öffentlichen Interesses" begrenzt und durchaus einer Geldstrafe gleichzustellen ist, so potenziert sich der Konflikt mit Art. 103 II GG und § 1 StGB: Weder die Voraussetzungen der Sanktion noch deren Höhe sind klar bestimmt; sie bleiben einer Übereinkunft der Beteiligten im Einzelfall überlassen.

Neben der Unbestimmtheit der §§ 153, 153a StPO selbst ist auf die Rückwirkung dieser Vorschriften auf das materielle Recht hinzuweisen. Unter welchen Voraussetzungen ein Verhalten strafbar ist oder nicht, ergibt sich nicht mehr allein aus der Tatbestandsformulierung des materiellen Rechts, sondern erst im Zusammenhang mit der (Ermessens-)Entscheidung des Normanwenders, ob ein die Norm verwirklichendes Verfahren überhaupt durchgeführt oder ein bereits begonnenes Verfahren eingestellt werden soll. Der Kritik, daß sie den Bestimmtheitsgrundsatz auch im materiellen Recht auflösen, unterfallen nicht nur die §§ 153, 153a StPO, sondern alle anderen Normen aus dem Bereich der Opportunitätsvorschriften, die die Frage der Bestrafung oder Nichtbestrafung von einer Übereinkunft der Verfahrensbeteiligten im Einzelfall abhängig machen: § 153b StPO, der die Vertragsorientierung im materiellen Recht (Kronzeugenregelungen, Täter-Opfer-Ausgleich) in das Prozeßrecht überträgt, Art. 4 § 1 des Gesetzes vom 09.06.1989 (Kronzeugengesetz), § 153e StPO und die Diversionsvorschriften im Jugendstrafverfahren (§§ 45, 47 JGG). Im Anwendungsbereich dieser Regelungen läßt sich die Strafbarkeit nicht mehr allein aufgrund des allgemeinen materiellen Strafgesetzes, sondern nur noch bei Kenntnis der Anwendungspraxis der prozessualen Opportunitätsvorschrift im Einzelfall bestimmen. Nicht nur die verfahrensrechtliche Norm ist generalklauselartig unbestimmt, auch das materielle Recht verliert an Bestimmtheit, wenn seine Anwendung zur Disposition der Verfahrensbeteiligten steht. Dieser Befund trifft sich mit der Feststellung, daß die Vertragsorientierung im Strafprozeß das Legalitätsprinzip zerstört. Sie löst den Grundsatz nicht nur in seiner prozessualen Ausprägung auf, wonach die Staatsanwaltschaft zur Ermittlung von Straftaten und bei hinreichendem Tatverdacht zur Anklage verpflichtet ist. Die Vertragsorientierung zerstört auch die materiell-rechtliche Schutzrichtung des Grundsatzes, nach dem das allgemeine Gesetz und nicht der Wille von Personen die Strafbarkeit im Einzelfall bestimmt.

Der einzelne Bürger kann bei fortschreitender Ausbreitung des vertragsorientierten Strafprozesses den Bereich des Strafbaren von dem des Straflosen nicht mehr klar unterscheiden. Er kann nicht mehr vorhersehen, ob die vertragsorientierten Normen zur Anwendung gelangen und welche Reichweite das materielle Recht infolge ihrer Anwendung hat. Gesetzgebende, rechtsanwendende und rechtsprechende Gewalt fallen in eins, wenn positivrechtliche Normen es den Beteiligten im konkreten Verfahren erlauben, die Grenze zwischen Strafbarkeit und Straflosigkeit entgegen dem Gewaltenteilungsgrundsatz stets neu zu ziehen.

Vertragsorientierung setzt die Unbestimmtheit der sie eröffnenden Normen voraus. Das Verfahren muß notwendig offen sein, um eine Übereinkunft der Beteiligten zu ermöglichen – andernfalls gibt es nichts auszuhandeln. Zugleich führt die Vertragsorientierung zu einer Auflösung des Bestimmtheitsgrundsatzes im materiellen Recht. Gesetzliche Unbestimmtheit ist also zugleich Voraussetzung und Folge der Vertragsorientierung.

Erweisen sich die Legalität im allgemeinen und der Bestimmtheitsgrundsatz im besonderen als hinderlich, um in möglichst vielen Verfahren zu einer Übereinkunft hinsichtlich der Form des Verfahrens und der Rechtsfolge zu gelangen, so ist es nur folgerichtig, wenn sich der Kernbereich der Vertragsorientierung, also Absprachen *praeter legem*, in einer urwüchsigen Praxis entwickelt[45]. Die Rechtsprechung versucht, Reichweite und Grenzen der Absprachen selbst festzulegen. Generalstaatsanwaltschaften bemühen sich, die Absprachen durch behördeninterne Richtlinien zu reformalisieren. Eine sich selbst organisierende Jurisdiktion und Exekutive genügt der zweiten im Bestimmtheitsgebot enthaltenen Schutzrichtung, der Sicherstellung der Gewaltenteilung aber nicht. Der Gesetzgeber legt nicht länger selbst das strafbare Verhalten und die Anwendungsbedingungen des tief in die Freiheit des einzelnen einschneidenden Straf- und Strafverfahrensrechts fest, sondern überläßt diese Entscheidung dem Rechtsanwender.

Die Zerstörung der Legalität durch die Vertragsorientierung im Strafprozeßrecht findet also in der Auflösung des Bestimmtheitsgrundsatzes sowohl bezüglich der Normen des materiellen Rechts als auch des Strafverfahrensrechts ihre Entsprechung zum Verstoß gegen das Legalitätsprinzip.

---

45 S. o., Drittes Kapitel, B. II., III., S. 181 ff., 185 ff.

6. Zusammenfassung

Die notwendig exemplarisch dargestellten Einwände gegen die Vertragsorientierung aufgrund der Verfahrensprinzipien des "alten" Strafprozesses haben verdeutlicht, daß die Vertragsorientierung von den Grundsätzen eines aus der Staatstheorie abgeleiteten und am allgemeinen Gesetz orientierten Strafverfahrens wenig übrig läßt. Das Legalitätsprinzip und der Bestimmtheitsgrundsatz verschwimmen in der Übereinkunft der Beteiligten bis zur Unkenntlichkeit. Die Freiheit des Beschuldigten, sich nicht selbst belasten zu müssen, verkehrt sich in ihr Gegenteil. Die Öffentlichkeit der Hauptverhandlung tritt hinter Verfahren zurück, die frühzeitig und ohne eine öffentliche Kontrolle die Verfahrenseinstellung im Austausch von Leistung und Gegenleistung ermöglichen. Die Strafverfolgung wird gleichsam reprivatisiert, wobei das Opfer häufig nicht einbezogen wird. Ein solches Verfahren verabschiedet den Begriff der Allgemeinheit: Es verabschiedet ihn in der Form des allgemeinen Gesetzes. Es verabschiedet ihn aber auch im Hinblick auf die Allgemeinheit im Sinne einer an der Freiheitsverletzung und ihrer vergeltenden Zurückweisung wegen des Eintritts in den staatlichen Zustand notwendig interessierten Öffentlichkeit. Die Vertragsorientierung sucht nur noch für das einzelne, besondere Verfahren ein Ergebnis.

Sie ist nach den Prinzipien des "alten" Strafprozesses unzulässig.

III. Folgerungen aus der Kritik der Vertragsorientierung im Strafprozeß

Die Diagnose, daß das Strafverfahrensrecht den Vertragsgedanken nach dem in der Grundlegung entwickelten Begriff des Vertrags und nach dem Begriff des Strafverfahrensrechts nicht aufnehmen kann, läßt die Frage entstehen, wie trotz der mannigfaltigen faktischen Vertragsorientierung zum prinzipienorientierten "alten" Strafprozeß zurückgefunden werden kann.

Die Ursachen für die Vertragsorientierung im Strafverfahren lassen sich hier nicht in allen Einzelheiten aufzeigen. Sie sind jedoch vor allem in einem mit Personal und Sachmitteln unterversorgten Strafverfolgungsapparat zu suchen, der eine immer größere Anzahl von Verfahren zu bewältigen hat. Als Argumente für die sich stetig ausbreitende Vertragsorientierung lassen sich dementsprechend auch in erster Linie die Postulate der Prozeßökonomie, der Sicherung einer funktionstüchtigen Strafrechtspflege und der Entlastung der Strafjustiz finden. Jedes Strafverfahren, das durch eine Übereinkunft der Beteiligten vorzeitig beendet werden kann, leistet seinen Beitrag zur Erhaltung der Funktionstüchtigkeit des Gesamtsystems. Dabei ist darauf hinzuweisen, daß der Grund für den Anstieg der Fallzahlen nicht allein in einer wachsenden Kriminalitätsbelastung, sondern in erster Linie in vielfältigen Neukriminalisierungen, einer Strafbarkeitsausdehnung durch teleologische Auslegung der vorhandenen Strafnormen bzw. der mangelnden Bereitschaft zur Entkriminalisierung zu suchen ist. Im prozessualen Bereich wird die Lösung für ein Problem gesucht, das zum größten Teil im Bereich des materiellen Rechts seine Ursache hat. Die Schaffung immer neuer Normen des materiellen Rechts ist untrennbar mit der Ausweitung der Vertragsorientierung im Verfahrensrecht verknüpft. Daß in diesem Zusammenhang die Grenzen zwischen dem materiellen Recht und dem Prozeßrecht durchlässig sind, wurde bereits gezeigt, als die Frage beantwortet wurde, ob der Bestimmtheitsgrundsatz auf das Verfahrensrecht anwendbar ist[46]. Für die §§ 153, 153a StPO wurde herausgearbeitet, daß es sich um Normen des Verfahrensrechts handelt, die einen materiellen Gehalt aufweisen. Erst das Prozeßrecht legt den Umfang der im materiellen Strafrecht postulierten Strafbarkeit auf das rechtspolitisch erwünschte Maß fest. Wegen des engen Zusammenhangs zwischen der exzessiven Schaffung neuen materiellen Rechts und der damit einhergehenden Öffnung der schützenden gesetzlichen Formen des Prozeßrechts im Rahmen einer Vertragsorientierung ist der Ausweg aus der Vertragsorientierung in einer Entkriminalisierung im materiellen Recht zu suchen.

Daß diese Aufforderung nicht wohlfeil, sondern Folge einer freiheitsgesetzlichen Theorie der Strafe ist, hat die Beschreibung und Begründung der Strafe im Rahmen der Grundlegung ergeben[47]. Kriminalunrecht umfaßt den Bereich der Gewaltdelikte gegen die Person, gegen die individuelle Freiheit, gegen das Vermögen und die gewaltsame Verunsicherung der Verfassung der individuellen Freiheit, also des Staates. Das materielle Strafrecht hat den Bereich der elementar-konkreten Freiheitsverletzungen zum Gegenstand, die den Bürger in seiner Freiheit, Gleichheit und Selbständigkeit schwer beeinträchtigen. Im Zurückgehen auf den Kernbereich strafbaren menschlichen Verhaltens drückt sich nicht nur eine Abkehr von präventiven Steuerungsansprüchen des Strafrechts aus. Mit einer Beschränkung des Verbrechensbegriffs ist auch die Aussicht verbunden, daß die verbleibenden Strafverfahren den Prinzipien des Verfahrensrechts gemäß geführt werden können.

An dieser Stelle treffen sich Strafrechts- und Strafverfahrenstheorie: Der enge Verbrechensbegriff und die strenge Prinzipienorientierung des Strafverfahrens sind gleichermaßen Ausdruck einer Ausrichtung der Repression strafbaren Verhaltens an den Bedingungen der Staatsbegründung. Nur eine solche Handlung kann ein Verbrechen sein, die die Freiheit, Gleichheit und Selbständigkeit des Opfers schwer beeinträchtigt; nur ein solches Verfahren kann vor dem "Ver-

---

46 S. o., Zweites Kapitel, B. II. 5. b), S. 109 ff.
47 S. o., Zweites Kapitel, A. I. 3., S. 48 ff.

fassungsrichterstuhl der Rechtsvernunft"[48] bestehen, das sich ebenfalls an den Bedingungen orientiert, die die Staatsbegründung überhaupt erst ermöglichen und die auch das Staatshandeln gegenüber dem Angeklagten bestimmen müssen: Freiheit, Gleichheit und Selbständigkeit auch desjenigen, gegen welchen der Verdacht der Begehung einer strafbaren Handlung im Sinne einer elementar-konkreten Freiheitsverletzung des Opfers besteht. Durch eine solche Orientierung kann das staatliche Handeln im Bereich des Strafrechts sowohl die Freiheit des Opfers gegenüber dem Täter als auch die Freiheit des Täters gegenüber dem Staat gewährleisten, nur so schützt es vor der Machtausübung des Täters *und* vor der Machtausübung durch den Staat. Die Begriffe "Freiheit" und "Macht" deuten an, daß ein Strafrecht, das schwere, elementar-konkrete Freiheitsverletzungen verhandelt, nicht die durch eine Vertragsorientierung bewirkte Übereinkunft aller Verfahrensbeteiligten zum Gegenstand hat. Es geht nicht darum, daß sich Staat, Opfer und Täter bereits im Verfahren in einem affirmativen Sinne wieder *vertragen*. Dies ist erst die Folge der geregelten prozessualen Verarbeitung der Freiheitsverletzung im rechtlichen Zustand zur Wiederherstellung des Rechtsverhältnisses[49].

Die Kritik an der Vertragsorientierung aus vertragstheoretischer, strafrechtstheoretischer und strafverfahrenstheoretischer Sicht führt zu der Aufforderung an den Gesetzgeber, das materielle Strafrecht auf einen solchen Umfang zurückzuführen, der einer Überprüfung am Maßstab freiheitsrechtlicher Rechtsbegründung standhält. Daß die wegen solcher Freiheitsverletzungen zwingend durchzuführenden Verfahren mit den zur Verfügung stehenden Mitteln nach den Verfahrensprinzipien zu bewältigen sein werden, ist dann keine Folge bloß ökonomischer Verfahrensgestaltung oder einer vordergründigen Entlastung der Strafjustiz. Die durch den staatstheoretisch abgeleiteten Verbrechensbegriff erreichte "Funktionstüchtigkeit der Strafrechtspflege"[50] ist keine solche, die als Abwägungsposten gegen die Beschuldigtenrechte ins Feld geführt werden könnte. Die derart begründete "Funktionstüchtigkeit der Strafrechtspflege" nimmt vielmehr das Strafverfolgungsrecht des Staates *und* die Prozeßsubjektivität des Beschuldigten gleichermaßen ernst.

Trotz der oben an der Vertragsorientierung geübten Kritik und trotz des mit der Rückkehr zu einem engen Verbrechensbegriff gegebenen Lösungsvorschlags für die Beseitigung ihrer Ursachen ist bei einer realistischen Einschätzung nicht

---

48 *W. Kersting*, Wohlgeordnete Freiheit, S. 352.

49 In den Worten *W. Hassemers*, KritV 1990, S. 265: "Es geht in dieser Art von Verfahren nicht um die Herstellung eines Konsenses, sondern um die *geregelte Verarbeitung von Dissens.*" (Hervorhebung im Original); s. auch *ders.*, JuS 1989, S. 894, sowie *F. Dencker/R. Hamm*, Der Vergleich im Strafprozeß, S. 139.

50 Zu diesem Begriff und seinem Inhalt s. o., Zweites Kapitel, B. III. 2. b), S. 123 ff.

davon auszugehen, daß die Praxis alsbald von der Vertragsorientierung lassen wird. Der Umfang des materiellen Strafrechts wird entgegen der angemahnten Beschränkung auf die Strafbarkeit elementar-konkreter Freiheitsverletzungen weiter zunehmen. In der Zeit knapper Kassen ist auch nicht damit zu rechnen, daß die Anzahl des zur Verfügung stehenden Personals und der Umfang der Sachmittel in einem solchen Maße vermehrt werden, daß den Verfahrensprinzipien des "alten" Strafprozesses unter Abkehr von der Vertragsorientierung in jedem Verfahren Rechnung getragen werden kann. Justiz und Gesetzgeber werden die Vertragsorientierung weiter als probates Mittel zum Zwecke einer Problemlösung verwenden, die an anderer Stelle, nämlich im materiellen Recht, gefunden werden müßte. Auf diesen Befund ist mit dem ständigen Einfordern eines freiheitsgesetzlich begründeten Strafrechts und eines prinzipienorientierten Strafverfahrens zu reagieren.

Bis zum Erreichen des soeben beschriebenen Idealzustands ist abschließend ein Ausweg aus den Verwerfungen zu weisen, die die Vertragsorientierung im Verhältnis zum prinzipienorientierten Strafverfahren mit sich bringt. In diesem Zusammenhang sind zwei Fragen zu beantworten: Warum ersetzen die Gesetzgebung und die rechtsanwendende und rechtsprechende Praxis die Vertragsorientierung nicht durch den Vertrag im Strafprozeß? Was folgt aus der zuendegedachten Vertragsorientierung im Strafprozeß?

C. Warum wird die Vertragsorientierung im Strafprozeß nicht durch den Vertrag im Strafprozeß ersetzt?

I. Die Zurückhaltung von Rechtsprechung und Literatur gegenüber dem Vertrag im Strafprozeß

Betrachtet man den im Dritten Kapitel beschriebenen weiten Wirkungskreis des Vertragsgedankens im Strafprozeßrecht, so verwundert, daß der Begriff "Vertrag" nicht eingeführt, sondern stets durch andere Bezeichnungen umschrieben wird. Die Qualifizierung des § 153a StPO als Norm, die "gewisse vertragsähnliche Elemente"[51] aufweist oder die Feststellung, daß hier das öffentliche Interesse an der Strafverfolgung "quasi durch Vertrag zwischen Staatsanwaltschaft und Beschuldigtem"[52] durch die Erfüllung von Auflagen und Weisungen beseitigt werden kann, ist in diesem Zusammenhang bereits als sehr weitgehend zu bezeichnen. In der Tat erweist sich der Bereich der §§ 153 ff. StPO auch als derje-

---

51 LR-*Rieß*, Rdnr. 10 zu § 153a StPO.
52 *J. Baumann*, Grundbegriffe, S. 52.

nige mit der größten Bindungswirkung: Hat der Beschuldigte nach der Übereinkunft im Sinne des § 153a StPO die in § 153a I S. 1 Nr. 1 bis 4 StPO vorgesehenen Leistungen erbracht, so kann die Tat nach Satz 4 der Vorschrift nicht mehr als Vergehen verfolgt werden. Damit ist freilich der Einwand der Zerstörung der Legalität und das Monitum der Unbestimmtheit nicht beseitigt.

Besonders deutlich wird die Zurückhaltung gegenüber dem Vertragsbekenntnis im Bereich der Vertragsorientierung *praeter legem*. Begriffe wie "Absprache"[53], "Verständigung"[54] oder neuerdings "Rechtsgespräch"[55] betonen das rein Faktische der Praxis. Typisch ist etwa folgende Argumentation gegen die Bindungswirkung von Absprachen: "Zwar kann weder diese Mitteilung [eines Zwischenberatungsergebnisses hinsichtlich der Strafmaßerwartung im Rahmen einer Absprache, *St. S.*], noch ein daraufhin vom Angeklagten abgelegtes Geständnis eine Bindung des Gerichts in dem Sinne bewirken, daß die endgültige Gerichtsentscheidung dem in Aussicht gestellten Ergebnis entsprechen müsse. ... Das Gericht darf sich auch nicht der Freiheit begeben, auf Grund besserer Einsicht die maßgeblichen Umstände anders zu gewichten und zu einer von der mitgeteilten Vorstellung abweichenden Entscheidung zu gelangen. Auch in derartigen Fällen ist das abgelegte Geständnis verwertbar. Damit wird nicht gegen das Gebot des fairen Verfahrens verstoßen. Das geltende Recht läßt einen Ausschluß dieses Risikos nicht zu – so wenig wie es die an der Verständigung Beteiligten hindert, absprachewidrig Beweisanträge zu stellen oder Rechtsmittel einzulegen. Gleichwohl schafft eine solche Mitteilung bei dem Adressaten einen Vertrauenstatbestand. In jedem Fall hat er Anspruch darauf, vom Gericht, bevor es zu seinen Ungunsten von der in Aussicht gestellten Entscheidung abweicht, auf dieses Vorhaben hingewiesen zu werden (...)"[56]. Der 2. Strafsenat des BGH verneint also eine rechtliche Bindungswirkung der Absprachen, beläßt sie im Bereich des bloß Faktischen und versucht, durch Hinweispflichten Verfahrensvorkehrungen für ein aus seiner Sicht ordnungsgemäßes Zustandekommen der Absprachen zu

---

53 BGHSt 42, S. 46 ff. (S. 47); 40, S. 287 ff. (S. 290).

54 BGHSt 38, S. 102 ff. (S. 104).

55 BGHSt 42, S. 46 ff. (S. 47).

56 BGHSt 38, S. 102 ff. (S. 104 f.); weitere Beispiele aus der absprachenkritischen Rechtsprechung des 2. Strafsenats des BGH: NJW 1990, S. 1921 ff. (S. 1921): "Diese Äußerungen und Verhaltensweisen der Richter hatten weder einzeln noch im Zusammenhang den Inhalt einer Zusage, das Gericht werde den Strafmaßerwartungen des Angeklagten entsprechen; sie besagten lediglich, daß diese Möglichkeit nicht ausgeschlossen sei."; StV 1996, S. 129: "Der Versuch, die Bemessung der Strafe in Vorgänge außerhalb der Hauptverhandlung zu verlagern und durch feste Vereinbarungen auch über das weitere Prozeßverhalten der Beteiligten abzusichern, ist mit wesentlichen Grundsätzen des Strafverfahrens unvereinbar."

treffen[57]. Absprachen begründen keine rechtliche Verpflichtung, sondern allenfalls eine moralische, wenn von Vertrauen die Rede ist[58]. Nur über den Grundsatz des fairen Verfahrens wird diese moralische Verpflichtung in den Bereich des Rechtlichen transportiert[59]. Auch nach Ansicht des 1. Strafsenats des BGH[60] präjudizieren Absprachen über Leistung (z. B. Geständnis) und Gegenleistung (z. B. eine milde, womöglich in ihrer Höhe konkret schon festgelegte Strafe) das Urteil nicht. Am weitesten geht der 4. Strafsenat des Bundesgerichtshofs hinsichtlich einer Bindungswirkung von Absprachen im Strafverfahren[61]. Doch auch hier handelt es sich nicht um einen rechtlich, sondern um einen bloß moralisch bindenden Vorgang, der allenfalls über den *Fair trial*-Grundsatz eine gewisse rechtliche Verfestigung erfährt.

Auch die Literatur lehnt eine vertragsgleiche rechtliche Bindungswirkung der Absprache kategorisch ab[62]. Ganz bezeichnend ist in diesem Zusammenhang etwa die Äußerung, Absprachen seien eine vertragsähnliche Vereinbarung, die freilich keinen der Partner rechtlich zu dem verabredeten Verhalten berechtige oder verpflichte, aber doch eine Bindung erzeuge[63]. Auch diese Äußerung betont das rein Faktische der Absprache, die auf der Stufe der bloßen Willensübereinstimmung, des *con-sensus* stehenbleibt. Im Bereich der Vertragsorientierung *praeter legem* soll genau das nicht eintreten, was das bloße Versprechen

---

57 *A. Janke*, Verständigung und Absprachen im Strafverfahren, S. 77 ff.

58 Vgl. auch BGHSt 42, S. 46 ff. (S. 51): "Auch über Fragen im Zusammenhang mit der Enttäuschung von gesetztem Vertrauen hat der Senat hier nicht zu entscheiden."; zum Topos "Vertrauensverletzung" s. *W. Hassemer*, JuS 1989, S. 892; *S. Friehe*, Verzicht auf Entschädigung, S. 335.

59 Zum *Fair trial*-Grundsatz s. o., Zweites Kapitel, B. III. 2. c), S. 125 ff; *S. Friehe*, Verzicht auf Entschädigung, S. 334 ff.; *A. Janke*, Verständigung und Absprachen im Strafverfahren, S. 78 f.

60 NStZ 1994, S. 196.

61 BGHSt 43, S. 195 ff. (S. 210); hierzu: *Th. Rönnau*, wistra 1998, S. 49 ff. (S. 51 f.).

62 *B. Schünemann*, Gutachten, S. B 121 ff.; *A. Eser*, ZStW 104 (1992), S. 373, 383 f.; nach *W. Beulke/H. Satzger*, JuS 1997, S. 1073, kommt Absprachen keine rechtliche, sondern nur eine *de facto*-Bindungswirkung zu, die auf dem gegenseitigen Vertrauen der am Verfahren Beteiligten beruht; *Th. Weigend*, JZ 1990, S. 774; *G. Gerlach*, Absprachen im Strafverfahren, S. 129 ff.; *S. H. Kremer*, Absprachen zwischen Gericht und Verfahrensbeteiligten im Strafprozeß, S. 177 ff.; *Th. Rönnau*, Die Absprache im Strafprozeß, S. 36 f.; *R. Tscherwinka*, Absprachen im Strafprozeß, S. 76 f.; *A. Janke*, Verständigung und Absprachen im Strafverfahren, S. 61 ff. (S. 69); *H. Rüping*, Das Strafverfahren, Rdnr. 448.

63 *M. Niemöller*, StV 1990, S. 35; deutlich anders *F. Dencker/R. Hamm*, Der Vergleich im Strafprozeß, S. 48 (vgl. auch S. 86, 101), die als die drei Elemente des Vergleichs den Vertrag, den Rabatt und das Synallagma bezeichnen und als – allerdings nicht weiter konkretisierten – Diskussionsanstoß den Grundsatz *Pacta sunt servanda* auch für das vertragsorientierte Strafverfahren fordern (S. 98f.).

vom Vertrag abgrenzt[64]: Es fehlt an der Wechselseitigkeit der Übertragung von Rechten und Pflichten sowie an der Verbundenheit der Vertragschließenden im Sinne eines Rechtsbindungs- bzw. Rechtsfolgewillens, das Vereinbarte wegen seiner Rechtsgültigkeit einzuhalten. Nach der in der Grundlegung eingeführten Unterscheidung[65] bewegt sich die Vertragsorientierung auf der Stufe des Konsenses, überschreitet aber nicht die Schwelle zur rechtlichen Verpflichtung, die geeignet ist, verbindliche Rechtswirkungen für die Zukunft herbeizuführen.

II. Gründe für die Zurückhaltung gegenüber dem Vertrag im Strafprozeß in Rechtsprechung und Literatur

Es stellt sich die Frage, warum die Rechtsprechung und ein Teil der Literatur nicht den bereits in der Opportunität angelegten letzten Schritt gehen, die Vertragsorientierung klar als Vertrag im Strafverfahren zu benennen und sie nicht länger hinter anderen Begriffen zu verstecken. Dies würde es ermöglichen, die Übereinkünfte und Austauschbeziehungen im Bereich der Opportunitätsvorschriften, des Jugendstrafverfahrens, des Privatklageverfahrens, des Strafbefehlsverfahrens, des Täter-Opfer-Ausgleichs, der Kronzeugenregelungen und der Vertragsorientierung *praeter legem* explizit unter Vertragsgesichtspunkten zu rekonstruieren und einem einheitlichen rechtlichen Kriterium zu unterstellen. Zugleich würde eine solche Benennung verdeutlichen, daß die Frage des Vertrags nicht bloß im Zusammenhang der Absprachen über Form und Ergebnis des Strafverfahrens aktuell ist. Bislang ist die bloße Übernahme von Bruchstücken aus der Vertragsterminologie und dem Vertragsrecht zu beobachten, etwa wenn im Rahmen einer fehlgeschlagenen Absprache von einem "Dissens" zwischen den Verfahrensbeteiligten die Rede ist[66].

Eine Antwort auf die gestellte Frage kann in zwei Richtungen gesucht werden.

Zunächst scheuen die Rechtsprechung und die ihr folgende Literatur offenbar vor einer klaren Rekonstruktion der im Dritten Kapitel beschriebenen Phänomene als Verträge im Strafverfahren zurück, weil das geltende Recht entgegensteht oder diesbezüglich keine Regelung trifft: "Das geltende Recht läßt einen Ausschluß dieses Risikos [Verhängung einer höheren Strafe trotz Absprache, *St. S.*]

64 *O. Höffe*, Politische Gerechtigkeit, S. 446; zum "Verpflichtungsgeschäft" im Rahmen der verzichtsanbahnenden Absprache im Hinblick auf Strafverfolgungsentschädigung s. *S. Friehe*, Verzicht auf Entschädigung, S. 110 ff. (S. 111).

65 S. o., Zweites Kapitel, A. III. 2., S. 75 f.

66 BGHSt 42, S. 191 ff. (S. 192), mit Anm. *W. Beulke/H. Satzger*, JuS 1997, S. 1072 ff.

nicht zu – so wenig wie es die an der Verständigung Beteiligten hindert, absprachewidrig Beweisanträge zu stellen oder Rechtsmittel einzulegen"[67]. Was also rechtlich – und das heißt im Zusammenhang mit der Rechtsprechung des BGH: positivrechtlich – nicht geregelt ist, kann nicht zulässig sein. Denkt man diesen Ansatz zuende, so wäre nach der Ansicht des BGH nach einer Regelung durch den Gesetzgeber nichts mehr gegen rechtlich bindende Absprachen über das Verfahren und die Rechtsfolgen einzuwenden[68]. Der Konflikt zwischen den Verfahrensprinzipien und der Vertragsorientierung wäre – ebenso wie bei der Konstruktion eines Regel-Ausnahme-Verhältnisses zwischen Opportunität und Legalität – vordergründig durch eine positivrechtliche Regelung aufgelöst.

Das Argument mangelnder positivrechtlicher Regelung allein vermag aber nicht zu erklären, warum sich die Praxis nicht auf den Vertrag im Strafprozeßrecht einläßt. Schließlich werden Absprachen *praeter legem* häufig getroffen. Sie sind mittlerweile auch vom BVerfG und von allen Senaten des BGH unter Einhaltung engerer oder weiterer Grenzen gebilligt worden und haben gleichsam eine richterrechtliche Verfestigung gefunden[69]. Zwar ist diese Praxis noch bedenklicher als eine gesetzliche Regelung, die den Rahmen und die Grenzen der Absprache klar abstecken würde. Mit der mangelnden gesetzlichen Fixierung der Voraussetzungen und Grenzen allein kann das Zurückschrecken vor dem Vertrag im Strafprozeß aber nicht erklärt werden, wenn die Rechtsprechung und die Staatsanwaltschaft ihre Verfahrensregeln selbst generieren.

Näher liegt es, die Gründe für eine Vertragsorientierung ohne klare vertragliche Bindung in den Vorteilen zu suchen, die sie für die Praxis hat. Hinsichtlich der im Dritten Kapitel beschriebenen Phänomene ist in erster Linie nicht von Vertrags-, sondern von Konsensorientierung die Rede[70]. In den Vorteilen des

---

67 BGHSt 38, S. 102 ff. (S. 105).

68 Vgl. hierzu etwa die Gesetzgebungsvorschläge von *H. Wagner/Th. Rönnau*, GA 1990, S. 387 ff. (S. 388 ff.); *S. H. Kremer*, Absprachen zwischen Gericht und Verfahrensbeteiligten im Strafprozeß, S. 352 ff. (S. 353 f.).

69 S. o., Drittes Kapitel, B. III. 1., 2., S. 187 ff., 189 ff.

70 S. etwa *G. Fezer*, Strafprozeßrecht, 21/Rdnr. 2; *ders.*, ZStW 106 (1994), S. 5 f., 50; *A. Eser*, ZStW 104 (1992), S. 387 f.; der Untertitel der Arbeit *Th. Weigends*, Absprachen in ausländischen Strafverfahren, lautet: Eine rechtsvergleichende Untersuchung zu konsensualen Elementen im Strafprozeß; s. auch *ders.*, JZ 1990, S. 779 f.; zur Konsenstheorie s. den Sammelband von *G. Jakobs* (Hrsg.), Rechtsgeltung und Konsens, in dem sich der Beitrag *H.-L. Schreibers*, Die Bedeutung des Konsenses der Beteiligten im Strafprozeß, findet. Zur Rekonstruktion des Rechts vor dem Hintergrund der Diskurstheorie s. *J. Habermas*, Faktizität und Geltung, S. 109 ff. (S. 187 ff.); hierzu, besonders zum forensischen Diskurs: *U. Neumann*, RTh 27 (1996), S. 415 ff. (S. 422 ff.). Allgemein zu Konsenstheorie und Diskursethik: *A. Kaufmann*, Problemgeschichte der Rechtsphilosophie, S. 168 ff.; *K. Seelmann*,

Verharrens auf der Stufe des Konsenses liegt die eigentliche Erklärung für die Scheu vor dem klaren Bekenntnis zum Vertrag im Strafprozeß. Dies ist im Zusammenhang mit den Überlegungen zum "neuen" Strafprozeß zu explizieren, der sich – zumal im Bereich der sogenannten kleineren und mittleren Kriminalität – durch eine weitgehende Orientierung am Opportunitätsprinzip auszeichnet.

Das der Vertragsorientierung zugrundeliegende Konsensdenken hält eine rechtlich regelungsbedürftige Situation gegen rechtliche Festlegungen offen[71]. Die Opportunitätsvorschriften ermöglichen es, im Rahmen der Vertragorientierung bei gleichzeitiger Postulierung des Legalitätsprinzips einzelfallorientierte Entkriminalisierung auf prozessualem Wege zu betreiben. Andererseits kann auch das geringste, unter anderen Bedingungen nicht weiter betriebene Verfahren zuendegeführt und mit einer empfindlichen Verurteilung abgeschlossen werden. Die Vertragsorientierung – zumal diejenige *praeter legem* – hält also einen großen Bereich der Strafverfolgung für flexible Reaktionsmöglichkeiten offen. Im Bereich dieser konsensualen Verfahrensweisen herrschen, wie oben gezeigt wurde, nicht mehr die Prinzipien des Strafverfahrens – es herrscht aber auch nicht der rechtlich verfestigte Vertragsgedanke.

Das Konsensdenken trennt diejenigen Gebiete, in welchen das Recht herrschen soll, von denjenigen, in welchen der Konsens herrschen soll[72]. Das Konsensdenken schützt also bestimmte Bereiche gegen eine rechtliche Fixierung. Hinsichtlich des Opportunitätsprinzips wurde in der Grundlegung ausgeführt, daß die Opportunität als Alternative neben die Legalität getreten ist[73]. Das Opportunitätsprinzip ermöglicht es, im Bereich der Vertragsorientierung Verfahren durch eine Übereinkunft der Beteiligten zu beenden und gegebenenfalls über die Rechtsfolgen zu bestimmen. Durch eine vertragliche Bindung würde auch der Bereich, der der Opportunität bzw. der Übereinkunft der Beteiligten im Einzelfall überlassen bleiben soll, einer klaren rechtlichen Regelung unterstellt. Die flexible, einzelfallangepaßte, prozeßökonomische Strafverfolgung als Garant einer funktionstüchtigen Strafrechtspflege wäre an die Kette rechtlicher Verfestigung gelegt. Was für den Beschuldigten unter dem Regime der Vertragsorientierung bereits Realität ist, daß er nämlich seine Freiheit in der Übereinkunft mit den Strafverfolgungsorganen dem staatlichen Interesse unterordnen muß, würde dann ebenso für die Strafverfolgungsorgane gelten. Auch sie müßten sich im Vertrag mit dem Beschuldigten rechtlich binden lassen. Gibt die Vertragsorientierung die strenge Gesetzesbindung auf, und bedeutet sie deshalb einen Macht-

---

Rechtsphilosophie, § 9 Rdnr. 26 ff.; *R. Zippelius*, Rechtsphilosophie, S. 79 ff., 138 ff.; *U. Volkmann*, JuS 1997, S. 976 ff., jeweils m.w.N.

71 *W. Naucke*, Konsens, S. 49.

72 *W. Naucke*, Konsens, S. 50.

73 S. o., Zweites Kapitel, B. III. 1., S. 114 ff. (S. 120 f.).

zuwachs des Staates, der sich nicht mehr am allgemeinen Gesetz, sondern an dem Grundsatz *Volenti non fit iniuria* orientiert, so würde der Vertrag im Strafprozeß aufgrund seiner rechtlichen Bindungswirkung eine gewisse Machtbegrenzung des Staates bedeuten.

Schließlich ist der Konsens ein Mittel, um Legitimation zum Zwang durch Recht zu beschaffen[74]. In der Übereinkunft mit dem Beschuldigten, daß in bestimmter Weise verfahren oder eine bestimmte Rechtsfolge verhängt werden soll, verschaffen sich die Strafverfolgungsorgane gleichsam über die Orientierung am allgemeinen Gesetz hinaus eine Legitimation für den Freiheitseingriff in Form des Strafverfahrens und der Strafe. Gerade im Bereich der Vertragsorientierung *praeter legem* sind die Übereinstimmung der Verfahrensbeteiligten und die Einwilligung des Beschuldigten Legitimationsgrundlage für die nach einem Verfahren verhängte Strafe, deren Zustandekommen und deren Umfang sich nicht länger an den Verfahrensprinzipien und am allgemeinen Strafgesetz, sondern am Inhalt der jeweiligen Absprache orientieren. Der Konsens verschafft den Strafverfolgungsorganen die Möglichkeit, dem Beschuldigten zur Legitimation des Freiheitseingriffs in Form der Strafe das *Volenti non fit iniuria* entgegenzuhalten, ohne sich selbst an die Übereinkunft binden lassen zu müssen.

Aus dieser Betrachtung zum Konsensdenken als Grundlage der Vertragsorientierung ergibt sich, daß der Konsens bzw. die Vertragsorientierung nicht vom Vertrag abgelöst wird, weil in dem im Dritten Kapitel beschriebenen Bereich gerade nicht das Recht, sondern der Konsens herrschen soll – als Mittel zur flexiblen Durchführung und flexiblen Beendigung von Strafverfahren. Die Vertragsorientierung wird deshalb nicht von einem Vertrag abgelöst, weil dieser eine Bindung erzeugen würde, die der im "neuen" Strafprozeß vorherrschenden instrumentellen Vernunft nicht zweckdienlich ist. Das Verfahren muß notwendig offen sein, um die Ansprüche des "neuen" Prozeßmodells erfüllen zu können.

III. Resümee: Der Naturzustand im Strafprozeß

Die Situationsbeschreibung, die sich an diesem Punkt der Untersuchung ergibt, ist folgende: Die Prinzipienorientierung des Strafverfahrens und die Ausrichtung am allgemeinen Gesetz sind weitgehend aufgegeben. Den freiwerdenden Platz nimmt eine Vertragsorientierung ein, die sich aber nicht auf den Abschluß rechtsverbindlicher Verträge einläßt, sondern im Bereich des Konsenses verharrt. Der Notwendigkeit einer rechtlichen Regelung werden die Vorteile der

---

74 Zur Legitimation des Rechts durch Konsens s. *R. Zippelius*, Rechtsphilosophie, S. 79 ff.; kritisch *W. Naucke*, Konsens, S. 49; *W. Hassemer*, JuS 1989, S. 892 ff.

Konsensorientierung entgegengesetzt: Die Situation kann gegen eine rechtliche Festlegung offengehalten werden, um flexible Handlungsmöglichkeiten zu erhalten. Derjenige Bereich, in welchem immer noch Prinzipien und Gesetze herrschen sollen, kann gegen denjenigen Bereich, in welchem die Vertragsorientierung herrschen soll, abgegrenzt werden. Schließlich verschafft der Konsens Legitimation zum Zwang durch Recht, der auch im Bereich der Vertragsorientierung immer noch begründungspflichtig ist.

Die Strafverfahrensprinzipien sind aufgegeben. Die an ihre Stelle tretende Vertragsorientierung ist rechtlich aber nicht verfestigt, wenn zum bloßen Konsens als Übereinkunft, auf eine bestimmte Weise zu verfahren, nicht auch die Verpflichtung hinzutritt, daß das Vereinbarte in der Zukunft rechtlich verbindlich und durchsetzbar sein soll. Staatstheoretisch ausgedrückt, befinden sich die an der Vertragsorientierung Beteiligten im Naturzustand, dem Zustand bloß provisorischer Rechtsverhältnisse.

Nach dem Modell des "alten" Strafprozesses, das in der Grundlegung entwickelt wurde, ist der Vertrag im Strafprozeß unzulässig. Dies hat die Kritik der Vertragsorientierung aufgrund der Verfahrenprinzipien des "alten" Strafprozesses ergeben. Die bloße Vertrags*orientierung* ermöglicht ein flexibles Verfahren, das den Bedürfnissen der instrumentellen Vernunft gerecht wird. Daher ist nicht davon auszugehen, daß in der Gesetzgebung und der Rechtsanwendung die Bereitschaft vorhanden ist, zu dem aus staatstheoretischen Grundsätzen abgeleiteten Strafprozeß zurückzukehren. Angesichts dieser Prognose ist der beschriebene Naturzustand nur mit einer klaren Benennung der Vertragsorientierung als Vertrag und mit einer Rekonstruktion der im Dritten Kapitel beschriebenen Phänomene als Verträge im Rahmen des "neuen" Strafprozesses zu verlassen. Mit einer solchen Aufforderung wird der "alte" Strafprozeß nicht aufgegeben. Eine Rückkehr zu ihm bleibt die Forderung aus der Grundlegung. Sie ist auch bei dem Versuch, die Vertragsorientierung im "neuen" Strafprozeß zu kanalisieren, stets mitzuführen.

Bei einer vertrags*rechtlichen* Rekonstruktion der bloßen Vertrags*orientierung* steht das Bemühen im Vordergrund, dem Beschuldigten die Gegenleistung des Staates für seine Vorleistung in Form eines Geständnisses, der im Rahmen von Kronzeugenregelungen vermittelten Informationen oder des Verzichts auf Verfahrensrechte zu sichern.

D. Ablösung der Vertragsorientierung durch das Vertragsrecht im Strafprozeßrecht

Zum Abschluß der Untersuchung gilt es, den (scheinbaren) Widerspruch zwischen der in der Kritik des Vertragsgedankens ausgeführten Unzulässigkeit des Vertrags im Strafverfahrensrecht und der angemahnten klaren Benennung der Vertragsorientierung als Vertrag im Strafverfahren aufzulösen. Dieses Dilemma ergibt sich aus der Tatsache, daß die vorliegende Arbeit an der Prinzipienorientierung des "alten" Strafprozesses festhält, eine Rückkehr zu den in der Grundlegung abgeleiteten Verfahrensprinzipien anmahnt und gegen ihre Relativierung eintritt, gleichwohl aber auch einen Weg aus dem beschriebenen Naturzustand der bloßen Vertrags*orientierung* weisen möchte. Der angesprochene Widerspruch ist nur durch die Aufforderung zu einem klaren Bekenntnis des Gesetzgebers und der Rechtsanwender zum Vertrag im "neuen" Strafprozeß aufzulösen. Für diese Aufforderung besteht umso größerer Anlaß, als die Vertragsorientierung angesichts der beschränkten Ressourcen der Justiz sowie der stetigen Zunahme der Strafrechtsnormen mangels Orientierung an einem freiheitsgesetzlichen Verbrechensbegriff nicht abnehmen, sondern umfangreicher werden wird.

I. Ausblick auf den Vertrag im Strafprozeßrecht

Nach den Feststellungen des vorangegangenen Abschnitts gilt es, den im Rahmen der bloßen Vertragsorientierung bestehenden Naturzustand zwischen den Verfahrensbeteiligten durch einen rechtlich verfestigten, vertraglichen Zustand abzulösen. Anzustreben ist eine rechtliche Bindung zwischen den Beteiligten, die nicht nur im Moment der Übereinkunft, sondern auch für ihre Abwicklung verpflichtend ist.

Als Muster für einen gesetzlichen Rahmen und seine nähere Ausgestaltung könnte das italienische Strafverfahrensrecht dienen[75]. Diese Verfahrensordnung liegt in ihrer Grundstruktur trotz mancher Unterschiede näher am deutschen Strafverfahren als das ebenfalls beschriebene US-amerikanische Verfahren[76]. Sie folgt weitgehend den in der Grundlegung eingeforderten Strafverfahrensprinzipien und stellt den Strafanspruch sowie die Rechte des Beschuldigten nicht in die Disposition der Verfahrensbeteiligten, wie es in großem Umfang im US-amerikanischen Strafverfahren der Fall ist. Der italienische Gesetzgeber hat sich die Deflation der Hauptverhandlung zum Ziel gesetzt und mit den Besonde-

75 S. o., Viertes Kapitel, C., S. 232 ff.
76 Zum US-amerikanischen Strafverfahren s. o., Viertes Kapitel, B., S. 210 ff.

ren Verfahren ein Instrumentarium zur Verfügung gestellt, das es erlaubt, die Hauptverhandlung möglichst zu vermeiden oder zügig durchzuführen. Die Besonderen Verfahren gelangen zwischen dem Ermittlungs- und dem Hauptverfahren zur Anwendung. Innerhalb dieses Verfahrensabschnitts ist ein gestuftes System der vertraglichen Beendigung von Verfahren mit klaren Leistungen und Gegenleistungen vorgesehen: Für Straftaten, die nur mit Geldstrafe bedroht sind, wird der Einspruchsverzicht des Angeklagten mit einem Strafnachlaß um die Hälfte vergolten[77]. Für Delikte, auf die bis zu drei Jahre Freiheitsstrafe folgen, kann im Rahmen der Strafzumessung auf Antrag der Parteien (*applicazione della pena su richiesta delle parti, patteggiamento*) eine um bis zu einem Drittel gemilderte Strafe verhängt werden. Im Rahmen einer solchen Absprache über die Rechtsfolgen der Tat sind noch weitere, im Vierten Kapitel im einzelnen beschriebene Vergünstigungen für den Angeklagten vorgesehen[78]. Das abgekürzte Verfahren (*giudizio abbreviato*) – als Absprache über die Form des Verfahrens – erlaubt schließlich ebenfalls eine Strafmilderung um ein Drittel für alle Delikte, mit Ausnahme solcher Straftaten, die mit lebenslanger Freiheitsstrafe bedroht sind[79]. Innerhalb der Besonderen Verfahren ist ein klares System erkennbar, nach dem eine Disposition über die Rechtsfolgen der Tat im Strafbefehlsverfahren und der Strafzumessung auf Antrag der Parteien nur so weit reicht, als es sich um kleinere oder mittlere Kriminalität handelt. Eine Disposition des Angeklagten und des Staatsanwalts über die Form des Verfahrens, d. h. über die Frage des Eintritts in die Hauptverhandlung, ist dagegen auch bei schwereren Delikten möglich. Hervorzuheben ist, daß nach dem italienischen Recht die Einigung zwischen dem Angeklagten und dem Staatsanwalt stattzufinden hat. Der Richter ist an der Absprache nicht beteiligt. Er behält die Möglichkeit, die Übereinkunft der Parteien unvoreingenommen zu überprüfen und durch seine Verfügung in Geltung zu setzen, wenn die Absprache den vorgegebenen Rahmen nicht überschreitet. In Ergänzung der gesetzlichen Regelung räumt ihm die Rechtsprechung das Recht ein, sich über die ungerechtfertigte Ablehnung eines Besonderen Verfahrens (Strafzumessung auf Antrag der Parteien oder abgekürztes Verfahren) durch den Staatsanwalt hinwegzusetzen und dem Angeklagten die Strafmilderung zu gewähren. Auch wenn die Berufungsmöglichkeiten nach dem *patteggiamento* und dem *giudizio abbreviato* eingeschränkt sind, steht dem Angeklagten immer die Rechtsbeschwerde zum Kassationsgerichtshof offen. Der italienische Kassationsgerichtshof faßt Absprachen zwischen den Verfahrensbeteiligten explizit als Verträge des öffentlichen Rechts auf. Ergänzend gelangen

---

77 Zum italienischen Strafbefehlsverfahren s. o., Viertes Kapitel, C. III. 1. c), S. 249 ff.
78 S. o., Viertes Kapitel, C. III. 1. b), S. 244 ff.
79 S. o., Viertes Kapitel, C. III. 1. a), S. 240 ff.

die Vorschriften des privatrechtlichen Vertragsrechts zur Anwendung: Die Parteien sind nach der Zustimmung des jeweils anderen Teils an das Vereinbarte gebunden[80].

Die Folgerungen, die sich aus der Übernahme dieses Modells für das deutsche Strafverfahren ergeben, können im folgenden nur angerissen werden.

Zunächst ist eine klare zeitliche Verortung des Vertragsschlusses im Verfahrensablauf einzufordern. Verträge hinsichtlich des Verfahrens und der Rechtsfolgen der Straftat sind im Gegensatz zum gegenwärtigen Zustand nicht über das gesamte Verfahren hinweg zulässig. Diese Möglichkeit ist erst dann zu eröffnen, wenn die Staatsanwaltschaft bereits eine Entschließung darüber getroffen hat, ob Anklage zu erheben oder das Verfahren mangels hinreichenden Tatverdachts einzustellen ist (§ 170 StPO). Die Staatsanwaltschaft wird so zu einer eindeutigen Abschlußverfügung angehalten. Vor Feststellung eines hinreichenden Tatverdachts ist ein Vertrag unzulässig, der dem Beschuldigten schon im Ermittlungsverfahren den Verzicht auf die Unschuldsvermutung gegen die Verfahrenseinstellung gleichsam abkauft. Nach dem italienischen Vorbild ist das Zwischenverfahren der Verfahrensabschnitt für einen Vertragsschluß, der das Hauptverfahren entbehrlich werden läßt. Kommt im Zwischenverfahren kein Vertrag zustande oder scheidet ein Vertrag wegen der Schwere des Delikts generell aus, so sind Verhandlungen über einen verfahrensfördernden oder verfahrensbeendenden Vertrag in der Hauptverhandlung unzulässig. Die Beschränkung der Möglichkeit eines Vertragsschlusses auf das Zwischenverfahren ermöglicht zweierlei: Zum einen wird der nach einer Orientierung an einer freiheitsrechtlichen Strafrechtsbegründung auf den Prüfstand der Entkriminalisierung zu stellende Bereich der kleineren und mittleren Kriminalität vor der Hauptverhandlung gleichsam ausgefiltert. In diesem Bereich wird eine vertragliche Disposition über den Strafanspruch und die Rechte der Verfahrensbeteiligten ermöglicht. Zum anderen können schwere Freiheitsverletzungen in einem Verfahren verhandelt werden, das sich in dem so verbleibenden Bereich nicht am Willen der Beteiligten, sondern an den Prinzipien des Strafprozesses zu orientieren hat, die eine Disposition über die Form des Verfahrens, die Rechte der Beteiligten und den öffentlichen Strafanspruch ausschließen.

Ein die Hauptverhandlung vermeidender Vertrag ist nur zwischen dem Beschuldigten und dem Staatsanwalt zu schließen. Das derart angestrebte relative Verhandlungsgleichgewicht kann eine Annäherung an Freiheit und Gleichheit als Bedingungen des Vertragsschlusses mit sich führen, zumal wenn beide Beteiligten wissen, daß sie wechselseitig zu der Leistung aus dem Vertrag ver-

80 Zur Anwendung bürgerlichen Rechts auf den Abschluß eines Verwaltungsvertrags s. auch o., Zweites Kapitel, A. II. 2. c), S. 70.

pflichtet sind. Der Richter ist an den Vertragsverhandlungen nicht zu beteiligen, um ihm einerseits die Möglichkeit einer unvoreingenommenen Überprüfung des Vereinbarten zu erhalten. Andererseits kann so auch dem zwangsläufig entstehenden Eindruck des Beschuldigten vorgebeugt werden, daß die Strafverfolgungsorgane ihm gleichsam monolithisch gegenübertreten und das Ergebnis zwischen den Vertretern des Staates ohnehin bereits feststeht. Ein Ausschluß des Richters von den Vertragsverhandlungen begegnet somit der Gefahr, daß der Angeklagte wegen des Verhandlungsübergewichts der Strafverfolgungsorgane keine freie Entscheidung mehr treffen kann, wenn sowohl der Staatsanwalt als auch der Richter am Zustandekommen des Vertrags beteiligt sind.

Bezüglich des Vertragsschlusses kommen die allgemeinen Bestimmungen des Vertragsrechts zur Anwendung, also etwa die Vorschriften des Bürgerlichen Rechts über den Abschluß (§§ 145 ff. BGB) und die inhaltlichen Grenzen des Vertrags (§§ 134, 138 I BGB), über den Dissens (§§ 154, 155 BGB), über die Geschäftsfähigkeit (§§ 104 ff. BGB), über die Anfechtung bei Irrtum, Täuschung und Drohung (§§ 119, 123 BGB), die Teilnichtigkeit (§ 139 BGB) sowie über die Auslegung von Willenserklärungen und Verträgen (§§ 133, 157 BGB). Verträge über das Verfahren und die Rechtsfolgen im Strafprozeß unterliegen, auch im Hinblick auf eine spätere rechtliche Kontrolle, dem Schriftformerfordernis. Ein Formverstoß hat die Nichtigkeit des Vertrags zur Folge (§ 125 S. 1 BGB). Im Hinblick auf die Bagatellkriminalität ist an die Einführung formularmäßiger Vertragsvorgaben zu denken, die den Allgemeinen Geschäftsbedingungen (AGB) im privatrechtlichen Massenverkehr ähneln könnten und einer entsprechenden gerichtlichen Inhaltskontrolle zu unterwerfen wären.

Auf die durch den Vertrag begründete Verpflichtung zum Austausch von Leistung und Gegenleistung finden die Vorschriften des BGB über gegenseitige Verträge mit der Folge Anwendung, daß auch das Recht der Leistungsstörungen zum Tragen kommt. Die Abwicklung der Leistungsbeziehungen untersteht dem Prinzip *Do ut des*. Der Vorleistungspflicht des Beschuldigten hinsichtlich seines Geständnisses, seines Verzichts auf Verfahrensrechte oder der von ihm im Rahmen von Kronzeugenregelungen vermittelten Informationen, aus der er bislang keinen rechtlichen Anspruch auf die Gegenleistung des Staates ableiten kann, korrespondiert die strikte Wechselseitigkeit der staatlichen Verpflichtung zur (Gegen-)Leistung.

Die möglichen Leistungen auf Seiten des Beschuldigten und die Gegenleistungen des Staates sind durch gesetzliche Rahmenvorgaben zu konkretisieren. Insbesondere ist festzulegen, welchen Strafrabatt der Beschuldigte für die Aufgabe seiner Verfahrensrechte erhalten soll. Das Maß der Strafmilderung infolge des Vertragsschlusses ist sowohl hinsichtlich der Absprachen über Form und Rechtsfolgen als auch für das Strafbefehlsverfahren sowie für die Kronzeugenregelungen klar zu bestimmen. An dieser Stelle ist nochmals darauf hinzuweisen, daß ein solcher Strafrabatt den Zusammenhang zwischen der Strafe und dem vom Täter schuldhaft verwirklichten Unrecht aufbricht. Der Strafnachlaß bzw. die Strafbefreiung werden allein aus Nützlichkeitserwägungen gewährt und sind keine Folge von Strafzumessungserwägungen im engeren Sinne.

Die Umstände des Vertragsschlusses und vor allem der Inhalt des Vertrags müssen überprüfbar sein. Dies hat in einer Art und Weise zu geschehen, die über die Sanktionierung des Vereinbarten durch den Richter in dem Urteil, das er auf der Grundlage des Vertrags fällt, hinausgeht. Im Gegensatz zum gegenwärtigen Rechtszustand, der sich auf eine Kontrolle der Herstellung des Konsenses beschränkt, ist eine inhaltliche Rechtskontrolle des Vereinbarten durch die übergeordneten Gerichte erforderlich.

Durch die Einführung eines solchen – in seinen Einzelheiten freilich noch zu konkretisierenden – strafprozessualen Vertragsrechts wäre gegenüber dem heutigen Zustand folgendes erreicht: Die rechtlich verbindliche Regelung ersetzt die im gegenwärtigen Zustand bloß provisorische Übereinkunft der Verfahrensbeteiligten. Die Strafverfolgungsorgane müssen sich ebenso wie der Beschuldigte durch die Vereinbarung binden lassen. Der Beschuldigte kann die Erfüllung des Vereinbarten nicht mehr bloß durch den unsicheren Verweis auf einen von der Staatsanwaltschaft oder dem Gericht geschaffenen Vertrauenstatbestand im Sinne des *Fair trial*-Grundsatzes[81], sondern aufgrund einer rechtlich verbindlichen Vereinbarung verlangen. Der auch die Strafverfolgungsorgane rechtlich verpflichtende Vertrag im Strafprozeßrecht würde zumindest ein gewisses Maß der Sicherheit für den Beschuldigten wiederherstellen, die infolge der Vertragsorientierung unter Aufgabe der Prinzipienorientierung verlorengegangen ist. Der Beschuldigte kann auf der Einhaltung des Vertrags bestehen und dem *Volenti non fit iniuria* der Justiz das *Pacta sunt servanda* entgegenhalten.

II. Konsequenzen des Vertrags im Strafprozeßrecht

Schließlich ist auf die Konsequenzen hinzuweisen, die der Vertrag im Strafprozeßrecht hat.

Ein Vertrag, in dem sich der Beschuldigte und der Staatsanwalt über das Verfahren und die Rechtsfolge einigen und den der Richter im Urteil sanktioniert, setzt den Schlußstein in das im Zweiten Kapitel beschriebene Gebäude des "neuen" Strafprozesses. Wurde hier bereits die Nähe der Vertragsorientierung

81 Zum *Fair trial*-Grundsatz s. o., Zweites Kapitel, B. III. 2. c), S. 125 ff.

zur Opportunität herausgestellt[82], so gelangt sie im Vertrag mit dem Beschuldigten zur Vollendung. Die Maxime des Normanwenders und die Maxime des Beschuldigten kommen in den auf den Vertrag gerichteten Willenserklärungen zum Ausdruck. Sofern die Willenserklärungen sich decken, bestimmt die Einigung der Beteiligten Form und Ergebnis des Strafverfahrens. Das allgemeine Gesetz kann hier, ebenso wie im Bürgerlichen Recht, allenfalls den Rahmen und die Grenzen für die vertragliche Vereinbarung vorgeben – Abschluß und Inhalt des konkreten Rechtsgeschäfts bleiben den Beteiligten überlassen.

Nach der angemahnten Einführung des Vertrags in das Strafprozeßrecht wird der Strafprozeß nicht mehr derselbe sein. Eine Orientierung an den Prinzipien der Einleitung und Durchführung des Verfahrens, den Beweisgrundsätzen, den Grundsätzen der Form und am Bestimmtheitsgrundsatz ist dann vollständig aufgegeben, wenn sich die Strafverfolgungsorgane ebenso unter den Willen des Beschuldigten begeben, wie dieser sich unter ihren Willen begibt. Die Verpflichtung auf den Satz *Pacta sunt servanda* ersetzt die staatstheoretische Verpflichtung, das Staatshandeln nach allgemeinen Gesetzen auszurichten. Ist der Vertrag das Mittel zur Gestaltung von Rechtsverhältnissen im Einzelfall, so bedeutet die Einführung des Vertrags in das Strafverfahrensrecht den Abschluß der Entwicklung des "neuen" Strafprozesses. In der Übereinkunft mit dem Beschuldigten gelingt es, dem einzelnen Fall Rechnung zu tragen und die individuellen Interessen im Sinne der Prozeßökonomie und der Aufrechterhaltung einer funktionstüchtigen Strafrechtspflege zu kollektivieren. Das Interesse des Rechtsanwenders an der Vermeidung der als geringfügig oder gar überflüssig erachteten Verfahren und das Interesse des Beschuldigten an einer geringeren Strafe oder an der Vermeidung der Hauptverhandlung treffen sich in der Entscheidung, daß das Verfahren vertraglich beendet werden soll. Die in den "schützenden Formen"[83] des "alten" Strafprozesses angelegte Distanz zwischen Staat und Bürger wird durch eine Nähe ersetzt, die in dem Vertrag zwischen Strafverfolgungsorganen und Beschuldigtem zum Ausdruck kommt[84]. Mit der Einführung von Strafprozeßverträgen muß also die Einsicht verbunden sein, daß man sich endgültig jenseits der Prinzipien des "alten" Strafprozesses bewegt, um die Ziele des "neuen" Strafprozesses zu verwirklichen. Die Dispositivität des Rechts löst die strenge Bindung an das Gesetz ab und ermöglicht überhaupt erst die vertragliche Eini-

---

82 S. o., Zweites Kapitel, B. III. 3., S. 135 f.

83 *H. A. Zachariae*, Handbuch des Strafprocesses, S. 145 ff. (S. 146); *ders.*, Gebrechen und Reform, S. 124 f.

84 *W. Hassemer*, JuS 1989, S. 892: "[Die] starke Lesart des Grundsatzes 'pacta sunt servanda' [wäre] die vollständige Abdankung des Strafprozeßrechts und seiner notwendigen Förmlichkeiten, eine Kooperation nicht im Strafverfahren, sondern an seiner Statt."

gung nach einem Aushandlungsprozeß. Der Gewinn der Einführung des Vertragsrechts innerhalb dieses Prozeßmodells liegt gegenüber der Opportunität darin, daß neben das einseitig auf den Beschuldigten bezogene Einwilligungsargument die Verpflichtung auch des Staates auf Erfüllung der vertraglich versprochenen Leistung tritt. Mit der Konsens- bzw. Vertragsorientierung ist die staatstheoretische Fundierung des Strafverfahrensrechts aufgegeben, nach der sich der strafverfolgende Staat stets die Frage stellen lassen muß, was nach den Bedingungen der Staats- und Rechtsbegründung eine verallgemeinerungsfähige, wechselseitige Freiheitsbeschränkung ist. Mit dem strafprozessualen Vertrag wird zwar dieser Begriff von Allgemeinheit aufgegeben, immerhin aber für das konkrete Verfahren eine rechtliche Bindung zwischen den Strafverfolgungsorganen und dem Beschuldigten erzeugt.

In der Zuordnung des Vertrags zum "neuen" Strafprozeß und der Konfrontation dieses Prozeßmodells mit dem "alten" Strafprozeß liegt die Möglichkeit einer klaren Grenzziehung: Diejenigen Verfahren, welche nach dem oben vorgeschlagenen Modell des Vertrags im Strafprozeß nicht durch eine vertragliche Vereinbarung beendet werden können oder in denen der Vertragsschluß scheitert, sind nach dem prinzipienorientierten Strafprozeß durchzuführen. Eine Mischform aus beiden Modellen führt zwangsläufig zu dem für die bloße Vertrags*orientierung* beschriebenen Naturzustand, in dem keine Ausrichtung am allgemeinen Gesetz mehr herrscht, aber auch noch kein verfestigtes Vertragsrecht im Strafprozeß. Der eingangs angedeutete Widerspruch zwischen der in der Kritik des Vertragsgedankens ausgeführten Unzulässigkeit des Vertrags im Strafverfahrensrecht und der angemahnten klaren Rekonstruktion der Vertragsorientierung als Vertrag im Strafverfahren erweist sich damit nur als ein scheinbarer Widerspruch: Der Vertrag im Strafprozeßrecht ist Bestandteil des "neuen" Strafprozesses, der nur so weit reicht, als die soeben beschriebene[85] Möglichkeit vertraglicher Vereinbarung besteht. Jenseits dieser Grenze ist nach den Prinzipien des "alten" Strafprozesses zu verfahren.

III. Resümee: Der Vertrag im Strafprozeßrecht

Durch die Forderung nach der Einführung des Vertrags im Strafprozeßrecht wird folgendes erreicht:

Zunächst wird begrifflich klargestellt, daß der Vertrag im Strafprozeßrecht dem "neuen" Strafprozeß zuzurechnen ist, während er im "alten" Strafprozeß unzulässig ist: *Tertium non datur.* Der Bereich der Prinzipienorientierung und der

---

85 S. o., I., S. 294 ff.

Bereich der Maximenorientierung im Vertragsrecht des Strafprozesses sind deutlich voneinander zu trennen. Mischformen aus oder ein beliebiges Wechseln zwischen den beiden Verfahrensweisen sind ausgeschlossen. Das für die Verfahrensprinzipien herrschende Regel-Ausnahme-Denken wird durch eine klare Grenzziehung zwischen dem vertraglichen und dem gesetzlichen, zwischen dem dispositiven und dem zwingenden Strafprozeßrecht abgelöst.

Durch die rechtliche Verfestigung der bloßen Vertrags*orientierung* im Vertrag tritt ein Zustand größerer Rechtssicherheit für den Beschuldigten ein. Er kann sicher sein, für seine Leistung auch eine Gegenleistung zu erhalten, die er rechtlich unter dem Gesichtspunkt des Vertrags und nicht bloß moralisch unter Verweis auf das enttäuschte Vertrauen nach einem nicht eingehaltenen Versprechen fordern kann.

Schließlich bleibt durch die klare Trennung des "alten" prinzipienorientierten vom "neuen" vertragsorientierten Strafprozeß das kritische Potential einer freiheitsgesetzlichen Strafrechts- und Strafverfahrenstheorie erhalten. Es löst sich nicht in einer Grauzone der Opportunität auf, die zu einem Zwar-Aber-Zustand führt und klare Maßstäbe für die Bewertung staatlichen Handelns vermissen läßt. Auch der Bereich rechtlich verfestigter Vertragsorientierung muß sich deshalb stets die Frage vor dem "Verfassungsrichterstuhl der Rechtsvernunft"[86] stellen lassen, ob das Verfahren den Bedingungen der Staatsbegründung – Freiheit, Gleichheit und Selbständigkeit des einzelnen – entspricht. Sollte diese Frage für den Vertrag im Strafprozeß zu verneinen sein, so bleibt nur die Rückkehr zu den Prinzipien des "alten" Strafprozesses, um das Spannungsverhältnis zwischen der Freiheit des Beschuldigten und den Belangen staatlicher Strafverfolgung anhand des allgemeinen Gesetzes aufzulösen.

Die Forderung nach der im Vertrag rechtlich verfestigten Vertragsorientierung ist als die zweitbeste Lösung anzusehen, bevor die Forderung der Grundlegung nach der Rückkehr zu dem an der freiheitsrechlichen Theorie der Strafe ausgerichteten materiellen Strafrecht und zu dem an den Prinzipien der Staatsbegründung orientierten Strafverfahren Wirklichkeit wird.

---

86 *W. Kersting*, Wohlgeordnete Freiheit, S. 352.

Schlußbetrachtung

Als Vertragsorientierung wurden in dieser Arbeit diejenigen positivrechtlichen Normen und die Handlungsweisen *praeter legem* verstanden, welche es den Verfahrensbeteiligten im Einzelfall erlauben, ein Strafverfahren durch eine Übereinkunft und den Austausch von Leistungen und Gegenleistungen zu beenden. Das Eindringen des Vertragsgedankens in das Strafverfahrensrecht und sein immer rascheres Vordringen wurde an zwei streng voneinander getrennten Strafverfahrensmodellen gemessen.

In einem an der Subjektivität und Personalität des Beschuldigten orientierten Strafverfahrensmodell kann die Vertragsorientierung im Strafverfahren keinen Bestand haben. Ebenso wie die freiheitsgesetzliche Straftheorie wurde auch die Strafverfahrenstheorie in dieser Arbeit auf ihre rechtsphilosophischen und staatstheoretischen Grundlagen zurückgeführt und herausgearbeitet, daß die an das allgemeine Gesetz anknüpfende Legalität das Instrument ist, das die Freiheit des Opfers und die Freiheit des Beschuldigten gleichermaßen gewährleistet. Ein Vertrag zwischen dem Staat und dem Beschuldigten über den Inhalt und das Ergebnis des Strafverfahrens führt ein, was auf der Ebene der Staatstheorie verabschiedet wurde: Nach dem kategorischen Imperativ der Staatsgründung kann es keinen voluntaristisch-legitimationstheoretischen Gebrauch des Vertragsarguments geben, um ein zweckrationales Staatshandeln zu rechtfertigen. Mit dem Einzug des Vertragsdenkens in das Strafverfahren herrschen nicht länger Gesetze, sondern Personen. Auch im Hinblick auf das privatrechtliche Vertragsrecht ist der Vertragsgedanke aus dem Strafverfahren herauszuhalten, denn die Voraussetzungen der Freiheit und Gleichheit der am Vertragsschluß Beteiligten sind aus Sicht des Beschuldigten nicht erfüllt. Der vermeintliche Vertrag kann niemals zur Verwirklichung der Selbständigkeit dessen dienen, der in ein Strafverfahren gezogen ist. Die primäre Forderung der dieser Arbeit vorangestellten Grundlegung ist die Rückkehr zu einem Strafprozeßmodell, das auf vermeintliche Verträge zwischen den Verfahrensbeteiligten verzichten muß.

Der Vertragsgedanke wurde im Kontrast dazu einem Prozeßmodell zugeordnet, das sich nicht länger an den Strafverfahrensprinzipien und an einem freiheitsgesetzlichen Begriff der Strafe orientiert. Handlungsleitend für dieses Verfahren sind überindividuell-systemische Interessen, wie die Funktionstüchtigkeit der Strafrechtspflege und die Prozeßökonomie. Der Vertrag entdeckt sich in diesem Verfahrensmodell als das ideale Instrument, um das Interesse der Strafverfolgungsorgane und das Interesse des Beschuldigten zur Übereinstimmung zu bringen. Es wurde herausgearbeitet, daß die in diesem Verfahrensmodell anzutreffende bloße Vertrags- bzw. Konsens*orientierung* zu einem Naturzustand im Strafprozeß führt. Die Verfahrensprinzipien des an der Subjektivität und Personalität des Beschuldigten orientierten Strafverfahrensmodell sind aufgegeben. Auf der anderen Seite ist die Übereinkunft der Verfahrensbeteiligten aber noch nicht in einem Maße verfestigt, daß der Beschuldigte sicher sein kann, für seine Vorleistung auch eine Gegenleistung zu erhalten. Während der Staat das vertragstheoretische *Volenti non fit iniuria* auch im Bereich des Strafverfahrens gerne in Anspruch nimmt, scheut er davor zurück, zugleich den Satz *Pacta sunt servanda* ernst zu nehmen.

Für die Zeit bis zu der in der Grundlegung geforderten Rückkehr zu einer freiheitsgesetzlichen Strafrechtstheorie und zu einer prinzipienorientierten Strafverfahrensrechtstheorie mahnt die Arbeit an, die bloße Vertragsorientierung in einem begrenzten Umfang durch ein Vertragsrecht im Strafverfahren abzulösen. Nur bei Ablösung der bloßen Vertragsorientierung durch eine vertragliche Verpflichtung kann sichergestellt werden, daß der Beschuldigte für seine Vorleistung auch die von den Strafverfolgungsorganen geschuldete Gegenleistung erhält. Kommt nach Einführung des Vertrags in das Strafverfahren die Opportunität zur Vollendung, so muß der Disponibilität der Beschuldigtenrechte freilich auch die Disponibilität des staatlichen Strafanspruchs entsprechen.

Bei der Forderung nach einem Vertragsrecht im Strafprozeßrecht steht das Bemühen im Vordergrund, dem Beschuldigten die Durchsetzung seines Anspruchs aus der vertraglichen Beziehung mit den Strafverfolgungsorganen zu sichern. Die bloß moralische Kategorie des Vertrauensschutzes muß im Bereich desjenigen Verfahrens, welches am tiefsten in die Freiheit des einzelnen eingreift, rechtlich verfestigt werden.

Die in dieser Arbeit vorgenommene klare Zuordnung des Vertragsgedankens im Strafprozeß zu einem Prozeß der instrumentellen Vernunft bewahrt vor einer Relativierung des kritischen Potentials des prinzipienorientierten Strafverfahrens. Dieses Potentials bedarf es umso dringender, wenn die schützenden und auf Distanz angelegten Formen des Strafprozesses immer mehr durch eine vermeintliche Nähe des Staates zum Beschuldigten abgelöst werden. Der Vereinnahmung des Beschuldigten als Mittel zum Zweck der Justizentlastung ist stets seine Verfahrenssubjektivität und Verfahrenspersonalität entgegenzusetzen. Wenn der Staat aber mangels Prinzipienorientierung nicht auf den Pakt mit dem Beschuldigten verzichten will, so hat er zumindest den Bereich bloß moralischer und provisorischer Verhältnisse zu verlassen und in eine rechtlich verfestigte Beziehung mit dem Beschuldigten zu treten. Sollte bei dem Bemühen um die rechtliche Verfestigung der Vertragsorientierung erkannt werden, daß der Vertrag und das Strafverfahren nicht ineinander gefügt werden können, so bleibt nur die Rückkehr zu einem prinzipienorientierten Strafverfahren, das elementar-konkrete Freiheitsverletzungen verhandelt und dabei sowohl die Personalität des Beschuldigten als auch die Personalität des Verletzten ernst nimmt.

Literaturverzeichnis

Die Abkürzungen im Haupttext und in diesem Literaturverzeichnis folgen mit geringen, in der strafrechtlichen und strafprozessualen Terminologie üblichen Abweichungen Kirchner, Hildebert, Abkürzungsverzeichnis der Rechtssprache, 4. Auflage, Berlin, New York 1993.

Italienische Zeitschriften sind wie folgt abgekürzt:

Arch. n. proc. pen.	Archivio della nuova procedura penale
Cass. pen.	Cassazione penale
Foro it.	Foro italiano
Giurisprudenza cost.	Giurisprudenza costituzionale
Giust. pen.	La giustizia penale
Ind. pen.	L'indice penale
Riv. dir. civ.	Rivista di diritto civile
Riv. it. dir. proc. pen.	Rivista italiana di diritto e procedura penale
Riv. pen.	Rivista penale

Albrecht, Peter-Alexis: Exekutivisches Recht, in: Albrecht, Peter-Alexis (Hrsg.), Informalisierung des Rechts: empirische Untersuchungen zur Handhabung und zu den Grenzen der Opportunität im Jugendstrafrecht, Berlin, New York 1990, (zit.: P.-A. Albrecht, Exekutivisches Recht, S. ...).

Albrecht, Peter-Alexis: Jugendstrafrecht, 2. Auflage, München 1993, (zit.: P.-A. Albrecht, Jugendstrafrecht, S. ...).

Albrecht, Peter-Alexis: Erosionen des rechtsstaatlichen Strafrechts, in: KritV 1993, S. 163 ff., (zit.: P.-A. Albrecht, KritV 1993, S. ...).

Albrecht, Peter-Alexis: Das Strafrecht im Zugriff populistischer Politik, in: NJ 1994, S. 193 ff., (zit.: P.-A. Albrecht, NJ 1994, S. ...).

Alschuler, Albert W.: The Trial Judge's Role in Plea Bargaining, Part I, in: Columbia Law Review 76 (1976), S. 1059 ff., (zit.: A. W. Alschuler, Columbia Law Review 76 (1976), S. ...).

Alternativkommentar: Kommentar zum Strafgesetzbuch, Reihe Alternativkommentare, Wassermann, Rudolf (Gesamt-Hrsg.), Band 3, §§ 80 – 145d StGB, Neuwied, Darmstadt 1986, (zit.: AK-StGB-Bearbeiter, Rdnr. ... zu § ... StGB).

Alternativkommentar: Kommentar zur Strafprozeßordnung, Reihe Alternativkommentare, Wassermann, Rudolf (Gesamt-Hrsg.), Band 1, §§ 1 – 93 StPO, Neuwied 1988, (zit.: AK-StPO-Bearbeiter, Rdnr. ... zu § ... StPO).

Amodio, Ennio: Das Modell des Anklageprozesses im neuen italienischen Strafverfahrensgesetzbuch, in: ZStW 102 (1990), S. 171 ff., (zit.: E. Amodio, ZStW 102 (1990), S. ...).

Antille, Francesco: Competenza penale del giudice di pace: Prospettive di una riforma difficile, in: Riv. pen. 1992, S. 3 f., (zit.: F. Antille, Riv. pen. 1992, S. ...).

Arens, Peter; *Lüke*, Wolfgang: Zivilprozeßrecht – Erkenntnisverfahren, Zwangsvollstreckung, 6. Auflage, München 1994, (zit.: P. Arens/W. Lüke, Zivilprozeßrecht, Rdnr. ...).

Arndt, Adolf: "Vergleiche" im Strafverfahren?, in: NJW 1962, S. 783 f., (zit.: A. Arndt, NJW 1962, S. ...).

Artkämper, Heiko: Absprachen im Strafverfahren, in: NJ 1998, S. 409, (zit.: H. Artkämper, NJ 1998, S. ...).

Asbrock, Bernd: Strafjustizreform statt "kurzer Prozeß" – Alternativen zur herkömmlichen Gesetzgebungspraxis im Strafverfahrensrecht, in: NJ 1995, S. 341 ff., (zit.: B. Asbrock, NJ 1995, S. ...).

Austin, John: Lectures on Jurisprudence or the Philosophy of Positive Law, part II, 12. Auflage, London 1913, Republished St. Clair Shores, Michigan 1977, (zit.: J. Austin, Lectures on Jurisprudence, part II, S. ...).

Baumann, Jürgen: Grabgesang für das Legalitätsprinzip, in: ZRP 1972, S. 273 ff., (zit.: J. Baumann, ZRP 1972, S. ...).

Baumann, Jürgen: Grundbegriffe und Verfahrensprinzipien des Strafprozeßrechts, 3. Auflage, Stuttgart u. a. 1979, (zit.: J. Baumann, Grundbegriffe, S. ...).

Baumann, Jürgen; *Weber*, Ulrich; *Mitsch*, Wolfgang: Strafrecht – Allgemeiner Teil, 10. Auflage, Bielefeld 1995, (zit.: J. Baumann/U. Weber/W. Mitsch, AT, § ... Rdnr. ...).

Baur, Fritz; *Grunsky*, Wolfgang: Zivilprozeßrecht, 9. Auflage, Neuwied u.a. 1997, (zit.: F. Baur/W. Grunsky, Zivilprozeßrecht, Rdnr. ...).

Beccaria, Cesare: Über Verbrechen und Strafen, Frankfurt am Main 1988, (zit.: C. Beccaria, Über Verbrechen und Strafen, S. ...).

Beduschi, Carlo: A proposito di tipicità e atipicità dei contratti, in: Riv. dir. civ. 1986, parte I, S. 351 ff., (zit.: C. Beduschi, Riv. dir. civ. 1986, S. ...).

Behrendt, Hans Joachim: Überlegungen zur Figur des Kronzeugen im Umweltstrafrecht – Zugleich ein Beitrag zur Lehre vom Prozeßvergleich, in: GA 1991, S. 337 ff., (zit.: H. J. Behrendt, GA 1991, S. ...).

Bernsmann, Klaus: Kronzeugenregelungen des geltenden Rechts – Dogmatische Anmerkungen zu einer rechtspolitischen Auseinandersetzung, in: JZ 1988, S. 539 ff., (zit.: K. Bernsmann, JZ 1988, S. ...).

Bertram, Günter: Entwurf eines Zweiten Gesetzes zur Entlastung der Rechtspflege (Strafrecht) 1995, in: ZRP 1996, S. 46 ff., (zit.: G. Bertram, ZRP 1996, S. ...).

Beulke, Werner; *Satzger*, Helmut: Der fehlgeschlagene Deal und seine prozessualen Folgen – BGHSt 42, 191, in: JuS 1997, S. 1072 ff., (zit.: W. Beulke/ H. Satzger, JuS 1997, S. ...).

Beulke, Werner: Strafprozeßrecht, 3. Auflage, Heidelberg 1998, (zit.: W. Beulke, Strafprozeßrecht, Rdnr. ...).

von Birkmeyer, Karl: Deutsches Strafprozeßrecht mit eingehender Bezugnahme auf die preußischen und bayerischen Ausführungsbestimmungen und unter Berücksichtigung des österreichischen Strafprozeßrechts, Berlin 1898, (zit.: K. v. Birkmeyer, Deutsches Strafprozeßrecht, S. ...).

von Birkmeyer, Karl: Zur Reform der Strafprozeßordnung – Das Legalitätsprinzip, in: DJZ 1909, Sp. 1049 ff., (zit.: K. v. Birkmeyer, DJZ 1909, Sp. ...).

von Birkmeyer, Karl: Beiträge zur Kritik des Vorentwurfs zu einem deutschen Strafgesetzbuch, Dritter Beitrag – Das Absehen von Strafe nach dem Vorentwurf, Leipzig 1910, (zit.: K. v. Birkmeyer, Beiträge zur Kritik des Vorentwurfs III, S. ...).

Böttcher, Reinhard; *Dahs*, Hans; *Widmaier*, Gunter: Verständigung im Strafverfahren – eine Zwischenbilanz, in: NStZ 1993, S. 375 ff., (zit.: R. Böttcher/H. Dahs/G. Widmaier, NStZ 1993, S. ...).

Bork, Reinhard: Der Vergleich, Berlin 1988, (zit.: R. Bork, S. ...).

Bottke, Wilfried: Materielle und formelle Verfahrensgerechtigkeit im demokratischen Rechtsstaat, Berlin 1991, (zit.: W. Bottke, Verfahrensgerechtigkeit, S. ...).

Brehmer, Karl: Rawls' "Original Position" oder Kants "Ursprünglicher Kontrakt" – Die Bedingungen der Möglichkeit eines wohlgeordneten Zusammenlebens, Königstein im Taunus 1980, (zit.: K. Brehmer, S. ...).

Breidenbach, Stephan: Mediation – Struktur, Chancen und Risiken von Vermittlung im Konflikt, Köln 1995, (zit.: S. Breidenbach, Mediation, S. ...).

Brox, Hans: Allgemeiner Teil des Bürgerlichen Gesetzbuchs, 22. Auflage, Köln u. a. 1998, (zit.: H. Brox, BGB-AT, Rdnr. ...).

Brugger, Winfried: Darf der Staat ausnahmsweise foltern?, in: Der Staat 1996, S. 67 ff., (zit.: W. Brugger, Der Staat 1996, S. ...).

Brunner, Rudolf; *Dölling*, Dieter: Jugendgerichtsgesetz – Kommentar, 10. Auflage, Berlin, New York 1996, (zit.: R. Brunner/D. Dölling, Jugendgerichtsgesetz, Rdnr. ... zu § ...).

Budde, Robert: Vereinbarungen im italienischen Strafprozeß nach altem und neuem Recht, in: ZStW 102 (1990), S. 196 ff., (zit.: R. Budde, ZStW 102 (1990), S. ...).

Bussmann, Kai-D.: Das Entstehen eines neuen Rechtsbegriffs: Verständigung im Strafverfahren, in: KritV 1989, S. 376 ff., (zit.: K.-D. Bussmann, KritV 1989, S. ...).

Buttel, Michael: Kritik der Figur des Aufklärungsgehilfen im Betäubungsmittelstrafrecht (§ 31 BtMG), Frankfurt am Main u. a. 1988, (zit.: M. Buttel, Kritik der Figur des Aufklärungsgehilfen, S. ...).

Canaris, Claus-Wilhelm: Konsens und Verfahren als Grundelemente der Rechtsordnung – Gedanken vor dem Hintergrund der "Eumeniden" des Aischylos, in: JuS 1996, S. 573 ff., (zit.: C.-W. Canaris, JuS 1996, S. ...).

Caspar, Johannes: Schlichten statt richten – Möglichkeiten und Wege außergerichtlicher Streitbeilegung, in: DVBl. 1995, S. 992 ff., (zit.: J. Caspar, DVBl. 1995, S. ...).

De Chiara, C.: Anmerkung zu Corte Costituzionale, Sentenza 15 febbraio 1991, n. 81, in: Foro it. 1991 I, Sp. 2322 ff., (zit.: C. de Chiara, Foro it. 1991 I, Sp. ...).

Di Chiara, Giuseppe: Decidibilità allo stato degli atti e sindacato sulla decisione negativa in tema di "abbreviazione" del rito: note a margine della sentenza 23/92 della Corte costituzionale – Anmerkung zu Corte Costituzionale, Sentenza 31 gennaio 1992, n. 23, in: Foro it. 1992 I, Sp. 1058 ff., (zit.: G. di Chiara, Foro it. 1992 I, Sp. ...).

Di Chiara, Giuseppe: Il nuovo codice di procedura penale alla vigilia del primo triennio: gli itinerari della giurisprudenza costituzionale, in: Foro it. 1992 I, Sp. 1639 ff., (zit.: G. di Chiara, Foro it. 1992 I, Sp. ...).

Di Chiara, Giuseppe: Tra crisi del sistema e ricerca di nuovi equilibri: il codice di procedura penale negli itinerari della giurisprudenza costituzionale (1992 – 1995), in: Foro it. 1995 I, Sp. 2655 ff., (zit.: G. di Chiara, Foro it. 1995 I, Sp. ...).

Cordero, Franco: Procedura penale, Terza edizione, Milano 1995, (zit.: F. Cordero, Procedura penale, S. ...).

Dahs, Hans: Handbuch des Strafverteidigers, 5. Auflage, Köln 1983, (zit.: H. Dahs, Handbuch des Strafverteidigers, S. ...).

Dahs, Hans: § 153a StPO – ein "Allheilmittel" der Strafrechtspflege, in: NJW 1996, S. 1192 f., (zit.: H. Dahs, NJW 1996, S. ...).

Damaska, Mirjan: Der Austausch von Vorteilen im Strafverfahren: Plea Bargaining und Absprachen, in: StV 1988, S. 398 ff., (zit.: M. Damaska, StV 1988, S. ...).

Deal, Detlev (Pseudonym): Der strafprozessuale Vergleich, in: StV 1982, S. 545 ff., (zit.: D. Deal, StV 1982, S. ...).

Deckert, Martina R.: Ökonomische Aspekte in der Rechtsanwendung – dargestellt am Beispiel des Haftungsrechts, in: JA 1996, S. 712 ff., (zit.: M. R. Deckert, JA 1996, S. ...).

Deggau, Hans-Georg: Die Aporien der Rechtslehre Kants, Stuttgart-Bad Cannstadt 1983, (zit.: H.-G. Deggau, Die Aporien der Rechtslehre Kants, S. ...).

Dencker, Friedrich: Gefährlichkeitsvermutung statt Tatschuld? – Tendenzen der neueren Strafrechtsentwicklung, in: StV 1988, S. 262 ff., (zit.: F. Dencker, StV 1988, S. ...).

Dencker, Friedrich; *Hamm*, Rainer: Der Vergleich im Strafprozeß, Frankfurt am Main 1988, (zit.: F. Dencker/R. Hamm, Der Vergleich im Strafprozeß, S. ...).

Dießelhorst, Malte: Naturzustand und Sozialvertrag bei Hobbes und Kant, Zugleich ein Beitrag zu den Ursprüngen des modernen Systemdenkens, Göttingen 1988, (zit.: M. Dießelhorst, Naturzustand, S. ...).

Dreier, Ralf: Rechtsbegriff und Rechtsidee – Kants Rechtsbegriff und seine Bedeutung für die gegenwärtige Diskussion, Frankfurt am Main 1986, (zit.: R. Dreier, Rechtsbegriff und Rechtsidee, S. ...).

Dreier, Ralf: Was ist Gerechtigkeit?, in: JuS 1996, S. 580 ff., (zit.: R. Dreier, JuS 1996, S. ...).

Dubber, Markus Dirk: American Plea Bargains, German Lay Judges, and the Crisis of Criminal Procedure, in: Stanford Law Review, Vol. 49 (1997), S. 547 ff., (zit.: M. D. Dubber, Stanford Law Review, Vol. 49 (1997), S. ...).

Ebert, Udo: Tendenzwende in der Straf- und Strafprozeßgesetzgebung?, in: JR 1978, S. 136 ff., (zit.: U. Ebert, JR 1978, S. ...).

Ebert, Udo: Talion und Spiegelung im Strafrecht, in: Küper, Wilfried; Puppe, Ingeborg; Tenckhoff, Jörg (Hrsg.), Festschrift für Karl Lackner zum 70. Geburtstag am 18. Februar 1987, S. 399 ff., Berlin, New York 1987, (zit.: U. Ebert, Talion und Spiegelung im Strafrecht, S. ...).

Eichele, Karl: Obligatorische vorgerichtliche Schlichtung?, in: ZRP 1997, S. 393 ff., (zit.: K. Eichele, ZRP 1997, S. ...).

Eisenberg, Ulrich: Jugendgerichtsgesetz, 7. Auflage, München 1997, (zit.: U. Eisenberg, Jugendgerichtsgesetz, Rdnr. ... zu § ... JGG).

Eisenhardt, Ulrich: Allgemeiner Teil des BGB, 3. Auflage, Heidelberg 1989, (zit.: U. Eisenhardt, AT, Rdnr. ...).

Enneccerus, Ludwig; *Nipperdey*, Hans Carl: Allgemeiner Teil des bürgerlichen Rechts, 15. Auflage, Erster Halbband, Tübingen 1959, Zweiter Halbband, Tübingen 1960, (zit.: L. Enneccerus/H. C. Nipperdey, § ..., S. ...).

Enneccerus, Ludwig; *Lehmann*, Heinrich: Recht der Schuldverhältnisse, 15. Bearbeitung, Tübingen 1958, (zit.: L. Enneccerus/H. Lehmann, § ..., S. ...).

Erbs, Georg; *Kohlhaas*, Max: Strafrechtliche Nebengesetze, 5. Auflage, 130. Lieferung, November 1998, München 1998, (zit.: Erbs/Kohlhaas-Bearbeiter, Rdnr. ... zu § ... [Gesetzesbezeichnung]).

Erichsen, Hans-Uwe: Das Verwaltungshandeln, in: Erichsen, Hans-Uwe (Hrsg.), Allgemeines Verwaltungsrecht, Dritter Abschnitt, §§ 11 ff., 11. Auflage, Berlin, New York 1998, (zit.: H.-U. Erichsen, AllgVerwR, § ... Rdnr. ...).

Eser, Albin: Funktionswandel strafrechtlicher Prozeßmaximen: Auf dem Weg zu einer Reprivatisierung des Strafverfahrens?, in: ZStW 104 (1992), S. 361 ff., (zit.: A. Eser, ZStW 104 (1992), S ...).

Esser, Josef; Schmidt, Eike: Schuldrecht, Band I, Allgemeiner Teil; Teilband 1, Entstehung, Inhalt und Beendigung von Schuldverhältnissen, 8. Auflage, Heidelberg 1995, (zit.: J. Esser/E. Schmidt, Schuldrecht-AT, S. ...).

Fahl, Christian: Zum rechtlichen Gehör der StA bei Gesprächen des Strafkammervorsitzenden mit dem Verteidiger über die Straferwartung im Falle eines Geständnisses des Angeklagten, in: JA 1997, S. 272 ff., (zit.: Chr. Fahl, JA 1997, S. ...).

Feuerbach, Paul Johann Anselm: Lehrbuch des gemeinen in Deutschland gültigen peinlichen Rechts – mit vielen Anmerkungen und Zusatzparagraphen und mit einer vergleichenden Darstellung der Fortbildung des Strafrechts durch die neuen Gesetzgebungen, 14. Auflage, Gießen 1847, 2. Neudruck, Aalen 1986, (zit.: P. J. A. Feuerbach, Lehrbuch des gemeinen in Deutschland gültigen peinlichen Rechts, § ..., S. ...).

Fezer, Gerhard: Vereinfachte Verfahren im Strafprozeß, in: ZStW 106 (1994), S. 1 ff., (zit.: G. Fezer, ZStW 106 (1994), S. ...).

Fezer, Gerhard: Strafprozeßrecht, 2. Auflage, München 1995, (zit.: G. Fezer, Strafprozeßrecht, [Fall-Nr.] .../, Rdnr. ...).

Fisch, Jörg: Vertrag, Gesellschaftsvertrag, Herrschaftsvertrag – Exkurs: Terminologiegeschichte und rechtlich-politischer Sprachgebrauch, in: Brunner, Otto; Konze, Werner; Koselleck, Reinhart (Hrsg.), Geschichtliche Grundbegriffe – Historisches Lexikon zur politisch-sozialen Sprache in Deutschland, Band 6 (St – Vert), S. 946 ff., Stuttgart 1990, (zit.: J. Fisch, Vertrag, Gesellschaftsvertrag, Herrschaftsvertrag – Exkurs, S. ...).

Flume, Werner: Allgemeiner Teil des Bürgerlichen Rechts, Zweiter Teil – Das Rechtsgeschäft, 4. Auflage, Berlin u. a. 1992, (zit.: W. Flume, Das Rechtsgeschäft, § ..., S. ...).

Friauf, Karl Heinrich: Polizei- und Ordnungsrecht, in: Schmidt-Aßmann, Eberhard (Hrsg.), Besonderes Verwaltungsrecht, S. 101 ff., 10. Auflage, Berlin, New York 1995, (zit.: K. H. Friauf, Polizei- und Ordnungsrecht, Rdnr. ...).

Friehe, Sabine: Der Verzicht auf Entschädigung für Strafverfolgungsmaßnahmen – Zugleich ein Beitrag zur Problematik strafprozessualer Absprachen, Berlin 1997, (zit.: S. Friehe, Verzicht auf Entschädigung, S. ...).

Frisch, Wolfgang: Ausschluß und Ablehnung des Staatsanwalts – Möglichkeiten und Grenzen richterlicher Rechtsfortbildung und sachgerechter Gesetzgebung, in: Frisch, Wolfgang; Schmid, Werner (Hrsg.), Festschrift für Hans-Jürgen Bruns zum 70. Geburtstag, S. 385 ff., Köln u. a. 1978, (zit.: W. Frisch, Ausschluß und Ablehnung des Staatsanwalts, S. ...).

Gallandi, Volker: Anmerkung zum Urteil des LG Kassel vom 12.6.1986, 502 Js 31 281/83 – 5 Ns, in: StV 1987, S. 290 f., (zit.: V. Gallandi, StV 1987, S. ...).

Gatzweiler, Norbert: Anmerkung zum Urteil des BGH vom 18.4.1990, 3 StR 252/88 (BGHSt 37, S. 101 ff.), in: NStZ 1991, S. 46 f., (zit.: N. Gatzweiler, NStZ 1991, S. ...).

Geppert, Klaus: Das Legalitätsprinzip, in: Jura 1982, S. 139 ff., (zit.: K. Geppert, Jura 1982, S. ...).

Geppert, Klaus: Das Opportunitätsprinzip, in: Jura 1986, S. 309 ff., (zit.: K. Geppert, Jura 1986, S. ...).

Gerlach, Götz: Absprachen im Strafverfahren: ein Beitrag zu den Rechtsfolgen fehlgeschlagener Absprachen im Strafverfahren, Frankfurt am Main u. a. 1992, (zit.: G. Gerlach, Absprachen im Strafverfahren, S. ...).

Göldner, Detlef: Gesetzmäßigkeit und Vertragsfreiheit im Verwaltungsrecht, in: JZ 1976, S. 352 ff., (zit.: D. Göldner, JZ 1976, S. ...).

Granata, Antonio: Ancora qualche riflessione in tema di giudizio abbreviato: Revocabilità del consenso al rito e regressione al giudizio ordinario – Anmerkung zu Tribunale di Modena, Ord. 15. novembre 1995, in: Arch. n. proc. pen. 1996, S. 276 f., (zit.: A. Granata, Arch. n. proc. pen. 1996, S. ...).

Gullo, Luigi: Il pentitismo, Lungro 1996, (zit.: L. Gullo, Il pentitismo, S. ...).

Haas, Günter: Vereinbarungen im Strafverfahren, Ein Beitrag zur Lehre von den Prozeßhandlungen, in: NJW 1988, S. 1345 ff., (zit.: G. Haas, NJW 1988, S. ...).

Habermas, Jürgen: Faktizität und Geltung – Beiträge zur Diskurstheorie des Rechts und des demokratischen Rechtsstaats, 3. Auflage, Frankfurt am Main 1993, (zit.: J. Habermas, Faktizität und Geltung, S. ...).

Hahn, Carl: Die gesamten Materialien zu den Reichs-Justizgesetzen auf Veranlassung des kaiserlichen Reichs-Justizamts herausgegeben, Band 3 – Materialien zur Strafprozeßordnung, Abteilung 1, 2. Auflage, Berlin 1885, Nachdruck Aalen 1983, (zit.: C. Hahn, Materialien, S. ...) .

Hamm, Rainer: Die Entdeckung des "fair trial" im deutschen Strafprozeß – ein Fortschritt mit ambivalenten Ursachen, in: Eser, Albin; Kullmann, Hans Josef u. a. (Hrsg.), Straf- und Strafverfahrensrecht, Recht und Verkehr, Recht und Medizin, S. 273 ff., Festschrift für Hannskarl Salger zum Abschied aus dem Amt als Vizepräsident des Bundesgerichtshofs, Köln u. a. 1995, (zit.: R. Hamm, Entdeckung des "fair trial", S. ...).

Hamm, Rainer: Der strafprozessuale Beweis der Kausalität und seine revisionsrechtliche Überprüfung – Neuer Kausalitätsbegriff oder neue Anforderungen an die richterliche Überzeugungsbildung in der "Holzschutzmittel-Entscheidung" des BGH?, in: StV 1997, S. 159 ff., (zit.: R. Hamm, StV 1997, S. ...).

Harzer, Regina: Der Naturzustand als Denkfigur moderner praktischer Vernunft – Zugleich ein Beitrag zur Staats- und Rechtsphilosophie von Hobbes und Kant, Frankfurt am Main u. a. 1994, (zit.: R. Harzer, Naturzustand, S. ...).

Harzer, Regina: Die Selbständigkeit und ihre straftheoretische Bedeutung, in: Institut für Kriminalwissenschaften Frankfurt am Main (Hrsg.), Vom unmöglichen Zustand des Strafrechts, S. 31 ff., Frankfurt am Main u. a. 1995, (zit.: R. Harzer, Die Selbständigkeit und ihre straftheoretische Bedeutung, S. ...).

Hassemer, Winfried: Die "Funktionstüchtigkeit der Strafrechtspflege" – ein neuer Rechtsbegriff?, in: StV 1982, S. 275 ff., (zit.: W. Hassemer, StV 1982, S. ...).

Hassemer, Winfried: Strafziele im sozialwissenschaftlich orientierten Strafrecht, in: Hassemer, Winfried; Lüderssen, Klaus; Naucke, Wolfgang (Hrsg.), Fortschritte im Strafrecht durch die Sozialwissenschaften?, S. 39 ff., Heidelberg 1983, (zit.: W. Hassemer, Strafziele im sozialwissenschaftlich orientierten Strafrecht, S. ...).

Hassemer, Winfried: Unverfügbares im Strafprozeß, in: Kaufmann, Arthur; Mestmäcker, Ernst-Joachim, Zacher, Hans-F. (Hrsg.), Rechtsstaat und Menschenwürde, Festschrift für Werner Maihofer zum 70. Geburtstag, S. 183 ff., Frankfurt am Main 1988, (zit.: W. Hassemer, Unverfügbares im Strafprozeß, S. ...).

Hassemer, Winfried: Menschenrechte im Strafprozeß, in: KritV 1988, S. 336 ff., (zit.: W. Hassemer, KritV 1988, S. ...).

Hassemer, Winfried: "Stellungnahme zum Artikelgesetz", Die Kronzeugenregelung, in: StV 1989, S. 79 f., (zit.: W. Hassemer, StV 1989, S. ...).

Hassemer, Winfried: Pacta sunt servanda – auch im Strafprozeß?, BGH, NJW 1989, 2270, in: JuS 1989, S. 890 ff., (zit.: W. Hassemer, JuS 1989, S. ...) .

Hassemer, Winfried: Grundlinien eines rechtsstaatlichen Strafverfahrens, in: KritV 1990, S. 260 ff., (zit.: W. Hassemer, KritV 1990, S. ...) .

Hassemer, Winfried: Einführung in die Grundlagen des Strafrechts, 2. Auflage, München 1990, (zit.: W. Hassemer, Einführung, S. ...).

Hassemer, Winfried: Kennzeichen und Krisen des modernen Strafrechts, in: ZRP 1992, S. 378 ff., (zit.: W. Hassemer, ZRP 1992, S. ...).

Hassemer, Winfried: Legalität und Opportunität im Strafverfahren – Eine Skizze, in: Ostendorf, Heribert (Hrsg.), Strafverfolgung und Strafverzicht – Festschrift zum 125jährigen Bestehen der Staatsanwaltschaft Schleswig-Holstein, S. 529 ff., Köln u. a. 1992, (zit.: W. Hassemer, Legalität und Opportunität im Strafverfahren, S. ...).

Hassemer, Winfried: Innere Sicherheit im Rechtsstaat, in: StV 1993, S. 664 ff., (zit.: W. Hassemer, StV 1993, S. ...).

Hassemer, Winfried: Warum und zu welchem Ende strafen wir?, in: ZRP 1997, S. 316 ff., (zit.: W. Hassemer, ZRP 1997, S. ...).

Hegel, Georg Wilhelm Friedrich: Grundlinien der Philosophie des Rechts oder Naturrecht und Staatswissenschaft im Grundrisse, in: Werke, Band 7, 2. Auflage, Frankfurt am Main 1989, (zit.: G. W. F. Hegel, Grundlinien der Philosophie des Rechts, § ...).

Heidelberger Kommentar zur Strafprozeßordnung: Lemke, Michael u. a. (Hrsg.), Heidelberg 1997, (zit.: HK-Bearbeiter, Rdnr. ... zu § ... StPO).

Herdegen, Gerhard: Anmerkung zu BGH, Beschluß vom 3.9.1997 – 5 StR 237/97, in: JZ 1998, S. 54 ff., (zit.: G. Herdegen, JZ 1998, S. ...).

Herrmann, Joachim: Der amerikanische Strafprozeß, in: Jung, Heike (Hrsg.), Der Strafprozeß im Spiegel ausländischer Verfahrensordnungen, S. 133 ff., Berlin, New York 1990, (zit.: J. Herrmann, Der amerikanische Strafprozeß, S. ...).

Hettinger, Michael: Entwicklungen im Strafrecht und Strafverfahrensrecht der Gegenwart – Versuch einer kritischen Bestandsaufnahme, Heidelberg 1997, (zit.: M. Hettinger, Entwicklungen im Strafrecht, S. ...).

Hirsch, Hans Joachim: Zur Behandlung der Bagatellkriminalität in der Bundesrepublik Deutschland – Unter besonderer Berücksichtigung der Stellung der Staatsanwaltschaft, in: ZStW 92 (1980), S. 218 ff., (zit.: H. J. Hirsch, ZStW 92 (1980), S. ...).

Hobbes, Thomas: Leviathan, Erster und zweiter Teil, Stuttgart 1980, (zit.: Th. Hobbes, Leviathan, S. ...).

Höffe, Otfried: Recht und Moral: ein kantischer Problemaufriß, in: Neue Hefte für Philosophie 17 (1979), S. 1 ff., (zit.: O. Höffe, Recht und Moral, S. ...).

Höffe, Otfried: Politische Gerechtigkeit, Grundlegung einer kritischen Philosophie von Staat und Recht, Frankfurt am Main 1989, (zit.: O. Höffe, Gerechtigkeit, S. ...).

Höffe, Otfried: Kategorische Rechtsprinzipien, Ein Kontrapunkt der Moderne, Frankfurt am Main 1994, (zit.: O. Höffe, Rechtsprinzipien, S. ...).

Höfling, Wolfram: Vertragsfreiheit, Eine grundrechtsdogmatische Studie, Heidelberg 1991, (zit.: W. Höfling, Vertragsfreiheit, S. ...).

Hoffmeister, Johannes (Hrsg.): Wörterbuch der philosophischen Begriffe, 2. Auflage, Hamburg 1955, (zit.: J. Hoffmeister, Wörterbuch der philosophischen Begriffe, S. ...).

Honert, Alessandro: Der italienische Strafprozeß: die Fortentwicklung einer Reform, in: ZStW 106 (1994), S. 427 ff., (zit.: A. Honert, ZStW 106 (1994), S. ...).

von Hoyningen-Huene, Dagmar: Mediation – Eine Alternative zum gerichtlichen Verfahren, in: JuS 1997, S. 352 ff., (zit.: D. v. Hoyningen-Huene, JuS 1997, S. ...).

Jakobs, Günther (Hrsg.): Rechtsgeltung und Konsens, Berlin 1976, (zit.: G. Jakobs, Rechtsgeltung und Konsens, S. ...).

Jakobs, Günther: Strafrecht – Allgemeiner Teil, Die Grundlagen und die Zurechnungslehre, 2. Auflage, Berlin, New York 1991, (zit.: G. Jakobs, AT, [Abschnitt]/Rdnr. ...).

Jakobs, Günther: Das Strafrecht zwischen Funktionalismus und "alteuropäischem" Prinzipiendenken – Oder: Verabschiedung des "alteuropäischen" Strafrechts?, in: ZStW 107 (1995), S. 843 ff., (zit.: G. Jakobs, ZStW 107 (1995), S. ...).

Janke, Alexander: Verständigung und Absprachen im Strafverfahren, Jena 1995, (zit.: A. Janke, Verständigung und Absprachen im Strafverfahren, S. ...).

Jauernig, Othmar: Zivilprozeßrecht – Ein Studienbuch, 25. Auflage, München 1998, (zit.: O. Jauernig, Zivilprozeßrecht, § ..., S. ...).

Jescheck, Hans-Heinrich: Grundgedanken der neuen italienischen Strafprozeßordnung in rechtsvergleichender Sicht, in: Haft, Fritjof; Hassemer, Winfried; Neumann, Ulfrid u. a. (Hrsg.), Strafgerechtigkeit – Festschrift für Arthur Kaufmann zum 70. Geburtstag, S. 659 ff., Heidelberg 1993, (zit.: H.-H. Jescheck, Grundgedanken der neuen italienischen Strafprozeßordnung, S. ...).

Jescheck, Hans-Heinrich; *Weigend*, Thomas: Lehrbuch des Strafrechts – Allgemeiner Teil, 5. Auflage, Berlin 1996, (zit.: H.-H. Jescheck/Th. Weigend, AT, S. ...).

Kahlo, Michael: Der Begriff der Prozeßsubjektivität und seine Bedeutung im reformierten Strafverfahren, besonders für die Rechtsstellung des Beschuldigten, in: KritV 1997, S. 183 ff., (zit.: M. Kahlo, KritV 1997, S. ...) .

Kant, Immanuel: Werke in zehn Bänden, Weischedel, Wilhelm (Hrsg.), Darmstadt 1983, (zit.: I. Kant, [Abkürzung des Titels], S. ...), Abkürzungen der Titel: GMdS – Grundlegung zur Metaphysik der Sitten, Band 6, KpV – Kritik der praktischen Vernunft, Band 6, MdS-RL – Metaphysik der Sitten, Rechtslehre, Band 7, MdS-TL – Metaphysik der Sitten, Tugendlehre, Band 7,

Gemeinspruch – Über den Gemeinspruch: Das mag in der Theorie richtig sein, taugt aber nicht für die Praxis, Band 9.

Kant, Immanuel: Preußische Akademie der Wissenschaften (Hrsg.), Kant's gesammelte Schriften, Band XIX, Dritte Abtheilung – Handschriftlicher Nachlaß, Sechster Band – Moralphilosophie, Rechtsphilosophie und Religionsphilosophie, Berlin, Leipzig 1934, (zit.: I. Kant, R[eflexion] ...).

Kapahnke, Ulf: Opportunität und Legalität im Strafverfahren – Strafverfolgungsverzicht durch die Staatsanwaltschaft gemäß den §§ 154, 154a StPO nach der Neufassung durch das Strafverfahrensänderungsgesetz 1979 (StVÄG 1979), Forchheim 1982, (zit.: U. Kapahnke, Opportunität und Legalität im Strafverfahren, S. ...).

Kargl, Walter: Die Funktion des Strafrechts in rechtstheoretischer Sicht – Schlußfolgerungen aus dem Milgram-Experiment, Heidelberg 1995, (zit.: W. Kargl, Funktion des Strafrechts, S. ...).

Kargl, Walter: Friedenssicherung durch Strafrecht – Teleologische Strafrechtfertigung am Beispiel der Tötungsdelikte, in: ARSP 1996, S. 485 ff., (zit.: W. Kargl, ARSP 1996, S. ...).

Kargl, Walter: Sachbeschädigung und Strafgesetzlichkeit – Probleme der rechtsgutsorientierten Auslegungsmethode, in: JZ 1997, S. 283 ff., (zit.: W. Kargl, JZ 1997, S. ...).

Kargl, Walter: Friede durch Vergeltung – Über den Zusammenhang von Sache und Zweck im Strafbegriff, in: GA 1998, S. 53 ff., (zit.: W. Kargl, GA 1998, S. ...).

Kargl, Walter; *Sinner*, Stefan: Der Öffentlichkeitsgrundsatz und das öffentliche Interesse in § 153a StPO, in: Jura 1998, S. 231 ff., (zit.: W. Kargl/St. Sinner, Jura 1998, S. ...).

Karlsruher Kommentar zur Strafprozeßordnung und zum Gerichtsverfassungsgesetz mit Einführungsgesetz: Pfeiffer, Gerd (Hrsg.), 3. Auflage, München 1993, (zit.: KK-Bearbeiter, Rdnr. ... zu § ... StPO).

Kaufmann, Arthur: Problemgeschichte der Rechtsphilosophie, in: Kaufmann, Arthur; Hassemer, Winfried (Hrsg.), Einführung in Rechtsphilosophie und Rechtstheorie der Gegenwart, S. 30 ff., 6. Auflage, Heidelberg 1994, (zit.: A. Kaufmann, Problemgeschichte der Rechtsphilosophie, S. ...).

Kaulbach, Friedrich: Immanuel Kants "Grundlegung zur Metaphysik der Sitten", 2. Auflage, Darmstadt 1996, (zit.: F. Kaulbach, Metaphysik der Sitten, S. ...).

Kausch, Erhard: Der Staatsanwalt – Ein Richter vor dem Richter?, Untersuchungen zu § 153a StPO, Berlin 1980, (zit.: E. Kausch, Der Staatsanwalt – Ein Richter vor dem Richter?, S. ...).

Kersting, Wolfgang: Vertrag, Gesellschaftsvertrag, Herrschaftsvertrag, in: Brunner, Otto; Konze, Werner; Koselleck, Reinhart (Hrsg.), Geschichtliche Grundbegriffe – Historisches Lexikon zur politisch-sozialen Sprache in Deutschland, Band 6 (St – Vert), S. 901 ff., Stuttgart 1990, (zit.: W. Kersting, Vertrag, Gesellschaftvertrag, Herrschaftsvertrag, S. ...).

Kersting, Wolfgang: Wohlgeordnete Freiheit – Immanuel Kants Rechts- und Staatsphilosophie, Frankfurt am Main 1993, (zit.: W. Kersting, Wohlgeordnete Freiheit, S. ...).

Kersting, Wolfgang: Die politische Philosophie des Gesellschaftsvertrags, Darmstadt 1994, (zit.: W. Kersting, Die politische Philosophie des Gesellschaftsvertrags, S. ...).

Kindler, Peter: Einführung in das italienische Recht – Verfassungsrecht, Privatrecht und internationales Privatrecht, München 1993, (zit.: P. Kindler, Einführung in das italienische Recht, § ... Rdnr. ...).

Kintzi, Heinrich: Anmerkung zum Urteil des BGH vom 20.2.1996 – 5 StR 679/95 (BGHSt. 42, 46), in: JR 1997, S. 78 f., (zit.: H. Kintzi, JR 1997, S. ...).

Kirsch, Stefan: Freiheit von Selbstbezichtigungszwang?, in: Institut für Kriminalwissenschaften, Frankfurt a. M. (Hrsg.), Vom unmöglichen Zustand des Strafrechts, S. 229 ff., Frankfurt am Main 1995, (zit.: St. Kirsch, Freiheit von Selbstbezichtigungszwang?, S. ...).

Kleinknecht, Theodor; *Meyer-Goßner*, Lutz: Strafprozeßordnung, Gerichtsverfassungsgesetz, Nebengesetze und ergänzende Bestimmungen, 43. Auflage, München 1997, (zit.: Kleinknecht/Meyer-Goßner, Rdnr. ... zu § ... StPO).

Klesczewski, Diethelm: Kants Ausdifferenzierung des Gerechtigkeitsbegriffs als Leitfaden der Unterscheidung von Unrechtsformen, in: ARSP Beiheft 66, S. 77 ff., (zit.: D. Klesczewski, ARSP Beiheft 66, S. ...).

KMR: Kommentar zur Strafprozeßordnung, von Heintschel-Heinegg, Bernd; Stöckel, Heinz (Hrsg.), 16. Lieferung, Stand: Juli 1998, Neuwied 1998, (zit.: KMR-Bearbeiter, Rdnr. ... zu § ... StPO).

Knack, Hans Joachim: Verwaltungsverfahrensgesetz (VwVfG), Kommentar, Begründet von Knack, Hans Joachim, bearbeitet von Busch, Jost-Dietrich u. a., 6. Auflage, Köln u. a. 1998, (zit.: Knack-Bearbeiter, Rdnr. ... zu § ... VwVfG).

Köhler, Michael: Iustitia distributiva, Zum Begriff und zu den Formen der Gerechtigkeit, in: ARSP 1993, S. 457 ff., (zit.: M. Köhler, ARSP 1993, S. ...).

Köhler, Michael: Strafrecht – Allgemeiner Teil, Berlin, New York 1997, (zit.: M. Köhler, Strafrecht – Allgemeiner Teil, S. ...).

König, Olaf: Die Entwicklung der strafprozessualen Zwangsmaßnahmen im Ermittlungsverfahren seit 1877 – Tendenzen zur Verpolizeilichung des Ermittlungsverfahrens durch präventiv ausgerichtete Zwangsbefugnisse, Frankfurt am Main u. a. 1993, (zit.: O. König, Die Entwicklung der strafprozessualen Zwangsmaßnahmen seit 1877, S. ...).

Kopp, Ferdinand O.; *Kopp*, Ferdinand F.: Verwaltungsverfahrensgesetz, 6. Auflage, München 1996, (zit.: Kopp, Rdnr. ... zu § ... VwVfG) .

Krahl, Matthias: Die Rechtsprechung des Bundesverfassungsgerichts und des Bundesgerichtshofs zum Bestimmtheitsgrundsatz im Strafrecht (Art. 103 Abs. 2 GG), Frankfurt am Main u. a. 1986, (zit.: M. Krahl, Bestimmtheitsgrundsatz, S. ...).

Krehl, Christoph: Die Ermittlung der Tatsachengrundlage zur Bemessung der Tagessatzhöhe bei der Geldstrafe, Frankfurt am Main u. a. 1985, (zit.: C. Krehl, Geldstrafe, S. ...).

Krekeler, Wilhelm: Anmerkung zum Beschluß des BGH – 1 StR 662/93, in: NStZ 1994, S. 196 ff., (zit.: W. Krekeler, NStZ 1994, S. ...).

Kremer, Stefan Hubertus: Absprachen zwischen Gericht und Verfahrensbeteiligten im Strafprozeß, Bonn 1994, (zit.: S. H. Kremer, S. ...).

Krey, Volker: Strafverfahrensrecht, Band 2, Stuttgart 1990, (zit.: Krey, Strafverfahrensrecht, S. ...).

Kudlich, Hans: Unzulässigkeit eines mißbräuchlichen Hilfsbeweisantrags – BGHSt 40, 287, in: JuS 1997, S. 507 ff., (zit.: H. Kudlich, JuS 1997, S. ...).

Kühne, Hans-Heiner: Strafprozeßlehre, 4. Auflage, Heidelberg 1993, (zit.: H.-H. Kühne, Strafprozeßlehre, Rdnr. ...).

Kuhlen, Lothar: Diversion im Jugendstrafverfahren – Rechtliche Probleme von Alternativen im Jugendstrafverfahren, Heidelberg 1988, (zit.: L. Kuhlen, Diversion im Jugendstrafverfahren, S. ...).

Kunert, Karl Heinz; *Bernsmann*, Klaus: Neue Sicherheitsgesetze – mehr Rechtssicherheit?, Zu dem Gesetz zur Änderung des Strafgesetzbuchs, der Strafprozeßordnung, des Versammlungsgesetzes und zur Einführung einer Kronzeugenregelung bei terroristischen Straftaten vom 9.6.1989 (BGBl I, 1059), in: NStZ 1989, S. 449 ff., (zit.: K. H. Kunert/K. Bernsmann, NStZ 1989, S. ...).

Kunig, Philip; *Rublack*, Susanne: Aushandeln statt Entscheiden? – Das Verwaltungsverfahrensrecht vor neuen Herausforderungen, in: Jura 1990, S. 1 ff., (zit.: P. Kunig/S. Rublack, Jura 1990, S. ...).

Labsch, Karl Heinz: Untreue (§ 266 StGB) – Grenzen und Möglichkeiten einer neuen Deutung, Lübeck 1983, (zit.: K. H. Labsch, Untreue, S. ...) .

Lackner, Karl (Hrsg.): Strafgesetzbuch, erläutert von Karl Lackner und Kristian Kühl, 22. Auflage, München 1997, (zit.: Lackner, Rdnr. ... zu § ... StGB).

Lamprecht, Rolf: Vom Mythos der Unabhängigkeit – Über das Dasein und Sosein der deutschen Richter, Baden-Baden 1995, (zit.: R. Lamprecht, Mythos der Unabhängigkeit, S. ...).

Landau, Herbert: Verfahrensabsprachen in Ermittlungsverfahren, in: DRiZ 1995, S. 132 ff., (zit.: H. Landau, DRiZ 1995, S. ...).

Lavarini, Barbara: La definibilità del processo allo stato degli atti nel giudizio abbreviato, in: Riv. it. dir. proc. pen. 1994, S. 564 ff., (zit.: B. Lavarini, Riv. it. dir. proc. pen. 1994, S. ...).

Leipziger Kommentar: Großkommentar zum Strafgesetzbuch, Jähnke, Burkhard; Laufhütte, Heinrich-Wilhelm; Odersky, Walter (Hrsg.), 11. Auflage, Berlin, New York 1992 ff., (zit.: LK- Bearbeiter, Rdnr. ... zu § ... StGB).

Lemke, Michael; *Rothstein-Schubert*, Ulrike: Effektivierung von Strafverfahren im Bereich der einfachen und mittleren Kriminalität nach geltendem Recht, in: ZRP 1997, S. 488 ff., (zit.: M. Lemke/U. Rothstein-Schubert, ZRP 1997, S. ...) .

Lemke, Michael: Kommentar zum Urteil des BGH vom 28.08.1997 – 4 StR 240/97, in: NJ 1998, S. 42, (zit.: M. Lemke, NJ 1998, S. ...).

von Lilienthal, Karl: Der Entwurf einer Strafprozeßordnung und Novelle zum Gerichtsverfassungsgesetze nebst Begründung, Eine kritische Besprechung, in: ZStW 29 (1909), S. 188 ff., (zit.: v. Lilienthal, ZStW 29 (1909), S. ...).

Locke, John: Über die Regierung, Stuttgart 1983, (zit.: J. Locke, Über die Regierung, S. ...).

Löwe-Rosenberg: Die Strafprozeßordnung und das Gerichtsverfassungsgesetz – Großkommentar, Rieß, Peter (Hrsg.), 24. Auflage, Berlin, New York 1984 ff., 25. Auflage (1. Lieferung, §§ 1 – 47 StPO; 2. Lieferung, §§ 112 – 136a StPO; 3. Lieferung, §§ 449 – 463d StPO; 4. Lieferung, §§ 213 – 237 StPO; 5. Lieferung, §§ 359 – 373a StPO), Berlin, New York 1997 ff., (zit.: LR-Bearbeiter, Rdnr. ... zu § ... StPO).

Lozzi, Gilberto: Giudizi speciali e deflazione del dibattimento, in: Chiavario, Mario (Hrsg.), Commento al nuovo codice di procedura penale, Band IV, S. 757 ff., Torino 1990, (zit.: G. Lozzi, Commento al nuovo codice di procedura penale, S. ...).

Lozzi, Gilberto: La non punibilità con l'ergastolo come presupposto del giudizio abbreviato, in: Riv. it. dir. proc. pen. 1993, S. 376 ff., (zit.: G. Lozzi, Riv. it. dir. proc. pen. 1993, S. ...).

Lüderssen, Klaus: Grenzen des Legalitätsprinzips im effizienzorientierten modernen Rechtsstaat – Schluckt das Verfahrensrecht die sichernden Funktionen des materiellen Rechts?, in: Denninger, Erhard; Lüderssen, Klaus, Polizei und Strafprozeß im demokratischen Rechtsstaat, S. 188 ff., Frankfurt am Main 1978, (zit.: K. Lüderssen, Grenzen des Legalitätsprinzips, S. ...).

Lüderssen, Klaus: Die Verständigung im Strafprozeß – Überlebensstrategie oder Paradigmawechsel?, in: StV 1990, S. 415 ff., (zit.: K. Lüderssen, StV 1990, S. ...).

Lüderssen, Klaus: Alternativen zum Strafen, in: Haft, Fritjof; Hassemer, Winfried; Neumann, Ulfrid u. a. (Hrsg.), Strafgerechtigkeit – Festschrift für Arthur Kaufmann zum 70. Geburtstag, S. 487 ff., Heidelberg 1993, (zit.: K. Lüderssen, Alternativen, S. ...).

Luhmann, Niklas: Beobachtungen der Moderne, Opladen 1992, (zit.: N. Luhmann, Beobachtungen der Moderne, S. ...).

Macchia, Alberto: Il Patteggiamento, Milano 1992, (zit.: A. Macchia, Patteggiamento, S. ...).

Maier, Hans Christian: Die Garantiefunktion des Gesetzes im Strafprozeß, Pfaffenweiler 1991, (zit.: H. C. Maier, Die Garantiefunktion des Gesetzes im Strafprozeß, S. ...).

Maiwald, Manfred; *Ippoliti*, Alessandra: Eine neue Strafprozeßordnung für Italien, in: JZ 1989, S. 874 ff., (zit.: M. Maiwald/A. Ippoliti, JZ 1989, S. ...).

Marini, Antonio: Patteggiamento e riti alternativi come mezzo di deflazione del processo penale, in: Giust. pen. 1993 III, Sp. 362 ff., (zit.: A. Marini, Giust. pen. 1993 III, Sp. ...) .

Martin, Sigmund P.: Folgen des Ablegens eines Geständnisses im Rahmen einer Absprache, in: JuS 1998, S. 373 ff., (zit.: S. P. Martin, JuS 1998, S. ...).

Marx, Claudius; *Grilli*, Antonio: Der neue italienische Strafprozeß – Hintergründe und wesentliche Neuerungen des Codice di Procedura Penale vom 24. Oktober 1988, in: GA 1990, S. 495 ff., (zit.: C. Marx/A. Grilli, GA 1990, S. ...).

Marxen, Klaus: Straftatsystem und Strafprozeß, Berlin 1984, (zit.: K. Marxen, Straftatsystem und Strafprozeß, S. ...).

Marxen, Klaus: Strafgesetzgebung als Experiment? – Gesetzesexperimente in strafrechtlicher Sicht, in: GA 1985, S. 533 ff., (zit.: K. Marxen, GA 1985, S. ...).

Massaro, Toni M.: Das amerikanische Plea-Bargaining System: Staatsanwaltschaftliches Ermessen bei der Strafverfolgung, in: StV 1989, S. 454 ff., (zit.: T. Massaro, StV 1989, S. ...).

Matt, Eduard: Täter-Opfer-Ausgleich und "reintegration ceremony" – Auf der Suche nach einer angemessenen Reaktion auf Jugenddelinquenz, in: MschrKrim 1997, S. 255 ff., (zit.: E. Matt, MschrKrim 1997, S. ...).

Maunz, Theodor; *Dürig*, Günter: Grundgesetz – Kommentar, Band III, Art. 20 – 69 GG, Band V, Art. 92 – 146 GG, Lieferungen 1 – 34, München 1998, (zit.: Maunz/Dürig-Bearbeiter, Rdnr. ... zu Art. ... GG).

Mayer, Hellmuth: Strafrecht – Allgemeiner Teil, Stuttgart u. a. 1953, (zit.: H. Mayer, Strafrecht – AT, S. ...).

Mayer, Hellmuth: Die gesetzliche Bestimmtheit der Tatbestände, in: Materialien zur Strafrechtsreform, Erster Band, S. 259 ff., Bonn 1954, (zit.: H. Mayer, Materialien I, S. ...).

Mayer, Otto: Zur Lehre vom öffentlichrechtlichen Vertrage, in: AöR Dritter Band (1888), S. 1 ff., (zit.: O. Mayer, AöR Bd. 3 (1888), S. ...).

Medicus, Dieter: Allgemeiner Teil des BGB, 7. Auflage, München 1997, (zit.: D. Medicus, BGB-AT, Rdnr. ...).

Medicus, Dieter: Schuldrecht I – Allgemeiner Teil, 10. Auflage, München 1998, (zit.: D. Medicus, Schuldrecht-AT, Rdnr. ...).

Meier, Bernd-Dieter: Täter-Opfer-Ausgleich und Wiedergutmachung im allgemeinen Strafrecht, in: JuS 1996, S. 436 ff., (zit.: B.-D. Meier, JuS 1996, S. ...).

Mestmäcker, Ernst-Joachim: Über die normative Kraft privatrechtlicher Verträge, in: JZ 1964, S. 441 ff., (zit.: E.-J. Mestmäcker, JZ 1964, S. ...).

Mestmäcker, Ernst-Joachim: Risse im europäischen Gesellschaftsvertrag, in: FAZ vom 04.10.1997, S. 15, (zit.: E.-J. Mestmäcker, FAZ vom 04.10.1997, S. 15).

Meyer, Maria-Katharina: Das "Fehlen des öffentlichen Interesses" in § 153 Abs. 1 StPO – eine überflüssige und überdies gefährliche Leerformel?, in: GA 1997, S. 404 ff., (zit.: M.-K. Meyer, GA 1997, S. ...).

Mittermaier, Carl Joseph Anton: Der gemeine deutsche bürgerliche Prozeß in Vergleichung mit dem preußischen und französischen Civilverfahren und mit den Fortschritten der neuesten Prozeßgesetzgebung, Bonn 1820, Nachdruck Frankfurt am Main 1987, (zit.: C. J. A. Mittermaier, Der gemeine deutsche bürgerliche Prozeß, S. ...).

Mittermaier, Carl Joseph Anton: Der deutsche Strafprozeß, verglichen mit dem auf Oeffentlichkeit, Mündlichkeit und Anklageprincip gebauten Verfahren, mit Prüfung der neuesten Ergebnisse der Strafprozeßgesetzgebung, in: Archiv des Criminalrechts, Neue Folge 1842, S. 61 ff., (zit.: C. J. A. Mittermaier, Archiv des Criminalrechts NF 1842, S. ...).

Mittermaier, Carl Joseph Anton: Das Deutsche Strafverfahren in der Fortbildung durch Gerichts-Gebrauch und Landes-Gesetzbücher und in genauer Vergleichung mit dem englischen und französischen Straf-Verfahren, Erster Theil, 4. Auflage, Heidelberg 1845, (zit.: C. J. A. Mittermaier, Das Deutsche Strafverfahren, S. ...) .

Motive zu dem Entwurfe eines Bürgerlichen Gesetzbuchs für das Deutsche Reich: Band I – Allgemeiner Theil, Berlin, Leipzig 1888, (zit.: Motive zum BGB, Bd. I, AT, S. ...).

Müller, Helga: Die Handhabung des "pflichtgemäßen Ermessen(s)" nach § 47 OWiG bei der Ahndung von Ordnungswidrigkeiten, in: GA 1988, S. 317 ff., (zit.: H. Müller, GA 1988, S. ...).

Müller, Rainer; *Wache*, Volkhard: Opportunitätserwägungen bei der Verfolgung von Straftaten gegen die äußere Sicherheit, in: Eyrich, Heinz; Odersky, Walter; Säcker, Franz Jürgen (Hrsg.), Festschrift für Kurt Rebmann zum 65. Geburtstag, S. 321 ff., München 1989, (zit.: R. Müller/V. Wache, Straftaten gegen die äußere Sicherheit, S. ...).

Müller-Christmann, Bernd: Aktuelles Strafprozeßrecht, in: JuS 1998, S. 640 ff., (zit.: B. Müller-Christmann, JuS 1998, S. ...).

von Münch, Ingo; *Kunig*, Philip: Grundgesetz – Kommentar, Band 1, Präambel – Art. 20 GG, 4. Auflage, München 1992, Band 3, Art. 70 – 146 GG, Gesamtregister, 3. Auflage, München 1996, (zit.: v. Münch-Bearbeiter, Rdnr. ... zu Art. ... GG).

Münchener Kommentar zum Bürgerlichen Gesetzbuch: Rebmann, Kurt; Säcker, Franz Jürgen (Hrsg.), Band 1 (Allgemeiner Teil, §§ 1 – 240 BGB, AGB-Gesetz), 3. Auflage, München 1993, Band 2 (Schuldrecht – Allgemeiner Teil, §§ 241 – 432 BGB), 3. Auflage, München 1994, (zit.: MüKo-Bearbeiter, Rndr. ... zu § ... BGB).

Naucke, Wolfgang: Kant und die psychologische Zwangstheorie Feuerbachs, Hamburg 1962, (zit.: W. Naucke, Kant und die psychologische Zwangstheorie Feuerbachs, S. ...).

Naucke, Wolfgang: Zur Lehre vom strafbaren Betrug – Ein Beitrag zum Verhältnis von Strafrechtsdogmatik und Kriminologie, Berlin 1964, (zit.: W. Naukke, Strafbarer Betrug, S. ...).

Naucke, Wolfgang: Die Reichweite des Vergeltungsstrafrechts bei Kant, in: SchlHA 1964, S. 203 ff., (zit.: W. Naucke, SchlHA 1964, S. ...).

Naucke, Wolfgang: Rechtspolitische Vorentscheidungen bei der Diskussion einer Verlängerung der Verjährungsfristen für NS-Verbrechen, in: ZRP 1969, S. 8 ff., (zit.: W. Naucke, ZRP 1969, S. ...).

Naucke, Wolfgang: Aufteilung der notwendigen Auslagen des Angeschuldigten gemäß § 467 StPO, in: NJW 1970, S. 84 ff., (zit.: W. Naucke, NJW 1970, S. ...).

Naucke, Wolfgang: Der Begriff der "geringen Schuld" (§ 153 StPO) im Straftatsystem, in: Schroeder, Friedrich-Christian; Zipf, Heinz (Hrsg.), Festschrift für Heinrich Maurach zum 70. Geburtstag, S. 197 ff., Karlsruhe 1972, (zit.: W. Naucke, Der Begriff der "geringen Schuld" (§ 153 StPO) im Straftatsystem, S. ...).

Naucke, Wolfgang: Über das Verhältnis von Strafrechtswissenschaft und Strafrechtspraxis, in: ZStW 85 (1973), S. 399 ff., (zit.: W. Naucke, ZStW 85 (1973), S. ...).

Naucke, Wolfgang: Über Generalklauseln und Rechtsanwendung im Strafrecht, Tübingen 1973, (zit.: W. Naucke, Generalklauseln, S. ...).

Naucke, Wolfgang: Empfiehlt es sich, in bestimmten Bereichen der kleinen Eigentums- und Vermögenskriminalität, insbesondere des Ladendiebstahls, die strafrechtlichen Sanktionen durch andere, zum Beispiel durch zivilrechtliche abzulösen, gegebenenfalls durch welche?, Gutachten D für den 51. Deutschen Juristentag, (Strafrechtliches Teilgutachten), München 1976, (zit.: W. Naucke, Gutachten, S. D ...).

Naucke, Wolfgang: Auf der Grenze zwischen Strafbarkeit und Straflosigkeit, in: Jura 1979, S. 426 ff., (zit.: W. Naucke, Jura 1979, S. ...).

Naucke, Wolfgang: Über deklaratorische, scheinbare und wirkliche Entkriminalisierung, in: GA 1984, S. 199 ff., (zit.: W. Naucke, Entkriminalisierung, S. ...).

Naucke, Wolfgang: Die Wechselwirkung zwischen Strafziel und Verbrechensbegriff, in: Sitzungsberichte der Wissenschaftlichen Gesellschaft an der Johann-Wolfgang-Goethe-Universität Frankfurt am Main, Bd. 21, Nr. 5, Stuttgart 1985, (zit.: W. Naucke, Wechselwirkung zwischen Strafziel und Verbrechensbegriff, S. ...).

Naucke, Wolfgang: Versuch über den aktuellen Stil des Rechts, in: KritV 1986, S. 189 ff., (zit.: W. Naucke, KritV 1986, S. ...).

Naucke, Wolfgang: Konsens als Quelle richtigen Rechts; richtiges Recht als Grenze des Konsenses, in: Hattenhauer, Hans; Kaltefleiter, Werner (Hrsg.), Mehrheitsprinzip, Konsens und Verfassung, Heidelberg 1986, (zit.: W. Naucke, Konsens, S. ...).

Naucke, Wolfgang: Der Kleinbetrug, in: Küper, Wilfried; Puppe, Ingeborg; Tenckhoff, Jörg (Hrsg.), Festschrift für Karl Lackner zum 70. Geburtstag am 18. Februar 1987, S. 695 ff., Berlin, New York 1987, (zit.: W. Naucke, Der Kleinbetrug, S. ...).

Naucke, Wolfgang: Gesetzlichkeit und Kriminalpolitik, in: JuS 1989, S. 862 ff., (zit.: W. Naucke, JuS 1989, S. ...).

Naucke, Wolfgang: Der Zustand des Legalitätsprinzips, in: Lüderssen, Klaus; Nestler-Tremel, Cornelius; Weigend, Ewa (Hrsg.), Modernes Strafrecht und Ultima-ratio-Prinzip, S. 149 ff., Frankfurt am Main u. a. 1989, (zit.: W. Naucke, Zustand des Legalitätsprinzips, S. ...).

Naucke, Wolfgang: Täter-Opfer-Ausgleich im Strafverfahren – Alternative zum herkömmlichen repressiven Strafrecht oder unlösbares Dilemma? Streitgespräch mit Dieter Rössner, in: NK 2/1990, S. 13 ff., (zit.: W. Naucke, NK 2/1990, S. ...).

Naucke, Wolfgang: Über die Zerbrechlichkeit des rechtsstaatlichen Strafrechts, in: KritV 1990, S. 244 ff., (zit.: W. Naucke, KritV 1990, S. ...).

Naucke, Wolfgang: Die Einstellung gem. § 153 Abs. 2 StPO in der Revision, in: Ostendorf, Heribert (Hrsg.), Strafverfolgung und Strafverzicht, Festschrift zum 125jährigen Bestehen der Staatsanwaltschaft Schleswig-Holstein, S. 459 ff., Köln u. a. 1992, (zit.: W. Naucke, Die Einstellung gem. § 153 Abs. 2 StPO in der Revision, S. ...).

Naucke, Wolfgang: Schwerpunktverlagerungen im Strafrecht, in: KritV 1993, S. 135 ff., (zit.: W. Naucke, KritV 1993, S. ...).

Naucke, Wolfgang: Die strafjuristische Privilegierung staatsverstärkter Kriminalität, Frankfurt am Main 1996, (zit.: W. Naucke, Die strafjuristische Privilegierung staatsverstärkter Kriminalität, S. ...).

Naucke, Wolfgang: Rechtsphilosophische Grundbegriffe, 3. Auflage, Frankfurt am Main 1996, (zit.: W. Naucke, Rechtsphilosophische Grundbegriffe, Rdnr. ...).

Naucke, Wolfgang: Kants Kritik der empirischen Rechtslehre, in: Sitzungsberichte der wissenschaftlichen Gesellschaft an der Johann-Wolfgang-Goethe-Universität Frankfurt am Main, Band 34, Nr. 4, Stuttgart 1996, (zit.: W. Naucke, Kants Kritik der empirischen Rechtslehre, S. ...).

Naucke, Wolfgang: Der materielle Verbrechensbegriff im 19. Jahrhundert, in: Klippel, Diethelm (Hrsg.), Naturrecht im 19. Jahrhundert – Naturrecht und Rechtsphilosophie in der Neuzeit, Band 1, S. 269 ff., Goldbach 1997, (zit.: W. Naucke, Der materielle Verbrechensbegriff im 19. Jahrhundert, S. ...).

Naucke, Wolfgang: Wissenschaftliches Strafrechtssystem und positives Strafrecht, in: GA 1998, S. 263 ff., (zit.: W. Naucke, GA 1998, S. ...).

Naucke, Wolfgang: Strafrecht – Eine Einführung, 8. Auflage, Neuwied u. a. 1998, (zit.: W. Naucke, Strafrecht – Eine Einführung, § ... Rdnr. ...).

Nelles, Ursula; *Velten*, Petra: Einstellungsvorschriften als Korrektiv für unverhältnismäßige Strafgesetze?, Anmerkung zum Cannabis-Beschluß des BVerfG, NJW 1994, 1557, in: NStZ 1994, S. 366 ff., (zit.: U. Nelles/P. Velten, NStZ 1994, S. ...).

Nestler, Cornelius: Freispruch und doch schuldig? – O. J. Simpson und die Jury, in: JA 1996, S. 156 ff., (zit.: C. Nestler, JA 1996, S. ...).

Neumann, Ulfrid: Materiale und prozedurale Gerechtigkeit im Strafverfahren, in: ZStW 101 (1989), S. 52 ff., (zit.: U. Neumann, ZStW 101 (1989), S. ...).

Neumann, Ulfrid: Zur Interpretation des forensischen Diskurses in der Rechtsphilosophie von Jürgen Habermas, in: Rechtstheorie 27 (1996), S. 415 ff., (zit.: U. Neumann, RTh 27 (1996), S. ...).

Niemöller, Martin: Absprachen im Strafprozeß, in: StV 1990, S. 34 ff., (zit.: M. Niemöller, StV 1990, S. ...).

Noske, Thomas: Die Prozeßökonomie als Bestandteil des verfassungsrechtlichen Grundsatzes der Verhältnismäßigkeit, Mainz 1989, (zit.: Th. Noske, S. ...).

Oehler, Dietrich: Kronzeugen und Erfahrungen mit Kronzeugen im Ausland, in: ZRP 1987, S. 41 ff., (zit.: D. Oehler, ZRP 1987, S. ...).

Padovani, Tullio: La soave inquisitione – Osservazioni e rilievi a proposito delle nuove ipotesi di "ravvedimento", in: Riv. it. dir. proc. pen 1981, S. 529 ff., (zit.: T. Padovani, Riv. it. dir. proc. pen. 1981, S. ...).

Padovani, Tullio: Il traffico delle indulgenze – "Premio" e "corrispettivo" nella dinamica della punibilità, in: Riv. it. dir. proc. pen. 1986, S. 398 ff., (zit.: T. Padovani, Riv. it. dir. proc. pen. 1986, S. ...).

Padovani, Tullio: Il nuovo codice di procedura penale e la riforma del codice penale, in: Riv. it. dir. proc. pen. 1989, S. 916 ff., (zit.: T. Padovani, Riv. it. dir. proc. pen. 1989, S. ...).

Padovani, Tullio: Il problema "Tangentopoli" tra normalità dell'emergenza ed emergenza della normalità, in: Riv. it. dir. proc. pen. 1996, S. 448 ff., (zit.: T. Padovani, Riv. it. dir. proc. pen. 1996, S. ...).

Palumbo, Aniello: Considerazioni sul giudizio abbreviato dopo la sentenza costituzionale n. 401/1991, in: Giust. pen. 1992 III, Sp. 132 ff., (zit.: A. Palumbo, Giust. pen. 1992 III, Sp. ...).

Di Paolo, Gabriela: In tema di revocabilità della richiesta di giudizio abbreviato – Anmerkung zu Corte di Cassazione, Sez. III, 5 ottobre 1993, in: Cass. pen. 1995, Nr. 85, S. 98 ff. (S. 102 ff.), (zit.: G. di Paolo, Cass. pen. 1995, S. ...).

Peters, Karl: Sozialadäquanz und Legalitätsprinzip, in: Stratenwerth, Günter; Kaufmann, Armin; Geilen, Gerd u. a. (Hrsg.), Festschrift für Hans Welzel zum 70. Geburtstag am 25. März 1974, S. 415 ff., Berlin, New York 1974, (zit.: K. Peters, Sozialadäquanz und Legalitätsprinzip, S. ...).

Peters, Karl: Strafprozeß, 4. Auflage, Heidelberg 1985, (zit.: K. Peters, Strafprozeß, S. ...).

Pfeiffer, Christian (Hrsg.): Täter-Opfer-Ausgleich im Allgemeinen Strafrecht, Die Ergebnisse der Begleitforschung des WAAGE-Projekts Hannover, Baden-Baden 1997, (zit.: Chr. Pfeiffer, Täter-Opfer-Ausgleich im Allgemeinen Strafrecht, S. ...).

Pfeiffer, Gerd; *Fischer*, Thomas: Strafprozeßordnung – Kommentar, München 1995, (zit.: Pfeiffer/Fischer, Rdnr. ... zu § ... StPO).

Pföhler, Jürgen: Zur Unanwendbarkeit des strafrechtlichen Rückwirkungsverbots im Strafprozeßrecht in dogmenhistorischer Hinsicht, Berlin 1988, (zit.: J. Pföhler, Unanwendbarkeit des strafrechtlichen Rückwirkungsverbots im Strafprozeßrecht, S. ...).

Piorreck, Karl Friedrich: Schon wieder wird die Fließbandgeschwindigkeit erhöht – Die Verfassung schreibt es zwar vor, doch Deutschlands Richterinnen und Richter sind nicht wirklich unabhängig, in: FR 24.01.1997, S. 17, (zit.: K. F. Piorreck, FR vom 24.01.1997, S. 13).

Pisani, Mario: La celerità nel processo penale italiano, in: Ind. pen. 1995, S. 257 ff., (zit.: M. Pisani, Ind. pen. 1995, S. ...).

Pott, Christine: Die Aushöhlung des Legalitätsprinzips. Dargestellt anhand des Verhältnisses von § 258a StGB und §§ 153 ff. StPO, in: Institut für Kriminalwissenschaften, Frankfurt a. M. (Hrsg.), Vom unmöglichen Zustand des Strafrechts, S. 79 ff., Frankfurt am Main u. a. 1995, (zit.: Chr. Pott, Aushöhlung des Legalitätsprinzip, S. ...).

Pott, Christine: Die Außerkraftsetzung der Legalität durch das Opportunitätsdenken in den Vorschriften der §§ 154, 154 a StPO – Zugleich ein Beitrag zu einer kritischen Strafverfahrensrechtstheorie, Frankfurt am Main u. a. 1996, (zit.: Chr. Pott, Außerkraftsetzung der Legalität, S. ...).

Ramajoli, Sergio: I procedimenti speciali nel codice di procedura penale, Seconda edizione, Padova 1996, (zit.: S. Ramajoli, I Procedimenti speciali, S. ...).

Ramajoli, Sergio: "Pentitismo" e sua disciplina giuridica, in: Giust. pen. 1994 III, Sp. 509 ff., (zit.: S. Ramajoli, Giust. pen. 1994 III, Sp. ...).

Ranft, Otfried: Strafprozeßrecht, 2. Auflage, Stuttgart u. a. 1995, (zit.: O. Ranft, Strafprozeßrecht, Rdnr. ...).

Reichert, Christoph: Der Diebstahl geringwertiger Sachen als Privatklagedelikt, in: ZRP 1997, S. 492 ff., (zit.: Chr. Reichert, ZRP 1997, S. ...).

Di Rella, Elio: Procedimenti speciali, in: Digesto delle Discipline Penalistiche, Band X, S. 52 ff., Torino 1995, (zit.: E. di Rella, Procedimenti speciali, S. ...).

Riccio, Giuseppe: Procedimenti speciali (artt. 438 – 464 [c.p.p.]), in: Conso, Giovanni; Grevi, Vittorio, Profili del nuovo codice di procedura penale, S. 347 ff., Padova 1991, (zit.: G. Riccio, S. ...).

Rieß, Peter: Die Zukunft des Legalitätsprinzips, in: NStZ 1981, S. 2 ff., (zit.: P. Rieß, NStZ 1981, S. ...).

Ring, Bernhard: Vorläufiger Gesetzentwurf zur Entlastung der Zivilgerichte, in: ZRP 1997, S. 138 f., (zit.: B. Ring, ZRP 1997, S. ...).

Riz, Roland: Der Einfluß der Europäischen Menschenrechtskonvention auf das Strafrecht und Strafverfahrensrecht Italiens, in: ZStW 1988 (100), S. 645 ff., (zit.: R. Riz, ZStW 1988 (101), S. ...).

Rönnau, Thomas: Die Absprache im Strafprozeß: Eine rechtssystematische Untersuchung der Zulässigkeit von Absprachen nach dem geltenden Strafprozeßrecht, Baden-Baden 1990, (zit.: Th. Rönnau, Die Absprache im Strafprozeß, S. ...).

Rönnau, Thomas: Die neue Verbindlichkeit bei den strafprozessualen Absprachen – Anmerkungen zum Urteil des BGH vom 28.8.1997 – 4 StR 240/97, in: wistra 1998, S. 49 ff., (zit.: Th. Rönnau, wistra 1998, S. ...).

Rogall, Klaus: Der Beschuldigte als Beweismittel gegen sich selbst, Ein Beitrag zur Geltung des Satzes "Nemo tenetur se ipsum prodere" im Strafprozeß, Berlin 1977, (zit.: K. Rogall, Der Beschuldigte als Beweismittel gegen sich selbst, S. ...).

Roth, Robert: Le "nouveau procès pénal italien" et son évolution: un système accusatoire à la recherche de son équilibre, in: SchwZStr 114 (1996), S. 148 ff., (zit.: R. Roth, SchwZStr 114 (1996), S. ...).

Roxin, Claus: Strafrecht – Allgemeiner Teil, Band I, Grundlagen – Der Aufbau der Verbrechenslehre, 3. Auflage, München 1997, (zit.: C. Roxin, Strafrecht – Allgemeiner Teil, § ... Rdnr. ...).

Roxin, Claus: Strafverfahrensrecht, 25. Auflage, München 1998, (zit.: C. Roxin, Strafverfahrensrecht, § ... Rdnr. ...).

Rüping, Hinrich: Zur Mitwirkungspflicht des Beschuldigten und Angeklagten, in: JR 1974, S. 135 ff., (zit.: H. Rüping, JR 1974, S. ...).

Rüping, Hinrich: Das Strafverfahren, 3. Auflage, München 1997, (zit.: H. Rüping, Das Strafverfahren, Rdnr. ...).

Rüping, Hinrich: Grundriß der Strafrechtsgeschichte, 3. Auflage, München 1998, (zit.: H. Rüping, Grundriß der Strafrechtsgeschichte, Rdnr. ...).

Salje, Peter: Ökonomische Analyse des Rechts aus deutscher Sicht, in: Rechtstheorie 1984, S. 277 ff., (zit.: P. Salje, RTh 1984, S. ...).

Scandellari, Antonella: La "premialità" nel diritto penale sostanziale e nel nuovo processo penale, in: Giust. pen. 1993 III, Sp. 216 ff., (zit.: A. Scandellari, Giust. pen. 1993 III, Sp. ...).

Scheffler, Uwe: Rechtsstaatswidrigkeit und Einstellung von Strafverfahren – Zugleich eine Besprechung des "Schmücker-Urteils" des LG Berlin vom 28. Januar 1991, in: JZ 1992, S. 131 ff., (zit.: U. Scheffler, JZ 1992, S. ...).

Schellenberg, Frank: Die Hauptverhandlung im Strafverfahren, Köln u. a. 1996, (zit.: F. Schellenberg, Hauptverhandlung, S. ...).

Schellhoss, Hartmut: Kosten des Verbrechens, in: Kaiser, Günther u. a., Kleines Kriminologisches Wörterbuch, S. 218 ff., 3. Auflage, Heidelberg 1993, (zit.: H. Schellhoss, Kosten des Verbrechens, S. ...).

Scherzberg, Arno: Grundfragen des verwaltungsrechtlichen Vertrages, in: JuS 1992, S. 205 ff., (zit.: A. Scherzberg, JuS 1992, S. ...).

Schlüchter, Ellen: Das Strafverfahren, 2. Auflage, Köln u. a. 1983, (zit.: E. Schlüchter, Strafverfahren, Rdnr. ..).

Schlüchter, Ellen: Erweiterte Kronzeugenregelung?, in: ZRP 1997, S. 65 ff., (zit.: E. Schlüchter, ZRP 1997, S. ...).

Schmid, Niklaus: Strafverfahren und Strafrecht in den Vereinigten Staaten von Amerika – Eine Einführung, 2. Auflage, Heidelberg 1993, (zit.: N. Schmid, Strafverfahren in den Vereinigten Staaten, S. ...).

Schmidhäuser, Eberhard: Strafgesetzliche Bestimmtheit: eine rechtsstaatliche Utopie, in: Selmer, Peter; von Münch, Ingo, Gedächtnisschrift für Wolfgang Martens, S. 231 ff., Berlin, New York 1987, (zit.: E. Schmidhäuser, Strafgesetzliche Bestimmtheit, S. ...).

Schmidt, Eberhard: Lehrkommentar zur Strafprozeßordnung und zum Gerichtsverfassungsgesetz – Teil I, Die rechtstheoretischen und die rechtspolitischen Grundlagen des Strafverfahrensrechts, 2. Auflage, Göttingen 1964, (zit.: Eb. Schmidt, Lehrkommentar zur StPO und zum GVG, Nr. ...).

Schmidt, Eberhard: Einführung in die Geschichte der deutschen Strafrechtspflege, 3. Auflage, Göttingen 1965, (zit.: Eb. Schmidt, Einführung in die Geschichte der deutschen Strafrechtspflege, § ..., S. ...).

Schmidt, Eike; *Brüggemeier*, Gert: Zivilrechtlicher Grundkurs, 4. Auflage, Neuwied 1991, (zit.: E. Schmidt/G. Brüggemeier, Zivilrechtlicher Grundkurs, S. ...).

Schmidt-Bleibtreu, Bruno; *Klein*, Franz: Kommentar zum Grundgesetz, 8. Auflage, Neuwied u.a. 1995, (zit.: Schmidt-Bleibtreu/Klein, Rdnr. ... zu Art. ... GG).

Schmidt-Hieber, Werner: Vereinbarungen im Strafverfahren, in: NJW 1982, S. 1017 ff., (zit.: W. Schmidt-Hieber, NJW 1982, S. ...).

Schmidt-Hieber, Werner: Verständigung im Strafverfahren – Möglichkeiten und Grenzen für die Beteiligten in den Verfahrensabschnitten, München 1986, (zit.: W. Schmidt-Hieber, Verständigung im Strafverfahren, S. ...).

Schmidt-Hieber, Werner: Die gescheiterte Verständigung, in: NStZ 1988, S. 302 ff., (zit.: W. Schmidt-Hieber, NStZ 1988, S. ...).

Schönke, Adolf; *Schröder*, Horst: Strafgesetzbuch, Lenckner, Theodor u. a. (Hrsg.), 25. Auflage, München 1997, (zit.: Schönke/Schröder-Bearbeiter, Rdnr. ... zu § ... StGB).

Schreckling, Jürgen: Täter-Opfer-Ausgleich nach Jugendstraftaten in Köln, Bonn 1991, (zit.: J. Schreckling, Täter-Opfer-Ausgleich nach Jugendstraftaten in Köln, S. ...).

Schreckling, Jürgen: Bestandsaufnahmen zur Praxis des Täter-Opfer-Ausgleichs in der Bundesrepublik Deutschland, Bonn 1991, (zit.: J. Schreckling, Bestandsaufnahmen zur Praxis des Täter-Opfer-Ausgleichs in der Bundesrepublik Deutschland, S. ...).

Schreiber, Hans-Ludwig: Die Bedeutung des Konsenses der Beteiligten im Strafprozeß, in: Jakobs, Günther (Hrsg.), Rechtsgeltung und Konsens, S. 71 ff., Berlin 1976, (zit.: H.-L. Schreiber, Die Bedeutung des Konsenses der Beteiligten im Strafprozeß, S. ...).

Schroeder, Friedrich-Christian: Strafprozeßrecht, 2. Auflage, München 1997, (zit.: F.-C. Schroeder, Strafprozeßrecht, Rdnr. ...).

Schünemann, Bernd: Summum ius = summa iniuria in der Strafzumessung, in: W. de Boor (Hrsg.), Pönometrie – Rationalität oder Irrationalität der Strafzumessung, S. 73 ff., 2. Auflage, Köln 1977, (zit.: B. Schünemann, Summum ius = summa iniuria in der Strafzumessung, S. ...).

Schünemann, Bernd: Die Verständigung im Strafprozeß – Wunderwaffe oder Bankrotterklärung der Verteidigung?, in: NJW 1989, S. 1895 ff., (zit.: B. Schünemann, NJW 1989, S. ...).

Schünemann, Bernd: Absprachen im Strafverfahren? – Grundlagen, Gegenstände und Grenzen, in: Ständige Deputation des Deutschen Juristentages (Hrsg.), Gutachten B für den 58. Deutschen Juristentag, München 1990, (zit.: B. Schünemann, Gutachten, S. B ...).

Schünemann, Bernd: Wetterzeichen einer untergehenden Strafprozeßkultur? – Wider die falsche Prophetie des Absprachenelysiums, in: StV 1993, S. 657 ff., (zit.: B. Schünemann, StV 1993, S. ...).

Schumann, Karl F.: Der Handel mit Gerechtigkeit – Funktionsprobleme der Strafjustiz und ihre Lösungen am Beispiel des amerikanischen plea bargaining, Frankfurt am Main 1977, (zit.: K. F. Schumann, Der Handel mit Gerechtigkeit, S. ...).

Schwintowski, Hans-Peter: Ökonomische Theorie des Rechts, in: JZ 1998, S. 581 ff., (zit.: H.-P. Schwintowski, JZ 1998, S. ...).

Scott, Robert E.; *Stuntz*, William J.: Plea Bargaining as Contract, in: The Yale Law Journal, Vol. 101 (1992), S. 1909 ff., (zit.: R. E. Scott/W. J. Stuntz, Yale Law Journal, Vol. 101 (1992), S. ...).

Seelmann, Kurt: Vertragsmetaphern zur Legitimation des Strafens im 18. Jahrhundert, in: Stolleis, Michael; Frommel, Monika u. a. (Hrsg.), Die Bedeutung der Wörter – Studien zur europäischen Rechtsgeschichte, S. 441 ff., Festschrift für Sten Gagnér zum 70. Geburtstag, München 1991, (zit.: K. Seelmann, Vertragsmetaphern, S. ...).

Seelmann, Kurt: Rechtsphilosophie, München 1994, (zit.: K. Seelmann, Rechtsphilosopie, § ... Rdnr. ...).

Seelmann, Kurt: Anerkennungsverlust und Selbstsubsumtion – Hegels Straftheorien, Freiburg, München 1995, (zit.: K. Seelmann, Anerkennungsverlust und Selbstsubsumtion, S. ...).

Sieg, Hans-O.: Anmerkung zum Beschluß des BGH vom 18.9.1987 – 2 StR 430/87, in: StV 1988, S. 372, (zit.: H.-O. Sieg, StV 1988, S. ...).

Sinner, Stefan: Der Vergleich im neuen italienischen Strafverfahren und die deutsche Diskussion um Absprachen, in: ZRP 1994, S. 478 ff., (zit.: St. Sinner, ZRP 1994, S. ...).

Siolek, Wolfgang: Verständigung in der Hauptverhandlung, Baden-Baden 1993, (zit.: W. Siolek, Verständigung in der Hauptverhandlung, S. ...).

Siolek, Wolfgang: Neues zum Thema Verständigung im Strafverfahren, in: DRiZ 1993, S. 422 ff., (zit.: W. Siolek, DRiZ 1993, S. ...).

Siracusano, Delfino: Per una revisione del giudizio abbreviato, in: Cass. pen. 1994, Nr. 324, S. 474 ff., (zit.: D. Siracusano, Cass. pen. 1994, S. ...).

Staechelin, Gregor: Der "Große Lauschangriff" der dritten Gewalt, in: ZRP 1996, S. 430 ff., (zit.: G. Staechelin, ZRP 1996, S. ...).

Staudinger: Julius von Staudingers Kommentar zum Bürgerlichen Gesetzbuch mit Einführungsgesetz und Nebengesetzen, Erstes Buch – Allgemeiner Teil, §§ 134 – 163, 13. Bearbeitung, Berlin 1996, Zweites Buch – Recht der Schuldverhältnisse, §§ 293 – 327, 13. Bearbeitung, Berlin 1995, (zit.: Staudinger-Bearbeiter, Rdnr. ... zu § ... BGB).

Steiner, Dirk: Das Fairneßprinzip im Strafprozeß, Frankfurt am Main u. a. 1995, (zit.: D. Steiner, S. ...).

Steinmetzler, Ulrich Antonius: Funktionales Privatrechtsverständnis und ökonomische Analyse des Rechts, in: JA 1998, S. 335 ff., (zit.: U. A. Steinmetzler, JA 1998, S. ...).

Steinvorth, Ulrich: Freiheitstheorien in der Philosophie der Neuzeit, 2. Auflage, Darmstadt 1994, (zit.: U. Steinvorth, Freiheitstheorien, S. ...).

Stile, Alfonso M.: Die Reform des Strafverfahrens in Italien, in: ZStW 104 (1992), S. 429 ff., (zit.: A. M. Stile, ZStW 104 (1992), S. ...).

Systematischer Kommentar zum Strafgesetzbuch: Rudolphi, Hans-Joachim; Horn, Eckhard; mitbegründet von Samson, Erich; fortgeführt von Günther, Hans-Ludwig (Hrsg.), Band 1, 2. Teilband, §§ 38 – 79b StGB, 6. Auflage, 28. Lieferung, Mai 1998, Neuwied u. a. 1998, Band 2, 1. Teilband, §§ 80 – 256 StGB, 6. Auflage, 46. Lieferung, September 1998, Neuwied u. a. 1998, (zit.: SK-StGB-Bearbeiter, Rdnr. ... zu § ... StGB).

Systematischer Kommentar zur Strafprozeßordnung und zum Gerichtsverfassungsgesetz: Rudolphi, Hans-Joachim u. a. (Hrsg.), 17. Lieferung, Dezember 1997, Neuwied u. a. 1997, (zit.: SK-StPO-Bearbeiter, Rdnr. ... zu § ... StPO).

Trenczek, Thomas: Zurecht im Streit? – Ein Diskussionsbeitrag zum Standort des Jugendstrafrechts, der alternativen Sanktionen und der Idee der Mediation aus Anlaß des Buches von Claudius Meßner "Recht im Streit", in: MschrKrim 1998, S. 52 ff., (zit.: Th. Trenczek, MschrKrim 1998, S. ...).

Tröndle, Herbert: Strafgesetzbuch und Nebengesetze, 48. Auflage, München 1997, (zit.: H. Tröndle, Rdnr. ... zu § ... StGB).

Tscherwinka, Ralf: Absprachen im Strafprozeß, Frankfurt am Main u. a. 1995, (zit.: R. Tscherwinka, S. ...).

Turner, Harald; *Gallandi*, Volker: Kronzeuge und strafprozessualer Wahrheitsbegriff, in: ZRP 1988, S. 117 ff., (zit.: H. Turner/V. Gallandi, ZRP 1988, S. ...).

Vannucci, Marco: Oblazione (profili processuali), in: Digesto delle Discipline Penalistiche, Band VIII, S. 393 ff., Torino 1994, (zit.: M. Vannucci, Oblazione, S. ...).
Vassalli, August: Allgemeine rechtsphilosophische Betrachtungen über das Strafverfahren nebst einigen critischen Erörterungen über den bündnerischen Strafprocess, als Anhang zum ersten Bande, I. Band – Allgemeine Principien, Erlangen 1869, (zit.: A. Vassalli, Rechtsphilosophische Betrachtungen über das Strafverfahren., S. ...).
Li Vecchi, Rosario: Peripezie e metamorfosi del giudizio abbreviato: Procedimento senza pregi e con numerosi difetti, in: Riv. pen. 1992, S. 897 ff., (zit.: R. li Vecchi, Riv. pen. 1992, S. ...).
Venafro, Emma: Natura giuridica ed effetti della diminuzione di pena disposta in sede di giudizio abbreviato e di patteggiamento, in: Riv. ital. dir. proc. pen. 1993, S. 1107 ff., (zit.: E. Venafro, Riv. ital. dir. proc. pen. 1993, S. ...).
Veneziano, Giuseppe: I riti speciali nelle sentenze della Corte Costituzionale – Anmerkung zu Corte Costituzionale, Sentenza 9 marzo 1992, n. 92, in: Foro it. 1992 I, Sp. 2055 ff., (zit.: G. Veneziano, Foro it. 1992 I, Sp. ...).
Verrel, Torsten: Nemo tenetur – Rekonstruktion eines Verfahrensgrundsatzes, in: NStZ 1997, S. 361 ff., S. 415 ff., (zit.: T. Verrel, NStZ 1997, S. ...).
Viggiano, Filippo: Forma e volontà nella richiesta di giudizio abbreviato – Anmerkung zu Corte di Cassazione, Sez. VI, 16 marzo 1993, in: Riv. it. dir. proc. pen. 1994, S. 1578 ff., (zit.: F. Viggiano, Riv. it. dir. proc. pen. 1993, S. ..).
Volkmann, Uwe: Einführung in die Diskurstheorie des Rechts, in: JuS 1997, S. 976 ff., (zit.: U. Volkmann, JuS 1997, S. ...).
Volta, Raffaella: Giudizio abbreviato e delitti punibili con l'ergastolo: Le sezioni unite mettono la parola "fine" – Anmerkung zu Corte di Cassazione, Sez. un., 17 marzo 1992, n. 2977, in: Riv. pen. 1992, S. 557 ff. (S. 561), (zit.: R. Volta, Riv. pen. 1992, S. ...).
Vornbaum, Thomas: Die Lex Emminger vom 4. Januar 1924 – Vorgeschichte, Inhalt und Auswirkungen, Ein Beitrag zur deutschen Strafrechtsgeschichte des 20. Jahrhunderts, Berlin 1988, (zit.: Th. Vornbaum, Die Lex Emminger vom 4. Januar 1924, S. ...).
Wagner, Heinz; *Rönnau*, Thomas: Die Absprachen im Strafprozeß, Ein Beitrag zur Gesamtreform des Strafverfahrens mit Gesetzesvorschlägen, in: GA 1990, S. 387 ff., (zit.: H. Wagner/Th. Rönnau, GA 1990, S. ...).
Walter, Michael; *Hassemer*, Elke; *Netzig*, Lutz; *Petzold*, Frauke: Täter-Opfer-Ausgleich, in: Breidenbach, Stephan; Henssler, Martin (Hrsg.), Mediation für Juristen, Köln 1997, (zit.: M. Walter u.a., Täter-Opfer-Ausgleich, S. ...).

Weigend, Thomas: Anklagepflicht und Ermessen – Die Stellung des Staatsanwalts zwischen Legalitäts- und Opportunitätsprinzip nach deutschem und amerikanischem Recht, Baden-Baden 1978, (zit.: Th. Weigend, Anklagepflicht und Ermessen, S. ...).
Weigend, Thomas: Funktion und Tätigkeit der Staatsanwaltschaft in den U.S.A., in: Jescheck, Hans-Heinrich; Leibinger, Rudolf (Hrsg.), Funktion und Tätigkeit der Anklagebehörde im ausländischen Recht, S. 587 ff., Baden-Baden 1979, (zit.: Th. Weigend, Staatsanwaltschaft in den USA, S. ...).
Weigend, Thomas: Strafzumessung durch die Parteien – Das Verfahren des plea bargaining im amerikanischen Recht, in: ZStW 94 (1982), S. 200 ff., (zit.: Th. Weigend, ZStW 94 (1982), S. ...).
Weigend, Thomas: Absprachen in ausländischen Strafverfahren – Eine rechtsvergleichende Untersuchung zu konsensualen Elementen im Strafprozeß, Freiburg 1990, (zit.: Th. Weigend, Absprachen, S. ...).
Weigend, Thomas: Abgesprochene Gerechtigkeit – Effizienz durch Kooperation im Strafverfahren?, in: JZ 1990, S. 774 ff., (zit.: Th. Weigend, JZ 1990, S. ...).
Weigend, Thomas: Täter-Opfer-Ausgleich in den USA, in: MSchrKrim 1992, S. 105 ff., (zit.: Th. Weigend, MSchrKrim 1992, S. ...).
Weigend, Thomas: Das "Opportunitätsprinzip" zwischen Einzelfallgerechtigkeit und Systemeffizienz, in: ZStW 109 (1997), S. 103 ff., (zit.: Th. Weigend, ZStW 109 (1997), S. ...).
Weiler, Edgar: Irreparable Verletzung des Rechts des Beschuldigten auf ein faires rechtsstaatliches Strafverfahren als Verfahrenshindernis, in: GA 1994, S. 561 ff., (zit.: E. Weiler, GA 1994, S. ...).
Werner, Stefan: Die ökonomische Analyse des Rechts im Strafrecht: Eine modernistische Variante generalpräventiver Tendenzen?, in: KritV 1992, S. 433 ff., (zit.: St. Werner, KritV 1992, S. ...).
Whitebread, Charles H.; *Slobogin*, Christopher: Criminal procedure – An analysis of cases and concepts, Third edition, Westbury, New York 1993, (zit.: C. H. Whitebread/C. Slobogin, Criminal procedure, S. ...).
Widmaier, Gunter: Das Dilemma der Kronzeugenregelung, in: ZRP 1991, S. 148 ff., (zit.: G. Widmaier, ZRP 1991, S. ...).
Wildt, Andreas: Zum Verhältnis von Recht und Moral bei Kant, in: ARSP 1997, S. 159 ff., (zit.: A. Wildt, ARSP 1997, S. ...).
Woesner, Horst: Generalklausel und Garantiefunktion der Strafgesetze, in: NJW 1963, S. 273 ff., (zit.: H. Woesner, NJW 1963, S. ...).
Wolf, Manfred: Gerichtsverfassungsrecht aller Verfahrenszweige, 6. Auflage, München 1987, (zit.: M. Wolf, Gerichtsverfassungsrecht aller Verfahrenszweige, S. ...).

Wolff, Ernst Amadeus: Die Abgrenzung von Kriminalunrecht zu anderen Unrechtsformen, in: Hassemer, Winfried (Hrsg.), Strafrechtspolitik – Bedingungen der Strafrechtsreform, S. 137 ff., Frankfurt am Main u. a. 1987, (zit.: E. A. Wolff, Die Abgrenzung von Kriminalunrecht zu anderen Unrechtsformen, S. ...).

Wolff, Hans J.; *Bachof*, Otto; *Stober*, Rolf: Verwaltungsrecht I, 10. Auflage, München 1994, (zit.: Wolff/Bachof-Stober, § ... Rdnr. ...).

Zachariae, Heinrich Albert: Die Gebrechen und die Reform des deutschen Strafverfahrens, dargestellt auf der Basis einer consequenten Entwickelung des inquisitorischen und des accusatorischen Prinzips, Göttingen 1846, (zit.: H. A. Zachariae, Gebrechen und Reform, S. ...).

Zachariae, Heinrich Albert: Handbuch des deutschen Strafprocesses – Systematische Darstellung des auf den Quellen des gemeinen Rechts und der neuern deutschen Gesetzgebung beruhenden Criminal-Verfahrens in wissenschaftlicher Begründung und Verbindung, Erster Band, Göttingen 1861, (zit.: H. A. Zachariae, Handbuch des Strafprocesses, S. ...).

Zippelius, Reinhold: Rechtsphilosophie, 3. Auflage, München 1994, (zit.: R. Zippelius, Rechtsphilosophie, S. ...).

Zschockelt, Alfons: Die Urteilsabsprache in der Rechtsprechung des BVerfG und des BGH, in: NStZ 1991, S. 305 ff., (zit.: A. Zschockelt, NStZ 1991, S. ...).

Zschockelt, Alfons: Der Richter ist kein Handelspartner, in: Eser, Albin; Kullmann, Hans Josef u. a. (Hrsg.), Straf- und Strafverfahrensrecht, Recht und Verkehr, Recht und Medizin, S. 435 ff., Festschrift für Hannskarl Salger zum Abschied aus dem Amt als Vizepräsident des Bundesgerichtshofs, Köln u. a. 1995, (zit.: A. Zschokelt, Der Richter ist kein Handelspartner, S. ...).

Zschockelt, Alfons: Anmerkung zum Urteil des BGH vom 20.2.1996 – 5 StR 679/95 (BGHSt 42, S. 46 ff.), in: NStZ 1996, S. 449, (zit.: A: Zschokelt, NStZ 1996, S. ...).

FRANKFURTER KRIMINALWISSENSCHAFTLICHE STUDIEN

Band 1 Peter Böning: Die Lehre vom Unrechtsbewußtsein in der Rechtsphilosophie Hegels 100 S., 1978.

Band 2 Wolfgang Schneider: Kriminelle Straßenverkehrsgefährdung (§ 315c Abs. 1 Ziff. 2, Abs. 3 StGB). Eine kriminologische und strafrechtliche Untersuchung zur Problematik dieser Verkehrsstraftaten unter Berücksichtigung ausländischer Rechte. 342 S., 1978.

Band 3 Lothar Kuhlen: Die Objektivität von Rechtsnormen. Zur Kritik des radikalen labeling approach in der Kriminalsoziologie. 178 S., 1978.

Band 4 Günther Grewe: Straßenverkehrsdelinquenz und Marginalität. Untersuchungen zur institutionellen Regelung von Verhalten. 148 S., 1978.

Band 5 Dieter Haberstroh: Strafverfahren und Resozialisierung. Eine Studie über Verstehen und Nicht-Verstehen, über Verstanden-Werden und Nicht-Verstanden-Werden und deren Bedingungen in der Hauptverhandlung. 202 S., 1979.

Band 6 Thomas Vogt: Die Forderungen der psychoanalytischen Schulrichtungen für die Interpretation der Merkmale der Schuldunfähigkeit und der verminderten Schuldfähigkeit (§§ 51 a.F., 20, 21 StGB). 182 S., 1979.

Band 7 Andreas Michael: Der Grundsatz in dubio pro reo im Strafverfahrensrecht. Zugleich ein Beitrag über das Verhältnis von materiellem Recht und Prozeßrecht. 214 S., 1981.

Band 8 Ilias G. Anagnostopoulos: Haftgründe der Tatschwere und der Wiederholungsgefahr (§§ 112 Abs. 3, 112 a StPO). Kriminalpolitische und rechtssystematische Aspekte der Ausweitung des Haftrechts. 1984.

Band 9 Helga Müller: Der Begriff der Generalprävention im 19. Jahrhundert. Von P.J.A. Feuerbach bis Franz v. Liszt. 1984.

Band 10 Frowin Jörg Kurth: Das Mitverschulden des Opfers beim Betrug. 1984.

Band 11 Martin J. Worms: Die Bekenntnisbeschimpfung im Sinne des § 166 Abs. 1 StGB und die Lehre vom Rechtsgut. 1984.

Band 12 Jong-Dae Bae: Der Grundsatz der Verhältnismäßigkeit im Maßregelrecht des StGB. 1985.

Band 13 Helmut Fünfsinn: Der Aufbau des fahrlässigen Verletzungsdelikts durch Unterlassen im Strafrecht. 1985.

Band 14 Christoph Krehl: Die Ermittlung der Tatsachengrundlage zur Bemessung der Tagessatzhöhe bei der Geldstrafe. 1985.

Band 15 Walter-Hermann Kiehl: Strafrechtliche Toleranz wechselseitiger Ehrverletzungen - Zur ratio legis der §§ 199, 233 Strafgesetzbuch -. 1986.

Band 16 Matthias Krahl: Die Rechtsprechung des Bundesverfassungsgerichts und des Bundesgerichtshof zum Bestimmtheitsgrundsatz im Strafrecht (Art. 103 Abs. 2 GG). 1986.

Band 17 Patrick Carroll Campbell: § 220a StGB. Der richtige Weg zur Verhütung und Bestrafung von Genozid? 1986.

Band 18 Winfried Hassemer (Hrsg.): Strafrechtspolitik. Bedingungen der Strafrechtsreform. 1987.

Band 19 Felix Herzog: Prävention des Unrechts oder Manifestation des Rechts. Bausteine zur Überwindung des heteronom-präventiven Denkens in der Strafrechtstheorie der Moderne. 1987.

Band 20 Astrid Michalke-Detmering: Die Mindestanforderungen an die rechtliche Begründung des erstinstanzlichen Strafurteils. Zur Auslegung des § 267 StPO. 1987.

Band 21 Lothar Kuhlen: Die Unterscheidung von vorsatzausschließendem und nichtvorsatzausschließendem Irrtum. 1987.

Band 22 Michael Buttel: Kritik der Figur des Aufklärungsgehilfen im Betäubungsmittelstrafrecht (§ 31 BtMG). 1988.

Band 23 Matthias Kögler: Die zeitliche Unbestimmtheit freiheitsentziehender Sanktionen des Strafrechts. Eine vergleichende Untersuchung zur Rechtslage und Strafvollstreckungspraxis in der Bundesrepublik Deutschland und den USA. 1988.

Band 24 Klaus Lüderssen/Cornelius Nestler-Tremel/Ewa Weigend(Hrsg.): Modernes Strafrecht und ultima-ratio-Prinzip. 1990.

Band 25 Jürgen Taschke: Die behördliche Zurückhaltung von Beweismitteln im Strafprozeß. 1989.

Band 26 Daniela Westphalen: Karl Binding (1841-1920). Materialien zur Biographie eines Strafrechtsgelehrten. 1989.

Band 27 Sigrid Jans: Die Aushöhlung des Klageerzwingungsverfahrens. 1990.

Band 28 Dimitris Spirakos: Folter als Problem des Strafrechts. Kriminologische, kriminalsoziologische und (straf-)rechtsdogmatische Aspekte unter besonderer Berücksichtigung der Folterschutzkonvention und der Pönalisierung der Folter in Griechenland. 1990.

Band 29 Stephan Moll: Strafrechtliche Aspekte der Behandlung Opiatabhängiger mit Methadon und Codein. 1990.

Band 30 Stefan Werner: Wirtschaftsordnung und Wirtschaftsstrafrecht im Nationalsozialismus. 1991.

Band 31 Xanthi Bassakou: Beiträge zur Analyse und Reform des Absehens von Strafe nach § 60 StGB. 1991.

Band 32 Rainer Runte: Die Veränderung von Rechtfertigungsgründen durch Rechtsprechung und Lehre. Moderne Strafrechtsdogmatik zwischen Rechtsstaatsprinzip und Kriminalpolitik. 1991.

Band 33 Olaf Hohmann: Das Rechtsgut der Umweltdelikte. Grenzen des strafrechtlichen Umweltschutzes. 1991.

Band 34 Klaus Jochen Müller: Das Strafbefehlsverfahren (§§ 407 ff. StPO). Eine dogmatisch-kriminalpolitische Studie zu dieser Form des schriftlichen Verfahrens unter besonderer Berücksichtigung der geschichtlichen Entwicklung – zugleich ein Beitrag zum StVÄG 1987. 1993

Band 35 Sang-Don Yi: Wortlautgrenze, Intersubjektivität und Kontexteinbettung. Das strafrechtliche Analogieverbot. 1991.

Band 36 Birgit Malsack: Die Stellung der Verteidigung im reformierten Strafprozeß. Eine rechtshistorische Studie anhand der Schriften von C. J. A. Mittermaier. 1992.

Band 37 Rüdiger Schäfer: Die Privilegierung des "freiwillig-positiven" Verhaltens des Delinquenten nach formell vollendeter Straftat. Zugleich ein Beitrag zum Grundgedanken des Rücktritts vom Versuch und zu den Straftheorien. 1992.

Band 38 Cornelius Nestler-Tremel: AIDS und Strafzumessung. 1992.

Band 39 Christine Gutmann: Freiwilligkeit und (Sozio-)Therapie – notwendige Verknüpfung oder Widerspruch? 1993.

Band 40 Walter Kargl: Der strafrechtliche Vorsatz auf der Basis der kognitiven Handlungstheorie. 1993.

Band 41 Jürgen Rath: Zur strafrechtlichen Behandlung der aberratio ictus und des error in objecto des Täters. 1993.

Band 42 Martin Fischer: Wille und Wirksamkeit. Eine Untersuchung zum Problem des *dolus alternativus*. 1993.

Band 43 Regina Harzer: Der Naturzustand als Denkfigur moderner praktischer Vernunft. Zugleich ein Beitrag zur Staats- und Rechtsphilosophie von Hobbes und Kant. 1994.

Band 44 Helmut Pollähne: Lockerungen im Maßregelvollzug. Eine Untersuchung am Beispiel der Anwendung des nordrhein-westfälischen Maßregelvollzugsgesetzes im Westfälischen Zentrum für Forensische Psychiatrie (Lippstadt). 1994.

Band 45 Hans-Joachim Leonhardt: Rechtsmittelermessen der Staatsanwaltschaft. Eine Gegenüberstellung von § 296 StPO mit Nummern 147 und 148 Richtlinien für das Strafverfahren und das Bußgeldverfahren (RiStBV). 1994.

Band 46 Rolf Grünebaum: Zur Strafbarkeit des Therapeuten im Maßregelvollzug bei fehlgeschlagenen Lockerungen. 1996.

Band 47 Barbara Bialas: Promille-Grenzen, Vorsatz und Fahrlässigkeit. 1996.

Band 48 Christine Pott: Die Außerkraftsetzung der Legalität durch das Opportunitätsdenken in den Vorschriften der §§ 154, 154a StPO. Zugleich ein Beitrag zu einer kritischen Strafverfahrensrechtstheorie. 1996.

Band 49 Wolfgang Köberer: *Iudex non calculat*. Über die Unmöglichkeit, Strafzumessung sozialwissenschaftlich-mathematisch zu rationalisieren. 1996.

Band 50 Institut für Kriminalwissenschaften Frankfurt a.M. (Hrsg.): Vom unmöglichen Zustand des Strafrechts. 1995.

Band 51 Petra Kamberger: Treu und Glauben (§ 242 BGB) als Garantenstellung im Strafrecht? 1996.

Band 52 Anastassios Triantafyllou: Das Delikt der gefährlichen Körperverletzung (§ 223a StGB) als Gefährdungsdelikt. (Zugleich ein Beitrag zur Dogmatik der Gefährdungsdelikte). 1996.

Band 53 Norbert Kissel: Aufrufe zum Ungehorsam und § 111 StGB. Grundrechtlicher Einfluß bei der Feststellung strafbaren Unrechts. 1996.

Band 54 Susanne Ehret: Franz von Liszt und das Gesetzlichkeitsprinzip. Zugleich ein Beitrag wider die Gleichsetzung von Magna-charta-Formel und Nullum-crimen-Grundsatz. 1996.

Band 55 Stefan Braum: Geschichte der Revision im Strafverfahren von 1877 bis zur Gegenwart. Zugleich eine Kritik der Kontinuität politischer Macht im Recht. 1996.

Band 56 Katja Diel: Das Regreßverbot als allgemeine Tatbestandsgrenze im Strafrecht. 1997.

Band 57 Christoph Koller: Die Staatsanwaltschaft – Organ der Judikative oder Exekutivbehörde? Die Stellung der Anklagebehörde und die Gewaltenteilung des Grundgesetzes. 1997.

Band 58 Frank Schößler: Anerkennung und Beleidigung. Rechtsgut und Strafzweck des § 185 StGB. 1997.

Band 59 Regina Engelstädter: Der Begriff des Unfallbeteiligten in § 142 Abs. 4 StGB. Zugleich eine Kritik an aktuellen Zurechnungslehren. 1997.

Band 60 Jörg Reinhardt: Der Ausschluß und die Ablehnung des befangen erscheinenden Staatsanwaltes. 1997.

Band 61 Jens Christian Müller-Tuckfeld: Integrationsprävention. Studien zu einer Theorie der gesellschaftlichen Funktion des Strafrechts. 1998.

Band 62 Peter Maria Rohe: Verdeckte Informationsgewinnung mit technischen Hilfsmitteln zur Bekämpfung der Organisierten Kriminalität. Zugleich eine rechtsvergleichende Analyse der polizeilichen Abhörbefugnisse in den U.S.A. 1998.

Band 63 Dirk Fabricius: Was ein Lehrbuch lehrt ... Eine exemplarische Untersuchung von Jakobs *Strafrecht – Allgemeiner Teil*. 1998.

Band 64 Stefan Sinner: Der Vertragsgedanke im Strafprozeßrecht. 1999.

Sebastian Schattenfroh

Die Staatsphilosophie Giovanni Gentiles und die Versuche ihrer Verwirklichung im faschistischen Italien

Frankfurt/M., Berlin, Bern, New York, Paris, Wien, 1999. XI, 221 S.
Frankfurter kriminalwissenschaftliche Studien. Bd. 65
Verantwortlicher Herausgeber: Ulfrid Neumann
ISBN 3-631-34345-0 · br. DM 79.–*

Die Arbeit befaßt sich mit der politischen Rolle der Staatsphilosophie Giovanni Gentiles. Gentile (1875-1944) hatte vor Entstehung des Faschismus in Italien eine Konzeption vom Staat als politischer Ausdrucksform eines transzendentalen, aber vom konkreten Ich des einzelnen untrennbaren „absoluten" Ich formuliert. Als Erziehungsminister im ersten Kabinett Mussolinis begann er umfangreiche Reformarbeiten im Erziehungs- und Kultursektor. Bis in die dreißiger Jahre hinein war Gentile die zentrale Gestalt der faschistischen Kulturpolitik. Die Arbeit geht der bis heute umstrittenen Frage nach, welche praktische Rolle seine Philosophie und die darauf aufbauende Staatsphilosophie bei der Entscheidung für den Faschismus und in der Kulturpolitik gespielt haben.

Aus dem Inhalt: Der Aktualismus Giovanni Gentiles · Das politische Potential des Aktualismus · Die auf dem Aktualismus aufbauende Staatsphilosophie Gentiles · Die Auswirkungen der Staatsphilosophie auf Gentiles Entscheidung für den Faschismus und auf Gentiles Erziehungspolitik der 20er und 30er Jahre

Printed by
CPI books GmbH, Leck

FSC
www.fsc.org
MIX
Papier | Fördert gute Waldnutzung
FSC® C083411

Kolibri 360 GmbH
Ferdinand-Jühlke-Straße 7
99095 Erfurt, Deutschland
produktsicherheit@kolibri360.de